जायसी, सूर, बिहारी

अ अक्षर

प्रतियोगी पुस्तकें

जायसी, सूर, बिहारी

प्रो. रामबक्ष जाट

राजकमल प्रकाशन

ISBN : 978-81-950995-6-6

मूल्य : ₹200

पहला संस्करण : 2021

आ अक्षर
प्रतियोगी पुस्तकें

प्रकाशक
राजकमल प्रकाशन प्रा. लि.
1-बी, नेताजी सुभाष मार्ग, दरियागंज
नई दिल्ली-110 002
शाखाएँ
अशोक राजपथ, साइंस कॉलेज के सामने, पटना-800 006
पहली मंजिल, दरबारी बिल्डिंग, महात्मा गांधी मार्ग, प्रयागराज-211 001
36 ए, शेक्सपियर सरणी, कोलकाता-700 017
वेबसाइट : www.rajkamalprakashan.com
ई-मेल : info@rajkamalprakashan.com

मुद्रक
बी.के. ऑफसेट
नवीन शाहदरा, दिल्ली-110 032

JAYASI, SOOR, BIHARI
by Prof. Ram Bux Jat

हरीश शिवनानी
विनोद विट्ठल
राजकुमार मीणा
सोनम मौर्य
ओम मीणा
देवीलाल गोदारा
प्रीति त्रिपाठी

और उन सभी छात्र-छात्राओं को जो किसी-न-किसी कारण से मेरे साथ शोध कार्य नहीं कर पाए।

क्रम

भूमिका

हिन्दी आलोचना के आरम्भ के दौर में हिन्दी आलोचना ने अत्यन्त रुचि पूर्वक हिन्दी की पाठ्य-सामग्री तैयार की थी तथा उस सामग्री पर गम्भीर आलोचनात्मक ग्रन्थ भी लिखे। आज भी हिन्दी का पाठक उस सामग्री को गम्भीरता से पढ़ता है। आचार्य रामचन्द्र शुक्ल, लाला भगवानदीन, विश्वनाथ मिश्र सहित अध्यापकों ने हिन्दी की पाठ्यक्रम सामग्री का मानक तैयार किया। धीरे-धीरे यह परम्परा क्षीण होती चली गई। तब यह क्षेत्र कुंजी लेखकों के हवाले कर दिया गया, जिसे 'अध्यापकीय आलोचना' कहकर किनारे डाल दिया। अब यदि कोई लिखता है तो उसे अपनी 'छवि' खराब होने का भय सताता रहता है।

इस समय आलोचना में दो प्रवृत्तियाँ दिखलाई पड़ती हैं जो गम्भीर पाठ्य सामग्री तैयार करने में बाधक हो रही हैं। एक तो, आज आलोचना अति समकालीन हो गई है। आलोचक अब अपने समय के लेखकों पर लिखना चाहता है। अपने से पुरानी पीढ़ी पर भी'वह लिखना नहीं चाहता। ऐसे में मध्यकालीन कवियों पर लिखने के बारे में तो वह विचार ही नहीं करता। दूसरे, समकालीन आलोचना का एक हिस्सा समकालीन लेखकों को सम्बोधित है। आलोचना उन्हीं की उठा-पटक में लगी रहती है। पाठक उनकी दृष्टि में है ही नहीं। इस प्रवृत्ति का प्रारम्भ नामवर सिंह की चर्चित पुस्तक 'कहानी नयी कहानी' से माना जा सकता है। बाद में यह प्रवृत्ति चिन्ता की हद तक बढ़ी है।

जब पाठ्यक्रम चयन की बैठक होती है, तब बड़े से बड़ा आलोचक उस बैठक में शामिल होने के लिए तुरन्त तैयार हो जाता है, यहाँ तक कि वह उसमें जाने के लिए लालायित रहता है। ऐसी बैठक के लिए चाहे संघ लोक सेवा आयोग आमंत्रित करे या इन्दिरा गांधी राष्ट्रीय मुक्त विश्वविद्यालय या ईपीजी पाठशाला आदि आयोजित करे।

पाठ्यक्रम के चयन के पश्चात तथाकथित विद्वान लोग पाठ निर्माण के काम से विरत हो जाते हैं। अपनी तरफ से मुझे यह कार्य कभी कमतर नहीं लगा। इसलिए एन.सी.ई.आर.टी, इग्नू या यू.जी.सी. की ई.पी.जी. पाठशाला के पाठ्यक्रम चयन में मैंने भाग लिया तथा उनके लिए पाठ्य सामग्री के निर्माण में यथायोग्य सहयोग

दिया। आज के छात्र कल साहित्य के गम्भीर पाठक बनेंगे और समाज के नीति निर्माताओं के अंग बनेंगे। उनके लिए स्तरीय सामग्री तैयार करना हमारा राष्ट्रीय दायित्व है। इसलिए जब मुझे इन मध्यकालीन कवियों पर लेखन का प्रस्ताव मिला तो मैंने अपनी शर्तों पर उसको स्वीकार कर लिया।

छात्र अल्पज्ञ हो सकते हैं, लेकिन मूर्ख नहीं होते। वे जिज्ञासु होते हैं। उनको जब कोई बात बताई जाती है तब वे उसे ध्यानपूर्वक सुनते हैं और समझते हैं। आचार्य रामचन्द्र शुक्ल और आचार्य हजारीप्रसाद द्विवेदी की कीर्ति का आधार यह विशाल छात्र समुदाय है। जिस आलोचक ने इनकी अवमानना की, वह कालान्तर में भुला दिया जाता है। फिर वे कितना ही प्रकांड पंडित क्यों न हो।

इस पुस्तक के दो भाग हैं—एक, पाठ और उसकी व्याख्या दूसरा आलोचनात्मक टिप्पणी। जायसी के 'पदमावत' का पाठ हमने वासुदेव शरण द्वारा सम्पादित 'पदमावत' से लिया है। इसकी व्याख्या भी वासुदेव शरण अग्रवाल द्वारा की गई है। सूरदास के 'भ्रमरगीत सार' का पाठ आचार्य रामचन्द्र शुक्ल द्वारा सम्पादित 'भ्रमरगीत सार' से लिया गया है। 'बिहारी सतसई' का पाठ और व्याख्या पं. जगन्नाथ दास रत्नाकर द्वारा सम्पादित ग्रन्थ 'बिहारी सतसई' से ली गई है। इस सबके लिए हम इन विद्वानों के आभारी हैं। व्याख्या में दिए गए अर्थ पर्याप्त नहीं हैं। इसमें पाठकों को अपने विवेक और अनुभव को मिलाकर अर्थ का विस्तार करते रहना चाहिए। पाठ के अर्थ-विस्तार की प्रक्रिया अनन्त है, अत: यह व्याख्या अपूर्ण है। इसे पूर्णता पाठक प्रदान करेंगे।

कोरोना के एकान्त बरस में यह कार्य मुम्बई में नाट्यकर्मी बेटी सपन सारन के घर पर सम्पन्न हुआ। जाहिर है कि बेटियों का प्यार तो अतुलनीय होता है। वह मिला और यह कार्य सम्पन्न हो सका। इसे बताना जरूरी है। उम्मीद करता हूँ कि यह पुस्तक साहित्य में रुचि रखनेवाले विज्ञजनों के साथ सामान्य छात्रों और परीक्षाओं में शामिल होनेवालों को साथ-साथ पसन्द आएगी। ये रचनाकार समझ में आ जाएँ, यही प्रयास मैंने इस पुस्तक में किया है।

रामबक्ष जाट
प्रोफेसर एवं पूर्व अध्यक्ष भारतीय भाषा केन्द्र
जवाहरलाल नेहरू विश्वविद्यालय, नई दिल्ली

जायसी

प्रस्तावना

वासुदेवशरण अग्रवाल ने 'पदमावत' (पाठ और संजीवनी व्याख्या) की भूमिका में लिखा है कि "पदमावत की रचना आज से लगभग चार सौ वर्ष पूर्व शेरशाह के समय में हुई, फिर भी हिन्दी जगत में उसकी परम्परा एक प्रकार से लुप्तप्राय थी। हिन्दी-संसार के सामने पदमावत को लाने का श्रेय आचार्य पं. रामचन्द्र शुक्ल को है। यद्यपि शुक्ल जी से पहले ही पं. सुधाकर द्विवेदी ने पदमावत के पच्चीस खंडों का (वर्तमान संस्करण के 274 तक) सटीक संस्करण प्रकाशित किया था, तथापि इस काव्य को सार्वजनिक रूप से हिन्दी जगत् के दृष्टिपथ में लाने का कार्य शुक्लजी ने ही किया। सन् 1924 में काशी नागरी प्रचारिणी सभा से उन्होंने पदमावत का पहला संस्करण प्रकाशित किया।" (पृ. 8) स्वयं शुक्लजी ने बनारस हिन्दू विश्वविद्यालय के पाठ्यक्रम के कारण पदमावत के संपादन की आवश्यकता महसूस की, क्योंकि "बी.ए. और एम.ए. दोनों की परीक्षाओं में पदमावत रखी गई।" फिर "पुस्तक के बिना हर्जा हो रहा था" इसलिए आचार्य रामचन्द्र शुक्ल ने *जायसी ग्रन्थावली* का संपादन किया और संवत् 1980 से इनका प्रकाशन प्रारम्भ हुआ। शुक्ल जी ने इस ग्रन्थावली की एक विद्वतापूर्ण भूमिका लिखी। इसके पश्चात जायसी भक्तिकाल के चार श्रेष्ठ कवियों में गिने जाने लगे।

इससे पूर्व जायसी 'त्रिवेणी' में शामिल नहीं हुए। यहाँ तक कि हिन्दी नवरत्नों में भी जायसी को स्थान नहीं मिला था। शुक्ल जी का 'हिन्दी साहित्य का इतिहास' में भक्तिकाल की चार धाराओं में सूफी साहित्य को भी स्थान मिला और जायसी हिन्दी के महत्त्वपूर्ण कवि स्वीकृत हुए। शुक्ल जी के पश्चात् पदमावत का पाठ संपादन माताप्रसाद गुप्त ने किया। इसके पश्चात् वासुदेवशरण अग्रवाल ने इसके मूल पाठ को व्याख्या सहित प्रस्तुत किया। हिन्दी में पदमावत का यह सर्वाधिक स्वीकृत पाठ है।

पद्मावत की रचना फारसी लिपि में और अवधी भाषा में हुई। इसकी अधिकांश पाण्डुलिपियाँ फारसी में मिलती हैं। सिर्फ एक पाण्डुलिपि कैथी लिपि में मिली है। तब यह सन्देह उत्पन्न होता है कि शायद जायसी को नागरी लिपि का ज्ञान नहीं

था। लिपि की कठिनाई के कारण (या शायद और कोई कारण रहा हो) भक्तिकाल के किसी कवि ने जायसी आदि सूफी कवियों का उल्लेख लगभग नहीं किया है। उन्होंने रसखान और रहीम का उल्लेख तो किया है, लेकिन सूफी कवियों के प्रति वे उदासीन बने रहे। जायसी ने भी पौराणिक पात्रों का तो उल्लेख किया है, लेकिन हिन्दी के अन्य कवियों का उल्लेख उन्होंने भी नहीं किया है। यह सम्प्रेषणहीनता तब अखरती है, जब हम देखते हैं कि पदमावत के 34 वर्ष पश्चात अवधी में जायसी की वर्णन पद्धति के अनुसार दोहा-चौपाई में रामचरित मानस की रचना की गई थी। जायसी से पूर्व भी सूफी कवियों ने अवधी में प्रेमाख्यान काव्यों की रचना की थी। जिनका उल्लेख जायसी ने किया है। "राजकुँवर कंचनपुर गयऊ। मिरगावती कहँ जोगी भयऊ।" (जायसी ग्रन्थावली, पृ. 19)

शुक्लजी ने इस तथ्य का भी उल्लेख किया है कि "'पद्मावत' की हस्तलिखित प्रतियाँ अधिकतर मुसलमानों के ही घर में पाई गई हैं।" साथ ही उन्होंने इस तथ्य का भी ध्यान दिलाया है कि "जिन मुसलमानों के यहाँ यह पोथी देखी गई है, उन सबको मैंने विरोध से दूर और अत्यन्त उदार पाया।" (जायसी ग्रन्थावली, पृ. 20)

शुक्लजी के अनुसार जायसी निजामुद्दीन औलिया की शिष्य परम्परा में थे। हालांकि विजयदेव नारायण साही ने इस मत का खण्डन किया था। उनका कहना है कि जायसी कवि थे, सूफी कवि नहीं थे। अर्थात् उन्होंने सूफी मत का प्रचार करने के लिए 'पद्मावत' की रचना नहीं की थी।

इस विवाद में न पड़कर पहले हम 'पद्मावत' का अध्ययन करते हैं। पद्मावत का प्रारंभ ईश्वर की वंदना से होता है। जायसी बहुत सतर्क कवि हैं, उन्होंने ईश्वर को अल्लाह नहीं कहा, हालांकि उनका तात्पर्य अल्लाह से ही था। यहाँ उन्होंने 'करतार' शब्द से पुकारा है। इस अवधारणा से किसी के असहमत होने की गुंजाइश नहीं है। इस 'करतार' ने हमें प्राण दिया और संसार बनाया। इसी ने जल, हवा, आग और मिट्टी बनाई। स्वर्ग और पाताल बनाये। धूप-छाँह, रात-दिन सब बनाया। करतार के इस सर्जन के विविध रूपों का बारीक वर्णन करने के पश्चात् जायसी ने पैगम्बर मुहम्मद का वर्णन किया। उनके बाद के चारों खलीफाओं का जिक्र किया है। यह इस्लाम की मूल मान्यताओं के अनुरूप है।

इसके पश्चात् जायसी ने तत्कालीन दिल्ली सुल्तान शेरशाह का उल्लेख किया है जो चारों कोनों में सूर्य की तरह तप रहा है। फिर जायसी ने सैयद अशरफ, हाजी शेख, गुरु मुहीउद्दीन की तारीफ करने के पश्चात् अपने चार मित्रों का उल्लेख किया। ये सभी मुसलमान थे। अर्थात् जायसी का उठना-बैठना इस्लाम के अनुयायियों के साथ था।

आचार्य रामचन्द्र शुक्ल का मत है कि पदमावत का आधा हिस्सा काल्पनिक है और आधा हिस्सा इतिहास पर आधारित है। "रत्नसेन की सिंहलद्वीप यात्रा से लेकर

चितौड़ लौटने तक हम कथा का पूर्वार्द्ध मान सकते हैं और राघव के निकाले जाने से लेकर पद्मिनी के सती होने तक उत्तरार्द्ध।" इसका पूर्वार्द्ध "बिलकुल कल्पित कहानी है और उत्तरार्द्ध ऐतिहासिक आधार" पर है (जायसी ग्रन्थावली, पृ. 34), इसमें भी गोरा-बादल और देवपाल का प्रसंग कल्पित माना जाता है। जायसी ने अवध में प्रचलित लोककथा, इतिहास-पुराण की सामग्री और कल्पना के मेल से 'पदमावत' की रचना सन् 1540 में की थी।

'पदमावत' में जायसी ने सिंहल द्वीप का वर्णन बहुत भव्य तरीके से किया है। उनके अनुसार संसार में सात द्वीप हैं—दिया, सरन, जम्बू, लंका, कुश-स्थल, महु-स्थल और सिंहल। इसमें सिंहल द्वीप में पदमावती का और जम्बू द्वीप में रतनसेन का जन्म होता है। आरंभ में जायसी बड़ी सज-धज के साथ सिंहल द्वीप का वर्णन करते हैं और यह कहना नहीं भूलते कि सभी द्वीपों में से सिंहल द्वीप सर्वश्रेष्ठ है। संसार में जो कुछ सुन्दर है, काम्य है, जिसकी कोई कामना कर सकता है, वह सब सिंहल द्वीप में है।

हालाँकि जायसी अपने पाठकों या कथा के श्रोताओं को यह विश्वास दिलाते हैं कि वर्णन की विशेषता दर्पण की भाँति होनी चाहिए, परन्तु जब वे सिंहल द्वीप का वर्णन करते हैं तब अतिशयोक्ति की सारी सीमाएँ पार कर जाते हैं। सिंहलद्वीप के राजा गंधर्वसेन का वैभव रावण से भी बढ़कर था। उसकी घुड़साल में सोलह सहस्त्र घोड़े और सात सहस्त्र सिंहली हाथी थे, जो इन्द्र के हाथी ऐरावत के समान शक्तिशाली थे। इस द्वीप का सौन्दर्य स्वर्ग के समान है। फल-फूल, बाग-बगीचे, कुँआ-बाबड़ी सबका जायसी वर्णन करते जाते हैं। उसकी जगत पर बैठकर लोग ध्यान, पूजा, अर्चना करते रहते हैं। वहाँ मानसरोवर का निर्मल जल है। लंका द्वीप से शिलाएँ मँगवाकर सीढ़ियाँ बनवाई गई हैं। इतना सारा वर्णन करने के बाद भी कवि का मन नहीं भरता और वे कहते हैं कि 'ताल तलावरि बरनि न जाहिं। सूझई वार पार तेन्ह नाहीं।' (पृ. 33) फिर इस सिंहल द्वीप का किला—'का बरनौ जस लाग अकासा' (पृ. 40) वह पृथ्वी के नीचे कछुए की पीठ और बासुकि नाग पर टिका हुआ है। चारों तरफ गहरी खाई है।

> परा खोह चहुँदिसि तस बांका। काँपै जाँधि जाई नहीं झाँका।
> अगम असूझ देखि डर खाई । परै सो सप्त पतारन्ह जाई। (पृ. 40)

उसके नौ बाँके दरवाजे हैं और महल की नौ मंजिलें हैं। जो इन नवों पर चढ़ जाता है, वह ब्रह्माण्ड में पहुँच जाता है। उसका सौन्दर्य न तो हृदय में समाता है और न उस तक दृष्टि ही पहुँच पाती है। सूर्य और चन्द्रमा अपने रथ को इस महल से बचा-बचा कर निकालते हैं, अन्यथा उनका रथ चूर-चूर हो सकता है। महल में नीर और खीर नामक दो नदियाँ हैं। उसका पानी पीकर सब जवान बने रहते हैं।

जायसी अपने पाठक को श्रोता बना देते हैं इसलिए सम्पूर्ण 'पदमावती' में कथा का प्रवाह दिखाई देता है। सिंहल द्वीप में आते ही कवि कल्पना की उड़ान भर लेता है और पाठक पंतग की तरह आकाश में ऊँचे से ऊँचा उड़ता रहता है। बीच-बीच में जब जायसी का मन करता है, तब वह पाठक को धरती पर उतार देता है। इस तरह लौकिक को अलौकिक और अलौकिक को लौकिक बना देने में जायसी सिद्धहस्त हैं। दोनों के बीच कोई फाँक नहीं है। मानसरोदक खंड में अलौकिक पदमावती को भी नैहर की सुखद कामना के बीच सास-ससुर के सम्भावित कड़ुए बोल याद आ जाते हैं। यहाँ पर अलौकिक सौन्दर्य पर मुग्ध पाठक भी सहज ही धरती पर आ जाता है।

सिंहल द्वीप का सौन्दर्य पाठक का काम्य सौन्दर्य है। काश! ऐसी धरती हमारी होती। जहाँ की वनराई में जेठ मास में भी सर्दी लगे। हाट-बाजार, राजसभा के साथ पनघट का सौन्दर्य भी अद्भुत है। जहाँ की पनिहारिनें "लंकसिंघनी, सारँग नैनी। हँस गामिनी, कोकिल बैनी" हैं। भारतीय साहित्य की जो उपमाएँ प्रचलित हैं जायसी ने उन सबका उपयोग कर लिया है।

बीच-बीच में जायसी दर्शन का उपदेश भी देना नहीं भूलते। नौ द्वारों के बाद जो दसवाँ द्वार है वहाँ राज घड़ियाल बजता है। इस घड़ियाल पर जो घण्टे भर बाद डंडा पड़ता है तो सारे संसार का जीवन एक घड़ी कम हो जाता है।

'पड़ा जो डाँड जगत सब डाँडा। का निचिंत माँटी कर भाँडा।'

तुम क्या निश्चित सोये हुए हों। यह एकदम से कवि लौकिक हो गया।

'पद्मावत' का पूर्वार्द्ध भले ही काल्पनिक है। परन्तु वह ताजगी भरा और काव्यात्मक है। उत्तरार्द्ध में फिर-फिर वही बातें, वही उपमाएँ और वही प्रसंग आ जाते हैं, जिन्हें हम पूर्वार्द्ध में पढ़ चुके हैं। नागमती के विरह से पीड़ित होकर गेहूँ का हृदय फट जाता है। वही गेहूँ बादशाह के भोज खण्ड में भोज की तैयारी देखकर फिर 'हिय फाटा' (पृ. 583)। इसी तरह सिंहल द्वीप में गंधर्वसेन के महल का दिव्य वर्णन हम पढ़ चुके हैं। वैसी ही उपमाओं, उत्प्रेक्षाओं और अतिशयोक्तिपूर्ण कथनों में चित्तौड़ के ऐश्वर्य का वर्णन फिर से पढ़ते हैं। यहाँ भी आकाश-पाताल मिला दिया गया है। गंधर्वसेन के राजमहल की तरह चित्तौड़गढ़ में राजा रतनसेन के यहाँ भी सोलह सौ दासियाँ थीं, जो एक से बढ़कर एक श्रेष्ठ वर्ण की थीं, मानो इन्द्र की अप्सराएँ पंक्ति बाँध कर खड़ी हैं। चित्तौड़ के महल में भी 'पँवकी सात सातों खंड बाकी' (पृ. 596) हैं। सभी के सोने के किवाड़ थे और घड़ियाल बजते थे। यहाँ पर भी ताल, तालाब, सरोवर भरे हुए हैं। चारों ओर बगीचे लगाए हुए हैं। अनेक कुएँ और बावड़ियाँ बनी हुई हैं। बादशाह की दावत का जायसी ने कितना ही भव्य वर्णन कर रखा है।

पूर्वार्द्ध में पदमावती का नख-शिख वर्णन हीरामन तोता करता है। उसी पदमावती का वर्णन उत्तरार्द्ध में अलाउद्दीन खिलजी के सामने राघव चेतन करता है। हालाँकि पूर्वार्द्ध में इस सौन्दर्य की भव्यता के कारण रतनसेन के मन में प्रेम भाव का उदय होता है और वह जोगी बनकर उसे लेने सिंहल द्वीप पहुँच जाता है। उत्तरार्द्ध में अलाउद्दीन खिलजी के मन में काम भाव जाग्रत होता है और वह चित्तौड़ पर आक्रमण करने चल पड़ता है।

स्तुति खण्ड के पश्चात् जायसी जब सिंहल द्वीप का वर्णन करना प्रारम्भ करते हैं, तब अपनी वर्णन कला की विशेषता बताते हैं—

बरन क दरपन भाँति विसेखा। जेहि जस रूप सो तैसेइ देखा।

(पदमावत्, पृ. 25)

अर्थात् वर्णन की विशेषता दर्पण की भाँति होनी चाहिए। जो जैसा है, उसे वैसा ही चित्रित किया जाना चाहिए, जैसे दर्पण वस्तु का प्रतिबिम्ब दिखाता है। पदमावती यदि संसार में सर्वश्रेष्ठ सुन्दरी है तो उसका वर्णन उसी भव्यता और गरिमा के साथ होना चाहिए। गोरा-बादल जिस आदर के योग्य है, जायसी उन्हें उतना ही आदर देते हैं। राघव चेतन की धूर्तता उसके वर्णन में परिलक्षित होती है। अलाउद्दीन की सैन्य शक्ति रतनसेन से अधिक है और रतनसेन का चारित्रिक और नैतिक बल अलाउद्दीन से बढ़कर है, इस बात को जायसी रेखांकित कर देते हैं। हालांकि जायसी अपने किसी पात्र की निन्दा नहीं करते। सबकी तारीफ करते-करते भी वे बड़ी कुशलता से बता देते हैं कि नागमती से पदमावती का सौन्दर्य अधिक प्रभावशाली है। हालांकि नागमती भी कम रूपवती नहीं है।

यहाँ तक कि पदमावती और नागमती की दासियों के व्यक्तित्व को भी वे आदरपूर्वक उपस्थित करते हैं। ये भी रानी के सामने अपनी बात सहजता से रख देती है। पदमावती जब एक बार बेहोश हो जाती है, तो उसकी सखियाँ उसे अपने पल्लू से हवा करती हैं। पति के पास जाते समय पदमावती थोड़ा-सा डरती है तो ये अनुभवी सखियाँ उसे मानसिक सहारा देती हैं। नागमती की दासियाँ सिर्फ आज्ञापालन के लिए ही नहीं आतीं, नागमती को समझाने का सामर्थ्य भी रखती हैं। जब नागमती विरह में पीड़ित होकर वन-वन डोलती है, तब ये कहती है—

पाट महादेइ हिएँ न हारू। समुझि जीउ चित चेतु सँभारू।

(वही, पृष्ठ 342)

हे महादेवी अपने हृदय में हारो मत। अपने चित्त को सँभालो। भौंरा कमल के संग जाकर भी पराया नहीं होगा। अपने पूर्व प्रेम को याद करके वह वापिस लौटेगा। धरती जैसे आकाश के मेघ से स्नेह करती है, तो वह भी लौटकर वर्षा ऋतु में उसे

मेह से भर देता है। तुम अपने पति से प्रेम करती हो, तो वह भी तुमसे प्रेम करता है। अत: अपने दर्द को सहन करो। दस दिन तक जल सूखा भी रहा तो क्या हानि है? पुन: वही सरोवर और वही हंस होगा। नागमती को इनकी बातों से कितनी शक्ति मिली होगी, इसे स्पष्ट देखा जा सकता है। हालाँकि नागमती ने उनकी बातों का कोई प्रत्युत्तर नहीं दिया।

पदमावत के लक्ष्यीभूत पाठक

दरअसल पदमावत की रचना का कथ्य और उनके लक्ष्यीभूत पाठक में अलगाव है। जायसी सूफी कवि हैं। अत: उसमें अन्तत: इस्लाम का महत्त्व प्रतिपादित किया गया है। परन्तु यह हिन्दुओं को सम्बोधित रचना है। जायसी ने हिन्दू घरानों में प्रचलित रतनसेन-पदमावती की प्रेम कथा को अपना आधार बनाया है। इसलिए इसमें बार-बार हिन्दू पौराणिक पात्र और प्रसंग आते रहते हैं। पदमावती का सौन्दर्य अल्लाह का सौन्दर्य है, उसी तरह जैसे 'चन्दायन' में चन्दा का सौन्दर्य अल्लाह का सौन्दर्य है। पदमावती जब हँसती है तो फूल झड़ते हैं और रोती है तो मोती बिखरते हैं। (पृ. 236) हीरामन जब राजा रतनसेन के सामने पदमावती के सौन्दर्य का वर्णन करता है तो वह कहता है—"का सिंगार ओहि बरनौं राजा। ओही क सिंगार ओहि पै छाजा।" (पृ. 96) उसका श्रृंगार तो अद्वितीय है। वह जब अपनी बेनी खोलकर केशों को झाड़ती है, तब आकाश से पाताल तक अँधेरा छा जाता है। जिस दिन पदमावती के दाँतों की ज्योति निर्मित हुई, उसी ज्योति से दूसरी ज्योतियाँ निर्मित हुईं। उसी ने सूर्य, चन्द्र और नक्षत्रों को ज्योति दी। उसी ने रत्न, हीरे, माणिक और मोतियों को ज्योति दी। जगत का सम्पूर्ण सौन्दर्य और वैभव पदमावती के सौन्दर्य से प्रतिबिंबित है।

जब रतनसेन को सूली पर चढ़ाया जा रहा था, तब सारे पौराणिक देवता एक साथ उसके समर्थन में आ गए। सबसे पहले शिव, फिर ब्रह्मा, फिर कृष्ण और राम-हनुमान आ गये। यही नहीं नौ नाथ और चौरासी सिद्ध, शेषनाग, बादल, पहाड़ और तैंतीस करोड़ देवी-देवताओं को जायसी ने इकट्ठा कर लिया। ताकि सभी प्रकार के हिन्दू इस कथा से अपने आपको जोड़ सकें।

> महादेव रन घंट बजावा। सुनि कै सबद ब्रह्मा चलि आवा। 3।
> चढ़े अत्र लै किस्न मुरारी। इन्द्रलोक सब लाग गोहारी। 4।
> फनपति फन पतार सौं काढ़ा। अस्टौ कुरी नाग भा ठाढ़ा। 5।
> तैंतिस कोटि देवता साजा। औ छयानवे मेघ दर गाजा। 6।
> छप्पन कोटि बैसंदर बरा। सवा लाख परबत फरहरा। 7।
> नवौ नाथ चलि आवहिं औ चौरासी सिद्ध।
> आजु महा रन भारथ चले गँगन गरुड़ औ गिद्ध॥ (पृ. 251)

इन सब पर गंधर्वसेन भारी पड़ता है। वह कहता है कि मुझसे इन्द्र डरता है और नित्य मस्तक नवाता है। वह कृष्ण भी मुझसे डरता है, जिसने शेषनाग को नाथा था। वह ब्रह्मा मुझसे डरता है जिसके चार मुँह हैं। पाताल के बासुकि नाग और बलि मुझसे डरते हैं। धरती, मंदराचल और मेरु पर्वत मुझसे डरते हैं। आकाश के चन्द्र, सूर्य और कुबेर मुझसे डरते हैं। वे मेघ मुझसे डरते हैं, जिनमें बिजली दिखती है। वह कुर्म मुझसे डरता है जिसकी पीठ पर धरती है। यदि मैं चाहूँ तो इन सबको केश पकड़कर मँगवा सकता हूँ। भले ही गंधर्वसेन एक काल्पनिक पात्र है, लेकिन पौराणिक हिन्दू देवता उस अर्थ में काल्पनिक नहीं हैं। उनकी मिथकीय स्वीकृति है, इसलिए जायसी ने रतनसेन के समर्थक इन देवताओं को अपराजेय ही दिखाया है। इसके लिए उन्होंने गंधर्वसेन और रतनसेन के युद्ध को ही टाल दिया है। इन देवताओं की उपस्थिति से पाठक अपने आपको आश्वस्त पाता है कि अन्ततः रतनसेन को कोई हानि नहीं पहुँचने वाली है।

हालाँकि अलाउद्दीन खल पात्र है, लेकिन जायसी उसका चित्रण पूरी मर्यादा के साथ करते हैं। राघव चेतन जब उसके दरबार में पहुँचता है, तब अलाउद्दीन की कार्यकुशलता और राज्य प्रबन्धन की तारीफ की जाती है। जब वह पदमावती की तारीफ करता है तब भी उसके मन में कोई मोह जाग्रत नहीं होता। वह कहता है कि मेरे रनिवास में एक से एक सुन्दर स्त्रियाँ हैं। जब राघव चेतन पदमावती के विरल सौन्दर्य का वर्णन करता है तब उसके मन में आता है कि संसार की सबसे सुन्दर वस्तुएँ तो मेरे पास में होनी चाहिए और एक सम्राट के लिए, यह कोई अस्वाभाविक आकांक्षा नहीं है। अलाउद्दीन कहता है—

"सप्त दीप महँ चुनि चुनि आनी। सो मोरें सोरह सौ रानी॥" (वही, पृ. 476)

इसके बाद राघवचेतन अपने बुद्धि-कौशल से अलाउद्दीन को प्रभावित करता है, तब वह पदमावती को पाने के लिये प्रयत्न करता है। वह राघवचेतन के प्रस्ताव पर एकदम अपनी सहमति नहीं देता है। इस गाम्भीर्य से अलाउद्दीन का दोष सीमित हो जाता है।

आचार्य रामचन्द्र शुक्ल रतनसेन और पदमावती के प्रेम की ज्यादा तारीफ नहीं करते। भले ही पदमावती ईश्वर का प्रतिरूप है, लेकिन रतनसेन का प्रेम दरअसल 'लोभ' से प्रारम्भ होता है। आगे चलकर भले ही यह लोभ प्रेम में परिवर्तित हो गया हो, परन्तु था तो वह लोभजन्य प्रेम ही। इस प्रेम को पाने के लिए रतनसेन ने समर्पण का सहारा लिया। यही लोभ अलाउद्दीन में भी जागा। इस स्तर पर दोनों समान भावभूमि पर आ जाते हैं। अलाउद्दीन ने समर्पण का रास्ता नहीं अपनाया, वरन् बल प्रयोग का रास्ता अपनाया। इस कथा में जायसी ने स्थापित किया कि बल प्रयोग से नहीं, वरन् सहमति से ही प्रेम को पाया जा सकता है।

फिर जिस समय रतनसेन ने पदमावती को पाने का प्रयास किया था, उस समय तक पदमावती कुँवारी थी। उसके पास प्रेम-प्रस्ताव भेजना नीति विरुद्ध नहीं था, लेकिन अलाउद्दीन ने जब प्रेम-प्रस्ताव भेजा तब पदमावती विवाहिता थी और भारतीय परम्परा के अनुसार "किसी की ब्याही स्त्री माँगना धर्म और शिष्टता के विरुद्ध है।" (जायसी ग्रन्थावली, पृ. 124)

अलाउद्दीन की सेना की दुर्दम्य शक्ति का वर्णन भी जायसी पूरे ठाट-बाट से कराते हैं।

आवै डोलत सरग पतारू। काँपै धरती न अँगवै भारू॥1॥
टूटहिं परबत मेरू पहारा। होइ होइ चूर उड़हि होइ छारा॥ 2॥ (पृ. 441)

इसके वैभव का पूरे सम्मान के साथ जायसी ने वर्णन किया है। युद्ध होता है तो रतनसेन को लगता है कि आमने-सामने के युद्ध में बादशाह को हराना मुश्किल है। अलाउद्दीन को भी लगता है कि चित्तौड़ के दुर्ग पर अधिकार संभव नहीं है। फिर समझौता होता है और अलाउद्दीन धोखे से रतनसेन को गिरफ्तार कर लेता है। फिर उसी कौशल से पदमावती रतनसेन को छुड़वा लेती है। राजा वापिस चित्तौड़ में आता है। अलाउद्दीन की फौज पीछा कर रही है। कथा की गति इस ओर जाती है कि अबकी बार अलाउद्दीन रतनसेन को मार डालेगा। लेकिन यहाँ जायसी कथा को नया मोड़ देते हैं। इस बीच में रतनसेन का युद्ध देवपाल से होता है और कुंभलनेर के राजा देवपाल विष बुझी सांगी से रतनसेन को मारता है और इसी से रतनसेन की मृत्यु हो जाती है। इस तरह कथा के स्वाभाविक विकास को मोड़कर कवि रतनसेन की मौत की जिम्मेदारी से अलाउद्दीन को बचा लेता है। पदमावती नागमती जौहर में जल मरती है। इतने में अलाउद्दीन भी वहाँ पहुँच जाता है और वह पदमावती की राख को उठाकर एक दार्शनिक वक्तव्य देता है—

छार उठाइ लीन्हि एक मूँठी। दीन्हि उड़ाइ पिरिथमी झूठी॥ 4॥ (पृ. 712)

इस दार्शनिक वक्तव्य से अलाउद्दीन का खल चरित्र मुक्त हो जाता है। क्या ऐसा जायसी ने जानबूझकर किया या यही इतिहास की कथा है। परन्तु जायसी इतिहास को कहाँ मानते हैं। सम्भवतः हिन्दू-मुस्लिम एकता को बचाने के लिए जायसी ने कथा में यह मोड़ डाल दिया ताकि पदमावती के सती होने के पाप से अलाउद्दीन को बचाया जा सके।

जायसी दरअसल अपने पाठकों को यह बताना-समझाना चाहते हैं कि मूल रूप से धार्मिक भेदभाव है ही नहीं। करतार का जो स्वरूप इस्लाम में है, वही स्वरूप, थोड़े-बहुत फेरबदल के बाद हिन्दुओं में भी है। और प्रेम का भाव सभी मनुष्यों

को समान रूप से उद्वेलित करता है। वह करतार किसी को दिखाई नहीं देता, तब भी वह सब में समाया हुआ है। केवल धर्मात्मा व्यक्ति उसे पहचान पाते हैं। पापी नहीं पहचान पाते। न कोई उसका पुत्र है, न वह किसी का पुत्र है। न उसका जन्म हुआ है न उसने किसी को जन्म दिया है। जो वह करना चाहता है, वही करता है। उसके हाथ नहीं हैं फिर भी वह रचता है। उसके जीभ नहीं है फिर भी वह सब कुछ बोलता है। उसके कान नहीं हैं, पर वह सब कुछ सुनता है। उसके नेत्र नहीं हैं, फिर भी वह सब कुछ देखता है। वह तो 'रूप रेख बिनु निरमल नाऊँ' है। यह करतार नेति-नेति की तरह हिन्दुओं का निर्गुण ब्रह्म भी तो है।

इसी करतार ने एक निर्मल पुरुष मोहम्मद साहब को बनाया। फिर जायसी ने इस्लाम की मूल मान्यताओं के अनुरूप चार खलीफाओं का आदरपूर्वक उल्लेख भी किया। दरअसल जायसी इसे स्थापित करना चाहते हैं कि दर्शन के स्तर पर हिन्दू-मुसलमान में कोई भेद नहीं है। इसके बाद जायसी स्थान-स्थान पर वेद-पुराण को उद्धृत करके अपने पाठकों को आश्वस्त करते हैं कि भेद मिथ्या है। अभेद ही सत्य है। अत: दर्शन के स्तर पर इस्लाम भी हिन्दू धर्म के समान ही है।

इसके बाद जायसी शेरशाह सूरी का वर्णन करते हैं जो पृथ्वी के चारों कोनों पर सूर्य की भाँति चमकता है। उसके हाथी और घोड़ों की सेना जब संसार में फैलकर चलती है तो पर्वत टूट-टूटकर धूल होकर उड़ जाते हैं। आगे वे अलाउद्दीन खिलजी की सेना का भी इसी तरह से वर्णन करते हैं।

शेरशाह के न्याय और रूप का वर्णन करने के उपरान्त उसकी दानवीरता का वर्णन करते हैं। यहाँ वे इतिहास और मिथक को मिला देते हैं।

> बलि और विक्रम दानि बड़ अहे। हेतिम करन तिआगी कहे।
> सेर साह सरि पूज न कोऊ। समुँद सुमेर घटहिं नित दोऊ। (पृ. 16)

राजा बलि, विक्रमादित्य और कर्ण से तुलना करके शेरशाह को इनके समकक्ष या बढ़कर बता दिया है। इस तरह हिन्दू-मुसलमानों के मन में अभेद का भाव स्थापित किया जाता है, जिसमें किसी को भी खल साबित नहीं किया जाता। अलाउद्दीन ने जो हरकत की, वही हरकत देवपाल भी तो करता है। फिर दोनों का भेद धार्मिक तो नहीं है। ये उनके व्यक्तित्व का दुर्गुण है।

रतनसेन और अलाउद्दीन दोनों की तुलना करते हुए शुक्ल जी का मत है कि "अलाउद्दीन के पक्ष में दो बातें ठहरती हैं—1. पद्मावती का दूसरे की विवाहिता स्त्री होना और 2. अलाउद्दीन का उग्र प्रयत्न करना। दोनों प्रकार के अनौचित्य अलाउद्दीन की चाह को प्रेम का स्वरूप प्राप्त नहीं होने देते। यदि इस अनौचित्य का विचार छोड़ दें तो रूप वर्णन सुनते ही तत्काल दोनों के हृदय में जो चाह उत्पन्न हुई वह एक दूसरे से भिन्न नहीं जान पड़ती।" (जायसी ग्रंथावली, पृ. 43)

हालाँकि हीरामन के वर्णन की भव्यता हमें आकर्षित करती है। दुबारा राघव चेतन का वर्णन पिष्टपेषण लगता है।

इसी तरह गंधर्वसेन का महल कछुए की पीठ पर टिका हुआ है। वहीं कछुए की पीठ अलाउद्दीन की सेना के प्रयाण में हिलने-डुलने लगती है। उत्तरार्द्ध के वर्णन की यह पुनरावृत्ति कई बार खटकती है।

नागमती का विरह-वर्णन

नागमती का विरह-वर्णन पदमावती-रतनसेन के प्रेम-प्रकरण पर एक टिप्पणी है। आखिर नागमती का दोष क्या है? वह भी अपने पति से प्यार करती है। युवा है। सुंदरी है। पति उससे खुश है। संतुष्ट है। उसको भी पति से कोई शिकायत नहीं है। फिर रतनसेन उसको छोड़ कर क्यों चला गया? माना कि वह रूप-गर्विता है, परंतु यह कोई इतना बड़ा दोष नहीं है, जिसके कारण पति उससे अधिक सुंदरी स्त्री के पीछे जोगी बन कर चला जाये। न्याय-बुद्धि से निर्णय करने वाले ज्ञानी हीरामन के मन में उसका ध्यान क्यों नहीं आया? नागमती को आशंका थी और वह सही निकली कि उसका रूप लोभी पति सुए के कहने से चला जाएगा। और वह चला गया। सुए को भी पता था कि उसके कहने का असर रतनसेन पर पड़ेगा। ऐसा सत्य हीरामन ने क्यों कहा जिससे नागमती के जीवन में विरह का संताप आया।

नागमती जब बोलती है तो उसकी बातों में सत्य की ताकत होती है। अपने दर्द की ताकत होती है। वह ताकत आज भी हमें प्रभावित करती है। फिर उसकी बातों का, तर्कों का कोई उत्तर किसी के पास नहीं है। कोई यह नहीं कहता कि वह गलत कह रही है। पशु-पक्षी भी उस निर्जन स्थान में उसके साथ हैं। उससे सहमत हैं। पक्षी जो भी बोलता है वह नागमती की सहमति में बोलता है। रतनसेन और पदमावती के पास भी नागमती के तर्कों का कोई जवाब नहीं है। इसलिए जब रतनसेन के पास नागमती का सन्देश पहुँचता है तो वह तुरंत चित्तौड़ के लिए रवाना हो जाता है। कोई उसको रोक नहीं पाता। यह उसके तर्कों की ताकत है।

नागमती अपने विरह वर्णन के द्वारा रतनसेन के मन में अपराधबोध जगाने में सफल हो जाती है। रतनसेन का अपराधबोध नागमती की पीड़ा को वैधता प्रदान करता है। इससे रतनसेन संवेदनशील होने का प्रमाण पाता है। अन्यथा इस बिन्दु पर वह खल पात्र हो सकता था। बहुपत्नी के पति को अपनी पहली पत्नी की अवहेलना करने का अधिकार नहीं है। उसको उचित मान-सम्मान मिलते रहना चाहिए।

वैसे भी जायसी न्यायप्रिय लेखक हैं। वे प्रत्येक पात्र को बोलने का अवसर देते हैं। रतनसेन और पदमावती तो उनके प्रिय पात्र हैं। पदमावती तो है ही अद्भुत। उसके सौन्दर्य का क्या बखान करूँ। उसका सौन्दर्य तो उसी को शोभा देता है।

वह जब बेनी खोलकर अपने बालों को झाड़ती है, तब स्वर्ग और पाताल में सब जगह अँधेरा छा जाता है। उसकी भौहों के सौन्दर्य को देखकर स्वर्ग की अप्सराएँ छिप गयीं। उसी ने सूर्य, चंद्र और नक्षत्रों को ज्योति दी। वही ज्योति रत्न, मणिक्य और मोतियों में हमें दिखाई देती है। जिसको देखते ही रतनसेन बेहोश हो गया। काँच में जिसकी परछाईं देखकर अलाउद्दीन बेहोश हो गया। ऐसी अनिन्द्य सुन्दरी के मोहपाश से मुक्त करवाकर रतनसेन को वापिस चित्तौड़ बुला लेना बड़ी बात है।

आचार्य रामचन्द्र शुक्ल रतनसेन और पदमावती के प्रेम और सौन्दर्य की ज्यादा तारीफ नहीं करते। वे नागमती के विरह-वर्णन पर मुग्ध हैं। "नागमती का विरह वर्णन हिन्दी साहित्य में एक अद्वितीय वस्तु है। नागमती उपवनों में पेड़ों के नीचे रात भर रोती फिरती है। इस दशा में पशु, पक्षी, पेड़, पल्लव जो कुछ सामने आता है उसे वह अपना दु:खड़ा सुनाती है।" (जायसी ग्रंथावली, पृ. 49)

नागमती नादान, नासमझ या भोली-भाली नायिका नहीं है। वह प्रौढ़ है। समझदार है। उसे मौसम की जानकारी है, प्रकृति की समझ है। नक्षत्रों की गति को वह पहचानती है। उसे भारतीय पौराणिक कथाओं का पता है। उसे कृष्ण-गोपियों के प्रेम, गोपीचन्द भर्तृहरी की कथा का पता है। वह उन नायिकाओं के सातत्य में अपने आप को पाती है। कृष्ण को अक्रूर ले गए। भर्तृहरि को जालन्धरनाथ योगी ले गया। ये लोग अच्छे-खासे अपनी नायिकाओं के साथ सुख-पूर्वक रमण कर रहे थे। मैं भी आराम से थी, लेकिन पता नहीं यह हीरामन सुआ कहाँ से आ गया, जो काल बनकर आया और मेरे प्राण (पति) का हरण करके ले गया। अब ऐसा लगता है कि वह किसी नागरी नारी के वश में पड़ गया है और उसी कारण मुझसे उसका मन फिर गया है। इन सब कथाओं में खल पात्र नायक नहीं थे। रतनसेन भी खल पात्र नहीं है, उनका कोई दोष नहीं है। वह तो मेरा है, परंतु बीच के लोग खल हैं। दोष उस नगर की नारी का है। पदमावती का है।

नागमती ऐसी भारतीय नारी है, जो अपने पति से अथाह प्रेम करती है। उस पर भरोसा करती है। वह पति में कमियाँ नहीं निकालती। पति का समर्थन करती है। उससे आग्रह करती है। उसे अपने लिए मानवीय बनाने का प्रयास करती है। अपनी पीड़ा का संदेश देती है, बिना उसकी छवि को खराब किए। वह बहुपत्नी प्रथा को पुरुष का स्वाभाविक अधिकार मानती है। अत: इस बात से उसे कोई शिकायत नहीं है कि वह पदमावती के पास क्यों चला गया है? वह चला गया है। मुझसे दूर चला गया है, इस बात की पीड़ा है। अब बस वह यही चाहती है कि वह वापस आ जाए, भले ही दूसरी पत्नी को लेकर आ जाए, तब भी आ जाए। यही उसकी कामना है और यही बात आचार्य रामचन्द्र शुक्ल को अच्छी लगी थी और वे नागमती पर मुग्ध हो गए। देखो, नागमती पुरुष की सत्ता को स्वीकार करती है।

इसके बाद अपना दुख रोती है। नागमती का यह रोना पुरुष प्रधान हिन्दी समाज को बहुत भाता है।

अपनी सौत के प्रति स्वाभाविक ईर्ष्या भाव नागमती में भी है। रतनसेन जब पदमावती को लेकर चित्तौड़ आते तब वह मान करती है। रात होने पर जब रतनसेन नागमती के पास आता है, तब—"नागमती मुख फेरि बईठी। सौंह न करै पुरुख सौं डीठी।" (पृ. 432) जब तुमने किसी और स्त्री से प्रेम कर ही लिया है, तब फिर मुझसे किस तरह से परिहास करता है। फिर राजा मनाता है और अगले ही छन्द में नागमती मान जाती है। यह रूठना क्षणिक है।

दरअसल जायसी कहीं भी इस पुरुष प्रधान मानसिकता को चुनौती नहीं देते। पदमावती-रतनसेन प्रकरण में भी पुरुष की श्रेष्ठता स्थापित होती है। पदमावती गुरु है। ईश्वर है। रतनसेन चेला है, परन्तु पदमावती पति के समक्ष जाते हुए वैसे ही डरती है, जैसी कोई भी भारतीय स्त्री डरती है। रतनसेन से मिलती है, विवाह होता है, षडऋतुएँ आती हैं। तब रतनसेन श्रेष्ठ पुरुष बन जाता है और पदमावती उसकी इच्छाओं के अधीन भारतीय नारी बन जाती है। वह भी अपना रानीपन भूल जाती है।

मानसरोदक खण्ड में युवा पदमावती अपनी सहेलियों के साथ आती है। तब जायसी उसकी मन:स्थिति का वर्णन करते हुए लिखते हैं—

> ऐ रानीमन देखु बिचारी। एहि नैहर रहना दिन चारी।
> जौ लहि अहै पिता कर राजू। खेलि लेहु जौं खेलहु आजू।
> पुनि सासुर हम गौनब काली। कित हम कित एह सरवर पाली।
> कित आवन पुनि अपने हाथाँ। कित मिलिकै खेलब एक साथा।
> सासु ननद बोलिन्ह जिउ लेहीं। दारुन ससुर न आवै देहीं।
> पिउ पिआर सब ऊपर सो पुनि करै दहुँ काह।
> कहुँ सुख राखै की दुख दहुँ कस जरम निबाह॥ (पृ. 61)

ससुराल के अनिश्चित वातावरण की यह चिन्ता भारतीय पुरुष प्रधान समाज में स्त्री की अपनी चिन्ता है। और यह चिन्ता पदमावती को भी चिन्तित कर रही है।

नागमती को पहले से इस पीड़ा की जानकारी थी। इसलिए उसने कोशिश की कि रतनसेन उसे छोड़कर न जाए। तुम्हें राम की तरह किसी ने वनवास तो दिया नहीं, फिर क्यों तुम जोगी बनकर जा रहे हो। यदि फिर भी जाना है तो मुझे भी जोगिनी बनाकर साथ ले चलो। जहाँ राम रहते हैं, वहीं सीता रहती हैं। राम के साथ सीता भी वन में गई थीं। तब रतनसेन कहता है,

> तुम्ह तिरिआ मति हीन तुम्हारी, मूरुख सो जो मतै घर नारी। (पृ. 127)

तुम स्त्री हो, तुम्हारी मति अल्प है। और जो व्यक्ति स्त्री की सलाह से चलता है, वह मूर्ख होता है। राम सीता को साथ ले गए तो क्या फायदा मिला। रावण ने उसका हरण कर लिया। फिर थोड़ा इतिहास-पुराण समझाकर उसको शान्त कर दिया। रतनसेन के इस कथन का नागमती ने कोई प्रतिवाद नहीं किया।

वह पति को याद कर रही है, लेकिन वह रीतिकाल की कामपीड़िता नारी नहीं है। पीड़ा है, काम की पीड़ा भी है। खाट पर एक तरफ अकेले सोने का दर्द भी है, लेकिन यह मर्यादा के भीतर का दर्द है। यह मर्यादा शुक्ल जी को पसंद आती है, यहाँ तक कि पितृसत्ता की मर्यादा का उल्लंघन नहीं करती।

नागमती के विरह की एक और विशेषता की तरफ भी आलोचकों ने ध्यान दिया है। विरह में नागमती का रानीपन छूट जाता है और वह सामान्य कृषक स्त्री बन जाती है। दरअसल वह परित्यक्ता नारी है। रानी का ऐश्वर्य तो राजा के साथ है। जब राजा (पति) छोड़कर चला गया, तब रानीपन कहाँ बचता है। पत्नीपन तो फिर भी बचा रहता है। ऐसे में नागमती अपने महल को छोड़कर जंगल में आ जाती है। जहाँ उसका प्रकृति से साहचर्य होता है। यहाँ लुएँ चलती हैं, बरसात होती है, जाड़ा पड़ता है। भारतीय काव्य परंपरा में विरह वर्णन में बारहमासा और संयोग वर्णन में षडऋतु का वर्णन किया जाता है। जायसी इस परम्परा का निर्वाह करते हैं।

भारतीय वर्ष का प्रारम्भ चैत्र महीने से होता है, परन्तु भारतीय साहित्य में बारहमासा का प्रारम्भ आषाढ़ से होता है। जायसी इस परंपरा का पालन करते हैं। जायसी को भारतीय ज्योतिष का भी गहरा ज्ञान है, अत: वे महीने के साथ-साथ नक्षत्रों का विवरण भी देते जाते हैं। इन नक्षत्रों का गहरा सम्बन्ध प्रकृति से है। इसी हिसाब से प्रकृति में परिवर्तन होता है। महीने तो भारतीय ज्योतिष में भी बारह ही होते हैं, परन्तु नक्षत्र सत्ताइस होते हैं। ये हैं—आश्विन, भरणी, कृतिका, रोहिणी, मृगशिरा, आर्द्रा, पुनर्वसु, पुष्य, आश्लेषा, मघा, पूर्वा फाल्गुनी, उत्तराफाल्गुनी, हस्त, चित्रा, स्वाति, विशाखा, अनुराधा, ज्येष्ठा, मूल, पूर्वाषाढ़, उत्तराषाढ़, श्रावण, धनिष्ठा, शतभिषा, पूर्वा भाद्रपद, उत्तराभाद्रपद और रेवती।

जिस आषाढ़ के विरह का वर्णन नागमती करती है, उसमें सबसे पहला आर्द्रा का जिक्र करती है। आर्द्रा लगते ही बिजली चमककर भूमि छूने लगी। फिर वह चिन्ता करती है कि पुष्य नक्षत्र सिर पर आ गया है। मेरा स्वामी घर पर नहीं है तो मेरे मन्दिर को और घर के छप्पर को कौन छाएगा। बरसात से पहले किसान अपने छप्पर को छाते हैं। अब नागमती यदि रानी है तो वह महल में रहती है। उसे छप्पर छाने की चिन्ता क्यों होने लगी? परन्तु यहाँ नागमती अपना रानीपन भूल चुकी है। सभी महीनों में प्रकृति के साथ तादात्म्य रखते हुए, प्रकृति से विपरीत स्थिति में जीवन जीते हुए नागमती कष्ट उठा रही है। पुनर्वसु नक्षत्र लग गया है और नागमती

रक्त के आँसू रो रही है। रक्त की बूँदें इस तरह की लग रही हैं मानो पृथ्वी पर बीर बहूटियाँ रेंग रही हैं। "जेठ जरै जग बहै लुवारा। उठै बवंडर धिकै पहारा।" (पृ. 354)

इस पूरे प्रकरण को जायसी ने बहुत मनोयोग पूर्वक लिखा है। जिसमें नागमती की मनोदशा के साथ प्रकृति की परिवर्तनशीलता भी चित्रित हो गई है।

नागमती के इस रुदन को सुनकर पशु-पक्षी और प्रकृति भी सहभागी बन रही है। यहाँ ध्यान देने की बात है कि नागमती का विरह भी अलौकिक प्रभाव से सम्पन्न हो गया है। उसके रोने की आग से सारे पक्षी जल गए। अन्ततः नागमती पक्षी के माध्यम से अपना संदेश भिजवाती है :

लै सो सँदेस बिहंगम चला। उठि आगि बिनसा सिंघला।
बिरह बजागि बीच को ठेघा, धूम जो उठे स्याम भए मेघा।
भरि गा गँगन लूक तसि छूटी। होइ सब नखत गिरहिं भुइँ टूटी।
जहँ जहँ पुहुमी जरी भा रेहू। विरह के दगध होइ जनि केहू।
राहु केतु जरि लंका जरी। औ उड़ि चिनगि चाँद मँह परी।
जाइ बिहंगम समुँद डफारा। जरे माँछ पानी भा खारा।
दाधे बन तरिवर जल सीपा। जाइ नियर भा सिंघल दीपा।
समुँद तीर एक तरिवर जाइ बैठि तेहि रूख।
जब लगि कह न सँदेसरा ना ओहि प्यास न भूख। (पृ. 365)

अर्थात् संदेश लेकर जैसे ही पक्षी चला, उससे अग्नि उठ खड़ी हुई और सिंहल विनष्ट होने लगा। विरह वज्राग्नि को बीच में कौन रोक सकता है? उससे जो धुएँ के बवंडर उठे उनसे बादल काले हो गए। उससे ऐसी लूक छूटी कि सारा आकाश भर गया। वे सब लूकें ही नक्षत्रों के रूप में टूट कर धरती पर गिर रही हैं। उनके गिरने से जहाँ-जहाँ धरती जली वहीं रेह मिट्टी बन गई। ईश्वर न करे कोई विरह से दग्ध हो। राहु और केतु जल गए और लंका जल गई। उसकी चिनगारी उड़कर चाँद में जा गिरी। वह संदेशवाहक समुद्र के पास पहुँचकर रोया, जिससे मछलियाँ जल गईं और समुद्र का पानी खारा हो गया। वन में वृक्ष और जल में सीप जल गए। वह सिंहल द्वीप के पास जा पहुँचा।

समुद्र के किनारे एक वृक्ष था, वह उस पेड़ पर जा बैठा। वह जब तक सन्देश न कह लेगा तब तक उसे भूख प्यास न लगेगी।

अब तक यह अलौकिक शक्ति पदमावती के पास थी। अब यह नागमती के पास आ गई। जायसी ने दिल खोलकर उसकी पीड़ा का वर्णन किया "नागमती दुख विरह अपारा। धरती सरग जरै तेहि झारा।" (पृ. 370) चाँद-सूरज सब जलने लग गए। चूँकि पदमावती के प्रकरण में यह अलौकिक प्रसंग आ चुका है, इसलिए नागमती के विरह वर्णन में यह अस्वाभाविक नहीं लगता।

जायसी ने अपने ग्रन्थ में लौकिक और अलौकिक घटनाओं तथा इतिहास और पुराण का अद्भुत सामंजस्य प्रस्तुत किया है। कौन-सा पात्र कब लौकिक रूप धारण करके सामान्य मानव बन जाएगा और कब वह अलौकिक शक्ति सम्पन्न हो जाएगा, इसका पूर्वानुमान करना मुश्किल है। इसके साथ ही जायसी को लोक जीवन की अद्भुत समझ थी। इसके कई प्रमाण हमें 'पदमावत' में देखने को मिल जाते हैं। रतनसेन-पदमावती का प्रेम चल रहा है। अन्ततः गंधर्वसेन विवाह के लिए राजी हो जाते हैं।

रतनसेन दूल्हा बनकर आया है। अब पदमावती यह देखने के लिए ऊपर आ गई कि देखें वह कौन जोगी है, जो मेरा दूल्हा बनकर आया। फिर सखियाँ उसे बताती हैं कि जो बारात के बीच में आ रहा है, वह तुम्हारा दूल्हा है। यह तो अत्यंत सामान्य लौकिक जिज्ञासा है।

यही बेचैनी उसे अलाउद्दीन को देखने के लिए भी होती है। पद्मावती को पता है कि अलाउद्दीन ने संधि की शर्तों में पदमावती की माँग रखी थी। रतनसेन ने इसे इंकार कर दिया। फिर दोबारा सन्धि होती है और चित्तौड़ में अलाउद्दीन की दावत होती है । उस समय भी पदमावती के मन में अलाउद्दीन को देखने की इच्छा जागी। उसकी सखियों और दासियों ने बताया कि दिल्ली का सुल्तान सूर्य की भाँति तपता है। उसका सिंहासन सबसे ऊँचा है। वह आज चित्तौड़ के दुर्ग में आया हुआ है। इसीलिए हे पदमावती तुम भी इस बादशाह को देख लो, जिससे मन में पछतावा न रहे। यह सुनकर यहाँ पर भी पदमावती सहज जिज्ञासा बस धवलगृह पर चढ़ गई।

इसी तरह नागमती और पदमावती का मिलन भी एकदम लौकिक स्तर पर हुआ। दोनों सौत बैठी और "हियै विरोध मुख बातें मीठी" (पदमावत, पृ. 440) दोनों के हृदय में जलन थी, परंतु मीठी-मीठी बातें कर रही थीं। यहाँ तक तो फिर भी गनीमत है। आगे चलकर ये दोनों अप्सराएँ शारीरिक रूप से गुत्थमगुत्था हो गयीं, जिन्हें रतनसेन ने आकर छुड़ाया और मेल कराया। पदमावती को इस बात की भी पीड़ा हुई कि रतनसेन सिंहल द्वीप से आकर रात में पहले नागमती के पास गया और सुबह पदमावती के पास आया।

इसी तरह जायसी नितांत लौकिक और ऐतिहासिक पात्रों को भी अलौकिक रूप में प्रस्तुत कर देते हैं। 'रतनसेन सूली खण्ड' में रतनसेन अलौकिक पात्र नहीं है। अलौकिक तो पदमावती है। लेकिन सूली पर आते हुए रतनसेन हँस पड़ा।

चमके दसन भएउ उँजियारा। जो जहँ तहाँ बीजु अस मारा।

(पदमावत, पृ. 248)

रतनसेन के हँसने से उसके दाँत चमके, उस चमक से उजाला हो गया और जो लोग जहाँ खड़े थे उन्हें बिजली लगी। यहाँ तक तो फिर भी गनीमत है। चित्तौड़गढ़

में अलाउद्दीन आया हुआ है। पदमावती की दासियों ने उसको देखा और फिर जायसी ने उसके अलौकिक रूप का वर्णन करते हुए लिखा, "जग जो छाँह सब ओहि की छाँहा" (पदमावत, पृ. 614) अर्थात जगत में (सिर्फ जम्बूद्वीप में नहीं) जितनी छाँह है, वह सब उसी छत्र की छाया है।

पदमावत के वर्णन को देखकर लगता है कि कल्पना और अतिरंजित कल्पना चाहे जितनी ऊँची और मौलिक हो, महाकाव्य में उसकी पुनरावृत्ति हो जाती है। यह पुनरावृत्ति कल्पना की सीमा है और खटकने वाली है। जब कवि जीवन का वर्णन करता है, तथ्य का वर्णन करता है, तब ऐसी पुनरावृत्ति नहीं होती। जीवन आगे बढ़ता है, विकसित होता रहता है, अत: उसमें नवीनता बनी रहती है।

'गंधर्वसेन मंत्रीखण्ड' में पदमावती को विरह सताने लगता है तो जायसी लिखते हैं—"प्रीति बेलि संग विरह अपारा। सरग पतार जरै तेहि झारा" (पदमावत, पृ. 242) इसके बाद जब नागमती का विरह वर्णन करना होता है तब कवि कहता है "नागमती दुख विरह अपारा। धरती सरग जरै तेहि झारा।" (पदमावत, पृ. 370) कई प्रसंगों में नागमती के विरह वर्णन में विरह के आँसुओं का वर्णन करते हुए जायसी ने उपमा दी :

रकत के आँसू परे भुइँ टूटी। रेंगि चली जनु बीर बहूटी। (वही, पृ. 345)

रतनसेन भी पदमावती के विरह में रोता है तो उसका भी यही हाल होता है—

परे सो आँसू रकत की टूटी। अबहुँ सो राती बीर-बहूटी॥

(पदमावत, पृ. 214)

बारीकी से अध्ययन करने के उपरान्त ऐसे अनेक उदाहरण ढूँढ़े जा सकते हैं।

पदमावत का उद्देश्य

भक्तिकाल के लगभग सारे कवि किसी न किसी धर्म सम्प्रदाय के समर्थक, प्रशंसक या प्रचारक थे। इस रूप में जायसी भी सूफी सम्प्रदाय के अनुयायी थे। इससे उनकी कविता न तो धार्मिक साबित होती है और न जायसी का महत्त्व कम होता है। जायसी सूफी थे और जायसी कवि थे। ये दोनों बातें एक साथ सही हैं। इसका यह अर्थ नहीं है कि वे सूफी कवि थे। अर्थात् उन्होंने सूफी मत के प्रचार-प्रसार के लिए कविता लिखी है, यह नहीं कहा जा सकता। इस हद तक विजयदेव नारायण साही के मत से सहमत हुआ जा सकता है।

भारत में सूफी सम्प्रदाय और सूफी मत का एक अन्तर्निहित राजनीतिक उद्देश्य दिखाई देता है। दरअसल ये लोग भारत में हिन्दू-मुस्लिम वैमनस्य को दूर

करना चाहते थे। वे यह समझते थे कि भारत में इस्लाम के स्थायी शासन के लिए यह वैमनस्य चिन्ताजनक है। इसलिए इन्होंने यह स्थापित किया कि मनुष्य और मनुष्य में कोई भेद नहीं है। एक ईश्वर और दूसरे ईश्वर में भी कोई भेद नहीं है। प्रेम सर्वोच्च जीवन मूल्य है। प्रेम से आपको सब कुछ मिल सकता है। हिंसा से कुछ नहीं मिल सकता। अर्थात् तत्कालीन इस्लामी शासकों का हित इसी में है कि दोनों सम्प्रदाय एकता पर बल दे। हिन्दुओं की इस्लाम विरोधी भावनाएँ तत्कालीन शासकों के हित में नहीं हैं।

इसके लिए सूफी चिन्तकों ने हिन्दू और बौद्ध धर्म ग्रन्थों का अनुवाद किया। सन्तों के साथ सत्संग की। योगियों और नाथों-सिद्धों से बहस की। इन सब चीजों के प्रमाण इतिहास ग्रन्थों में मिलते हैं। जायसी को भी हिन्दुओं की पौराणिक वृतों की जानकारी थी। शुक्लजी के अनुसार उन्हें बहुत गहरी जानकारी नहीं थी। 'पदमावत' में ज्योतिष, हठयोग, कामशास्त्र और रसायन की बातें भी आई हैं। (जायसी ग्रन्थावली पृ. 159) भारतीय ज्योतिष की उनकी जानकारी का एहसास हमें स्थान-स्थान पर होता है। भारतीय इतिहास के बारे में भी जायसी ने कुछ तथ्यात्मक भूलें की हैं। उदाहरण के लिए पदमावत का रतनसेन चौहान बताया गया है, जबकि वहाँ के शासक सिसोदिया राजपूत थे।

दरअसल वे इस जानकारी का सिर्फ़ उपयोग करते हैं। इस जानकारी को अभिव्यक्त करना उनका उद्‌देश्य नहीं था। बीच-बीच में अपनी कथा में वे पाठक को यह जानकारी देते जाते थे ताकि पाठक का जायसी से, जायसी की कथा से तादात्म्य हो सके। वे अलगाव महसूस न करें। इसी कारण उन्होंने हिन्दू घरों में प्रचलित प्रेम कहानियों का लेखन किया। फारसी या अरबी कथाओं को उन्होंने नहीं चुना और न फारसी में अपनी रचनाएँ लिखीं।

इतिहास की जानकारी का जहाँ तक प्रश्न है, पदमावत की स्वीकृति इतिहास ग्रन्थों के बीच में भी होने लगी है। जैसा कि आचार्य रामचन्द्र शुक्ल ने लिखा है कि "समय के फेर से जैसे कहानी इतिहास हो जाती है वैसे ही इतिहास भी कहानी।" (जायसी ग्रन्थावली, पृ. 167)

हिन्दी में जायसी का पदमावत और जयशंकर प्रसाद की 'कामायनी' इसके ठोस उदाहरण हो सकते हैं।

'पदमावत' के 'स्तुति खण्ड' और 'उपसंहार खंड' को पढ़कर इस निष्कर्ष पर सहज ही पहुँचा जा सकता है कि निर्मल प्रेम ही सर्वश्रेष्ठ है। जायसी ने सैयद अशरफ पीर को याद किया जिन्होंने जायसी के मन में प्रेम का दीपक जलाया और उनका मन निर्मल किया। किसी भी प्रकार के छल-कपट से दूर रहकर जायसी ने रचना की। इसी प्रेम के कारण मनुष्य स्वर्ग के योग्य बना है, अन्यथा वह एक मूठी (मुट्‌ठी) राख है।

मानुस प्रेम भएउ बैकुंठी। नाहिं त काह छार एक मूँठी।

(पदमावत, पृ. 159)

पदमावती की चिता की राख को उठाकर अलाउद्दीन भी कहता है कि यह पृथ्वी ही झूठी है। सिर्फ एक मूठी राख सत्य है।

जिसने भी जायसी का मुँह देखा, वह हँसा, लेकिन जिसने उसकी कविता सुनी उसे आँसू आ गए। जिस भी व्यक्ति ने पदमावत की यह कथा सुनी उसे प्रेम की पीड़ा की अनुभूति हुई। इस कथा को कवि ने रक्त की लेही से जोड़कर रचा है और इसमें वर्णित प्रीति को आँसुओं से भिगोकर लिखा है। और अन्ततः यह कहानी किसी निहित राजनीतिक उद्देश्य के लिए लिखी हुई नहीं है। सिर्फ यही सोचकर लिखा है कि यही जगत में मेरे होने की निशानी बच जाए। बाकी कहाँ रतनसेन है, कहाँ हीरामन है, कहाँ अलाउद्दीन खिलजी है, कहाँ राघव चेतन है, कहाँ सुन्दरी पदमावती है, सब चले गए। इनमें से कोई नहीं बचा। सिर्फ इनकी कहानी बची है।

केइँ न जगत जस बेंचा केइँ न लीन्ह जस मोल।
जो यह पढ़ै कहानी हम सँवरे दुइ बोल॥

संसार में सब चीजें खरीदी-बेची जा सकती हैं, लेकिन यश को खरीदा-बेचा नहीं जाता। कवि की आकांक्षा है कि जो इस प्रेम कहानी को पढ़े वह मुझे याद कर ले। किसी रचना का इससे सार्थक उद्देश्य नहीं हो सकता।

सिंहल द्वीप खण्ड

पूँछा राजैं कहु गुरु सुवा। न जनौं आजु कहाँ दिन उवा। 1।
पवन बास सीतल लै आवा। कया डहत जनु चंदन लावा। 2।
कबहुँ न अैस जुड़ान सरीरू। परा अगिनि महँ मलै समीरू। 3।
निकसत आव किरिन रबि रेखा। तिमिर गए जग निरमर देखा। 4।
उठे मेघ अस जानहुँ आगें। चमकै बीजु गँगन पर लागें। 5 ।
तेहि ऊपर जस ससि परगासू। औ सो कचपचिन्ह भएउ गरासू। 6।
और नखत चहुँ दिसि उजिआरे। ठाँवहिं ठाँव दीप अस बारे। 7।
औरु दछिन दिसि निअरें कंचन मेरु देखाव। 8।
जस बसंत रितु आवै तैस बास जग पाव॥ 9॥ 1॥

भावार्थ—(1) राजा ने पूछा, 'हे गुरु सुग्गे, न जाने आज हमें किस स्थान पर दिन निकला है? (2) शीतल पवन सुगन्धि लेकर आ रही है, जिसने जलते हुए शरीर में मानों चन्दन लगा दिया है। (3) कभी शरीर इस तरह शीतल न हुआ था। आज तो जैसे आग में मलयानिल आ मिली है। (4) सूर्य किरणों की रेखाएँ निकलती आती हैं, और तम के नाश होने से सारा जग निर्मल दिखाई देता है। (5) सामने मेघ-सा उठता हुआ दिखाई पड़ रहा है और आसमान पर बिजली चमकती जान पड़ती है। (6) उसके ऊपर जैसे चन्द्रमा का प्रकाश है और वह चन्द्र कृत्तिका नक्षत्र से घिरा जान पड़ता है। (7) और भी, चारों ओर उज्ज्वल नक्षत्र स्थान-स्थान पर दीपक से लेसे जान पड़ते हैं।

(8-9) और भी, दक्षिण दिशा में निकट ही सोने का पर्वत दिखाई पड़ रहा है। सारे संसार में ऐसी सुगन्ध आ रही है, जैसी वसन्त ऋतु में आती है। (हे सुग्गे, समझाकर कहो, यह सब मैं क्या देख रहा हूँ?)

शब्दार्थ—(1) उवा = उदित हुआ। सं. उद्गत > प्रा० उग्गिय > ऊग > ऊव

(8) सिंहल का कोट देख कर राजा चकित हुआ। मानों सब ऋतुओं की विभूति एक साथ दिखाई दे रही थी, जैसे हेमन्त-शिशिर (शीतल पवन), वसन्त (मलय समीर), ग्रीष्म (सूर्य की किरण), वर्षा (आकाश में मेघ और बिजली),

शरद (कृत्तिका के साथ चन्द्रमा का प्रकाश एवं अन्य नक्षत्र—यही उस के भ्रम का कारण था। पवन, सूर्य, मेघ, बिजली, आकाश, चन्द्रमा कृत्तिका, नक्षत्र, कंचन मेरु के रूप में क्या दिखाई पड़ रहे थे, इन प्रश्नों का उत्तर अगले दोहे में है।

तूँ राजा जस बिक्रम आदी। तूँ हरिचंद बैन सत बादी। 1।
गोपिचंद तूँ जीता जोगाँ। औ भरथरी न पूज बियोगाँ। 2।
गोरख सिद्धि दीन्हि तोहि हाथू। तारे गुरू मछिंदर नाथू। 3।
जीता प्रेम तूँ पुहुमि अकासू। दिस्टि परा सिंघल कबिलासू। 4।
वै जो मेघ गढ़ लाग अकासाँ। बिजुरी कनै कोट चहुँ पासाँ। 5।
तेहि पर ससि जो कचपचिन्ह भरा। राजमँदिर सोनै नग जरा। 6।
और जो नखत कहति चहुँ पासाँ। सब रानिन्ह के आहिं अवासाँ। 7।
गँगन सरोवर ससि कँवल कुमुद तराई पास। 8।
तूँ रबि उवा जो भँवर होइ पवन मिला ल बास॥ 9। 2॥

भावार्थ— (1) सुग्गे ने कहा, 'हे राजा, तुम सर्वथा विक्रम के समान हो। तुम हरिश्चन्द्र और वैन्य की भाँति सत्यवादी हो। (2) तुमने अपने योग से गोपीचंद को जीत लिया। भर्तृहरि भी तुम्हारे वैराग्य की बराबरी नहीं कर सकते। (3) गोरखनाथ ने अपने हाथ से तुम्हें सिद्धि दी है। गुरु मत्स्येन्द्र नाथ ने सबको तार दिया था। (4) तुमने अपने प्रेम से धरती आकाश दोनों को जीत लिया है। उसी के फलस्वरूप तुम्हें सिंहलद्वीप का यह राजमंदिर दिखाई पड़ा है। (5) वह जिसे तुम मेघ समझते हो आकाश को छूने वाला सिंहल का दुर्ग है। जिसे बिजली चमकती बताते हो वह चारों ओर खिंचा हुआ कंचन का परकोटा है। (6) उसके ऊपर जो कृत्तिकाओं से भरा हुआ चन्द्रमा समझते हो, वह रत्नों से जटित सोने का राजमहल है। (7) और जिन्हें उसके चारों ओर प्रकाशित नक्षत्र कहते हो, वे सब रानियों के महल हैं।

(8) आकाश मानसरोवर है, चन्द्रमा कमल है, उसके पास में दिखाई पड़ने वाले नक्षत्र कुमुद हैं। (9) जैसे सूर्य के निकलने पर भौंरा विकसित कमल की सुगन्धि लेकर आता है, वैसे ही तुम्हारे आने पर पवन उस पद्मावती की गंध लेकर आया है।

शब्दार्थ— (1) आदी = बिल्कुल यह अर्थ बंग भाषा में बच गया है (शुक्लजी, द्वि. सं., भूमिका पृ. 198। बैन-सं. वैन्य = वेन का पुत्र आदिराज पृथु जो धर्म व्यवस्था का प्रवर्तक हुआ।

(2) गोपीचन्द—दे. 130।6; भर्तृहरि—उज्जैन के राजा, जो अपनी रानी पिंगला के कारण वैरागी हो गए थे (595।8)।

(5) कनै-सं. कनक > प्रा. कणय > कनय > कनै।

(7) जायसी की राजमंदिर की कल्पना मध्यकालीन स्थापत्य के अनुकूल है—चारों ओर परकोटा, उसके भीतर गढ़, गढ़ के भीतर राजमंदिर, राजमंदिर में

रनिवास (सब रानिन्ह के आहिं अवासा)। उसे ही धौराहर (धवलगृह) और अन्त:पुर भी कहते थे।

सो गढ़ देखु गँगनु तें ऊँचा। नैन देख कर नाहिं पहूँचा। 1।
बिजुरी चक्र फिरै चहुँ फेरी। औ जमकात फिरै जम केरी। 2।
धाइ जो बाजा कै मन साधा। मारा चक्र भएउ दुइ आधा। 3।
चंद सुरुज औ नखत तराई। तेहि डर अँतरिख फिरैं सबाई। 4।
पवन जाइ तहँ पहुँचै चहा। मारा तैस टूटि भुइँ बहा। 5।
अगिनि उठी जरि बुझी निआना। धुआँ उठा उठि बीच बिलाना। 6।
पानि उठा उठि जाइ न छुवा। बहुरा रोइ आइ भुइँ चुवा। 7।
रावण चहा सौहँ होइ हेरा उतरि गए दस माँथ। 8।
सँकर धरा ललाट भुइँ औरु को जोगी नाथ॥ 9। 3॥

भावार्थ—(1) वह गढ़ देखो जो आकाश से ऊँचा है। केवल नेत्र उसे देखते हैं पर हाथ वहाँ नहीं पहुँचते। (2) उसके चारों ओर बिजली का चक्र फिरता है और यमराज की कटारी घूमती है। (3) मन में साध करके जो वहाँ दौड़कर जाता है चक्र लगने से उसके दो टुकड़े हो जाते हैं। (4) चाँद, सूर्य और सब नक्षत्र उसी के डर से आकाश में घूमते रहते हैं कि कहीं एक स्थान में स्थित होने से वह बिजली का चक्र काट न दे। (5) हवा ने वहाँ पहुँचना चाहा, पर ऐसी मार खाई कि टुकड़े होकर पृथिवी में घिसटने लगी। (6) आग वहाँ तक पहुँचने के लिये उठी, पर अन्त में जल कर बुझ गई। धुआँ वहाँ जाने के लिये उठा, पर बीच में ही बिला गया। (7) पानी उस तक पहुँचने के लिये मेघ होकर ऊपर उठा, पर उठ कर भी जब छू न पाया तो रोकर लौट आया और पृथ्वी पर टपक पड़ा।

(8) रावण ने उस दुर्ग के सम्मुख देखना चाहा था, उससे उसके दसों मस्तक जाते रहे। (9) शंकर ने भी उसके आगे धरती में माथा टेका। उनसे बढ़कर योगियों में नाथ या योगीश्वर कौन है?

इस दोहे में सिंहलगढ़ की दुरूहता के बहाने हठयोग साधना या षट्चक्रसिद्धि की कठिनता का उल्लेख है।

शब्दार्थ—(1) गगन से ऊँचा गढ़ = आकाश अर्थात् विशुद्धिचक्र से ऊपर सहस्रारचक्र। परकोटे की भाँति दृढ़ अस्थिकपालों के मध्य में सुरक्षित होने के कारण इसे गढ़ ठहराया गया। नैन = भ्रूमध्य या आज्ञाचक्र की अन्तर्दृष्टि।

(2) जमकात = यम की तलवार, यम की कटार। सं. यमकर्तृका, > प्रा. जमकत्तिआ > जमकातिआ > जमकाती > जमकाति, जमकात। बिजुरी चक्र = अध्यात्म या हठयोग पक्ष में चक्रों की विद्युत् या प्राण धारा।

(3) बाजा = पहुँचा। सं. ब्रजति > प्रा. बज्जइ (मृच्छकटिक, पा. सद्द.

पृ. 917) > बाजइ, बाजना = जाना, पहुँचना। कै मन साधा = केवल इच्छा से वह योग सिद्ध नहीं होता। शीघ्रता से हठ करने वाले साधक की प्राणशक्ति विभक्त रहती है। किसी न किसी चक्र तक पहुँच कर उसकी साधना खंडित रह जाती है।

(4) यहाँ जायसी का संकेत हठयोग द्वारा प्राण की सिद्धि की ओर है। प्राय: इस मार्ग में साधक असफल रह जाते हैं। छठी पंक्ति में अग्नि के रूप में सुषुम्ना की साधना, एवं सातवीं पंक्ति में पानी के रूप में रेत के ऊर्ध्व गमन का संकेत है। सच्चा कामविजेता योगी इन्हें सिद्ध कर लेता है। लेकिन जिसका योग खंडित हो जाता है, उसके शरीर में प्राण, सुषुम्ना और रेत सब पुन: असिद्ध अवस्था में आ जाते हैं। पान भुइँ चुआ = रेत ऊर्ध्वमुखी होकर भी फिर स्खलित हो जाता है।

(8) रावण ने पहले बहुत जप-तप किया था, किन्तु उसमें असफल रहा, और फिर सीता के कारण उसे दसों सिर देने पड़े।

(9) संक्रर धरा लिलाट भुइँ = शिवजी सबसे बड़े योगीश्वर हैं, किन्तु योग के मार्ग में असफल होकर ही मानों उन्हें पार्वती के प्रेम के लिये मस्तक टेकना पड़ा।

तहाँ देखु पदुमावति रामाँ। भँवर न जाइ न पंखी नामा। 1।
अब सिधि एक देउँ तोहि जोगू। पहिलें दरस होइ तब भोगू। 2।
कंचन मेरु देखावसि जहाँ। महादेव कर मंडप तहाँ। 3।
ओहिक खंड जस परबत मेरू। मेरुहि लागि होइ अति फेरू। 4।
माघ मास पाछिल पख लागें। सिरी पंचमी होइहि आगे। 5।
उघरिहि महादेव कर बारू। पूजिहि जाइ सकल संसारू। 6 ।
पदुमावति पुनि पूजै आवा। होइहि एहि मिसु दिस्टि मेरावा। 7।
तुम्ह गवनहु मंडप ओहि हौं पदुमावति पास। 8।
पूजै आइ बसंत जौं पूजै मन कै आस॥ 9। 4॥

भावार्थ—(1) वहाँ उस दुर्ग में सुन्दरी पद्मावती है। उसके पास न भौंरा और न पक्षी नाम का कोई पहुँच सकता है। (2) अब सिद्धि के लिये एक योग (युक्ति) तुझे देता हूँ जिससे पहले उसके दर्शन होंगे और पीछे उसका भोग मिलेगा। (3) सामने जहाँ कंचन का पर्वत दिखाई देता है, वहाँ शिवजी का मंडप है। (4) उस मंडप के खंड या शिखर के तल मेरु पर्वत के समान हैं। वहाँ तक पहुँचने के लिए मेरु से भी अधिक घुमाव पड़ता है। (5) माघ मास का शुक्ल पक्ष लगने पर कुछ ही दिन बाद वसन्त पंचमी होगी। (6) तब शिव मंडप का द्वार खुलेगा और सब लोग जाकर पूजा करेंगे। (7) पद्मावती भी पूजा करने आएगी। बस इसी बहाने तुम्हारा परस्पर दर्शन मेला हो जायगा।

(8) तुम उस मंडप में जाओ और मैं पद्मावती के पास जाता हूँ। (9) जब वह वसन्त पूजा करने आएगी तभी तुम्हारे मन की आशा पूरी होगी।

शब्दार्थ— (1) भौंरा = प्रेम लुब्ध व्यक्ति। पक्षी का नाम = परेवा (502।1), दूत या संदेशहर।

(2) जोग = योग, युक्ति, जुगत।

(3) जिसे राजा ने दक्षिण दिशा में सुवर्ण का मेरु कहा था, (159।8) उसे ही सुग्गा महादेव का मण्डप बताता है। उस मण्डप के खण्ड या प्रासाद शिखर की भूमियाँ मेरु पर्वत के आकार की थीं। मध्यकालीन स्थापत्य के अनुसार मेरु एक प्रकार के प्रासाद या मन्दिर का नाम था।

(4) फेरू = घुमाव, चक्कर।

(5) सिरी पंचमी = वसन्त पंचमी, या माघ शुल्क पंचमी।

(6) शिव का मन्दिर दुर्ग के भीतर था, किन्तु वसन्त पंचमी के दिन उसका बाहरी द्वार खोल दिया जाता था, और जनता बे रोक-टोक वहाँ पूजा करने आती-जाती थी। अन्त:पुर की स्त्रियाँ भी उस दिन वहाँ पूजन के लिये आती थीं। दुर्ग के भीतर बने हुए प्राचीन मंदिरों में विशेष अवसरों पर बाहरी जनता के आने का प्रबन्ध रजवाड़ों में प्राय: रहता है।

बारू = सं. द्वार।

(7) मेरावा = सं. मेलापक = मेला या मेल।

राजै कहा दरस जौं पावौं। परबत काह गँगन कहँ धावौं। 1।
जेहि परबत पर दरसन लहना। सिर सौं चढ़ौं पाय का कहना। 2।
मोहि भाव ऊँचे सो ठाऊँ। ऊँचे लेउँ प्रीतम के नाऊँ। 3।
पुरुषहि चाहिअ ऊँच हिआऊ। दिन दिन ऊँचे राखै पाऊ। 4।
सदा ऊँच सेइअ पै बारू। ऊँचे सौं कीजै बेवहारू। 5।
ऊँचे चढ़े ऊँच खँड सूझा। ऊँचे पास ऊँचि बुधि बूझा। 6।
ऊँचे संग संग निति कीजे। ऊँचे काज जीव बलि दीजै। 7।
दिन दिन ऊँच होइ सो जेहि ऊँचे पर चाउ। 8।
ऊँचे चढ़त परिअ जौं ऊँच न छाड़िअ काउ॥ 9। 5॥

भावार्थ— (1) राजा ने कहा, 'जो मैं उसके दर्शन पाऊँ तो पहाड़ क्या उससे ऊँचे आकाश तक भी दौड़ सकता हूँ। (2) जिस पर्वत पर उसका दर्शन मिलेगा वहाँ सिर के बल चढ़कर जा सकता हूँ; पाँव का तो कहना ही क्या? (3) मुझे भी वह ऊँचा स्थान अच्छा लगता है। ऊँचे पहुँचने के लिये ही प्रियतम का नाम ले रहा हूँ। (4) पुरुष को सदा ऊँचा साहस करना चाहिए। दिन-दिन ऊँचे ही पैर बढ़ाते जाना चाहिए। (5) सदा ऊँच की ड्योढ़ी का सेवन करना चाहिए और ऊँचे से ही व्यवहार करना चाहिए। (6) ऊँचे पर चढ़ने से ऊँचा खंड दृष्टि में आता है। ऊँचे के पास बैठने से बुद्धि ऊँचे विचार समझने लगती

है। (7) सदा ऊँचे के साथ संगति करनी चाहिए, और ऊँचे कार्य के लिये प्राण की बलि देनी चाहिए।

(8) जिसका उत्साह ऊँची वस्तु पर होता है, वह दिन-दिन ऊँचा चढ़ता है। (9) ऊँचे पर चढ़ते हुए यदि कोई गिर भी पड़े तो भी ऊँचे को कभी छोड़ना उचित नहीं।

हीरामनि दै बचा कहानी। चला जहाँ पदुमावति रानी। 1।
राजा चला सँवरि सो लता। परबत कहँ जो चला परबता। 2।
का परबत चढ़ि देखै राजा। ऊँच मँडप सोनै सब साजा। 3।
अँबित फर सब लाग अपूरी। ओ तहँ लागि सजीवनि मूरी। 4।
चौमुख मँडप चहूँ केवारा। बैठे देवता चहूँ दुआरा। 5।
भीतर मँडप चारि खँभ लागे। जिन्ह वै छुए पाप तिन्ह भागे। 6।
संख घंट घन बाजहिं सोई। औ बहु होम जाप तहँ होई। 7।
महादेव कर मंडप जगत जातरा आउ। 8।
जो हिंछा मन जेहि कें सो तैसे फल पाउ॥ 9। 6॥

भावार्थ— (1) हीरामन राजा को उपदेश देकर और लौटने के लिये वचनबद्ध होकर जहाँ रानी पद्मावती थी वहाँ चला गया। (2) जैसे ही सुग्गा गया वैसे ही राजा भी उस पद्मलता के स्मरण से आतुर हो पर्वत के ऊपर चला। (3) पर्वत पर चढ़कर क्या देखता है कि शिव का ऊँचा मंडप पूरा सोने से सजाया हुआ है। (4) वहाँ अमृत के समान स्वादिष्ट फल सर्वत्र लगे थे और संजीवनी बूटी लगी हुई थी। (5) चौमुखी मंडप में चारों ओर किवाड़ लगे थे और चारों द्वारों पर देवता प्रतिष्ठित थे। (6) मंडप के भीतर चार खंभे थे। जिन्होंने उनका स्पर्श पा लिया उनके पाप दूर हो गए। (7) वहाँ शंख, घंटे और कांस्यताल बज रहे थे और बहुत भाँति के होम और जप हो रहे थे।

(8-9) शिव जी के उस मंडप में सारा संसार यात्रा के अवसर पर एकत्र होता था। जिसके मन में जो इच्छा होती वह वैसा ही फल पाता था।

शब्दार्थ— (1) बचा—सं. वाचा = वचन। हीरामन लौटने के लिये रत्नसेन के साथ वचनबद्ध होकर गया था—कैसे रहौं बचाकर बाँधा। 181। 6।

कहानी—सं. कथानक > प्रा. कहाणय। कहानी देकर = दृष्टान्त द्वारा अर्थ का उपदेश देकर। पदुमावति रानी—कौमार अवस्था में ही पद्मावती को जायसी ने रानी कहा है (54। 1)।

(2) लता—पद्मलता, पद्मावती। जो चला परबता—यह वाक्य जाने में शीघ्रता का द्योतक है। जैसे ही सुग्गा चला, वैसे ही तुरन्त राजा भी।

(3) शिव का मण्डप अत्यन्त ऊँचा था। उस चतुर्मुखी मण्डप के चार द्वार थे। प्रत्येक द्वार से प्रवेश करने पर देव दर्शन होता था। द्वारों में किवाड़ भी लगे थे।

मण्डप के भीतर गर्भ-गृह चार खंभों पर टिका हुआ था। मण्डप के चारों द्वारों के पार्श्वस्तम्भों पर अन्य देवमूर्तियाँ बनी थीं।

(7) घन = झाँझ मँजीरे आदि काँसी के बाजे (कांस्यतालादिकं घनन्, अमर)।

(8) जातरा = सं. यात्रा, मेला। विशेष उत्सव पर होने वाले मेले के लिये सं. यात्रा शब्द अत्यन्त प्राचीन काल से प्रयुक्त होता था। इसी से प्रा. और अप. में जत्त और हिन्दी में जात शब्द की व्युत्पत्ति हुई है। देवी आदि के बड़े मेले को अब भी 'जात' कहते हैं, जैसे नगरकोट की जात, बूढ़े बाबू की जात आदि। प्राचीन साहित्य में 'यक्षयात्रा' (यक्ष भवनों के मेले) का बहुत उल्लेख आता है।

(9) हिंछा और इंछा दोनों रूपों का जायसी ने प्रयोग किया है (165।9, 183। 8, 191।8, 192।1)।

नागमती वियोग खण्ड

नागमती चितउर पँथ हेरा। पिउ जो गए फिरि कीन्ह न फेरा। 1।
नागरि नारि काहुँ बस परा। तेइँ बिमोहि मोसौं चितु हरा। 2।
सुवा काल होइ लै गा पीऊ। पिउ नहिं लेत लेत बरु जीऊ। 3।
भएउ नरायन बावन करा। राज करत बलि राजा छरा। 4।
करन बान लीन्हेउ कै छंदू। भारथ भएउ झिलमिल आनन्दू। 5।
मानत भोग गोपीचँद भोगी। लै उपसवा जलंधर जोगी। 6।
लै कान्हहि भा अकरुर अलोपी। कठिन बिछोउ जिऐ किमि गोपी। 7।
सारस जोरी किमि हरी मारि गएउ किन खग्गि। 8।
झुरि झुरि पाँजरि धनि भईं बिरह कै लागी अग्गि॥ 9। 1॥

भावार्थ— (1) नागमती चित्तौड़ में बाट देखती थी। 'प्रियतम' जो गए लौट कर न आए। (2) वे किसी नागरी नारी के फेर में पड़ गए हैं। उसने मोहित करके उनका चित्त मेरी ओर से हर लिया है। (3) सुग्गा काल बनकर प्रियतम को ले गया। हाय! प्रिय को न ले जाता चाहे प्राण ले जाता। (4) वह सुग्गा वामन रूप में नारायण बनकर आया और राज करते हुए राजा बलि को छल ले गया। (5) उसने छल करके क़र्ण की परीक्षा (बान) ली, जिससे अर्जुन को उसके कवच से आनन्द हुआ। (6) भोगी गोपीचन्द भोगों में फँसे थे। जोगी जालन्धर नाथ उन्हें लेकर चले गए। (7) कृष्ण को लेकर अक्रूर अदृष्ट हो गया। कठिन बिछोह में गोपी कैसे जीवित रहेगी?

(8) सारस की जोड़ी में से एक को वह क्यों हर ले गया? हरना ही था तो खगी को मार क्यों नहीं गया? (9) विरह की ऐसी आग लगी कि बाला सूख-सूख कर पंजर हो गई।

शब्दार्थ— (5) बान = कसौटी पर कसने का रंग या रेखा, सं. वर्ण, प्रा. वण्ण > बान। भारथ भएउ झिलमिल आनन्दू = अर्जुन को कर्ण के कवच से आनन्द हुआ।

(6) गोपीचंद—गोपीचंद बंगाल के राजा माणिकचन्द्र के और उनकी रानी मैनावती के पुत्र कहे जाते हैं।

(8) खग्गि—खगी, सारस की जोड़ी में उसकी मादा।

पिउ बियोग अस बाउर जीऊ। पपिहा तस बोलै पिउ पीऊ। 1।
अधिक काम दगधै सो रामा। हरि जिउ लै सो गएउ पिय नामा। 2।
बिरह बान तस लाग न डोली। रकत पसीज भीजि तन चोली। 3।
सखि हिय हेरि हार मैन मारी। हहरि परान तजै अब नारी। 4।
खिन एक आव पेट महँ स्वाँसा। खिनहि जाइ सब होइ निरासा। 5।
पौनु डोलावहिं सींचहिं चोला। पहरक समुझि नारि मुख बोला। 6।
प्रान पयान होत केइँ राखा। को मिलाव चात्रिक कै भाखा। 7।
आह जो मारी बिरह की आगि उठी तेहि हाँक। 8।
हंस जो रहा सरीर महँ पाँख जरे तन थाक॥ 9। 2॥

भावार्थ— (1) प्रिय के वियोग में उसका जी बावला-सा हो गया। वह पपीहे की तरह 'पिउ-पिउ' रटने लगी। (2) काम उस स्त्री को अधिक-अधिक सताने लगा। वह सुग्गा प्रियतम के नाम से उसका प्राण ही हर ले गया। (3) उसे ऐसा विरह का बाण लगा कि हिल-डुल भी न सकती थी। रक्त के पसीजने से शरीर की चोली भीग गई। (4) सखी ने मन में विचार कर देखा कि मदन की सताई हुई यह बाला अब हार गई है और काँप-काँपकर प्राण छोड़ देना चाहती है। (5) पहले क्षण में श्वास पेट में आता था और दूसरे क्षण निकल जाता था जिससे वे सब निराश हो जाती थीं। (6) सखियाँ हवा करतीं और चोले को जल से सींचती थीं। पहर भर में वह बाला होश में आकर मुँह से बोली। 'प्राण जाना चाहता है। इसे कौन रक्खेगा? कौन चातक की भाषा (पिउ) से मिलाएगा?'

(8) उसके मुँह से विरह की आह निकली। उस हाँक से अग्नि उत्पन्न हुई। (9) शरीर में जो हंस या जीव था उसके पंख जल गए । अतएव वह उड़ न सका और शरीर में ही रह गया।

शब्दार्थ— (4) सखि हिय हेरि—यह श्रेष्ठ मौलिक पाठ था, कई प्रकार से इसे सरल या विकृत किया गया। मैन मारी—काम का मारी हुई, मदन की सताई हुई।

इहरि = काँप कर (जेतिक ओढ़ौ सँवर सुपेतीं। हहलि हहलि उर काँपौं तेती।

(6) समुझि—सम्बुद्ध होकर, जागकर, होश में आकर। सखियाँ पंखा डुलाकर और जल छिड़ककर उपचार करने लगीं। उसके एक पहर बाद नागमती होश में आई।

(7) चात्रक कै भाखा—इस श्रेष्ठ पाठ का अर्थ है चातक या पपीहे की बोली 'पिउ पिउ'। (जबते दाहिन होइ मिला बोल पपीहा पाँखि) में भी पपीहे पक्षी के बोल का तात्पर्य 'पिउ' या प्रियतम से है।

(9) हंस जो रहा सरीर में—यह काव्यमय कल्पना है। प्रान पयान होत केइँ राखा? इस प्रश्न का उत्तर इस पंक्ति में है। शरीर के भीतर जो जीवरूपी हंस था, विरह में उसके पंख जल गए, अतएव उड़ न सकने से उसे शरीर में ही रह जाना पड़ा ।

थाक—प्रा. अप. थक्क (सं. स्था का धात्वादेश) = रहना। स्थिर होना। थक्क = स्थित।

पाट महादेइ हिएँ न हारू। समुझि जीउ चित चेतु सँभारू। 1।
भँवर कँवल सँग होइ न परावा। सँवरि नेह मालति पहँ आवा। 2।
पीउ सेवाति सौं जैस पिरीती। टेकु पियास बाँधु जिय थीती। 3।
धरती जैस गँगन के नेहा। पलटि भरै बरखा रितु मेहा। 4।
पुनि बसंत रितु आव नवेली। सो रस सो मधुकर सो बेली। 5।
जनि अस जीउ करसि तूँ नारी। दहि तरिवर पुनि उठहिं सँभारी। 6।
दिन दस जल सूखा का नंसा । पुनि सोइ सरवर सोई हंसा। 7।
मिलहिं जो बिछुरै साजना गहि गहि भेंट गहंत। 8।
तपनि मिरगिसिरा जे सहहिं अद्रा ते पलुहंत॥ 9। 3॥

भावार्थ— (1) 'पट्ट महादेवी' हृदय में हारो नहीं। जी में समझो और चित्त में चैतन्य की रक्षा करो। (2) भौंरा कमल के संग जाकर भी पराया नहीं होगा। पहले के प्रेम का स्मरण कर वह मालती के पास लौटेगा। (3) प्रियतम रूपी स्वाति में तुम्हारी जैसी दृढ़ प्रीति थी, उससे प्यास को रोके रहो, और मन में टेक (स्थिति) बाँधे रहो। (4) धरती जैसे आकाश के मेघ से स्नेह करती है, तो वह भी लौटकर वर्षा ऋतु में उसे मेह से भर देता है। (5) फिर नवेली वसन्त ऋतु आएगी। उस समय वही रस, वही भौंरा, वही बेल होगी। (6) हे रमणी, तुम अपना चित्त ऐसा न करो। जले हुए वृक्ष भी फिर सम्हल कर (पल्लवित होकर) उठ जाते हैं। (7) दस दिन तक जल सूखा भी रहा तो क्या हानि है? पुन: वही सरोवर और वही हंस होगा।

(8) जो साजन बिछुड़ते हैं, वे फिर मिलते हैं और प्रफुल्लित भेंट और आलिंगन करते हैं। (9) जो मृगशिरा की तपन सहते हैं, वे आर्द्रा में फिर हरे-भरे हो जाते हैं।'

शब्दार्थ— (1) पाट महादेइ—सं. पट्ट महादेवी। लक्ष्मीधर की प्रति में 'पाट न भा देइ' निकृष्ट पाठ है।

(3) थीती—सं. स्थिति = मर्यादा, टेक।

(4) गँगन—आकाश, आकाश में एकत्र होने वाले मेघ।

(7) नंसा = नाश, हानि।

(8) साजना = पति। सं. स्वजन। गहिगहि = गहगहे भाव से, प्रफुल्लता के साथ, आनन्द मगन होकर।

(9) तपनि मिरगिसिरा—दस वृष्टि के नक्षत्र है। प्रत्येक 15 दिन तपता है। कार्त्तिक में स्वाति आता है। पहिला नक्षत्र आर्द्रा लगभग 22-23 जून को लगता है जिस समय उत्तरी भारत में वृष्टि का आरम्भ होता है। आर्द्रा से पहिले 15 दिन तक मृगशिरा नक्षत्र ज्येष्ठ शुक्ल में खूब तपता है।

चढ़ा असाढ़ गँगन घन गाजा। साजा बिरह दुंद दल बाजा। 1।
धूम स्याम धौरे घन धाए। सेत धुजा बगु पाँति देखाए। 2।
खरग बीज चमकै चहुँ ओरा। बुंद बान बरिसै घन घोरा। 3।
अद्रा लाग बीज भुइँ लेई। मोहि पिय बिनु को आदर देई। 4।
ओनै घटा आई चहुँ फेरी। कंत उबारु मदन हौं घेरी। 5।
दादुर मोर कोकिला पीऊ। करहिं बेझ घट रहै न जीऊ। 6।
पुख नछत्र सिर ऊपर आवा। हौं बिनु नाँह मँदिर को छावा। 7।
जिन्ह घर कंता ते सुखी तिन्ह गारौ तिन्ह गर्ब। 8।
कंत पियारा बाहिरें हम सुख भूला सर्ब॥ 9। 4॥

भावार्थ—(1) असाढ़ का महीना आ गया। मेघ आकाश में गरजने लगा। विरह ने युद्ध की तैयारी की है और उसकी सेना आ पहुँची है। (2) धुमैले, काले, धौले बादल सैनिकों की भाँति गगन में दौड़ने लगे। बगुलों की पंक्तियाँ श्वेत ध्वजा-सी दीखने लगीं। (3) बिजली चारों ओर तलवार-सी चमकने लगी । मेघ बूँद रूपी बाणों की घनघोर वर्षा करने लगे। (4) आर्द्रा लगते ही बिजली चमककर भूमि छूने लगी। हा! मुझे प्रिय के बिना कौन आदर देगा! (5) चारों ओर घटा झुक आई है। हे कन्त, मदन ने मुझे घेर लिया है, मुझे बचाओ। (6) दादुर, मोर, कोयल, पपीहे बेध रहे हैं, अब घट में प्राण न रहेगा। (7) पुष्य नक्षत्र सिर ऊपर आ गया है। मैं बिना स्वामी के हूँ। कौन मेरा मंदिर छवाएगा?

(8) जिनके घर कंत हैं, वे सुखी हैं। उन्हीं को गौरव और गर्व है। (9) मेरा प्यारा कन्त बाहर है; इससे मैं सब सुख भूल गई हूँ।

शब्दार्थ—(1) बाजा = आ पहुँचा।

(3) आर्द्रा लगना—आषाढ़ कृष्ण में आर्द्रा बरसता है। आर्द्रा में किसान भूमि में बीज बोने लगते हैं।

(4) ओनइ—सं. अवनता > अवनया > ओनया > ओनइ।

(7) पुख नक्षत्र—आर्द्रा के बाद पुनर्वसु आषाढ़ शुक्ल में, और उसके बाद पुष्य श्रावण कृष्ण पक्ष में लगता है। पुष्य को लोक में चिरैया नक्षत्र कहते हैं। नागमती असाढ़ शुक्ल में कह रही है कि पुष्य सिर पर आ गया।

(8) गारौ—सं. गौरव > प्रा. गारद > गारौ >।

सावन बरिस मेह अति पानी। भरनि भरइ हौं बिरह झुरानी। 1।
लागु पुनर्बसु पीउ न देखा। भै बाउरि कहँ कंत सरेखा। 2।
रकत क आँसु परे भुइँ टूटी। रेंगि चली जनु बीर बहूटी। 3।
सखिन्ह रचा पिउ संग हिंडोला। हरियर भुइँ कुसुंभि तन चोला। 4।
हिय हिंडोल जस डोलै मोरा। बिरह भुलावै देइ झँकोरा। 5।
बाट असूझ अथाह गँभीरा। जिउ बाउर मा भवै भँभीरा। 6।
जग जल बूड़ि जहाँ लगि ताकी। मोर नाव खेवक बिनु थाकी। 7।
परबत समुँद अगम बिच बन बेहड़ धन ढंख। 8।
किमि करि भेटौं कंत तोहि ना मोहि पाँव न पंख॥ 9। 5॥

भावार्थ—(1) 'सावन में मेघों से खूब पानी बरसता है। भरन पड़ रही है, फिर भी मैं विरह में सूखती हूँ। (2) पुनर्वसु लग गया। क्या प्रियतम ने उसे नहीं देखा? चतुर प्रियतम कहाँ रहे, यह सोच-सोच मैं बावली हो गई। (3) रक्त के आँसू पृथ्वी पर बिखर रहे हैं। वे ही मानों बीर बहूटियाँ रेंग रही हैं। (4) मेरी सखियों ने अपने प्रियतमों के साथ हिंडोला डाला है। हरी भूमि देखकर उन्होंने अपना तन कुसुम्मी चोले से सजा लिया है। (5) पर मेरा हृदय हिंडोले की तरह ऊपर-नीचे हो रहा है। विरह झकोले देकर उसे सुला रहा है। (6) बाट असूझ, अथाह और गम्भीर है। मेरा जी बावला हुआ भँभीरी की भाँति घूम रहा है। (7) जहाँ तक देखती हूँ, संसार जल में डूबा है। मेरी नाव खेवक के बिना ठहरी हुई है।

(8) पर्वत, अगम समुद्र, बीहड़ वन और घने ढाक के जंगल मेरे और प्रियतम के बीच में हैं। (9) हे प्यारे, तुमसे कैसे मिलूँ? न मेरे पाँव हैं, न पंख।

शब्दार्थ—(1) मेह—सं. मेघ। भरनि = मूसलाधार वृष्टि। लोक में यह शब्द अब भी इसी अर्थ में प्रचलित है।

(2) पुनर्बसु—आषाढ़ शुक्ल में लगभग 5 जुलाई को यह नक्षत्र लगता है।

(6) बाट—सं. बर्त्म > प्रा. बट्ट > बाट। भँभीरा—एक पतिंगा जो वर्षा के अन्त में प्राय: पानी के किनारे घास के ऊपर दिखाई पड़ता है। यह अपने परों को हिलाकर भन-भन शब्द करता है (शब्दसागर)।

भर भादों दूभर अति भारी। कैसें भरौं रैनि अँधियारी। 1।
मँदिल सून पिय अनतै बसा। सेज नाग भै धै धै डसा। 2।
रहौं अकेलि गहें एक पाटी। नैन पसारि मरौं हिय फाटी। 3।
चमकि बीज घन गरजि तरासा। बिरह काल होइ जीउ गरासा। 4।
बरिसै मघा झँकोरि झँकोरी। मोर दुइ नैन चुवहिं जसि ओरी। 5।
पुरबा लाग पुहुमि जल पूरी। आक जवास भईं हौं झूरी। 6।
धनि सूखी भर भादौं माहाँ। अबहूँ आइ न सींचति नाहाँ। 7।

जल थल भरे अपूरि सब गँगन धरति मिलि एक। 8।
धनि जोबन औगाह महँ दे बूड़त पिय टेक॥ 9। 6॥

भावार्थ—(1) भादों का महीना भर गया है। वह अत्यन्त दुःसह और भारी है। अँधियारी रात कैसे पूरी करूँ? (2) मन्दिर सूना करके प्रियतम अन्यत्र बसे हैं। सेज नाग होकर दौड़-दौड़ कर डसती हैं। (3) एक पट्टी पकड़े मैं अकेली पड़ी रहती हूँ। नेत्र फैलाए हुए मैं हृदय फटने से मरी जा रही हूँ। (4) बिजली चमक कर और मेघ गरज कर मुझे डरपाते हैं। विरह काल होकर प्राण ग्रसे लेता है। (5) मघा नक्षत्र झकझोर कर बरस रहा है। मेरे दोनों नेत्र ओलती से चू रहे हैं। (6) (मघा के बाद) पूर्वा फाल्गुनी लग गया और धरती जल से भर गई। मैं सूखकर ऐसे हो गई, जैसे वर्षा में आक और जवास बिना पत्ते के हो जाते हैं। (7) भरे भादों में भी बाला सूख रही है। हे स्वामी, अब भी आकर क्यों नहीं सींचते?

(8) ऊँचे स्थल भी जल से ऊपर तक भर गए हैं। धरती आकाश मिलकर एक हो गए हैं। (9) हे प्रिय, यौवन के अगाध जल में डूबती हुई बाला को सहारा दो।

शब्दार्थ—(2) धै धै डसा—दौड़ दौड़ कर डसती है। ध्वनि यह है कि बाला सेज पर नहीं जाती, दौड़ दौड़ कर डसने वाले सर्प से जैसे दूर भागती है।

(5) मघा—भाद्र पद कृष्ण पक्ष में मघा नक्षत्र बरसता है।

(6) पुरबा—पूर्वा फाल्गुनी नक्षत्र जो भाद्र पद शुक्ल पक्ष में लगता है। आक जवास—ये दोनों वर्षा में निष्पत्र हो जाते हैं। तुलसी, अर्क जवास पास बिनु भएऊ।

लाग कुआर नीर जग घटा। अबहुँ आउ पिउ परभुमि लटा। 1।
तोहि देखे पिउ पलुहै काया। उतरा चित्त फेरि करु माया। 2।
उए अगस्ति हस्ति घन गाजा। तुरै पलानि चढ़े रन राजा। 3।
चित्रा मिंत मीन घर आवा। कोकिल पीउ पुकारत पावा। 4।
स्वाति बुंद चातिक मुख परे। सीप समुंद्र मोंति लै भरै। 5।
सरवर सँवरि हंस चलि आए। सारस कुरुरहिं खँजन देखाए। 6।
भए अवगास कास बन फूले। कंत न फिरे बिदेसहि भूले। 7।
बिरह हस्ति तन सालै खाइ करै तन चूर। 8।
बेगि आइ पिय बाजहु गाजहु होइ सदूर॥ 9। 7॥

भावार्थ—(1) कुआर लग गया। संसार में जल घटने लगा। है प्रिय, परदेश में लट रहे हो। अब तो घर लौट आओ। (2) हे प्रिय, तुम्हें देखकर मेरा सूखा शरीर फिर हरा होगा। अपना उतरा हुआ चित्त मेरी ओर करके (या उत्तरा से चित्रा के भीतर फिर) आने की दया करो। (3) अगस्त्य के उदय होने पर हस्त नक्षत्र का मेघ गरजने लगा (या मेघ रूपी हाथी गरजने लगे)। राजाओं ने घोड़ों पर पलान रखकर युद्ध की तैयारी की। (4) चित्रा का मित्र चन्द्रमा मीन राशि में आ गया। कोयल ने

'पिऊ-पिऊ' पुकारते हुए मानों अपना पति पा लिया है तभी तो वह चुप हो गई है। हे मेरे चित्त के मित्र, तुम भी तो घर आवो। (5) स्वाति की बूँदें चातक के मुख में पड़ गई हैं। समुद्र में सीप मोतियों से भर गई हैं। (6) सरोवर का स्मरण कर हंस लौट आए। सारस फिर कुरलने लगे, और खंजन दिखाई देने लगे। (7) सब ओर मैदानों में कास के वन फूले हैं। पर हे कंत, तुम विदेश में ऐसे भूले कि फिर न लौटे।

(8) विरह रूपी हाथी शरीर को कष्ट दे रहा है। वह खाकर इसे नष्ट कर देगा। (9) हे प्रिय, जल्दी आकर पहुँचो और विरह के सामने सिंह के समान गरजो।

शब्दार्थ—(1) लटा = घट गया, क्षीण हो गया।

(3) उअे अगस्त—हस्त नक्षत्र में अगस्त्य तारा दिखाई पड़ता है। हस्त या हथिया में चील के इतना बादल भी दिखाई पड़े तो खूब गरजता बरसता है।

पलानि—धा. पलानना = पलान रखना, जीन रखना। सं. पर्याण, पर्याणयति> प्रा. पल्लाणइ।

(4) चित्रा मित मीन घर आवा—उत्तरा, हस्त, चित्रा ये कुआर के नक्षत्र हैं। चित्रा का मित्र चन्द्रमा है। वह मीन राशि में कुआर की पूर्णिमा से एक दिन पहले आ जाता है।

(7) अवगास—सं. अवकाश > प्रा. ओगास = जगह, स्थान, मैदान।

(9) बाजहु-पहुँचो। दे. 344। 1।

कातिक सरद चंद उजियारी। जग सीतल हौं बिरहैं जारी। 1।
चौदह करा कीन्ह परगासू। जानहुँ जरें सब धरति अकासू। 2।
तन मन सेज करै अगिडाहू। सब कहँ चाँद मोहिं होइ राहु। 3।
चहूँ खंड लागै अँधियारा। जौं घर नाहिंन कंत पियारा। 4।
अबहूँ निठुर आव एहिं बारा। परब देवारी होइ संसारा। 5।
सखि झूमक गावहिं अँग मोरी। हौं झूरौं बिछुरी जेहि जोरी। 6।
जेहि घर पिउ सो मुनिवरा पूजा। मो कहँ बिरह सवति दुख दूजा। 7।
सखि मानहिं तेवहार सब गाइ देवारी खेलि। 8।
हौं का खेलौं कंत बिनु तेहिं रही छार सिर मेलि॥ 9। 8॥

भावार्थ—(1) कार्त्तिक में शरद के चन्द्रमा की उजाली छाई हुई है। जगत शीतल है पर मैं विरह से जल रही हूँ। (2) चौदह कलाओं से पूर्ण होकर चन्द्रमा ने प्रकाश किया है। मुझे जान पड़ता है जैसे धरती से आकाश तक सब जल रहा है। (3) मेरे तन और मन में सेज अग्निदाह उत्पन्न करती है। सबके लिये जो चाँद है वह मेरे लिये राहु हो रहा है। (4) जब घर में प्यारा कन्त नहीं, तो चारों दिशाओं में अँधेरा लगता है। (5) हे निष्ठुर, अब भी इस दिन तो घर आ जाओ, जब कि संसार में दिवाली का पर्व मनाया जा रहा है। (6) सखियाँ अंग मोड़ मोड़कर झूमक गा

रही हैं। जिसकी जोड़ी बिछुड़ गई है ऐसी मैं ही सूख रही हूँ। (7) जिसका प्रियतम घर पर है, वह कातिकी पूनो को सप्तर्षियों की पूजा करती है। मुझे तो विरह और सौत का दोहरा दुःख है।

(8) सब सखियाँ त्यौहार मना रही हैं और गीत गाकर दिवाली में क्रीड़ा कर रही हैं। (9) मैं कन्त के बिना क्या खेलूँ? इसी दुःख से मैं सिर में धूल डाल रही हूँ।

शब्दार्थ— (7) मुनिवरा पूजा—कार्तिक की पूर्णिमा को सौभाग्यवती स्त्रियाँ मुनिवरों अर्थात् सप्तर्षियों का पूजन करती हैं।

अगहन देवस घटा निसि बाढ़ी। दूभर दुख सो जाइ किमि काढ़ी। 1।
अब धनि देवस बिरह भा राती। जरै बिरह ज्यों दीपक बाती। 2।
काँपा हिया जनावा सीऊ। तौ पै जाइ होइ सँग पीऊ। 3।
घर घर चीर रचा सब काहूँ। मोर रूप रँग लै गा नाहूँ। 4।
पलटि न बहुरा गा जो बिछोई। अबहूँ फिरै फिरै रँग सोई। 5।
सियरि अगिनि बिरहिनि हिय जारा। सुलगि सुलगि दगधै भै छारा।6।
यह दुख दगध न जानै कंतू। जोबन जरम करै भसमंतू। 7।
पिय सौं कहेहु सँदेसरा ऐ भँवरा ऐ काग। 8।
सो धनि बिरहें जरि गई तेहिक धुआँ हम लाग॥ 9। 9॥

भावार्थ— (1) अगहन में दिन घट गया और रात बड़ी हो गई। मेरा दुःख बड़ा दूभर है। यह रात कैसे बीतेगी (2) अब तो बाला को विरह के कारण दिन भी रात हो गई है। वह विरह में दीपक की बत्ती की तरह जल रही है। (3) शीत ने अपना प्रभाव जताया है, उससे हृदय काँप रहा है। यदि प्रिय संग में हों, तभी शीत जाता है। (4) घर-घर में सबने शीत के नए वस्त्र निकाले हैं । मेरा रूप रंग (साज शृंगार) स्वामी के साथ चला गया। (5) वह बिछोही जब से गया, नहीं लौटा। अब भी लौट आवे तो वही रंग फिर आ सकता है। (6) ठंडक आग बनकर विरहिणी का हृदय जलाती है, वह हृदय सुलग-सुलग कर जलने से राख हो गया है। (7) कन्त यह दाह का दुःख नहीं जानता जो यहाँ मेरा यौवन और जन्म भस्म कर रहा है।

(8) ऐ भौंरे, ऐ काग, यह संदेश प्रिय से जाकर कह देना (9) 'वह बाला बिरह में जल गई। उसी का धुआँ हमें लग गया है।'

शब्दार्थ— (2) देवस बिरह भा राती—बाला के विरह की आग से दिन का रंग काला पड़कर वह रात में मिल गया है। वह जैसी रात में जलती थी, वैसी ही दिन में जलने लगी है।

(8) संदेसरा—अप. संदेसड़ा। संदेस + अप. डा प्रत्यय।

पूस जाड़ थरथर तन काँपा। सुरुज जड़ाइ लंक दिसि तापा। 1।
बिरह बाढ़ि भा दारुन सीऊ। कँपि कँपि मरौं लेहि हरि जीऊ। 2।
कंत कहाँ हौं लागौं हियरें। पंथ अपार सूझ नहिं नियरें। 3।
सौर सुपेती आवै जूड़ी। जानहुँ सेज हिवंचल बूड़ी। 4।
चकई निसि बिछुरै दिन मिला। हौं निसि बासर बिरह कोकिला। 5।
रैनि अकेलि साथ नहि सखी। कैसें जिऔं बिछोही पँखी। 6।
बिरह सैचान भँवै तन चाँड़ा। जीयत खाइ मुएँ नहिं छाँड़ा। 7।
रकत ढरा माँसू गरा हाड़ मए सर संख। 8।
धनि सारस होइ ररि मुई आइ समेटहु पंख॥ 9। 10॥

भावार्थ— (1) पूस के महीने में जाड़े से शरीर थर-थर काँपता है। उस समय सूर्य भी जाड़ा लगने से लंका (दक्षिण दिशा या कटि प्रदेश) की ओर जाकर तपता है। (2) विरह के बढ़ने से शीत और दारुण हो गया। मैं काँप-काँप कर मर रही हूँ। वह मेरा प्राण लिये लेता है। (3) स्वामी कहाँ हैं जो मैं उनके हृदय से लगूँ? मार्ग अपार है; निकट की वस्तु भी मुझे नहीं सूझती। (4) जाड़े के ओढ़ने-बिछाने के वस्त्रों में भी जूड़ी आती है, मानों सेज हिमालय की बर्फ में डूबी हो। (5) चकवी रात को बिछुड़कर दिन में मिल जाती है। पर मैं रात दिन विरह में कोयल बनी पुकार रही हूँ। (6) रात में अकेली रह जाती हूँ, सखी भी साथ में नहीं होती। मैं कैसे जिऊँ ? जब मेरी जोड़ी का पक्षी बिछुड़ा हुआ है। (7) विरह रूपी सचान (बाज़) भयंकर रूप में शरीर के चारों ओर मँडरा रहा है कि जीते जी ही खा ले, मरने पर तो किसी तरह न छोड़ेगा।
(8) विरह में उसका रक्त आँसू बनकर ढल गया, मांस गल गया, हड्डियाँ सूखकर शंख हो गईं । (9) बाला सारस की जोड़ी की भाँति रटती हुई मर गई। हे प्रिय, अब आकर उसके पंख समेट लो।

शब्दार्थ— (1) लंक दिसि—(1) लंका की दिशा, दक्षिण दिशा; सूर्य जाड़े में दक्षिणायन होता है। (2) कटि प्रदेश, सूर्य रूपी पति शीत से बचने के लिए प्रिया के कटि भाग का आलिंगन कर उष्णता पाता है।

(4) सौर सुपेती—तुलना, जेतिक ओढ़ौं सँवर सुपेती। हहलि हहलि उर काँपौं तेती।

(7) सैचान = बाज। सं. संचान। वर्ण रत्नाकर में 14 प्रकार के सचान (सैचान) गिनाकर उनके द्वारा होने वाले शिकार का वर्णन है।

चाँड़ा = भयंकर; सं. चण्ड।

(9) ररि = रटकर, रो रोकर।

लागेउ माँह परै अब पाला। बिरहा काल भएउ जड़काला। 1।
पहल पहल तन रुई जो झाँपे। हहलि हहलि अधिकौ हिय काँपै। 2।
आइ सूर होइ तपु रे नाहाँ। तेहि बिनु जाड़ न छूटै माहाँ। 3।
एहि मास उपजै रस मूलू। तूँ सो भँवर मोर जोबन फूलू। 4।
नैन चुवहिं जस माँहुट नीरू। तेहि जल अंग लाग सर चीरू। 5।
टूटहिं बुंद परहिं जस ओला। बिरह पवन होइ मारै झोला। 6।
केहिक सिंगार को पहिर पटोरा। गियँ नहिं हार रही होइ डोरा। 7।
तुम्ह बिनु कंता धनि हरुई तन तिनुवर भा डोल। 8।
तेहि पर बिरह जराइ कै चहै उड़ावा झोल॥ 9। 11॥

भावार्थ—(1) माघ का महीना लग गया। अब पाला पड़ने लगा। जाड़े की ऋतु में विरह-काल हो गया। (2)शरीर के अंग-अंग को जैसे-जैसे रुई से ढकते हैं वैसे-वैसे हहर-हहर कर हृदय अधिक काँपता है। (3) हे प्रिय, सूर्य के समान आकर तपो। उसके बिना माघ में जाड़ा नहीं दूर होता। (4) इसी मास में उस रस का मूल उत्पन्न होता है जो वसन्त में वनस्पतियों पर फूल रूप से प्रकट होता है। मेरे यौवन रूपी पुष्प का रस लेने वाले तुम भौंरे हो। (5) मेरे नेत्रों से आँसू ऐसे चू रहे हैं जैसे माघ की वृष्टि में जल। उससे शरीर जलता है और वस्त्र बाण से लगते हैं। (6) बूँदें टूटकर ओले जैसी गिरती हैं। विरह पवन बनकर उन ओलों का झोला मारता है। (7) अब किसका शृंगार किया जाय और कौन पटोरा पहने? मेरे कंठ में हार नहीं रहा। मैं उस हार का डोरा मात्र हो गई हूँ।

(8) हे कंत, तुम्हारे बिना बाला सूखकर हलकी हो गई है। उसका शरीर तिनके की तरह इधर-उधर डोलता है। (9) उस पर भी विरह जलाकर उसकी राख उड़ा देना चाहता है।

शब्दार्थ—(1) पाला = बरफ, ठण्ड। सं. प्रालेय। जड़काला = जाड़े का समय।

(2) पहल पहल, (1) शरीर का पहलू पहलू, अंग अंग अथवा रुई का पहल पहल। हहलि, हहलि-हहलना, हहरना = काँपना, थरथराना। (जेतिक ओढ़ौं सवँर सुपेती। हहलि हहलि उर काँपौ तेती।)। झाँपै—सं. आच्छादय>प्रा. अप. धात्वादेश झम्पइ = ढाँकना।

(4) रस मूलू—माघ में उस रस का आरम्भ होता है, जो वसन्त में वनस्पतियों में दिखाई पड़ता है। इसीलिये माघ शुक्ल पंचमी वसन्त का जन्म दिन माना जाता है।

(5) माँहुट = माघ महीने का मेह। सं. माघवृष्टि > प्रा. माह वुट्टि > माहउट > माहुट।

(6) झोला = जाड़े में चलने वाली अत्यन्त ठण्डी हवा, जिसके झोंके गेहूँ आदि के पौधों को सुखा डालते हैं।

(8) हरुई = हल्की। सं. लघुक > हलुअ > हरुअ, स्त्री. हरुई। तिनुवर = तिनकों का ढेर।

(9) झोल = भस्म या राख (शुक्लजी)। अपने गुरु पं. जगन्नाथ जी से ज्ञात हुआ कि यह अवधी में चालू शब्द है। लोकोक्ति है—पींछे कै का अउबे झोली बुझावै (अवधी), अर्थात् मरने से पीछे क्या तुम मेरी राख बुझाने के समय आओगे?

फागुन पवन झँकोरै बहा। चौगुन सीउ जाइ किमि सहा। 1।
तन जस पियर पात भा मोरा। बिरह न रहै पवन होइ झोरा। 2।
तरिवर झरै झरै बन ढाँखा। भइ अनपत्त फूल फर साखा। 3।
करिन्ह बनाफति कीन्ह हुलासू। मो कहँ भा जग दून उदासू। 4।
फाग करहि सब चाँचरि जोरी। मोहिं जिय लाइ दीन्हि जसि होरी। 5।
जौं पै पियहि जरत अस भावा। जरत मरत मोहि रोस न आवा। 6।
रातिहु देवस इहै मन मोरें। लागौं कंत थार जेउँ तोरें। 7।
यह तन जारौं छार कै कहौं कि पवन उड़ाउ। 8।
मकु तेहि मारग होइ परौं कंत धरै जहँ पाउ॥ 9। 12॥

भावार्थ—(1) फागुन में हवा झकझोरती हुई बहती है। शीत चौगुना हो जाता है। कैसे सहा जाय? (2) मेरा शरीर पीले पत्ते जैसा हो गया है। विरह में वह पत्ता भी न टिक पायगा, क्योंकि विरह पवन बनकर उसे झोर डालेगा। (3) वृक्षों के पत्ते झड़ रहे हैं, और वन ढाके भी झड़ रहे हैं। फूल फल वाली शाखाएँ पत्तों से रहित हो गई हैं। (4) अब कलियों द्वारा वनस्पति हुलसित होने लगी हैं। पर मेरे लिए संसार दूना उदास हो गया है। (5) सब चाँचर जोड़कर फाग मना रहे हैं। मेरे जी में जैसे किसी ने होली की आग लगा दी है। (6) यदि प्रिय को इस तरह जलना अच्छा लगता है, तो मुझे जलने-मरने में भी कुछ रोष नहीं है। (7) रात दिन मेरे मन में यही है, कि हे कंत, तेरे थाल जैसे हृदय से लग जाऊँ।

(8-9) इस शरीर को जलाकर राख कर दूँ, और कहूँ—'हे वायु, इसे उड़ा ले जा। शायद मैं उस मार्ग में जा पड़ूँ जहाँ प्रियतम कभी पाँव रक्खे।

शब्दार्थ—(1) फागुन पवन—यह फागुन की फगुनहटा वायु है, जो बहुत तेज बर्फीली होती है। इसीसे जायसी ने लिखा है कि शीत चौगुना हो जाता है। प्राय: यह जाड़े के अन्त में तीन दिन तक चलती है और पेड़ों के पत्ते झाड़कर उन्हें नंगा (अनपत्त) कर देती है। फगुनहटा चलने के बाद वनस्पतियों में कलियाँ नया फुटाव लेती हैं।

(2) झोरा—क्रि. झोरना = पेड़ के पत्ते गिराकर उसे मुण्डा कर देना। प्रा. झोड़, झोड़इ = पेड़ से पत्ते गिराना।

(5) चाँचरि = शृंगार प्रदान एक नृत्य और गीत जो विशेषत: फागुन में गाया जाता है।

(7) थार—जायसी ने हृदय को थाल कहा है। यहाँ भी वही अर्थ है।

चैत बसंता होइ धमारी। मोहि लेखे संसार उजारी। 1।
पंचम बिरह पंच सर मारै। रकत रोइ सगरौ बन ढारै। 2।
बूड़ि उठे सब तरिवर पाता। भीज मंजीठ टेसू बन राता। 3।
मौरे आँब फरैं अब लागे। अबहुँ सँवरि घर आउ सभागे। 4।
सहस भाव फूली बनफती। मधुकर फिरे सँवरि मालती। 5।
मो कहँ फूल भए जस काँटे। दिस्टि परत तन लागहिं चाँटे। 6।
भर जोबन एहु नारँग साखा। सोवा बिरह अब जाइ न राखा। 7।
घिरिनि परेवा आव जस आइ परहु पिय टूटि। 8।
नारि पराएँ हाथ है तुम्ह बिनु पाव न छूटि॥ 9। 13॥

भावार्थ—(1) चैत में वसन्त की धमार होती है। पर मेरे लेखे संसार उजाड़ है। कोयल अपने पंचम राग में विरह के कारण पिउ-पिउ रटती हुई काम के पंच बाण मारती है और रक्त के आँसू रोकर सारे वन में गिराती है। (3) उन आँसुओं में डूबकर वृक्षों के नये पत्ते ताम्रवर्ण हो गए हैं। मंजीठ भी उनसे भीज गया है और वन का टेसू उनसे लाल हो गया है। (4) बौरे हुए आम फलने लगे हैं। हे सभागे कंत, अब भी मेरा स्मरण कर घर आओ। (5) वनस्पति सहस्त्रों रूपों में फूली है। भौंरे मालती का स्मरण कर लौट आए हैं। (6) मुझे फूल काँटे जैसे लग रहे हैं। उनके देखते ही मेरे शरीर में चींटे लग जाते हैं। (7) इस नारंग वृक्ष की शाखा में यौवन भर गया है। (इसी से उसमें स्तन रूपी फल उठे हैं)। विरह रूपी सुग्गा उन्हें खाना चाहता है। अब रक्षा नहीं हो सकती।

(8) गिरहबाज कबूतर जैसे आता है वैसे ही, हे प्रिय, तुम भी आकर टूटो। (9) यह स्त्री पराए वश में है। तुम्हारे बिना उससे न छूट पाएगी।

शब्दार्थ—(1) धमारी—होली का एक राग और उत्सव।

(2) पंचम विरह पंचशर मारै—मारै और ढारै, इन दो क्रियाओं का कर्त्ता कोयल है, जो अनुक्त है, किन्तु संकेत से स्पष्ट है। जायसी की कल्पना है, कि कोयल भी नागमती की तरह विरहिणी है, जो 'पिउ पिउ' रटती है। उसी विरह के दु:ख में वह रक्त के आँसू वन में गिरा रही है। कोयल के नेत्र रक्त की बूँद की तरह लाल होते हैं।

(7) नारंग—स्तन। शाखा—शरीर। सोवा = सुग्गा रूपी विरह या कामाग्नि।

भा बैसाख तपनि अति लागी। चोला चीर चँदन भौ आगी। 1।
सूरुज जरत हिवंचल ताका। बिरह बजागि सौहँ रथ हाँका। 2।
जरत बजागिनि होउ पिय छाँहाँ। आइ बुझाउ अँगारन्ह माहाँ। 3।
तोहि दरसन होइ सीतल नारी। आइ आगि सों करु फुलवारी। 4।
लागिउँ जरे जरे जस भारू। बहुरि जो भूँजसि तजौं न बारू। 5।
सरवर हिया घटत निति जाई। टूक टूक होइ होइ बिहराई। 6।
बिहरत हिया करहु पिय टेका। दिस्टि दवँगरा मेरवहु एका। 7।
कँवल जो बिगसा मानसर छारहिं मिलै सुखाइ। 8।
अबहुँ बेलि फिरि पलुहै जौं पिय सींचहु आइ॥ 9। 14॥

भावार्थ—(1) बैसाख का महीना आया और अत्यन्त तपन लगने लगी। चन्दनी चीर का चोला आग हो गया। (2) सूर्य जलता हुआ हिमालय की ओर जाना चाहता था। (वहाँ तो वह न गया) विरह की वज्राग्नि में तपती हुई मेरी ओर ही उसने रथ हाँक दिया। (मैं और तपने लगी)। (3) हे प्रिय, वज्राग्नि जल रही है; तुम छाँह करो। अंगारों में मुझे आकर बुझाओ। (4) तुम्हारे दर्शन से यह बाला (या नाड़ी) शीतल होगी। हे प्रिय, आओ और आग (अंगारों) के स्थान में फुलवारी कर दो। (5) जैसे भाड़ जलता है वैसे ही जलने लगी हूँ। तुम यदि फिर-फिर भूनो तो भी तुम्हारा द्वार न छोड़ूँगी (अथवा जौ की बहुरी की तरह जो तुम मुझे भूनो तो भी बालू न छोड़ूँगी। (6) सरोवर की तरह मेरा हृदय प्रतिदिन घटता जाता है। एक दिन वह टुकड़े-टुकड़े होकर फट जायगा। (7) हृदय फट रहा है। हे प्रिय, उसे सहारा दो और अपनी कृपादृष्टि रूपी दवँगरे से उसे एक में मिलाओ।

(8) जो कमल मानसरोवर में खिला था वह सूखकर मिट्टी में मिल गया। (9) हे प्रिय, यदि तुम आकर सींचोगे तो अब भी उसकी बेल में फिर नए पल्लव निकलेंगे।

शब्दार्थ—(1) चन्दन चीर = चँदनौटा।

(2) सूरुज जरत हिवंचल ताका—गर्मी से सूर्य जलने लगा। उसने हिमाचल की ओर जाना चाहा, पर नागमती के शरीर में जलने वाली वज्राग्नि से ज्ञात होता है कि हिमालय की ओर न जाकर सूर्य ने अपना रथ उसी की ओर हाँक दिया। इसीसे नागमती के शरीर में विरह की अग्नि सूर्य जैसी धधक रही है। सूर्य गर्मी से आर्त्त होकर हिमालय जाना चाहता है, किन्तु वास्तविक बात यह है कि वह गर्मी में वहाँ जा नहीं पाता, अन्यथा ग्रीष्म ऋतु ही न हो।

(5) बहुरि = (1) फिर, (2) जौ की भुनी हुई खीलें, भूना हुआ अन्न या चबेना (शब्दसागर)।

(6) बिहराना—सं. विघट > प्रा. विहड़, विहडइ = वियुक्त होना, अलग होना, टूट जाना।

(7) दवँगरा = असाढ़ का पहला पानी (अवधी में चालू शब्द), वर्षा की पहली झड़ी जो गर्मी की तपी हुई धरती पर गिरती है।

(8) छारहि मिलै सुखाइ = कमल धूप में गर्म रहता है। जैसे ही पहला दवँगरा पड़ता है उसके पत्ते जल जाते हैं और जड़ ताल की मिट्टी में पड़ी रहती हैं। जब शरद् आती है तो फिर पत्तियाँ फूट निकलती हैं।

जेठ जरै जग बहै लुवारा। उठै बवंडर धिकै पहारा। 1।
बिरह गाजि हनिवंत होइ जागा। लंका डाह करै तन लागा। 2।
चारिहुँ पवन झँकोरै आगी। लंका डाहि पलंका लागी। 3।
दहि भइ स्याम नदी कालिंदी। बिरह कि आगि कठिन असि मंदी। 4।
उठै आगि औ आवै आँधी। नैन न सूझ मरौं दुख बाँधी। 5।
अधजर भई माँसु तन सूखा। लागेउ बिरह काग होइ भूखा। 6।
माँसु खाइ अब हाड़न्ह लागा। अबहूँ आउ आवत सुनि भागा। 7।
परबत समुँद मेघ ससि दिनअर सहि न सकहिं यह आगि। 8।
मुहमद सती सराहिअै जरै जो अस पिय लागि॥ 9। 15॥

भावार्थ—(1) जेठ में सारा संसार जलने लगा, लू चलने लगी, बवण्डर उठने लगे और पहाड़ दहकने लगे। (2) विरह गरजकर हनुमान की तरह जागा और शरीर में लंका दहन करने लगा। (3) चार दिशाओं से चलने वाले चारों पवन आग को झकोरते हैं। वह अग्नि लंका को जलाकर अब पलंग में लग गई है। (4) वह बाला जलकर कालिन्दी नदी की भाँति काली हो गई है। विरह की अग्नि मंदी आँच की तरह बड़ी दुःसह होती है। (5) अग्नि उठने लगी और आँधी चलने लगी। आँखों से कुछ दिखाई नहीं पड़ता। दुःख में उठने वाली हूलों से मैं मरी जा रही हूँ। (6) मैं अधजली हो गई हूँ। शरीर का माँस सूख गया है। विरह भूखे कौवे की तरह उसे खाने लगा है। (7) मांस खाकर अब हड्डियों पर चिपटा है। प्रियतम, तुम अब भी आ जाओ तो तुम्हारा आना सुनते ही वह भाग जायगा।

(8) पर्वत, समुद्र, मेघ, शशि और सूर्य इस आग को नहीं सह सकते। (9) [मुहम्मद—] सती की सराहना करनी चाहिए जो अपने प्रियतम के लिये इस प्रकार जलती है।

शब्दार्थ—(1) लुवारा = तप्त वायु, लू। बवंडर—सं. वात मण्डल।

(3) चारिहु पवन—पुरवैया, पछिहवाँ, उतराहा, दखिनाहा।

लंका डाहि पलंका लागी—हनुमान ने जिस अग्नि से लंका जलाई थी वह सब लंका को जलाकर नागमती के पलंग को जला रही है। अथवा पलंका लंका से भी दूर एक द्वीप समझा जाता था। इलोरा में कैलास मन्दिर के दोनों ओर दो गुफाएँ लंका पलंका कहलाती हैं। तात्पर्य यह है कि वह अग्नि लंका को जलाकर पलंका तक जा पहुँची।

(4) मंदी = मंदी आँच, जैसे तुष की अग्नि होती है। मंदी होने पर भी वह बड़ी कठिन समझी जाती है।

(5) दुख बाँधी = दुःख की ऐंठन। बाँधी = ऐंठन, अंगों का टूटना, मुड़ना। सं. बधिका। हर्षचरित उच्छ्वास 5, में अनुबंधिका शब्द इसी अर्थ में (= गात्र संधि पीडा, शंकर) प्रयुक्त हुआ है।

तपै लाग अब जेठ असाढ़ी। भै मोकहँ यह छाजनि गाढ़ी। 1।
तन तिनुवर भा झूरौं खरी। मैं बिरहा आगरि सिर परी। 2।
साँठि नाहिं लगि बात को पूँछा। बिनु जिय भएउ मूँज तन छूँछा। 3।
बंध नाहिं औ कंध न कोई। बाक न आव कहौं केहि रोई। 4।
ररि दूबरि भईं टेक बिहूनी। थंभ नाहि उठि सकै न थूनी। 5।
बरसहिं नैन चुअहिं घर माहाँ। तुम्ह बिनु कंत न छाजन छाँहाँ। 6।
कोरे कहाँ ठाट नव साजा। तुम्ह बिनु कंत न छाजन छाजा। 7।
अबहूँ दिस्टि मया करु छान्हिन तजु घर आउ। 8।
मंदिल उजार होत है नव कै आनि बसाउ॥ 9। 16॥

भावार्थ—(1) अब मेरे शरीर में विरह की जेठ-असाढ़ी तपने लगी है। मेरे लिये यह तपन दुःखदायी छाजन (एक रोग) हो गई है। (2) शरीर पतला हो गया है, मैं खड़ी सूख रही हूँ। विरह की खान मेरे सिर पड़ी हैं। (3) मेरे पास कुछ पूँजी नहीं है, अब स्नेह से बात कौन पूछेगा? बिना प्राण के मेरा शरीर मूँज की तरह छूँछा हो गया है। (4) इस समय मेरा कोई बंधु नहीं है और कोई सहारा (कंध-स्कंध) नहीं है। मुँह से वाक्य नहीं निकलता, किससे रोकर अपना हाल कहूँ? (5) रो-रोकर मैं दुबली हो गई हूँ और सब आश्रय से विहीन हूँ। जब थंभ नहीं रह गया तो थूनी कहाँ उठ सकती है? (6) मेरे नेत्र आँसू बरसाते हैं जो सारे घर में टपकते हैं। हे कंत, तुम्हारे बिना न शोभा है, न छाँह या बचाव है। (7) अरे, कौन कहाँ अब नया साज सजाएगा? हे कंत, तुम्हारे बिना अब वस्त्र शोभा नहीं देते।

(8) कृपा की दृष्टि करो, विजन या एकांत छोड़कर घर में आओ (अथवा जिनसे गुप्त प्रेम किया है उन्हें छोड़कर घर आओ)। (9) यह मंदिर उजाड़ हो रहा है, आकर नए सिरे से बसाओ।

शब्दार्थ—(1) जेठ असाढ़ी = कठिनतम गर्मी के दिन; अवधी में अब भी यह चालू शब्द है। इस सूचना के लिये मैं श्रीमाताप्रसाद जी गुप्त का अनुगृहीत हूँ। छाजनि = त्वचा का एक रोग, जिसमें बड़ी जलन होती है। जेठ-असाढ़ की गर्मी ऐसी लग रही है जैसे छाजन। गाढी = कष्टदायक; दुःसह।

(2) तिनुवर, तनुवर = पतला, अथवा तिनकों का देर। आगरि = खान, सं. आकर। अथवा, आगरि = अर्गला; विरह की अर्गला मेरे सिर पड़ी है।

(3) सांठि = पूँजी, ठिकाना। सं. संस्था।
(4) बंध = बंधु, आत्मीय। कंध = स्कंध, कंधा टेक, सहारा।
(5) ररि = रोकर।
(6) छाजन = वस्त्र।
(7) छान्हि = (1) छान-छप्पर (2) विजन।

रोइ गँवाएउ बारह मासा। सहस सहस दुख एक एक साँसा। 1।
तिल तिल बरिस बरिस बरु जाई। पहर पहर जुग जुग न सिराई। 2।
सो न आउ पिउ रूप मुरारी। जासों पाव सोहाग सो नारी। 3।
साँझ भए झुरि झुरि पँथ हेरा। कौनु सो घरी करै पिउ फेरा। 4।
दहि कोइल भै कंत सनेहा। तोला माँस रहा नहिं देहा। 5।
रकत न रहा बिरह तन गरा। रती रती होइ नैनन्हि ढरा। 6।
पाव लागि चेरी धनि हाहा। चूरा नेहु जोरु रे नाहा। 7।
बरिस देवस धनि रोइ कै हारि परी चित झाँखि। 8।
मानुस घर घर पूँछि कै पूँछै निसरी पाँखि॥ 9। 17॥

भावार्थ—(1) नागमती ने रो-रो कर बारह मास बिता दिए। वह एक-एक साँस में सहस्त्र-सहस्त्र दुःख पाती थी। (2) तिल-तिल समय बरस-बरस का बल लेकर बीतता था। एक-एक पहर युग-युग हो रहा था; बीतता न था। (3) रूप में कृष्ण की भाँति सुन्दर वह प्रियतम नहीं आता, जिससे वह बाला अपना सुहाग पावे (4) साँझ होने पर मैं उत्सुकतापूर्वक स्मरण करके उसका मार्ग देखती हूँ। वह कौन-सी घड़ी होगी जब प्रियतम फेरा करेगा? (5) मैं कंत के स्नेह में जलकर काली हो गई हूँ। देह पर तोले भर भी मांस नहीं रहा। (6) रक्त नहीं रह गया। विरह में वह शरीर से सब निचुड़ गया और रत्ती-रत्ती होकर नेत्रों से ढुलक गया। (7) हे कंत, आपकी चेरी यह बाला पाँव पड़ती और हाहा खाती है। अब टूटा हुआ स्नेह पुनः जोड़ो।

(8) बरस दिन तक रोकर बाला विलाप करके चित्त में हार गई। (9) घर-घर के मनुष्यों से पूछकर अब वन के पक्षियों से पति का समाचार पूछने निकली।

शब्दार्थ—(1) बारह मासा—इस प्रकरण को कुछ हस्तलिखित प्रतियों में नागमती का बारह मासा कहा है। जायसी के समय (सोलहवीं शती का पूर्वार्द्ध) में बारहमासा साहित्य का सम्मत रूप बन चुका था। सन्देश रासक (लगभग चौदहवीं शती) और पृथ्वीराजरासो में जायसी की भाँति षड्ऋतु वर्णन मिलता है, पर बारह मासा वहाँ नहीं है।

(2) सिराई—धा. सिराना = बीतना, समाप्त होना, अन्त होना। सम्भवतः हिन्दी सियराना, सिखाना = जल में प्रवाह करना, शीतल करना से यह शब्द बना है।

(3) रूप मुरारी = रूप के कृष्ण।

सोन आव पिउ रूप—स्त्री रूपी सोने में पति रूपी रूपा या चाँदी के मिलने से सोने में ओख आती है जिससे शोधन के लिए उसमें सुहागा मिलाया जाता है।

(4) झुरि झुरि—धा. झूरना। सं. स्मृ > प्रा. झूर, याद करना, चिन्तन करना।

(6) गरा, निचुड़ गया, गारना = निचोड़ना। सं. गालयति > प्रा. गालइ, गालना = निचोड़ना छानना। रति रति = रत्ती रत्ती। रक्त की बूँदें लाल रंग की रत्ती बनकर मानों बिखर गईं।

(8) झाँखि = सं. विलप् का प्रा. धात्वादेश झंख = विलाप करना। हेम. के अनुसार प्राकृत में तीन झंख धातुएँ और हैं, (1) झंखइ (सं. संतप्) = संतप्त होना, संताप करना, यह अर्थ भी यहाँ उपयुक्त है। (2) झंखइ, (उपालंभ) = उलाहना देना; (3) झंखई (निःश्वास) = निःश्वास लेना।

भईं पुछारि लीन्ह बनबासू। बैरिनि सवति दीन्ह चिल्हवाँसू। 1।
कै खर बान कसै पिय लागा। जौं घर आवै अबहूँ कागा। 2।
हारिल भईं पंथ मैं सेवा। अब तहँ पठवौं कौनु परेवा। 3।
धौरी पंडुक कहु पिय ठाऊँ। जौ चित रोख न दोसर नाऊँ। 4।
जाहि बया गहि पिय कँठ लवा। करे मेराउ सोई गौरवा। 5।
कोइलि भईं पुकारत रही। महरि पुकारि लेहु रे दही। 6।
पियरि तिलोरि आव जलहंसा। बिरहा पैठि हिएँ कत नंसा। 7।
जेहि पंखी कहँ अढ़वौं कहि सो बिरह कै बात। 8।
सोई पंखि जाइ डहि तरिवर होइ निपात॥ 9। 18॥

भावार्थ—(1) मैंने मोरनी बनकर प्रिय के लिये बनवास लिया। पर बैरिन सौत ने फँसाने का फंदा लगा दिया। (2) अब भी जब कभी खरबानक के साथ कौवा घर आ जाता है, तो प्रिय लगता है। (3) हारिल मार्ग में टिक रही, अब वहाँ किस पक्षी को भेजूँ? (4) हे धौरी, हे पंडुक, प्रिय का स्थान बताओ। यदि चितरोख पक्षी मिले तो दूसरे का नाम न लूँ। (5) हे बया, तू जा, मैं प्यारे कंठलवा को लेती हूँ। जो जोड़ा खाता है वही गौरवा पक्षी है। (6) कोयल बनकर मैं पुकारती रही। महरी (ग्वालिन) पुकार रही है—दही लो, दही लो। (7) पीलक, तिलौरी और जलहंस आते हैं। कटनास पक्षी (नीलकंठ) हृदय में पैठकर उड़ गया।

(8) विरह की बात कहकर जिस पक्षी को (जाने के लिये) आज्ञा देती हूँ, (9) वही जल जाता है और उसका पेड़ भी नष्ट (निपात) हो जाता है।

शब्दार्थ—(1) पुछारि = (1) मोरनी (2) पूछने वाली। चिलवाँसू = चिड़िया पकड़ने का फंदा।

(2) खरबानक = एक पक्षी। सै = साथ में। पिय लागा = अच्छा लगता है।

(3) हारिल = हरियल पक्षी। सं. हारीत। पंथ मैं सेवा = मार्ग की सेवा करनेवाली हुई (मार्ग में टिक जाने वाली हुई)।

(4) धौरी = धवर पक्षी, फाख्ता की एक जाति। पंडुक = पड़की। चितरोख = चितरोखा पक्षी, फाख्ता की एक जाति।

(5) बया = बया नाम का पक्षी। कंठलवा = कंठलवा पक्षी, लवा की एक जाति। करै मेराउ = मिलाप करना, जोड़ा करना। जो जोड़ा खाता है वही भाग्यशाली है। गौरवा। सं. गौर = गौरैया का नर, चिड़ा पक्षी।

(6) कोइली = कोयली पक्षी। महरि = ग्वालिन चिड़िया, जो दही-दही बोलती है।

(7) पियरि = पीलक चिड़िया। अथवा इसका पदच्छेद होगा—पिय + रि = पिय + रे (उर्दू लिपि में) = हे प्रिय। तिलौरी = तेलिया मैना। जलहंस = जल में क्रीड़ा करनेवाले हंस। कतनंसा = कटनास पक्षी (नीलकंठ)। बिरहा = उड़ गया, चला गया।

(8) अढ़वौं—धा. अढ़वना = आज्ञा देना, कार्य में नियुक्त करना, काम में लगाना।

(9) निपात = गिर जाना, नष्ट हो जाना, बिना पत्तों के हो जाना।

कुहुकि कुहुकि जसि कोइलि रोई। रकत आँसु घुंघुची बन बोई। 1।
पै करमुखी नैन तन राती। को सिराव बिरहा दुख ताती। 2।
जहँ जहँ ठाढ़ि होइ बनबासी। तहँ तहँ होइ घुंघुचिन्ह कै रासी। 3।
बुंद बुंद महँ जानहु जीऊ। कुंजा गुंजि करहिं पित पिउ। 4।
तेहि दुख डहे परास निपाते। लोहू बूड़ि उठे परभाते। 5।
राते बिंब भए तेहि लोहू। परवर पाक फाट हिय गोहूँ। 6।
देखिअ जहाँ सोइ होइ राता। जहाँ सो रतन कहै को बाता। 7।
ना पावस ओहि देसरें ना हेवंत बसंत। 8।
ना कोकिल न पपीहरा केहि सुनि आवहि कंत॥ 9। 19॥

भावार्थ—(1) वह कोयल की भाँति कुहक-कुहक कर रोई। रक्त के आँसुओं से मानों उसने घुंघचियाँ बन में बो दीं। (2) उसका मुँह बुझकर काला हो गया, पर नेत्र और शरीर लाल अंगारे की तरह दहकते रहे। जो विरह-दु:ख में जलता है, उसे कौन बुझा सकता है? (3) वन में रहती हुई वह जहाँ-जहाँ खड़ी हो जाती, वहीं-वहीं घुंघचियों का ढेर लग जाता था, (4) मानों एक-एक बूँद में उसका प्राण टपक रहा था। अतएव प्रत्येक कुंज में से 'पिउ, पिउ' की गूँज उठ रही थी। (5) उसके दु:ख से जलकर पलाश बिना पत्ते के हो गए। फिर उसके लोहू में डूबकर (फूलों से लदकर) चमकते हुए उठे। (6) उसी रक्त से बिम्बाफल लाल

हो गए। उसकी सहानुभूति में परवल पककर पीला हो गया और गेहूँ का हृदय फट गया। (6) जहाँ वह देखती वहीं लाल हो जाता था। अतएव जहाँ वह लाल रत्न था उसकी बात या पहिचान कौन बताता?

(8) उस देश में न पावस है, न हेमन्त है, न वसन्त है, (9) न कोकिल है, न पपीहा है। किसका शब्द सुनकर कंत लौट कर आवे?

शब्दार्थ—(4) कुंजा गुंजि-कुंजा = वन में वृक्षों के कुंज या क्रौंच पक्षी। गुंजि = गूँज, प्रतिध्वनि। कल्पना है, कि नागमती का प्राण रक्त की एक-एक बूँद के साथ टपककर गिरा था, अतएव प्रत्येक कवि की कुंज से 'पिउ पिउ' की गूँज आ रही थी।

(5) उठे परभाते = प्राय: प्रभातना = चमकना। चमक उठे।

(7) जिसे देखती वही अनुरक्त होकर वहीं रह जाता, रत्नसेन तक संदेश कौन ले जाता?

सूरदास

सूरदास कृष्णभक्ति काव्यधारा के सबसे महत्त्वपूर्ण कवि हैं। हिन्दी के मध्यकालीन कवियों में कबीर, जायसी, सूर और तुलसी को अत्यन्त प्रतिष्ठा मिली है। इनमें भी महत्त्व की दृष्टि से सूर और तुलसी की तुलना होती रही है। बहुत दिनों तक सूरदास को सूर्य के समान और तुलसीदास को चन्द्रमा के समान प्रकाशमान माना गया। लम्बी-बहस के बाद हिन्दी में आचार्य रामचन्द्र शुक्ल ने स्थापित किया कि तुलसीदास हिन्दी के सबसे बड़े कवि हैं क्योंकि इनमें लोक मंगल की साधनावस्था दिखाई देती है। सूरदास में लोकमंगल की सिद्धावस्था है।

सूरदास ने ब्रजभाषा में कृष्ण भक्ति सम्बन्धी मुक्तक पदों की रचना की। आचार्य रामचन्द्र शुक्ल ने सूरदास के महत्त्व को प्रतिष्ठित करते हुए लिखा है कि "चलती हुई ब्रजभाषा में सबसे पहली साहित्यिक कृति इन्हीं की मिलती है, जो अपनी पूर्णता के कारण आश्चर्य में डाल देती है। पहली साहित्य-रचना और इतनी प्रचुर, प्रगल्भ और काव्यांगपूर्ण कि अगले कवियों की शृंगार और वात्सल्य की उक्तियाँ इनकी जूठी जान पड़ती हैं।" आगे उन्होंने लिखा कि "सूरसागर किसी पहले से चली आती हुई परम्परा को—चाहे वह मौखिक ही रही हो—पूर्ण विकास-सा जान पड़ता है, चलने वाली परम्परा का मूल रूप नहीं।" (भ्रमरगीत सार, सं. रामचन्द्र शुक्ल पृ. 20)

इस संदर्भ में दो तथ्य यहाँ ध्यान देने योग्य है। एक, सूर के बाद रीतिकाल तक हिन्दी की काव्य भाषा ब्रजभाषा बनी रही और दूसरे, उसमें राधा-कृष्ण के सुमिरन के बहाने काव्य रचना की गई। इससे सूरदास का ऐतिहासिक महत्त्व प्रकट होता है।

'सूरदास' के तीन ग्रन्थ मिलते हैं—सूरसागर, सूर सारावली और साहित्य-लहरी। इनमें भी सूरदास का सबसे महत्त्वपूर्ण ग्रन्थ 'सूरसागर' है। सूरदास ने 'भ्रमरगीतसार' नामक किसी ग्रन्थ की रचना नहीं की। विशाल 'सूरसागर' में भ्रमर गीत से जुड़े कुछ पद हैं। इनका सम्पादन पहली बार आचार्य रामचन्द्र शुक्ल ने किया। बाद में विश्वनाथ प्रसाद मिश्र उप-सम्पादक के रूप में इससे जुड़े।

इसके प्रथम संस्करण के वक्तव्य में आचार्य रामचन्द्र शुक्ल ने लिखा है—"'भ्रमरगीत' सूरसागर के भीतर का एक सार रत्न है। समग्र सूरसागर का कोई अच्छा संस्करण न होने के कारण 'सूर' के हृदय से निकली हुई अपूर्व रसधारा के

भीतर प्रवेश करने का श्रम कम ही लोग उठाते हैं। मैंने सन् 1920 में भ्रमरगीत के अच्छे पद चुनकर इकट्ठे किए और उन्हें प्रकाशित करने का आयोजन किया।" (भ्रमरगीत सार, लोकभारती प्रकाशन, इलाहाबाद संस्करण, 2018, पृ. vii)

शुक्ल जी के बाद पं. विश्वनाथ प्रसाद मिश्र ने इसका किंचित संपादन किया। शुक्ल जी के संस्करण में एक बड़े पद के छः टुकड़े हो गए थे और उन्हें अलग-अलग संख्या दे दी गई थी। कुछ पद दो बार छप गए थे। एक पद संयोग श्रृंगार का शामिल हो गया था। इन सबको हटाने पर संख्या 392 हो गई। तब विश्वनाथ प्रसाद मिश्र ने कुछ पद और जोड़े और इस तरह भ्रमरगीत सार के पदों की संख्या 400 की गई। इस समय हिन्दी में यही संस्करण प्रचलन में है, जिसमें आचार्य रामचन्द्र शुक्ल की लम्बी भूमिका के साथ 400 पद दिए गये हैं।

पुस्तक के आमुख में विश्वनाथ प्रसाद मिश्र ने यह सूचित किया है कि यह पुस्तक काशी हिन्दू विश्वविद्यालय के पाठ्यक्रम में शामिल की गई थी। यहाँ इस तथ्य को भी ध्यान में रखा जाना चाहिए कि यह पुस्तक आज तक भारत के लगभग सभी विश्वविद्यालयों के पाठ्यक्रमों में शामिल है। तब से हिन्दी के पाठ्यक्रम में बहुत परिवर्तन हुए हैं। लेकिन 'भ्रमरगीत सार' के स्थान पर सूरदास की कोई अन्य रचना पाठ्यक्रम में स्थान नहीं ले पाई। हालाँकि हिन्दी के सभी आलोचक मानते हैं कि बाललीला वर्णन में सूरदास बेजोड़ हैं। श्रृंगार-वर्णन में भी उनकी सानी नहीं हैं। इसके बावजूद भारतीय विश्वविद्यालयों में उनकी यह निर्गुण मत विरोधी पुस्तक 'भ्रमरगीतसार' ज्यों की त्यों बनी हुई है।

इस प्रकरण का प्रारम्भ श्रीकृष्ण के वचनों से होता है, वे उद्धव को मथुरा से वृन्दावन भेजते हैं और उन्हें 11 पदों में नन्द और यशोदा सहित सभी गोप-गोपियों को अपना सन्देश सुनाते हैं। फिर एक छन्द में कुब्जा अपना सन्देश कहती है। इसके बाद उद्धव के ब्रज में पहुँचने का वर्णन होता है। दो-तीन पदों के बाद गोपियाँ बोलने लगती हैं। फिर उद्धव वापिस मथुरा चले जाते हैं और कृष्ण के सामने गोपियों की स्थिति का वर्णन करते हैं। और अन्त में फिर कृष्ण के वचन आते हैं। छोटी-सी यह कथा है, जिसके भीतर गोपियाँ अपने मन की व्यथा कहती हैं।

आचार्य रामचन्द्र शुक्ल ने 'भ्रमरगीत' के प्रसंग को संक्षेप में इस तरह से समझाया है—'श्रीकृष्ण अक्रूर के साथ कंस के निमंत्रण पर मथुरा गए और वहाँ कंस को मारकर अपने पिता वसुदेव का उद्धार किया। इसी बीच में कुब्जा नाम की कंस की एक दासी को उसकी सेवा से प्रसन्न होकर उन्होंने अपने प्रेम की अधिकारिणी बनाया। जब अवधि बीत जाने पर भी वे लौटकर गोकुल न आए तब नन्द, यशोदा तथा सारे ब्रजवासी बड़े दुखी हुए। उन गोपियों के विरह का क्या कहना है जिनके साथ उन्होंने इतनी क्रीड़ाएँ की थीं। बहुत दिनों पीछे श्रीकृष्ण ने ज्ञानोपदेश द्वारा गोपियों को समझाने-बुझाने के लिए अपने सखा उद्धव को ब्रज में भेजा। उद्धव ही को क्यों

भेजा? कारण यह था कि उद्धव को अपने ज्ञान का बड़ा गर्व था, प्रेम या भक्ति मार्ग की वे उपेक्षा करते थे। कृष्ण का उन्हें गोपियों के पास भेजने का यह अभिप्राय था कि वे उनकी प्रीति की गूढ़ता और तन्मयता को देखकर शिक्षा ग्रहण करें और सगुण भक्ति मार्ग की सरलता और सुगमता के सामने उनका ज्ञान-गर्व दूर हो।...

...उद्धव के ब्रज में दिखाई पड़ते ही सारे ब्रजवासी उन्हें घेर लेते हैं। वे नन्द यशोदा से संदेसा कह चुकने के उपरान्त गोपियों की ओर फिरकर कृष्ण के सन्देश के रूप में ज्ञान-चर्चा छेड़ते हैं। इसी बीच एक भौंरा उड़ता-उड़ता गोपियों के पास आकर गुनगुनाने लगता है—

***

फिर तो गोपियाँ मानो उसी भ्रमर को सम्बोधन करके जो जी में आता है, खरी-खोटी, उल्टी-सीधी, सब सुना डालती हैं। इसी से इस प्रसंग का नाम 'भ्रमरगीत' पड़ा है। कभी गोपियाँ उद्धव का नाम लेकर कहती हैं, कभी उसी भ्रमर को सम्बोधित करके कहती हैं—विशेषत: जब परुष और कठोर वचन मुँह से निकालना होता हो। शृंगार-रस का ऐसा सुन्दर 'उपालम्भ काव्य' दूसरा नहीं है।" (वही, पृ. 43-45)

भ्रमरगीत का पूरा प्रकरण ऊपर से उद्धव-गोपियों का संवाद प्रतीत होता है, जिसमें गोपियाँ अपने कृष्ण प्रेम का इजहार करती हैं, कृष्ण के विरह में हो रही अपनी पीड़ा का वर्णन कर रही हैं। कृष्ण को वापिस मथुरा से बुलाने का आग्रह करती हैं, लेकिन इसके भीतर एक बड़ा भारी दार्शनिक विवाद छिपा हुआ है। मूलत: यह एक दार्शनिक काव्य है। सूरदास ने बहुत चतुराई से इस संवाद को प्रस्तुत किया है। इसको समझने के लिए सबसे पहले भक्तिकाल के दार्शनिक विवाद को समझने की जरूरत है।

उस युग का केन्द्रीय प्रश्न था कि ईश्वर का स्वरूप क्या है? वह सगुण है या निर्गुण? उसका कोई रूप, रंग या आकार या मूर्ति है या नहीं है? ज्यों ही आप इस प्रश्न पर अपनी राय दे देते हैं, तब आप तय कर लेते हैं कि उस ईश्वर की भक्ति हम कैसे करेंगे? उस भक्ति के साधन क्या होंगे? और इस तरह मानव मुक्ति का मार्ग कौन-सा होगा? दर्शन के स्तर पर इसमें अनेक भेदोपभेद हैं, लेकिन व्यवहार में ईश्वर के रूप से बहस आरंभ होती है या समाप्त हो जाती है। अब जो लोग सगुण ईश्वर को मानते हैं, वे ईश्वर को राम या कृष्ण के रूप में देखते हैं। उनकी मूर्ति बनाते हैं। मंदिर बनाते हैं। उनकी पूजा-अर्चना और अनुष्ठान करते हैं। वे पवित्र धर्मग्रन्थों में विश्वास करते हैं। वेद-पुराण-निगमागमों के अनुसार चलते हैं। प्रकारान्तर से ये लोग वर्णाश्रम धर्म और ब्राहमण श्रेष्ठता में विश्वास करते हैं। दर्शन का जब सामाजिक विभाजन होता है तो शिक्षित, प्रबुद्ध, सवर्ण समाज ईश्वर की सगुण लीला में विश्वास रखता है। स्वयं सूरदास इस मत को मानते हैं और इसी को अंतत: प्रतिष्ठित करते हैं।

इनके विरोधी लोग ईश्वर को निराकार, निर्गुण मानते हैं। जब ईश्वर निराकार है तो उसका मन्दिर नहीं हो सकता। उसकी पूजा की कोई पद्धति नहीं हो सकती। सामाजिक आचार-विचार का कोई धार्मिक मूल्य नहीं है। युगों से वेद-पुराण-निगमागमों का विरोध करने वाली धारा हमारे देश में सक्रिय रही है, जो ब्राह्मण श्रेष्ठता के विरोध में संगठित होती रही है। इनमें जैन, बौद्ध, नाथ, सिद्ध, योग, कापालिक आदि अनेक मत हैं, जो यौगिक क्रियाओं और जटिल साधना द्वारा मुक्ति की धारणा को सामने रखते आए हैं। देश की निरक्षर जनता पर इनका गहरा प्रभाव रहा है। इस तरह मोटे तौर पर यह हुआ कि सवर्ण पंडित-पुजारी सगुण मत के और दलित-बहुजन निर्गुण मत के, कबीर, गोरख आदि सन्तों के समर्थक थे। अब इस बहस में निर्गुण मत को कैसे पराजित किया जाए? यह दार्शनिक, राजनीतिक और साहित्यिक प्रश्न था, जो सूरदास के सामने था और तुलसीदास के सामने भी था।

इसको ध्यान में रखते हुए सूरदास ने दोनों पक्षों को बदल दिया। सगुण भक्ति और कृष्ण प्रेम की समर्थक अहीर की निरक्षर छोरियाँ और पढ़े-लिखे-ज्ञानी-गुणी-विद्वान उद्धव निर्गुण ब्रह्म के समर्थन में दिखने लगे। पात्रों के इस तरह के चयन से ही यह स्थापित हो गया कि निरक्षर-नादान जनता के लिए सगुण भक्ति सहज-स्वाभाविक और काम्य है। भ्रमरगीत के पदों को पढ़ने से पूर्व सूरदास की इस योजना को ध्यान में रखना चाहिए।

जिस समय उद्धव ब्रज में पहुँचे और गोपियों से बात करने लगे, उस समय कहीं से एक भ्रमर आ गया। अब गोपियाँ इस भ्रमर को संबोधित करते हुए उद्धव को सुनाने लगी। भारतीय परंपरा में किसी स्त्री को पर पुरुष से सीधे बात नहीं करनी चाहिए। इसलिए रावण जब सीता से बात करने लगा तो सीता ने अपने और रावण के बीच तिनका रख लिया और इस तिनके की ओट में बात करने लगी। गोपियों को भी भ्रमर का बहाना मिल गया। इसलिए उद्धव-गोपी का यह संवाद भ्रमर गीत कहा जाने लगा।

दूत की भूमिका में उद्धव

उद्धव अपनी मर्जी से ब्रज में नहीं आए थे। कृष्ण को पता था कि गोपियाँ कृष्ण के विरह में व्याकुल हैं। वे उनका दु:ख दूर करना चाहते थे। उनकी समझ यह थी कि सांसारिक दुख भी दर्शन से दूर हो सकते हैं। इधर कृष्ण के मित्र उद्धव लगातार निर्गुण ब्रह्म संबंधी चर्चा किया करते थे। इसलिए उन्होंने उद्धव को अपना दूत बनाकर उन्हें ब्रज में भेजा, ताकि वे गोपियों का दु:ख दूर कर सकें।

अब इसका परिणाम क्या होता है? गोपियाँ अपना पक्ष रखती हैं, इस तरह से अपनी बातें रखती हैं कि जो उद्धव कृष्ण के दूत बनकर ब्रज आये थे, वे ही उद्धव यहाँ से जाकर गोपियों के दूत बन गए और वे कृष्ण को समझाने लगे।

गोपियों का यह कौशल, यह वाक् चातुर्य देखने लायक है। यही इस भ्रमरगीत की सफलता है।

भ्रमरगीत में कृष्ण और उद्धव की मित्रता सन्देह से परे है। भ्रमरगीत प्रकरण में उद्धव ने अपनी राय से कहीं समझौता नहीं किया, कहीं पर वे विचलित नहीं हुए। कहीं पर उन्होंने कृष्ण के विश्वास को तोड़ा नहीं। वे गोपियों के बहकावे या किसी तरह के लालच में नहीं आए। ऐसा भी नहीं कह सकते कि गोपियों ने उद्धव को ठग लिया। फिर यह किस कारण से सम्भव हुआ और क्यों उद्धव के विचार बदल गए? यह देखने की बात है।

श्रोता के रूप में उद्धव

सम्पूर्ण भ्रमरगीत में गोपियाँ अपना पक्ष रखती हैं। जब गोपियाँ अपना पक्ष रखती हैं, तब उद्धव चुपचाप, धैर्यपूर्वक उनकी बात सुनते हैं। वे बीच में उनको टोकते नहीं। अपना तर्क रखते हुए भी गोपियाँ कुछ बातों का बराबर ध्यान रखती हैं। भारतीय साहित्य में कृष्ण का चरित्र अनेक रूपों में आता है। हर बार कृष्ण का व्यक्तित्व विकसित हो जाता है। वही कृष्ण हैं जिनका जन्म मथुरा की जेल में हुआ। वृन्दावन में उन्होंने गाएँ चराईं। वही कृष्ण हैं, जिन्होंने कई शक्तिशाली विरोधियों का वध किया। महाभारत के सूत्रधार भी कृष्ण ही हैं। फिर अन्त में द्वारकाधीश के रूप में प्रतिष्ठित हुए। 'सूरदास' के भ्रमरगीत की इस कथा को भागवत से लिया गया है। भागवत में निर्गुण-सगुण विवाद नहीं है। यहाँ उद्धव आते हैं और गोपियों से मिलकर चले जाते हैं। यहाँ तक कि भागवत में राधा भी नहीं है। राधा-कृष्ण सम्बन्धी प्रथम रचना जयदेव का गीतगोविंद है। इसके बाद चण्डीदास, विद्यापति आदि कवियों ने राधा-प्रेम के पद लिखे हैं। सूरदास ने यहीं से यह परंपरा ग्रहण की है। इस कथा को निर्गुण-सगुण विवाद के रूप में सबसे पहले सूरदास ने रखा। इनके बाद भ्रमरगीतों की लम्बी परंपरा चली, जिनमें नन्ददास का 'भँवरगीत' महत्त्वपूर्ण रचना है।

गोपियाँ सबसे पहली बात को बराबर रेखांकित करती जाती हैं कि वे कृष्ण से प्रेम करती हैं और अथाह प्रेम करती हैं। इसलिए वे कृष्ण की मर्यादा के विरुद्ध कुछ नहीं कहतीं। शेष सब बातें कहती जाती हैं। फिर जो कृष्ण के मित्र हैं, वे हमारे विरोधी कैसे हो सकते हैं? अत: एक सीमा के भीतर वे उद्धव से भी अपनत्व मानती हैं और तर्क-वितर्क करते हुए इस अपनत्व को अभिव्यक्त करती जाती हैं। फिर उद्धव गोपियों के अतिथि हैं, इसलिए अतिथि का सम्मान तो करना ही चाहिए। इसलिए सारी बहस के बीच गोपियाँ उद्धव को यह एहसास कराना नहीं भूलतीं कि हमारे लिये आप महत्त्वपूर्ण हैं। आखिर आप रुचिपूर्वक हमारे दुःखों को दूर करने के लिए यह निर्गुण मत लेकर आए। आपने हमारे बारे में सोचा। हमको अपना माना। यह हमारे लिए बहुत महत्त्वपूर्ण है। बाकी हम क्या करें?

ऊधौ मन नहिं हाथ हमारे। (भ्रमरगीत सार, पृ. 100)

आप जो कह रहे हो, वह सही हो सकता है। उसके बारे में हम बहस करने की स्थिति में नहीं हैं। हमारी मजबूरी है। तुम गलत नहीं हो। हमारा मन ही हमारे वश में नहीं है। यह तो सामान्य-सी बात है कि जो भी कर्म होता है, वह मन से ही होता है। तभी उसमें सफलता मिलती है। अब हमारा मन, हमारा हृदय तो हमारे पास है नहीं। हमारा मन तो कृष्ण के साथ ही रथ में बैठकर चला गया है या स्वयं कृष्ण ले गए हैं।

नातरू कहा जोग हम छाँड़हि अतिरुचि के तुम ल्याए

(भ्रमरगीत सार, पृ. 100)

इस तरह गोपियाँ उद्धव से सहमत नहीं हैं। योग मत को ग्रहण करने की हामी नहीं भरतीं। फिर भी वे चाहती हैं कि उनके ऐसा करने पर उद्धव उनसे नाराज न हों। उद्धव के मन में जो गोपियों के प्रति प्रेम-भाव है, हित-कामना है, वह बनी रहे। उद्धव के मन में हमारे हित की जो कामना है, हम उसका सम्मान करती हैं। उसे नहीं खोना चाहतीं।

गोपियाँ बार-बार अपना तर्क बदल देती हैं। वे कहती हैं कि कृष्ण तो हमारे अपने हैं। इतने अपने हैं कि हम उनके बारे में कुछ भी कह सकती हैं। उद्धव पराए हैं। उन्हें यदि कुछ बुरा लग गया, तो यह अच्छी बात नहीं है। इसलिए वे सीधे कृष्ण से कहती हैं—

हम तो झकती स्याम की करनी, मन लै जोग पठाए।

(वही, पृ. 100)

हे उद्धव! आप तो दूत हो। दूत का कोई दोष नहीं। जो कुछ कृष्ण ने दिया उसे आप लेकर आ गए। ठीक है। पर यह कृष्ण ने हमारे साथ क्या किया? हमारा 'मन' ले लिया और मन के बदले में यह 'योग' भेज दिया। हिसाब तो बराबर होना चाहिए। मन लिया है तो मन दे दें। चलो, इस विवाद को खत्म करते हैं। आप जो कुछ कहते हो, हम वह करने के लिए तैयार हैं, बस आप हमारा मन (जो कृष्ण के पास है।) लाकर हमें दे दो। अब मन तो कृष्ण के साथ गया है तो कृष्ण के साथ ही वापिस आएगा। इसलिये आप कृष्ण को ले आओ। हम योग आदि सब कर लेंगी। अब गोपियों की तो आकांक्षा ही यह है कि कृष्ण वापिस गोकुल आ जाएँ।

गोपियाँ उद्धव को कपटी नहीं मानतीं, न षडयंत्रकारी मानती हैं। गोपियाँ जानती हैं और मानती हैं कि उद्धव वही बातें कह रहे हैं, जो वे जानते हैं। उद्धव ईमानदार और स्पष्ट वक्ता हैं। उनकी ईमानदारी और स्पष्टवादिता की गोपियाँ तारीफ करती हैं,

परन्तु समस्या यह है कि उद्धव जानते ही बहुत थोड़ा हैं। वे तो नीरस हैं। अनुभवहीन हैं। उन्होंने तो कभी प्रेम किया ही नहीं। इसलिए वे प्रेमी के मनोभावों को नहीं समझ पाते। इस कारण हे उद्धव! यहाँ आपकी बातों का कोई बुरा नहीं मानता। अब देखो दादुर कमल के पास रहता है, परन्तु वह उससे प्रेम नहीं करता। इसलिए उसे कमल के बारे में कुछ पता नहीं। भ्रमर कमल से प्रेम करता है, इसलिए—'अलि अनुराग उड़न मन बान्ध्यो कहे सुनत नहीं कानै' (वही, पृ. 72)

नदी जब समुद्र से मिलने जाती है तब वह रास्ते में खड़े पेड़ों को भी उखाड़ती चलती है। उनके रोकने से वह नहीं रुकती। गोपियाँ उद्धव से परिहास करते हुए, उसे नादान और अनुभवहीन साबित करते हुए कहती हैं कि हे उद्धव! आप बड़े भाग्यवान हैं। आप 'अपरस रहत सनेह तगा तें, नाहिन मन अनुरागी' (पृ. 92) हो। आपका मन अनुरागी रहा ही नहीं। इसलिए आप अनुराग की मानसिकता को जानते ही नहीं। वे बच्चे की तरह उसको पुचकारती हुई कहती है 'बिलग जनि मानौ हमरी बात' (वही, पृ. 79) हमारी बात का बुरा मत मानो। कभी-कभी हमारे मन में यह भी सन्देह होता है कि आपको कृष्ण ने यहाँ भेजा ही नहीं। आप यहाँ गलती से आ गए हैं। कृष्ण ऐसी नादानी कैसे कर सकते हैं? रास्ता भटक कर आप यहाँ आ गए और उपदेश देने लग गए। हम तुमसे सच्ची बात पूछ रही हैं, अपनी सौगन्ध देकर पूछ रही हैं कि—

सूर स्याम जब तुम्हें पठाए, तब नेकु मुसकाने (वही, पृ. 98)

आपको भेजते समय कृष्ण जरा-सा मुस्कराये थे क्या? क्या आपने उनकी वह मुस्कान देखी थी? इस उक्ति के द्वारा गोपियाँ उद्धव के सामने यह प्रमाणित करना चाहती हैं कि उद्धव भले ही कृष्ण के सखा हों, उनके साथ रहते हों, परन्तु वे (गोपियाँ) कृष्ण को ज्यादा अच्छी तरह से समझती हैं। बेचारे उद्धव तो उनको जानते भी नहीं। गोपियाँ यह भी संकेतित करना चाहती हैं कि कृष्ण जानते थे कि ब्रज में ज्ञान गार्वित उद्धव का गर्व चूर होने वाला है।

फिर गोपियों को लगता है कि उद्धव की मानसिक स्थिति ठीक नहीं है। उनको अपनी ही वाणी पर नियंत्रण नहीं है। सोचते कुछ हैं, बोलते कुछ और हैं। उद्धव की इस बीमारी से कृष्ण भी परेशान हो गए होंगे, इसलिए उनको वहाँ से टालने के लिए हमारे पास भेज दिया। आपको कोई गम्भीर संदेश देने के लिए नहीं भेजा। इसलिए आप इतना गम्भीर चेहरा बनाकर यहाँ बातचीत न करें।

निर्गुण मत खण्डन

गोपियाँ कभी भी उद्धव से गम्भीरता से बहस नहीं करतीं। वे उनकी बातों को हास्य में उड़ा देती हैं, क्योंकि गोपियों को लगता है कि उद्धव उतने गम्भीर नहीं हैं। गोपियाँ

तर्क न देकर अपनी अक्षमता का बखान करती हैं। एक कदम पीछे हट जाती हैं। ऐसा करते समय उनका उद्‌देश्य रहता है कि उद्धव के मन में गोपियों के लिए अपनापन का भाव जाग्रत हो सके। ममता उत्पन्न हो सके। यह ममता ही उद्धव की पराजय का कारण हो सकती है। गोपियाँ जानती हैं और सूरदास भी जानते हैं कि उद्धव तर्क से पराजित नहीं होंगे। योगमत और निर्गुण का खण्डन तर्क से नहीं हो सकता। तर्क करती हुई भी गोपियाँ तर्क की अक्षमता को जानती हैं। वाद-विवाद से सत्य तक नहीं पहुँचा जा सकता। इसलिए वे तर्क करते-करते एक कदम पीछे हट जाती हैं और अपनी अक्षमता और विवशता के गीत गाने लग जाती हैं। इसका कोई जवाब नहीं। यह लाजवाब तर्क है और गोपियाँ इसका खूब इस्तेमाल करती हैं। इससे इनकी बातचीत बन्द हो जाती है। उद्धव एकदम चुप हो जाते हैं। तर्क में चुप रहना पराजय की निशानी है।

'मधुकर! मन तो एकै आहि।' उसे तो कृष्ण अपने साथ ले गए। फिर तुम योग किसको सिखाओगे?

ऊधौ! मन नाहीं दस बीस।
एक हुतो सो गयो हरि के संग, को अराध तुव ईस?

(वही, पृ. 120)

उद्धव योग मत का, निर्गुण का पक्ष रखते हैं। गोपियाँ सगुण समर्थक हैं। कृष्ण और गोपियों के रिश्ते को सूरदास सगुण मत का प्रतीक बना देते हैं। परन्तु यह प्रतीक पूरा नहीं बैठता। बहस के दौरान कृष्ण कभी लौकिक बन जाते हैं, गोपियों के बाल-सखा और किशोरावस्था के प्रेमी बन जाते हैं और कभी अलौकिक ईश्वर बन जाते हैं। इस कारण भ्रमरगीत प्रसंग में गोपियों का रिश्ता अस्थिर बना रहता है। सूरदास ऐसा ही बनाए रखते हैं। इसलिए गोपियों को जहाँ जैसे कृष्ण की जरूरत महसूस होती है, वहाँ वे वैसी मूर्ति बना लेती हैं। इस कारण कभी इस रिश्ते पर प्रश्न नहीं उठता। उद्धव कभी सवाल पूछ ही नहीं पाते। इसकी तुलना में उद्धव का मत एकदम स्पष्ट है। यहाँ विचारों के प्रतीक की कोई आड़ नहीं है। भगवान और भक्त के बीच आध्यात्मिक और दार्शनिक रिश्ता है। किसी तरह का कोई लौकिक रिश्ता तो है ही नहीं। अत: निर्गुण-सगुण विवाद में उद्धव एकदम बिना किसी आवरण के, सामने खड़े हैं, जबकि गोपियों के पास अपने निजी रिश्तों की आड़ है।

गोपियाँ अपने ही मन से निर्गुण का मानवीकरण कर लेती हैं और तब निर्गुण का परिचय एकदम देशज मनोवृत्ति से करने लगती हैं। किसी भी व्यक्ति को जानने का यह प्रारम्भिक प्रश्न है कि अमुक व्यक्ति कहाँ का निवासी हैं? और इसके माता-पिता कौन हैं? इसी तरह से वे उद्धव से पूछती हैं—

निर्गुण कौन देस को बासी?

मधुकर! हँसि समझाय, सौंह दै बूझति साँच, न हाँसी॥
को है जनक, जननि को कहियत, कौन नगरि को दासी ?
कैसो बरन, भेस है कैसो केहि रस कै अभिलासी॥

(वहीं, पृ. 81)

स्पष्ट है कि निर्गुण ब्रह्म की रंग, रूप, रेखा कुछ भी नहीं है। तब गोपियाँ पूछती हैं कि क्या ऐसे निर्गुण का दर्शन तुमने कभी किया है? गोपियाँ स्थान-स्थान पर पात्रता का प्रश्न उठाती हैं और कहती हैं कि हम योगमत की पात्र नहीं हैं। योगमत अगाध है। अगम है। और हम गोपियाँ 'भोली' हैं, गाँव की निरक्षर हैं। हमारी समझ में यह कैसे आएगा? इसलिए हे ऊधो! इसे तो तुम 'ईसपुर' काशी में ले जाकर विद्वान लोगों को समझाओ। हमको क्यों समझाते हो। फिर युवतियों को योग की शिक्षा देना तो कहीं से भी उचित नहीं है। निर्गुण यदि सही है, तब भी यह हमारे लिए नहीं है। सामान्य निरक्षर जनता के लिए सगुण ही—कृष्ण प्रेम ही ठीक है। पढ़े-लिखे शास्त्रज्ञ लोग इसका अभ्यास करें। यही नहीं वे मन के तर्क को बार-बार देती हैं और कहती हैं कि 'ऊधौ! मन माने की बात'। इसमें बहस की कोई बात नहीं है। तर्क का कोई अर्थ नहीं है। अब चकोर को आप कपूर दे दो तो वह नहीं खाएगा। वह तो अंगारा खाएगा। जो भ्रमर काठ फोड़कर घर बना लेता है, वह कमल के कोमल पत्तों में बँध जाता है। इस तरह के कई तर्क देकर, बिना बहस किए हुए, निर्गुण मत को अपने लिए अप्रासंगिक सिद्ध कर देती हैं। गोपियाँ बहस को निर्णायक स्थिति तक लाने से पहले ही संवाद स्थगित कर देती हैं। फिर सबसे बड़ी बात यह कि उद्धव को कभी कुछ बोलने का अवसर ही नहीं देतीं।

गोपियों का विरह-वर्णन

इतनी बातों के बीच में गोपियाँ अपने विरह का वर्णन करना नहीं भूलतीं। विरह वर्णन करते हुए भी वे कृष्ण को भूल जाने पर सहमत नहीं होतीं। कृष्ण हमारे हैं। हम कृष्ण से प्रेम करती हैं। यह खत्म नहीं हो सकता। उद्धव के मत में एक मनोवैज्ञानिक वास्तविकता तो है। इसी को ध्यान में रखते हुए कृष्ण ने उद्धव को ब्रज भेजा था। वह यह कि निजी जीवन की पीड़ा को दूर करने के लिए दर्शन उपयोगी हो सकता है। इसी काम के लिए उद्धव गोकुल आते हैं, परन्तु गोपियाँ कुछ भी सुनने के लिए तैयार नहीं हैं। मानना तो बहुत दूर की बात है। इसके साथ ही भ्रमरगीत में कहीं भी गोपियाँ दार्शनिक प्रश्न पर दार्शनिक बहस नहीं करतीं। वे कहीं भी उसका तार्किक खण्डन नहीं करतीं। वे उसे उभय सम्भव स्थिति में रखती हैं। सम्भव है निर्गुण मत सही हो। हो सकता है, परन्तु वह हमारे लिए उपयोगी नहीं है। हमें कृष्ण की याद में दु:खी रहना स्वीकार है, परन्तु कृष्ण को भूल जाना स्वीकार नहीं है। इसलिए

उनका तर्क इस बिन्दु पर आकर टिकता है कि कृष्ण वापिस गोकुल आ जायें और वे स्वयं हमें योग सिखाएँ तो हम इसे सीखने के लिए तैयार हैं। एक बार कृष्ण मथुरा से वापिस आ जायें तो हम कुछ भी करने के लिए तैयार हैं।

गोपियाँ कहती हैं कि हे उद्धव ये आँखें हरि की अनुरागी हैं। कृष्ण से बहुत प्रेम करती हैं; इसीलिए सारे समय उनके आने का रास्ता देखती हैं और रोती रहती हैं। अब तुम तो स्याम के सखा हो—

'जैसे मिलैं सूर-प्रभु हमको सो कछु करहु उपाव।'

(वही, पृ. 127)

शेष सब बातें तो निरर्थक हैं। आप तो कुछ ऐसा करो जिससे कृष्ण वापिस आ जाएँ।

गोपियों का तो जो दुःख है वह है, लेकिन कृष्ण के जाने के बाद ये गाएँ बहुत दुःखी हैं इसलिए वे ऊधो से निवेदन करती हैं—

ऊधो! इतनी कहियो जाय
अति कृसगात भई है तुम बिन बहुत दुखारी गाय।

उन गायों की आँखों से पानी बरसता रहता है। ज्यों ही कोई तुम्हारा नाम लेता है, वे हुँकारने लगती हैं। जहाँ-जहाँ कृष्ण गायों को दुहते थे, वे वहाँ-वहाँ जाती हैं और वहाँ पर पछाड़ खाकर गिर पड़ती हैं। अब हमारी तो विरह की जो भी दशा है। उन गायों को कैसे समझाएँ।

इसी तरह गोपियाँ यशोदा के कष्टों का वर्णन करती हैं। यहाँ यह भी देखना चाहिए कि पूरे भ्रमरगीत में राधा शायद ही कुछ बोलती है। अन्य गोपियाँ उद्धव को कुछ सुनाती हैं, परन्तु राधा कुछ नहीं कहती। एक पद में गोपियाँ राधा की पीड़ा का वर्णन करती हैं—

अति मलीन बृषभानु कुमारी

राधा बहुत मैली-कुचैली हो रही है। वह अपनी साड़ी नहीं धो रही है। संयोग के समय कृष्ण के पसीने से उसका तन, हृदय और वस्त्र सब भीग गए थे। अब वह नहाती नहीं क्योंकि नहाने से कृष्ण का पसीना भी छूट जाएगा। उस लालच में राधा रह रही है। सारे समय मुँह नीचा किए हुए रह रही है। बाल बिखर गए हैं। शरीर कुम्हला गया है। जैसे कमलिनी पर पारा पड़ गया हो। तुम्हारा यह सन्देश सुनकर तो वह सहज ही मृतक हो गई है। और यह स्थिति सभी गोपियों की है। यह हमारा लड़कपन का प्रेम है। यह कैसे छूट सकता है। इसका तो दर्द ही अपरम्पार है—

बिन गोपाल बैरनि भई कुंजैं।
तब ये लता लगति अति सीतल, अब भईं विषम ज्वाल की पुंजैं।
बृथा बहति जमुना,खग बोलत, बृथा कमल फूलैं,अलि गुंजैं।
पवन पानिं घनसार संजीवनि दधिसुत,किरन भानु भई भुंजैं॥
ए ऊधो, कहियो माधव सों, विरह कदन करि मारत लुंजैं।
सूरदास प्रभु को मग जोवत अँखियाँ भई बरन ज्यों गुंजैं॥

(वही, पृ. 87-88)

जिस समय गोपियाँ अपने विरह का वर्णन कर रही होती हैं, तब उनका स्वर अत्यन्त कातर हो जाता है। यह कातरता भगवान के प्रेम में पीड़ित भक्त की कातरता है। सूरदास ने अनेक स्थानों पर इस कातरता का वर्णन किया है। परन्तु गोपियाँ जल्दी ही उस कातरता से मुक्त हो जाती हैं और व्यंग्य-हास्य-परिहास में टिप्पणियाँ करती रहती हैं। जो उनके विरह को और भी गाढ़ा करता है—इसलिए हे ऊधो बुरा मत मानो।

वह मथुरा काजर की कोठरि जे आवहिं ते कारे।
तुम कारे, सुफलकसुत कारै, कारे मधुप भँवारे॥

(वही, पृ. 74)

कृष्ण के लिए उपालम्भ

गोपियाँ इस बात को बार-बार रेखांकित करती हैं कि—

'ब्याहौ लाख, धरौ दस कुबरी, अन्तहि कान्ह हमारो'

(वही, पृ. 90)

कितनी ही बातें हो जाएँ, कृष्ण हमारे हैं। हमारे उन्हीं कृष्ण ने हमें दुःख दिया। इन्हीं कृष्ण ने हमसे प्रेम करके कपट किया।

प्रीति करि दीन्हीं गरे छुरी।
जैसे बधिक चुगाय कपट कन पीछे करत बुरी।

(वही, पृ. 84)

ऐसे ही निर्मोही कृष्ण से प्रेम किया है तो दुःख क्यों नहीं होगा? इसलिए सम्पूर्ण भ्रमरगीत में गोपियाँ उद्धव के माध्यम से कृष्ण को उपालम्भ भेजती हैं। उपालम्भ का अर्थ होता है उलाहना। उलाहना और लड़ाई में भेद होता है। यदि कोई अनजान व्यक्ति हमें दुःख पहुँचाता है तो हम उससे लड़ाई करने पहुँच जाते हैं। इस लड़ाई के कारण अक्सर उस व्यक्ति से हमारे सम्बन्ध समाप्त हो जाते हैं। परन्तु उलाहना में ऐसा नहीं होता। जब कोई नितान्त अपना हमें दुःख पहुँचाता है तब हम उससे

लड़ाई नहीं करते। उसे उलाहना देते हैं, उपालम्भ देते हैं इस उपालम्भ में भी अपने सम्बन्ध की ऊष्मा और मर्यादा को बचाए रखते हैं। बचाए रखना चाहते हैं। सम्बन्धों को बचाए रखने की कामना के बावजूद अपनी पीड़ा की वास्तविकता को पूरी तरह से व्यक्त करते हैं।

'भ्रमरगीत' में इसी मर्यादा के भीतर गोपियाँ कृष्ण को उपालम्भ भेजती हैं। वे अपनी पीड़ा को कम करके नहीं बतातीं और न कृष्ण के कर्मों को हल्का करती हैं। न वे कोई अभद्र बात कहती हैं, न कोई फूहड़ बातें कहती हैं। ऐसा कोई शब्द नहीं कहतीं जिनसे कृष्ण के दीर्घकालीन सम्बन्धों के टूट जाने का खतरा हो। इस तर्क योजना की बारीकियों को गोपियाँ जानती हैं, इसलिए वे उद्धव को भी नाराज नहीं करतीं। आखिर उद्धव भी तो कृष्ण के मित्र ही हैं। अपने प्रेम और प्रेम की पीड़ा को व्यक्त करते हुए गोपियाँ कहती हैं—

उर में माखनचोर गड़े
अब कैसेहु निकसत नहिं ऊधो! तिरछे ह्वै जु अड़े।

(वही, पृ. 90)

अब करें क्या? कृष्ण हमारे हृदय में टेढ़े होकर अड़ गए हैं। होंगे कृष्ण बड़े, हमारे लिए तो वे यशोदानन्दन हैं। अहीर हैं। अब—

वहाँ बने जदुबंस महाकुल हमहिं न लगत बड़े।
को बसुदेव, देवकी है को, न जानै औ बूझै।
सूर स्यामसुन्दर बिनु देखे और न कोऊ सूझै॥

(वही, पृ. 90)

अब भले ही वह मथुरा के राजा हो गए हों, हमारे लिए तो वही कृष्ण हैं और हम तो अभी भी उनसे प्रेम कर ही रही हैं। अब वे क्या कर रहे हैं। खुद तो कुब्जा के संग भोग कर रहे हैं और हमें योग का सन्देश भिजवा रहे हैं। यह क्या बात हुई? योग की बात सुन-सुनकर ही हमारे तन-बदन में आग लग जाती है।

मधुबनियाँ लोगनि को पति आप।
मुख और अन्तर्गत औरे पतियाँ लिखि पठवत है बनाम॥

(वही, पृ. 89)

ज्यों ही उन्हें कृष्ण की याद आती है, गोपियाँ उद्धव को सुनाने लग जाती हैं। हमारे इन कृष्ण से तो सीता के पति अच्छे थे। सीता का जब हरण कर लिया गया, अर्थात सीता जब बिछुड़ गई तब राम उसे ढूँढ़ने के लिए वन-वन खोजने गए। और अकेले नहीं गए। भाई (लक्ष्मण) को साथ लेकर गए। समुद्र पार किया। रावण से

सीता के लिए युद्ध किया। रावण को मारा। लंका को जलाया और तब उस डरी हुई सीता का मुँह देखा। स्वयं गए। कितना कष्ट उठाया। उन्होंने किसी दूत के साथ गीता का ज्ञान नहीं भेजा कि सब संसार नश्वर है। यह उपदेश नहीं भिजवाया। लेकिन कुब्जा के प्रेम में डूबे हुए कृष्ण की क्या बात करें? अब तो यही कह सकते हैं कि आपने बड़ी कृपा की जो योग का पत्र लिखकर भिजवा दिया। शर्म नहीं आयी। अब क्या बताएँ, नई-नई नायिकाओं के लोभी को प्रेम का मतलब ही पता नहीं है। हम तो स्याम की करणी पर रो रही हैं जिन्होंने हमारा मन लेकर योग भेज दिया।

तब भी गोपियाँ चाहती हैं कि कैसे ही करके कृष्ण अब आ जावें। यही निवेदन वे बार-बार उद्धव से करती हैं। इसलिए गोपियाँ उद्धव से निवेदन करती हैं कि आप वहाँ जाकर कृष्ण को ऐसे कुछ कहना जिससे वे वापिस गोकुल आ जावें। स्वाति नक्षत्र की बूँद की तरह आकर कृष्ण हमारी जान बचावें। ब्रज-जन तो चातक के पक्षी की तरह हैं। दूसरा कोई पानी तो पियेंगे नहीं। इसलिए हे उद्धव तुम 'प्रभु बगि मिलाए' दो ताकि सन्तों में तुम्हारा भी यश फैले। इसलिए तुम जल्दी वापिस मथुरा जाओ, ताकि कृष्ण आ सकें। सारी शिकायतों के बाद यह आर्त्त प्रार्थना गोपियों के चरित्र की अपनी विशेषता है।

हम देख रही हैं कि कृष्ण ने हमारे प्रेम को अब भुला दिया है—

जन्म-जन्म की दासी तुम्हारी नागर नन्द किसोर॥
चितवनि-बान लगाए मोहन निक से उर वहि ओर।
सूरदास प्रभु कबहिं मिलौगे, कहाँ रहे रनछोर॥

(वही, पृ. 125)

गोपियों के परिहास, व्यंग्य, उपालम्भ और पीड़ा के बीच में उनकी यह आर्त्त प्रार्थना उद्धव के मन को भी बदलने के लिए विवश कर देती है। उद्धव निर्गुण मत की पराजय से गोपियों के समर्थक नहीं बने हैं, बल्कि कृष्ण के प्रति उनके अटूट प्रेम से उनका हृदय बदल गया है और वे यहाँ से जाते-जाते गोपियों के दूत बन गए हैं।

कृष्ण से मिलने पर उद्धव कहते हैं कि मैंने गोपियों को आपका पूरा सन्देश सुनाया। परन्तु—

सुनहु स्याम जु वै ब्रज-बनिता विरह तुम्हारे भई बावरी।
नाहिन नाथ और कहि आवत छाँड़ि जहाँ लगि कथा रावरी॥

(वही, पृ. 172)

इसलिए उद्धव कहते हैं कि—'दिन दस घोष चलहु गोपाल।' (वही, पृ. 169)

और तो और वर्षा ऋतु में वहाँ मोर भी नहीं नाच रहे हैं। यही हाल पशु-पक्षियों का भी है और कुछ न सोचो तो 'जसुमति' मैया के नन्दलाल बनकर ही चले चलो।

गोपियों की चतुराई और कला

उद्धव जब गोकुल पहुँचते हैं तब यह मानकर आते हैं कि वे बड़े हैं, समझदार हैं। दर्शन के ज्ञाता हैं और गोपियाँ ग्रामीण बालाएँ हैं, नादान हैं, भक्ति और दर्शन को नहीं समझतीं। गोपियाँ कृष्ण के विरह में दुःखी हैं। उद्धव उनका दुःख दूर करने के लिए गोकुल आए हैं। अतः उनका रिश्ता इस तरह होना चाहिए कि उद्धव बड़े हैं, इसलिए उन्हें गोपियों को समझाना है। गोपियों को उन्हें सुनना, समझना और उनकी बातों का मनन करना है। गोपियाँ सबसे पहले उनके इस भ्रम का निवारण करती हैं। वे उद्धव के बड़प्पन को परिहास में उड़ा देती हैं। इस तरह उद्धव और गोपियों का बड़े-छोटे का रिश्ता समाप्त हो जाता है। गोपियाँ प्रमाणित कर देती हैं कि उद्धव अनुभवहीन हैं। उनका ज्ञान किताबी है। कृष्ण के साथ रहते हुए भी वे कृष्ण को नहीं समझ पाते। इसलिए उद्धव को गोपियों के समझाने के अहंकार को त्याग देना चाहिए। यह चतुराई गोकुल में नहीं चलने वाली। इस तरह उद्धव-गोपी संवाद के प्राथमिक बिन्दु पर गोपियाँ समर्थ सिद्ध हो जाती हैं। बौद्धिक बहस में अपने विरोधी को अपने से कमतर सिद्ध कर देना बहुत महत्त्वपूर्ण होता है। इस शब्दातीत मनोवैज्ञानिक संघर्ष में गोपियाँ उद्धव पर हावी हो जाती हैं और उसे लगभग मौन रखकर पराजित कर देती हैं।

इसके लिए गोपियाँ उद्धव के आगमन की कई नई-नई व्याख्याएँ करती हैं। उद्धव दरअसल एक व्यापारी हैं, कृष्ण का दूत नहीं हैं। वे अपना योगमत बेचने के लिए आए हैं। हमें समझाने नहीं आए हैं, वरन् हमें ठगने आए हैं।

> आयो घोष बड़ो व्यापारी।
> लादि खेप गुन ज्ञान-जोग की ब्रज में आन अतारी॥

(वही, पृ. 69)

बाहर से आया हुआ यह ऐसा व्यापारी है जो भोली-भाली जनता को ठगना चाहता है। अरे भाई, अपना दूध के बदले खारे कुएँ का पानी कौन पिएगा? इसीलिए तुम्हारा यह व्यापार ब्रज में नहीं चलेगा। इसे तुम लेकर कहीं और बेचो।

इस तरह उद्धव षडयंत्रकारी के रूप में हमारे यहाँ आए हैं। दरअसल मूल धन तो अक्रूर ले गए थे। अर्थात् कृष्ण को ले गए थे। अब उनका ब्याज यहाँ बचा हुआ था। यह ब्याज कृष्ण की स्मृति, उनका प्रेम था। उस ब्याज को लेने आए हैं और कह रहे हैं कि हम कृष्ण को भूल जाएँ। अब हमारे 'स्मृति' से इनको क्या परेशानी है। किसी-किसी सखी ने कहा कि यह उद्धव कृष्ण को बहुत तंग करते थे। बात-बात में कुछ-कुछ बोलते रहते थे। अतः कृष्ण ने इनको टालने के लिए यहाँ भेज दिया। यह कोई गम्भीर दूत कर्म के लिए यहाँ नहीं आए हैं।

इस आक्रामक रवैये के बाद गोपियाँ अपने कृष्ण प्रेम का वर्णन करती हैं। अपने विरह का दर्द सुनाती हैं और प्रयास करती हैं कि उद्धव गोपियों के दूत बनकर वापिस मथुरा जावें और कृष्ण को गोकुल भेजने के लिए राजी करें। इस चतुराई को ध्यान में रखते हुए आचार्य रामचन्द्र शुक्ल ने लिखा है कि "सूरदास जी में जितनी सहृदयता और भावुकता है, प्राय: उतनी ही चतुरता और वाग्विदग्धता (wit) भी है। किसी बात को कहने के न जाने कितने टेढ़े-मेढ़े ढंग उन्हें मालूम थे। गोपियों के वचन में कितनी विदग्घता और वक्रता भरी है।" (वही, पृ. 36)

जब ठीक-ठीक गोपियाँ और उद्धव में बहस प्रारम्भ होती है, तब गोपियाँ उद्धव को बोलने नहीं देतीं। उद्धव के मत को भी वे अपने ढंग से उद्धृत करती हैं, जो उद्धव जैसा होते हुए भी उद्धव का नहीं होता। इस तरह वे उद्धव को गलत ढंग से उद्धृत करके फिर उन्हें गलत साबित कर देती हैं। फिर वे उद्धव के निहितार्थ को समझने से इन्कार कर देती हैं और यह सब उद्धव के सामने करती हैं। तार्किक बहस का यह अति प्राचीन तरीका है, जिसमें विरोधी को इस ढंग से उद्धृत किया जाता है कि वह अपने ही उद्धरण में पराजित हो जाता है। इसके लिए उन्हें अलग से तर्क देने की जरूरत ही नहीं पड़ती। 'ऊधो! जोग सुन्यौ हम दुर्लभ'। कहते हैं कि ब्रह्म के रंग, रूप, रेखाएँ कुछ होती ही नहीं, तब क्या तुमने कभी ऐसे ब्रह्म का दर्शन किया था। यह तो निर्गुण मत की मान्यता है कि ब्रह्म दिखाई नहीं देता।

दार्शनिक बहस करते समय गोपियों के तर्क आधे दार्शनिक होते हैं और आधे सामान्य ज्ञान पर आधारित होते हैं। बहस के इस स्तर तक लाने का अभ्यास उद्धव का नहीं है। इसलिए वे कभी-कभी उद्धव को पुचकारती हुई कहती हैं कि अच्छा किया उद्धव! जो तुम गोकुल आ गए। कृष्ण के विरह में व्याकुल गोपियों को अटपटी बातें सुना-सुनाकर थोड़ी-देर के लिए ही सही हँसा दिया और उनका दु:ख दूर कर दिया। अब दार्शनिक बहस में विनोद का क्या काम? लेकिन गोपियाँ इस विनोद को अस्त्र के रूप में इस्तेमाल करती हैं और उद्धव ठगे-से रह जाते हैं। कुछ भी बोल नहीं पाते।

इसके साथ ही गोपियाँ जब चाहती हैं, बहस का मुद्दा बदल देती हैं। दर्शन पर चर्चा होती है तो वे अपने दु:ख का वर्णन करने लगती हैं। दु:ख से आरम्भ करती हैं तो कहने लगती हैं कि हम तो श्याम की करणी पर झींकती हैं। उन्होंने क्या किया? हमारा मन लेकर तुम्हारे साथ योग भेज दिया। जब और कुछ कहना नहीं होता तब वे अपनी पीड़ा और असहायता के गीत गाने लग जाती हैं। इसके द्वारा वे अपने विरोधी को (उद्धव) अपने लिए मानवीय बनाती चलती हैं। आप चाहें तो इसे उनकी चतुराई कहें या सूरदास की कला।

इसके अलावा इसे भी ध्यान में रखा जाना चाहिए कि भ्रमरगीत में सूरदास ने निर्गुण सन्तों के सामाजिक दर्शन की चर्चा नहीं की है। जहाँ वे जात-पाँत का खण्डन

करते हैं या धर्म के संस्थागत रूप का विरोध करते हैं। उनका बल निर्गुण मत के दार्शनिक पक्ष पर है, जहाँ वे वेदों और पुराणों की शाश्वतता का विरोध करते हैं। कबीर आदि निर्गुण सन्त वर्णाश्रम और ब्राह्मण श्रेष्ठता का विरोध करते हैं, जबकि सगुण परंपरा इनका समर्थन करती है। संभवत: इसीलिए भ्रमरगीतों की बहस का प्रारम्भ किया गया है। यह तो भ्रमरगीत का गुप्त सन्देश है। यदि इस बिन्दु पर चर्चा होती तो गोपियाँ दर्शन के स्तर पर पराजित हो जातीं।

भ्रमरगीत में योगमत का उपहास, अव्यावहारिकता, असम्भव कल्पना, आम जनता के लिए अनुचित, कष्टसाध्य प्रक्रिया, कठिन पंथ आदि के आरोपों से उसका खण्डन कर दिया गया है। भक्ति काल में ये तर्क स्थापित हो जाने के बाद ही यह सम्भव हुआ कि तुलसीदास रामचरित मानस में वर्णाश्रम धर्म की पुन: पूर्ण प्रतिष्ठा कर सके। यही मानसिकता आचार्य रामचन्द्र शुक्ल की भी थी। इसीलिये उन्होंने 'भ्रमरगीत सार' को इतना अधिक महत्त्व दिया। इसी मानसिकता के कारण 'भ्रमरगीत सार' भारतीय विश्वविद्यालयों के पाठ्यक्रम में बना हुआ है।

भ्रमरगीत-सार

पहिले करि परनाम नन्द सों समाचार सब दीजो।
और वहाँ वृषभानु गोप सों जाय सकल सुधि लीजो।
श्रीदामा आदिक सब ग्वालन मेरे हुतो भेंटियो।
सुख-संदेस सुनाय हमारो गोपिन को दुख मेटियो।
मंत्री इक वन बसत हमारो ताहि मिले सचु पाइयो।
सावधान ह्वै मेरे हुतो ताही माथ नवाइयो।
सुन्दर परम किसोर वयक्रम चंचल नयन बिसाल।
कर मुरली सिर मोरपंख पीताम्बर उर वनमाला।
जनि डरियो तुम सघन बनन में ब्रजदेवी रखबार।
वृन्दावन सो बसत निरन्तर कबहुँ न होत नियार।
उद्धव प्रति सब कही स्यामजू अपने मन की प्रीति।
सूरदास कृपा करि पठए यहै सकल ब्रजरीति॥ 1॥

शब्दार्थ— परनाम = प्रणाम। दीजो = देना। वृषभानु गोप = राधा के पिता। सकल = सम्पूर्ण। हुतो = तरफ से। सचु = सुख। ताही = उसको। माथ नवाइयो = मस्तक झुकाना। वयक्रम = अवस्था। जनि = मत। रखबार = रक्षा करने वाली। नियार = पृथक्। ब्रज रीति = ब्रज की परम्परा के अनुरूप।

सन्दर्भ— प्रस्तुत पद भ्रमर गीत सार का आरम्भिक पद है। इस पद में कृष्ण उद्धव को समझाते हैं। वे उन्हें ब्रज के अपने लोगों का परिचय देते हैं। अपने रिश्ते का परिचय देते हैं और साथ ही यह हिदायत भी देते हैं कि वे उनसे किस तरह से मिलें ताकि ब्रज की परम्परा का पालन हो सके और ब्रजवासियों को उनकी कोई बात बुरी नहीं लगे। पूरा पद ब्रज के प्रति कृष्ण के अपनत्व से भरा हुआ है। उद्धव के प्रति कृष्ण का विश्वास भी इससे प्रकट होता है।

सरलार्थ— श्रीकृष्ण उद्धव को समझा रहे हैं कि ब्रज पहुँचने पर सबसे पहले तुम नन्द बाबा को प्रणाम करके सारा समाचार कह सुनाना। इसके पश्चात्, यहाँ राधा के पिता बृषभानु गोप के पास जाकर उनकी कुशल-क्षेम मालूम करना। इसके

बाद तुम्हें मेरी ओर से सुदामा आदि सभी से मिलकर स्नेहबद्ध प्रणाम करना। साथ ही गोपियों को हमारा कुशल समाचार सुनाकर उनका विरह-जन्य दुख-सन्ताप दूर करना। वहाँ वन में हमारा एक मंत्री (यहाँ राधा से अभिप्राय है) रहता है, उससे मिलकर सुख प्राप्त करना। जब तुम उसके सम्मुख जाओ तो हमारी ओर से मस्तक-झुकाकर उनको प्रणाम करना। यह मंत्री अर्थात् राधा कृष्ण के वेश में ही मिलेगी।

हमारा वह मंत्री अत्यन्त सुन्दर है और उसकी उम्र अभी किशोरावस्था की है। उसके नेत्र चंचल और बड़े-बड़े हैं। वह हाथ में मुरली, सिर पर मोर पंख, शरीर पर पीताम्बर और गले में वनमाला धारण करता है। वह अत्यन्त सघन वन में निवास करता है। तुम वहाँ जाकर उससे मिलना। वन में जाने के लिए डरने का कोई कारण नहीं, क्योंकि ब्रजदेवी वहाँ सबकी रक्षा करती है, इसलिए चिन्ता की कोई बात नहीं है। इस तरह कृष्ण ने उद्धव से अपने मन की प्रेममयी स्थिति को स्पष्ट किया। सूरदास कहते हैं कि इस प्रकार श्रीकृष्ण ने कृपा करके उद्धव को सारी ब्रजरीति अर्थात् परम्परा को समझाकर ब्रज भेजा।

कहियो नन्द कठोर भए।
हम दोउ बीरैं डारि पर-घरै मानो थाती सौंपि गए।
तनक-तनक त पालि बड़े किए बहुतै सुख दिखराए।
गोचारन को चलत हमारे पाछे कोसक धाए।
ये बसुदेव देवकी हमसों कहत आपने जाए।
बहुरि विधाता जसुमतिजू के हमहि न गोद खिलाए।
कौन काज यह राज, नगर को सब सुख सों सुख पाए।
सूरदास ब्रज समाधान करु आजु काल्हि हम आए॥ 2॥

शब्दार्थ—बीरैं = भाई। परघरै = दूसरे के घर में। थाती = अमानत। तनक-तनक तैं = छोटे-छोटे से। कोसक = एक कोस तक। धाए = दौड़े आते थे। बहुरि = फिर। जमुमति = यशोदा माता। समाधान = सान्त्वना। आजु काल्हि = आज कल ही में।

सन्दर्भ—प्रस्तुत पद में श्रीकृष्ण उद्धव को नन्द और यशोदा के लिए सन्देश देते हैं। इन सन्देश में कृष्ण नन्द-यशोदा के इस प्रेम को याद करते हैं जो उन्होंने बचपन में दिए थे। साथ ही वे एक मीठा उलाहना भी देते हैं कि आपने मुझे पराई अमानत समझकर दूसरे को अर्थात् वसुदेव-देवकी को कैसे सौंप दिया। उन्हें सौंपकर स्वयं कैसे इतने कठोर हो गए।

सरलार्थ—हे उद्धव! तुम नन्द बाबा से यह कहना कि वह मेरे प्रति इतने कठोर क्यों हो गए हैं? वह हम दोनों भाइयों—कृष्ण-बलदेव को पराए घर मथुरा में इस प्रकार डाल आए हैं मानो कोई किसी की धरोहर लौटा कर एकदम निश्चिन्त

हो जाता है और पुन: उसकी कोई खोज-खबर नहीं लेता है। हम बहुत छोटे-छोटे थे तब हमें पाल-पोस कर उन्होंने हम दोनों को अनेक सुख प्रदान किए किन्तु आज न जाने उन्हें क्या हो गया है?

जब हम गाय चराने के लिए वन में जाते थे तो वह हमें छोड़ने के लिए कोस-कोस भर हमारे पीछे दौड़े जाते थे। तब तो उनका हमारे साथ इतना स्नेह था किन्तु अब न जाने उन्हें क्या हो गया है। यहाँ पर ये वसुदेव-देवकी हमें अपनी सन्तान कहते हैं। ये लोग कहते हैं कि यशोदा माता ने हमें अपनी गोद में नहीं खिलाया।

कृष्ण आगे कहते हैं कि हमने इस नगर के सम्पूर्ण सुखों को भली प्रकार भोग लिया है। हमारे लिए इनका कोई मूल्य नहीं है। सूरदास कहते हैं कि कृष्ण उद्धव से कह रहे हैं कि तुम ब्रजवासियों को हमारा कुशल समाचार देना और उनको सान्त्वना देते हुए यह कहना कि हम आजकल ही में वृन्दावन आकर उनसे मिलेंगे। इसलिए वे चिन्ता न करें।

तबहिं उपंगसुत आय गए।
सखा सखा कछु अन्तर नाहीं भरि-भरि अंक लए।
अति सुन्दुर तन स्याम सरीखो देखत हरि पछिताने।
ऐसे को वैसो बुधि होती ब्रज पठवैं तब आने॥
या आगे रस-काव्य प्रकासे जोग बचन प्रगटावे॥
सूर ज्ञान दृढ़ याके हिरदय जुवतिन जोग सिखावे॥ 3॥

शब्दार्थ— उपंगसुत = उद्धव। अंक लए = गले मिले। सरीखो = समान। वैसी बुधि = रागात्मक चेतना। आने = अन्य विषय को लेकर। पठवैं = भेजें। या = इसके। रस-काव्य = प्रेम मार्गी बातें। प्रकासे = प्रगट करते समय। याके हृदय = इसके हृदय में। जुवतिन = युवितयों को।

सन्दर्भ— प्रस्तुत पद में कृष्ण और उद्धव का मिलन होता है। कृष्ण उद्धव को तटस्थ दृष्टि से देखते हैं और मन ही मन चिन्तन करते हैं कि इनके मन में योग की बातें भरी हुई हैं। इनको ब्रज भेजते हैं, सम्भव है वहाँ जाकर इनके मन में प्रेम का भाव जाग्रत हो जाए। हालाँकि ये युवतियों को भी योग की शिक्षा देने लगेंगे।

सरलार्थ— कृष्ण ब्रज को याद कर रहे थे, उसी समय उद्धव वहाँ पर आ गए। दोनों में शारीरिक रूप से तनिक भी अन्तर दृष्टिगत नहीं हो रहा था। दोनों परस्पर स्नेहपूर्वक आलिंगनबद्ध हो गए। उद्धव का शरीर अत्यन्त सुन्दर और कृष्ण के समान श्याम रंग का था। यह देख कर कृष्ण मन ही मन पछताए। उन्होंने सोचा कि यदि इसमें शारीरिक-सौन्दर्य के साथ बुद्धि भी होती तो कितना अच्छा होता। इसलिए उन्होंने उद्धव को किसी अन्य कारण हेतु ब्रज भेजने का निश्चय किया। यह उद्धव तो ऐसे हैं कि यदि इनको प्रेम की बातें करेंगे तब भी तो यह योग की

नीरस चर्चा करने लगेंगे। इनके हृदय में योगमार्गीय आस्था इतनी दृढ़ है कि यदि इन्हें ब्रज भी भेजा गया तो वह वहाँ भी ब्रजवासियों को भी योग की शिक्षा-दीक्षा ही देना आरम्भ कर देंगे। किन्तु सम्भव है कि वहाँ गोपिकाओं के अनन्य प्रेम को देखकर इसका योग खण्डित हो जाए। इस संभावना पर भी कृष्ण ने विचार किया।

हरि गोकुल की प्रीति चलाई।
सुनहु उपंगसुत मोहि न बिसरत ब्रजबासी सुखदाई।
यह चित होत जाउँ मैं अबही, यहाँ नहीं मन लागत।
गोप सुग्वाल गाय बन चारत अति दुख पायौ त्यागत।
कहँ माखन-चोरी? कह जसुमति 'पूत जेंव' करि प्रेम।
सूर स्याम के वचन सहित सुनि व्यापत आपन नेम॥ 4॥

शब्दार्थ—प्रीति चलाई = प्रीति-प्रसंग की चर्चा की। बिसरत = भूलता। सुखदाई = मुख प्रदान करने वाले। चित होत = मन करता है। जेंव = खाओ। सहित = प्रेमपूर्ण। आपन नेम = अपना नियम।

सन्दर्भ—प्रस्तुत पद में कृष्ण उद्धव से अपने मन की स्थिति का वर्णन करते हैं और उस स्मृति को पुनः जीते हैं जिसमें वे ब्रज में रहा करते थे। हालाँकि उद्धव इस चर्चा में कोई रुचि नहीं लेते। कृष्ण के यह भावुक रूप यहाँ अत्यन्त मनोहर हैं। इससे स्पष्ट होता है कि गोपियाँ ही कृष्ण से प्रेम नहीं करतीं, कृष्ण भी गोपियों से प्रेम करते हैं। इसी प्रेम के वशीभूत होकर उन्होंने उद्धव को ब्रज में भेजा है।

सरलार्थ—उद्धव के आ जाने पर श्रीकृष्ण ने उनके सम्मुख गोकुल का प्रेम-प्रसंग छेड़ दिया। वे कहने लगे, हे उद्धव! सुनो। मुझे ब्रजवासी और उनका मेरे प्रति प्रेम भुलाए नहीं भूलता। इसी कारण मेरा मन यहाँ नहीं लगता, इच्छा होती है कि तुरन्त वहीं चला जाऊँ। वहाँ मैं गोप-ग्वालों के साथ वन में गाएँ चराने जाया करता था। उनसे बिछुड़ते समय मुझे अति दुख हुआ। आज भी हे उद्धव! मुझे ब्रज की अनेक बातें बरबस याद हो आती हैं। न तो अब वह माखन चोरी है और न ही यहाँ कोई ऐसा स्वजन है जो माता यशोदा के समान अत्यन्त प्रेम के साथ आग्रह करके कहे कि बेटा, ले खा ले।

सूरदास कहते हैं कि कृष्ण के प्रेम से पूर्ण वचनों को सुनकर भी उद्धव अपनी नियम-साधना में निमग्न रहे—उनके अपने नियम उनके लिए महत्त्वपूर्ण थे। कृष्ण के प्रेम में उनकी कोई रुचि नहीं थी।

जदुपति लख्यो तेहि मुसकात।
कहत हम मन रही जोई सोइ भई यह बात।
बचन परगट करन लागे प्रेम-कथा चलाय।
सुनहु उद्धव मोहिं ब्रज की सुधि नहीं बिसराय।

रैनि सोवत, चलत, जागत लगत नहिं मन आन।
नन्द जसुमति नारि नर ब्रज जहाँ मेरो प्रान।
कहत हरि, सुनि उपंगसुत! यह कहत हौं रसरीति।
सूर चित तें टरति नाहीं राधिका की प्रीति॥5॥

शब्दार्थ—जदुपति = कृष्ण। लख्यो = देखा। तेहि = उसकी, उद्धव को। जोई = जो। रैनि = रात्रि। आन = अन्यत्र। सुनहु = सुनो। विसराय = बिस्मरण।

सन्दर्भ—प्रस्तुत पद में कृष्ण और उद्धव की बातचीत का वर्णन किया गया है। अपना दूत बनाते समय कृष्ण उद्धव से अपने मन की बात बताना जरूरी समझते हैं। इसलिए वे इस पद में यह स्वीकार करते हैं कि कृष्ण ब्रज से दूर रहते हुए भी मानसिक रूप से हमेशा ब्रज में ही रहते हैं। ब्रज में रहना उन्हें अच्छा लगता है। हालाँकि उद्धव को उनकी यह प्रीतिकथा ज्यादा रुचिकर प्रतीत नहीं होती। इसलिए वे इस प्रसंग पर मुस्कराते हैं।

सरलार्थ—उनके इस प्रेम प्रसंग पर उद्धव मुस्कराते हैं, जिसे कृष्ण ने देख लिया। वह अपने मन में सोचने लगे कि हमने उद्धव के विषय में जो धारणा निश्चित की थी, वह आज सत्य प्रमाणित हो रही है। उनका यह मुस्कराना स्पष्ट करता है कि वह पक्के योगमार्गी हैं। फिर भी उन्होंने अपने मन के भावों को हृदय में दबाए रखा और पुन: ब्रजवासियों की प्रेमकथा की चर्चा आरम्भ कर दी। वह कहने लगे, "हे उद्धव! मैं ब्रज की स्मृति को भूल पाने में असमर्थ हूँ। रात्रि में सोते समय, दिन में जागते समय और इधर-उधर घूमते समय मैं ब्रज की स्मृति ही में डूबा रहता हूँ, मेरा मन अन्यत्र कहीं नहीं लगता। जहाँ ब्रज में नन्द बाबा, यशोदा माता तथा अन्य गोप-गोपिकाएँ निवास करती हैं, वहीं उन्हीं के पास मेरे प्राण रहते हैं। मैं सदैव उनकी स्मृति में खोया रहता हूँ। हे उद्धव, सुनो! मैं तुम्हारे सम्मुख प्रेम की रीति का वर्णन करता हूँ। मेरे हृदय से राधा की प्रीति क्षण भर के लिए भी दूर नहीं हो पाती।" मैं यहाँ राधा से दूर हूँ। किन्तु वस्तुत: मैं उसे क्षण भर के लिए भी विस्मृत नहीं कर पाता। वह हमेशा मेरे मन में रहती है।

सखा? सुनो मेरी इक बात।
वह लतागन संग गोपिन सुधि करत पछितात।
कहाँ वह वृषभानुतनया परम सुन्दरगात।
सुरति आए रासरस की अधिक जिय अकुलात।
सदा हित यह रहत नाहीं सकल मिथ्या-जात।
सूर प्रभु यह सुनौ मोसों एक ही सों नात॥ 6॥

शब्दार्थ—लतागन = लताओं का समूह। वृषभानुतनया = वृषभानु की पुत्री राधा। गात = शरीर। सुरति = स्मृति। रासरज = क्रीड़ा-केलि। जिय = हृदय।

अकुलात = व्याकुल हो जाता है। सकल = सम्पूर्ण। मिथ्या जात = मिथ्या भावना के कारण उत्पन्न। नात = सम्बन्ध। सुन्दरगात = सुन्दर शरीर।

सन्दर्भ— प्रस्तुत पद में कृष्ण और उद्धव के आपसी संवाद है। उद्धव ब्रज के लिए जानेवाले हैं। उस समय कृष्ण दिल खोलकर अपने मन की बात उद्धव से कहते हैं। हालाँकि उद्धव उनसे सहमत नहीं होते। वे निर्गुण-ब्रह्म और योग मत को ही सत्य मानते हैं और वही बातें कृष्ण से कहते हैं। इस तरह परस्पर विरोधी बातों का सौन्दर्य इस पद में दिखाई देता है।

सरलार्थ— श्रीकृष्ण ने उद्धव से कहा कि हे सखा! मेरी एक बात सुनो। इन लताकुंजों में मैंने गोपिकाओं के साथ अनेक प्रकार की रासलीलाएँ की हैं। उन मधुर क्षणों को याद करके मैं पश्चाताप करता रहता हूँ कि उन्हें और उनके साथ व्यतीत होने वाली आनन्द की घड़ियों को छोड़कर मैं यहाँ क्यों आ गया? वह सुन्दर और आकर्षक शरीर वाली वृषभानुतनया राधा यहाँ कहाँ है? जब मुझे ब्रज में गोपियों और राधिका के साथ किए गए आनन्द-विहार की स्मृति हो आती है तो हृदय और भी व्याकुल हो उठता है।

कृष्ण की इन प्रेम रसपूर्ण बातों को सुन कर उद्धव उनसे कहते हैं, 'हे मित्र! प्रेम सदा एक-सा और स्थिर नहीं रहता। यह संसार, जिसके प्रति यह प्रेम उत्पन्न होता है, भ्रम है। अत: मिथ्या संसार के प्रति उत्पन्न प्रेम भी भ्रममात्र है। हे कृष्ण! तुम मेरी एक बात सुनो, वह यह कि केवल एक ब्रह्म से सम्बन्ध रखो क्योंकि वही नित्य और स्थायी है तथा वही एकमात्र सत्य है।'

उद्धव! यह मन निस्चय जानो।
मन क्रम बच मैं तुम्हें पठावत ब्रज को तुरत पलाना।
पूरन ब्रह्म, सकल, अविनासी ताके तुम हौ ज्ञाता।
रेख, न रूप, जाति, कुल नाहीं जाके नहिं पितु माता।
यह मत दै गोपिन कह आवहु बिरह नदी में भासति।
सूर तुरत यह जाय कहौ तुम ब्रह्म बिना नहिं आसति॥ 7॥

शब्दार्थ— क्रम = कर्म। वच = वचन। पठावत = भेजता हूँ। तुरत = तुरन्त। पलानो = जाओ, प्रस्थान करो। अविनाशी = जिसका नाश न हो सके। जाके = जिसके। ज्ञाता = जानकार। भासति = डूबती हैं। आसति = मुक्ति।

सन्दर्भ— प्रस्तुत पद में कृष्ण-उद्धव संवाद है। कृष्ण उद्धव को शीघ्र ब्रज भेज देना चाहते हैं ताकि उनके ज्ञान से गोपियों का विरह समाप्त हो जाए तथा वे प्रेम मार्ग छोड़कर निर्गुण योग मार्ग की आराधना करने लगे। यह कहते समय भी कृष्ण मानते हैं कि ऐसा होना सम्भव नहीं है। वहाँ जाकर उद्धव का ज्ञान-गर्व भी मिट जाएगा और वे प्रेम मार्गी भक्ति के समर्थक बन जाएँगे। इसलिए इस पद का दोहरा अर्थ है।

सरलार्थ—हे उद्धव! तुम अपने मन में यह निश्चय जानो कि मैं तुम्हें मन-वचन, कर्म के साथ ब्रज भेज रहा हूँ, इसलिए तुम तुरन्त वहाँ के लिए प्रस्थान करो। तुम्हारे जाने से मुझे वहाँ का कुशल समाचार प्राप्त हो जायेगा और दूसरा, गोपियों के अनन्य प्रेम को परख कर तुम्हें भी प्रेम के सीधे मार्ग का महत्त्व आ सकेगा। कृष्ण कहते हैं, तुम्हारा ब्रह्म पूर्ण, अनीश्वर और अखण्ड रूप है, तुम्हें ऐसे अविनाशी ब्रह्म का पूर्ण ज्ञान प्राप्त है। तुम्हारे ब्रह्म की न तो कोई रूपरेखा है, न ही कोई कुल-वंश है और न ही उसके कोई माता-पिता हैं। इसलिए कृपा करके तुम अपना यह ब्रह्म-विषयक ज्ञान ब्रज-वल्लभियों को जाकर सुना आओ। तुम वहाँ शीघ्र जाकर गोपिकाओं को समझा-बुझा आओ, क्योंकि वे मेरे विरह में निमग्न होकर विरह की नदी में डूब रही हैं। तुम तुरन्त उनसे जाकर कहो कि ब्रह्म के बिना जीवन में मोक्ष प्राप्त नहीं हो सकता। वे सब प्रेम-भाव त्यागकर अविनाशी ब्रह्म का ध्यान करें और उसी में अपनी समस्त शक्ति लगा दें, तभी उन्हें मोक्ष प्राप्त हो सकेगा अन्यथा नहीं।

उद्धव! बेगि ही ब्रज जाहु।
सुरति संदेस सुनाय मेटो वल्लभिन को दाहु।
काम पावक तूलमय तन बिरह-स्वास समीर।
भसम नाहिंन होन पावत लोचनन के नीर।
अजौं लौं यहि भाँति ह्वै है कछुक सजग सरीर।
इते पर बिनु समाधाने क्यों धरैं तिय धीर।
कहौं कहा बनाय तुमसों सखा साधु प्रबीन?
सुर सुमति बिचारिए क्यों जियैं जल बिनु मीन॥ 8॥

शब्दार्थ—बेगि = शीघ्र। जाहु = जाओ। सुरति = प्रेम की स्मृति। वल्लभिन = प्रिय गोपियाँ। दाहु = विरहजन्य पीड़ा। काम पावक = काम की उत्तप्त ज्वाला। तूलमय = रुई के समान कोमल। तन = शरीर। समीर = वायु। लोचन = नेत्रों के। नीर = जल। अजौं लौं = आज तक। ह्वै है = होगा। समाधान = सान्त्वना देना, तसल्ली कराना। तिय = नारियाँ। धीर = धीरज। साधु = सज्जन। प्रवीन = निपुण। मीन = मछलियाँ।

सन्दर्भ—इस पद में कृष्ण और उद्धव का संवाद है। कृष्ण इस संवाद में ब्रजवासियों की पीड़ा को महसूस कर रहे हैं और इस पीड़ा को दूर करने के लिए वे उद्धव को वहाँ भेज रहे हैं। वह विश्वास करते हैं कि उद्धव संवेदनशीलता से उनसे बात करेंगे और उनके कष्ट दूर करने की कोशिश करेंगे।

सरलार्थ—हे उद्धव! शीघ्र ही ब्रज चले जाओ तथा वहाँ जाकर ब्रज की मेरी प्रिय गोपियों को मेरा सन्देश सुनाओ जिससे उनके चित्त में स्थित विरह-जन्य पीड़ा

समाप्त हो सके। उनके रुई के समान कोमल शरीर कामाग्नि में प्रज्ज्वलित हो रहे हैं। विरहातिरेक के कारण उनकी तीव्र साँसें वायु के समान उनकी कामाग्नि को और भी भड़का रही हैं परन्तु उनके नेत्रों से होने वाली आँसुओं की वर्षा के कारण उनके शरीर कामाग्नि में जलने से बचे हुए हैं।

हे उद्धव! इसी कारण उनके शरीर में अभी तक कुछ सजगता शेष है, किन्तु इस सजगता का सदा बना रहना कठिन है। इसलिए यदि उन्हें शीघ्र ढाढस न बँधाया गया तो उनके लिये धैर्य धारण करना कठिन हो जायेगा। हे सखा! अब मैं तुम्हें कैसे समझाऊँ और किस प्रकार बताकर कहूँ। तुम स्वयं ही साधु-स्वभाव के और विवेकशील हो, इसलिए मेरे मन के भावों को समझ लेना तुम्हारे लिए कोई कठिन कार्य नहीं। तुम स्वयं ही विचार करो कि बिना जल के मछलियाँ किस प्रकार जीवित रह सकती हैं? मैं ही उनका सर्वस्व हूँ। अत: तुम शीघ्र जाकर उन्हें मेरा सन्देश और योग मत सुनाकर सांत्वना दो।

पथिक! संदेसो कहियो जाय।
आवैंगे हम दोनों भैया, मैया जनि अकुलाय।
याको बिलगु बहुत हम मान्यो जो कहि पठयो धाय।
कहँ लौं कीर्ति मानिए तुम्हरी बड़ो कियो पय प्याय।
कहियो जाय नन्द बाबा सों, अरु गहि पकरयो पाय।
दोऊ दुखी होन नहिं पावहिं धूमरि धौरी गाय॥
यद्यपि मथुरा बिभव बहुत है तुम बिन कछु न सुहाय।
सूरदास ब्रजवासी लोगनि भेंटत हृदय जुड़ाय॥ 9॥

शब्दार्थ— पथिक = यात्री। जनि = मत। अकुलाय = व्याकुल हो। बिलगु = बुरा। अरु = और। याको = इसका। धाय = दाई, पालने-पोसने वाली। पय = दूध। धूमरि = काली। धौरी = सफेद। बिभव = ऐशो-आराम। सुहाय = अच्छा लगता। जुड़ाय = प्रसन्न होता है।

सन्दर्भ— प्रस्तुत पद में कृष्ण उद्धव के माध्यम से ब्रजवासियों को सन्देश भिजवा रहे हैं कि आप लोग चिन्ता न करें। हम कुछ दिनों के बाद वापिस गोकुल आनेवाले हैं। आप हमारा इन्तजार करें। हम आप सबका और माता यशोदा और नन्द बाबा का बहुत आदर करते हैं। वे अपनी गायों की भी चिन्ता करते हुए दिखाई देते हैं।

सरलार्थ— हे पथिक, उद्धव! तुम ब्रज जाकर हमारा यह सन्देश कहना कि हम दोनों भाई ब्रज में सबसे मिलने शीघ्र आवेंगे। माता यशोदा से कहना कि वह व्याकुल न हों। उनसे जाकर यह कहना कि उन्होंने माता देवकी को जो 'धाय' कहकर सन्देश भेजा है उसका हमने बहुत बुरा माना है। उनसे यह भी कहना कि

हे माता, तुम्हारी कीर्ति का मैं कहाँ तक वर्णन करूँ। वह तुम ही हो जिसने हमें दूध पिला कर इतना बड़ा किया है।

हे उद्धव! तुम नन्द बाबा से उनके चरण पकड़ कर यह कहना कि वह गायों का ध्यान रखें। मेरी काली और सफेद गायें मेरे बिना दुखी न होने पावें। यद्यपि मथुरा नगरी में अपार वैभव एवं सुख हमें प्राप्त है किन्तु तुम्हारे बिना हमें यहाँ कुछ भी नहीं सुहाता। एक तरफ तो यह वैभव है और दूसरी ओर तुम्हारा स्नेह। सूरदास कहते हैं कि कृष्ण के हृदय को तो तभी सान्त्वना एवं संतोष प्राप्त होता है जब वह ब्रजवासियों के बीच में होते हैं।

नीके रहियो जसुमति मैया।
आवेंगे दिन चारि पाँच में हम हलधर दोउ भैया।
जा तिन तें हम तुमतें बिछुरे काहु न कह्यो कन्हैया।
कबहूँ प्रात न कियो कलेवा, साँझ न पीन्हीं छैया॥
बंसी बेनु संभारि राखियो और अबेर सबेरो।
मति लै जाय चुराय राधिका कछुक खिलौनो मेरो।
कहियो जाय नन्द बाबा सों निपट निठुर जिय कीन्हो।
सूर स्याम पहुँचाय मधुपुरी बहुरि संदेस न लीन्हो॥ 10॥

शब्दार्थ— नीके = अच्छी, भली। चारि पाँच में = शीघ्र ही। पीन्ही = पी, पान किया। छैया = गाय के थन से सीधी निकलती हुई दुग्ध की धारा। अबेर-सबेरो = देर या जल्दी, अवसर पाकर। मति = कहीं, न। निपट = बिल्कुल, नितान्त। जिय = कलेजा। मधुपुरी = मथुरा। संदेस = खोज-खबर। बहुरि = फिर लौटकर।

सन्दर्भ— प्रस्तुत पद में कृष्ण यशोदा और नन्द बाबा को सन्देश भिजवा रहे हैं। उनका आशय यह है कि यशोदा और नन्द उनके मथुरा जाने से दुखी हो रहे होंगे। इसलिए उन्हें चिन्तित न होने की सलाह देते हुए यह भी कहते हैं कि उन्हें यहाँ पर 'कन्हैया' शब्द से किसी ने नहीं बुलाया। वह प्यार हमें यहाँ नहीं मिला। साथ ही वे राधा की शिकायत भी कर रहे हैं। कहीं वह मेरा खिलौना न चुरा ले। इन बातों से कृष्ण अपने आपको गोकुल में उपस्थित रहने का अहसास करवा रहे हैं।

सरलार्थ— हे उद्धव! तुम माता यशोदा से जाकर कहना कि वह वहाँ हँसी-खुशी से रहें। हमारे लिए चिन्तित न हों। हम दोनों भाई अर्थात् मैं और बलराम चार पाँच दिन में वहाँ ब्रज में आकर सबसे मिलेंगे। माता से कहना कि जिस दिन से हम उनसे अलग हुए हैं हमें किसी ने कन्हैया नहीं कहा है। हमने न कभी प्रातःकाल नाश्ता किया है और न ही छैया—गाय के थन से निकलता हुआ ताजा-ताजा दूध ही पिया है। देखो उद्धव, माता से यह भी कहना कि वह वंशी आदि मेरे सभी खिलौने सम्हाल कर रखें। ऐसा न हो कि कहीं राधा मौका पाकर मेरा कोई खिलौना चुरा कर ले जाये।

हे उद्धव! तुम हमारे नन्द बाबा से कहना कि उन्होंने तो हमारी ओर से अपना हृदय बिल्कुल निष्ठुर कर लिया है। वह जब से हमें मथुरा छोड़कर गए हैं, न तो हमारी कोई खोज-खबर ली और न किसी के साथ कोई सन्देश भिजवाया है और न आपने कोई सन्देश दिया है।

उद्धव मन अभिलाष बढ़ायो।
जदुमति जोग जानि जिय सांचो नयन अकास चढ़ायो॥
नारिन पै मोको पठवत हौ कहत सिखामन जोग।
मनहीं मन अब करत प्रसंसा है मिथ्या सुख-भोग।
आयसु मानि लियो सिर ऊपर प्रभु-आज्ञा परमान।
सूरदास प्रभु पठवत गोकुल मैं क्यों कहौं कि आन॥ 11॥

शब्दार्थ—अभिलाष बढ़ायो = अभिलाषाओं को सर्वोच्च समझना। जदुपति = कृष्ण, जोग-योग। आयसु = आज्ञा। परमान = प्रमाण। आन = अन्य। पठवत = भेजा।

सन्दर्भ—प्रस्तुत पद में उद्धव की मानसिक भावनाएँ व्यक्त हो रही हैं। वे सोच रहे हैं कि कृष्ण अब मुझसे सहमत हो गए हैं, योग मत को मान चुके हैं। तभी तो मुझे उन्होंने योग की शिक्षा देने के लिए गोकुल भेजा है। अब वे खुशी-खुशी इस कार्य के लिए राजी हो गए हैं। उनको लगता है कि वे अपने उद्देश्य में अवश्य सफल होंगे।

सरलार्थ—कृष्ण की विह्वलता को देखकर उद्धव को मन ही मन आनन्द हुआ। उद्धव ने सोचा कि कृष्ण ने मेरे योगमार्ग को सच्चा एवं वास्तविक मोक्ष का मार्ग स्वीकार कर लिया है, तभी तो वे हमें गोपियों को योग की शिक्षा देने के निमित्त भेज रहे हैं। वे गर्व से आकाश की तरफ देखने लगे। वे अपने मनोनुकूल कार्य पाकर कहने लगे—कृष्ण नारियों को योग की शिक्षा देने के लिए मुझे ब्रज भेज रहे हैं।

यह विचार कर उद्धव ने कृष्ण की आज्ञा को शिरोधार्य कर लिया। कृष्ण उनके स्वामी और सखा थे, इसलिए उनकी आज्ञा ही उद्धव के लिए प्रमाण था। इसलिए उन्होंने इस कथन को स्वीकार करके प्रस्थान करने के लिए तत्परता प्रदर्शित की। सूरदास कहते हैं कि उद्धव ने सोचा कि जब कृष्ण स्वयं मुझे गोपियों को ज्ञानोपदेश देने के लिए गोकुल भेज रहे हैं तो यहाँ आने में कोई बुराई नहीं है, इसलिए अब मेरे लिए वहाँ जाना ही उचित है, अन्य बात सोचना व्यर्थ है।

उद्धव-प्रति कुब्जा के वाक्य—

सुनियो एक सँदेसो ऊधो तुम गोकुल को जात।
ता पाछे तुम कहियो उनसों एक हमारी बात।
माता-पिता को हेत जानि कै कान्ह मधुपुरी आए।

नाहिंन स्याम तिहारे प्रीतम, ना जसुदा के जाए।
समुझौ बूझौ अपने मन में तुम जो कहा भलो कीन्हो।
कहं बालक, तुम मत्त ग्वालिनी सबै आप बस कीन्हो।
और जसोदा माखन काजै बहुतक त्रास दिखाई।
तुमहिं सबै मिलि दाँवरि दीन्हीं रंच दया नहिं आई।
अरु वृषभानसुता जो कीन्ही सो तुम सब जिय जानो।
याहो लाज तजी ब्रज मोहन अब काहे दुख मानो?
सूरदास यह सुनि सुनि बातें स्याम रहे सिर नाई।
इत कुब्जा उत प्रेम ग्वालिनी कहत न कछु बनि आई॥ 12॥

शब्दार्थ— हेत = स्नेह भलाई। मधुपुरी = मथुरा। नाहिन = नहीं है। जाए = पैदा हुए। मत्त = मस्त। आप बस = अप वश। त्रास = भय। दाँवरि दीन्हीं = रस्सी से बाँधा। रंच = जरा भी। बृषभानुसुता = राधा। याही = इसी। सिरनाई = मस्तक नीचा किये रहे।

सन्दर्भ— प्रस्तुत पद में कुब्जा उद्धव से अपना सन्देश कहती है। इसमें गोपियों के लिए कुब्जा का दृष्टिकोण सहानुभूतिपूर्वक नहीं है। कृष्ण और अन्य स्रोतों द्वारा दी गई जानकारी से कुब्जा विपरीत बातें कहती है। यह एक तरह से गोकुल में कृष्ण के जीवन का अलग पाठ है। कुब्जा का कहना है कि कृष्ण गोकुल में खुश नहीं थे। गोकुलवासियों ने उन्हें बहुत दुख दिए हैं, अतः अब ब्रजवासी जो भावुकता प्रकट कर रहे हैं, वह सही नहीं है। कृष्ण और गोपियों के रिश्ते को तोड़ने के बाद ही कृष्ण मथुरा में ठीक से रह पाएँगे, कुब्जा के सन्देश में यह मनोवैज्ञानिक निहितार्थ है। इस रूप में इसे पढ़ना चाहिए।

सरलार्थ— हे उद्धव! तुम गोकुल जा रहे हो तो मेरा भी एक संदेशा लेते जाओ। जब तुम कृष्ण के सन्देश सब लोगों को सुना चुको तो गोपियों से मेरी भी एक बात कहना। उनसे कहना कि माता-पिता—वसुदेव व देवकी का हित समझकर और उनका उद्धार करने के लिए कन्हैया गोकुल से मथुरा आये थे। वस्तुतः कृष्ण न तो तुम्हारे प्रियतम हैं और न ही यशोदा ने उन्हें जन्म दिया है। अतः तुम लोग स्वयं सोच-समझकर विचार करो कि तुमने कृष्ण की क्या भलाई की है जो आज उन पर अपना अधिकार जतला रही हो? कहाँ तो वह बालक कृष्ण और कहाँ तुम मद-मस्त युवतियाँ? तुम्हारा और उनका तो कोई मेल ही नहीं था। तुमने तो उनको अपने वश में कर लिया था। यशोदा, जो आज कृष्ण पर माता होने का अधिकार जतला रही है, उसने वस्तुतः कृष्ण के साथ कोई भलाई ही नहीं की, माता का दुलार देना तो दूर रहा, उसने कृष्ण को मक्खन के लिए कितने कष्ट दिए हैं। यशोदा का कृष्ण के प्रति पुत्रवत् न तो स्नेह था और न दुलार ही।

उद्धव से कुब्जा कहती है कि वे गोपियों से कहें कि तुम सबने मिलकर तुच्छ मक्खन की चोरी के कारण कृष्ण को रस्सियों से बाँधा था। तुम्हें ऐसा करते समय कृष्ण के मासूम चेहरे पर लेशमात्र भी दया नहीं आई। और राधा ने कृष्ण के साथ जो दुर्व्यवहार किया वह तो तुम सब लोग जानती ही हो, वह तुम्हारे द्वारा किए गए व्यवहार से दो कदम आगे था। राधा द्वार कृष्ण के प्रति किए गए दुर्व्यवहार के कारण वे क्षुब्ध हो गए थे। इस लज्जा के कारण उन्होंने राधा तो क्या ब्रज का ही त्याग कर दिया था। अब तुम इस बात का दुःख क्यों मान रही हो। तुमने जैसा किया है उसी के अनुसार अब फल भुगतो।

सूरदास कहते हैं कि कृष्ण उद्धव और कुब्जा की बातचीत मस्तक झुकाकर सुन रहे थे। उनके मन में दुविधा थी। वे असमंजस में थे। इधर कुब्जा का आकर्षण था तो उधर ब्रजवल्लभियों का प्रेम-प्रणय-निवेदन परिपूरित हृदय था। इसलिए वे कुछ कह नहीं पाए।

उद्धव का ब्रज में आना—

कोऊ आवत है तन स्याम।
वैसेइ पट, बैसिय रथ-बैठनि, वैसिय है उर दाम।
जैसी हुतिं उठि तैसिय दौरीं छाँडि सकल गृह-काम।
रोम पुलक, गदगद भइं तिहि छन सोचि अंग अभिराम।
इतनी कहत आए गए ऊधो, रहीं ठगी तिहि ठाम।
सूरदास प्रभु ह्याँ क्यों आवैं बँधे कुब्जा-रस स्याम॥ 13॥

शब्दार्थ— तन-स्याम = काले शरीर वाला। वैसिय = वैसे ही। पट = वस्त्र। बैठनि = बैठने का ढंग। दाम = माला। तैसिय = वैसे ही। सकल = सारा। गृह-काम = घर का काम-काज। रोम-पुलक = रोमांचित। अभिराम = सुन्दर। गद्‌गद् भईं = प्रसन्नता के कारण गला भर आया। ठाम = स्थान। तिहिं = उसी। ठगी = जड़वत, आश्चर्यचकित।

सन्दर्भ— इस पद में उद्धव के गोकुल पहुँचने का दृश्य है। दूर से उद्धव का रथ दिखाई दे रहा है और गोपियाँ उसको देखकर प्रसन्न हो रही हैं कि शायद आज कृष्ण आ रहे हैं। उनकी वेशभूषा और आकार-प्रकार तो कृष्ण के समान ही लग रहे हैं। पास आने पर पता चलता है कि आगन्तुक कृष्ण नहीं कोई और है। वे अत्यन्त प्रसन्न होकर पुनः निराश हो जाती हैं। उनकी भावनाओं का यह द्वन्द्व इस पद में व्यक्त हुआ है।

सरलार्थ— उद्धव के ब्रज आ पहुँचने पर सभी ब्रजवासियों को उनके कृष्ण होने का भ्रम हुआ। एक गोपी ने अपनी अन्य सखियों से कहा, देखो कोई श्याम वर्ण वाला पुरुष ब्रज की ओर चला आ रहा है। शायद कृष्ण ही हों। उसने कृष्ण

के समान वस्त्र धारण किए हुए है, वैसे ही रथ में बैठा है। उसने कृष्ण के समान ही गले में मोतियों की माला पहन रखी है। गोपियाँ उस समय जिस स्थिति में थीं, वैसे ही यह बात सुनकर उठीं और जिधर से उद्धव का रथ आ रहा था, दौड़ चलीं, उन्होंने अपना समस्त गृह-काज छोड़ दिया। अत्यधिक आनन्द के कारण उनका समस्त शरीर रोमांचित हो गया। उस क्षण वे कृष्ण के सुन्दर शरीर की स्मृति आ जाने पर गद्‌गद् हो उठीं। साँवले शरीर वाले (उद्धव) की छबि को देखकर वे प्रफुल्लित हो गईं। वे आपस में कृष्ण के सौन्दर्य और क्रीड़ाओं के विषय में बात ही कर रही थीं कि इतने में उद्धव उन के निकट पहुँच गए। वे उनको देखते ही स्तब्ध होकर उसी स्थान पर जड़वत् खड़ी रह गईं। अर्थात् उन्होंने तो कृष्ण के आने की कल्पना की थी किन्तु रथ के निकट आने पर वह उद्धव निकले, गोपियों को इससे अपार दुःख हुआ और वे जहाँ खड़ी थीं, वहीं ठगी-सी खड़ी रह गईं।

सूरदास कहते हैं कि कृष्ण के स्थान पर उद्धव को आया जान कर गोपियों ने परस्पर एक-दूसरे से कहा कि कृष्ण तो मथुरा में कुब्जा के प्रेमपाश में बँधे हुए हैं, वे अब यहाँ क्यों आयेंगे, अब उन्हें हमारी क्या आवश्यकता है?

है कोई वैसीई अनुहारि।
मधुबन तें इत आवत, सखि र! चितौ तु नयन निहारि।
माथे मुकुट मनोहर कुँडल पीत बसन रुचिकारि।
रथ पर बैठि कहत सारथि सों ब्रज-तन बाँह पसारि।
जानति नाहिंन पहिचानति हौं मनु बीते जुग चारि।
सूरदास स्वामी के बिछुरे जैसे मीन बिनु बारि॥ 14॥

शब्दार्थ— अनुहारि = मुखाकृति। मधुबन = मथुरा। इत = इधर। चितौ = सोच। पीत = पीले। वसन = वस्त्र। रुचिकारि = सुन्दर। पसारि = फैल कर। नाहिन = नहीं। मनु = मानो। बिछुरे = बिछड़ने पर। मीन = मछली। बारि = जल।

सन्दर्भ— इस पद में भी दूर से उद्धव के आने पर गोपियों को कृष्ण का भ्रम होता है। वे आपस में बातचीत करती हैं कि शायद यह आगन्तुक कृष्ण ही हो, परन्तु ये कृष्ण नहीं हैं। ये कोई और है। कृष्ण से बिछुड़े हुए भी बहुत समय हो गया है। उद्धव को देखकर उन्हें कृष्ण के विरह की वेदना नए सिरे से जाग्रत हो गई।

सरलार्थ— हे सखी! इस रथ में बैठा हुआ मनुष्य बिल्कुल कृष्ण की रूप-रेखा और मुखाकृति वाला ही है। यह व्यक्ति मथुरा से इधर की ओर ही आ रहा है। उसे स्वयं अपने नेत्रों से देख और समझ। इसे कृष्ण ही होना चाहिए। इनके मस्तक पर मोर-मुकुट, कानों में मनोहर कुण्डल और शरीर पर सुन्दर पीले वस्त्र हैं। वह रथ में बैठे हुए ब्रज की ओर बाँह फैलाकर अपने सारथी से कुछ कह रहा है। इस सबसे स्पष्ट है कि वह ब्रज की ओर आ रहा है और कृष्ण ही है।

सखी! मैं उसे जानती तो नहीं कि वह कौन है किन्तु ऐसा प्रतीत होता है कि कुछ-कुछ पहचानती अवश्य हूँ। इसे देखे चार युग हो गए हैं, अर्थात् बहुत समय पूर्व इसे कहीं देखा था। सूरदास कहते हैं कि उद्धव को आया जान कर, गोपियों को कृष्ण की स्मृति हो आई और वे उसी प्रकार विरह-वेदना में छटपटाने लगीं जिस प्रकार मछली जल के बिना छटपटाती है।

देखो नन्दद्वार रथ ठाढ़ो।
बहुरि सखी सुफलकसुत आयो परयो संदेह उर गाढ़ो।
प्रान हमारे तबहिं गया लै अब केहि कारन आयो।
जानति हौं अनुमान सखी री! कृपा करन उठि धायो॥
इतते अन्तर आय उपंगसुत तेहि छन दरसन दीन्हो।
तब पहिचानि सखा हरिजू को परम सुचित तन कीन्हो।
तब परनाम कियो अति रुचि सों और सबहि कर जोरे।
सुनियत रहे तैसेईं देखे परम चतुर मति-भोरे॥
तुम्हरो दरसन पाय आपनो जन्म सफल करि जान्यो।
सूर ऊधो सों मिलत भयो सुख ज्यों झख पायो पान्यो॥ 15॥

शब्दार्थ— बहुरि = फिर, पुनः। सुफलकसुत = अक्रूर। गाढ़ो = गहरा। केहि कारन = किस कारण से। उपंगसुत = उद्धव। तेहिछन = उसी क्षण। भूषित = स्वस्थ। भोरे = भोले। झख = मछली। पान्यो = पानी। आपनो = अपना।

सन्दर्भ— प्रस्तुत पद में पहली बार उद्धव गोपियों से मिलते हैं। गोपियाँ उन्हें कृष्ण का परम मित्र मानकर और जानकर प्रसन्न हो रही हैं। हालाँकि उनके मन में अक्रूर के आने का भय बना हुआ है, जो कृष्ण को यहाँ से मथुरा ले गए थे। लेकिन उद्धव हैं और इसीलिए गोपियाँ इनके आने से प्रसन्न हो रही हैं।

सरलार्थ— एक गोपी दूसरी गोपी से कहने लगी कि हे सखी! देखो वही रथ नन्दबाबा के द्वार पर खड़ा है। मेरे हृदय में यह गहरा सन्देह हो रहा है कि अक्रूर जी फिर आ गए हैं। यह अक्रूर हमारे प्राण-हमारे जीवन-श्रीकृष्ण को तो तभी ले गए थे, अब किस कारण यहाँ पधारे हैं। हे सखी, मैं अनुमान करके समझ रही हूँ कि यह फिर हम पर कोई कृपा करने के लिए आए हैं। सम्भव है इस बार यह हमारी कोई मनोकामना पूर्ण करने के लिए पधारे हों। हमें इनका आगमन सार्थक प्रतीत होता है।

इसी समय उद्धव नन्द बाबा से भेंट करके बाहर आए और उन्होंने गोपियों को अपने दर्शन दिया। उद्धव के निकट आने पर गोपियों ने अपने प्राण श्रीकृष्ण के परम सखा के रूप में उन्हें पहचाना और तन-मन में सन्तोष प्राप्त किया। कृष्ण के सखा उद्धव को पहचान कर सभी गोपिकाओं ने उन्हें अत्यन्त प्रेम के साथ हाथ जोड़े और प्रणाम किया। वे उद्धव से कहने लगीं कि हमने तुम्हारे विषय में

जो कुछ सुन रखा है, तुम्हारे विषय में हमारी जो धारणा स्थिर हुई थी, तुम उसके अनुरूप हो। तुम अत्यन्त चतुर बुद्धि वाले और भोले-भाले प्रतीत होते हो। तुम्हारे दर्शन पाकर हम अपना जन्म सफल हुआ समझती हैं, तुम हमारे प्रियतम श्रीकृष्ण के परमसखा हो, इसलिए हमारे लिए पूज्य हो। सूरदास कहते हैं कि ये गोपियाँ उद्धव से भेंट करके इस प्रकार प्रफुल्लित और प्रसन्न हुईं जैसे मछलियाँ जल को पाकर आनन्दित हो रही हों।

कहौ कहाँ ते आए हौ।
जानति हौं अनुमान मनो तुम जादवनाथ पठाए हौ।
बैसोई बरन, वसन पुनि वैसेइ, तन भूषन सचि ल्याए हौ।
सरबसु लै तब संग सिधारे अब का पर पहिराए हौ।
सुनहु मधुप! एकै मन सबको सो तो वहाँ लै छाए हौ।
मधुबन की मानिनी मनोहर तहहिं जाहु जहँ भाए हौ।
अब यह कौन सयानप? ब्रज पर का कारन उठि धाए हौ।
सूर जहाँ लौं स्यामगात हैं जानि भले करि पाए हौ॥ 16॥

शब्दार्थ—मनो तुम = मानो तुम। जादवनाथ = कृष्ण। पठाए = भेजे गए। वरन = वर्ण। वसन = वस्त्र। सरबसु = सर्वस्व। का पर = किस हेतु। पहिराए = ले जाने के लिए। एकै मन = एक भावना। छाए हौ = सुशोभित हुए हो। मधुबन = मथुरा। मानिनी = गर्ववती। सयानप = चतुराई। कारन = किस उद्‌देश्य से। उठि धाए = चले आए हो। स्याम गात = काले शरीर वाले। जानि भले करि = भली भाँति जान लिए गए हैं।

सन्दर्भ—प्रस्तुत पद में गोपियाँ उद्धव के अकारण आने पर कुछ सन्देह कर रही हैं। उन्हें लगता है कि यह आनेवाला व्यक्ति कुछ छल करने के लिए आया है। पिछले आनेवाले अक्रूर भी छल करके गए हैं, अत: उनमें उद्धव के स्वागत का भाव नहीं है। सन्देह है जिसे गोपियाँ उद्धव से बातचीत करके दूर करना चाहती हैं। गोपियाँ स्पष्ट वक्ता की तरह अपनी बात सीधे उद्धव से कहती हैं।

सरलार्थ—हे उद्धव! कहिए आपका किस स्थान से आगमन हुआ है? हमारा अनुमान है कि तुम्हें यादव कुल के स्वामी कृष्ण ने मथुरा से भेजा है। तुमने अपना रूप-रंग और साज-सज्जा कृष्ण के समान बना रखी है। तुम्हारा उन्हीं के समान स्याम रूप-रंग है, तुम ने अपने शरीर पर कृष्ण के समान ही वस्त्र धारण कर रखे हैं और उन्हीं के समान आभूषण धारण कर रखे हैं। कृष्ण हमारा सर्वस्व लेकर यहाँ से मथुरा के लिए प्रस्थान कर गए थे, अब तुम्हें उन्होंने हमारे पास किस प्रयोजन से भेजा है?

हे मधुप! सुनो, हमारा सबका एक ही मन था जो कृष्ण अपने साथ ले कर

मथुरा में विराजमान हैं। मथुरा की नारियाँ मानवती और सुन्दर हैं, अत: वहीं तुम्हारा मन लगेगा।

हे उद्धव! यहाँ आकर अब तुम अपनी कौन-सी चतुराई दिखाना चाहते हो। हमें तो इसमें तुम्हारी कोई किसी षड्यंत्र की बू आ रही है। अच्छा अपने आने का प्रयोजन बताओ। सूरदास के शब्दों में उद्धव से गोपियाँ कहती हैं, कि जहाँ तक स्याम शरीर वालों का सम्बन्ध है, हम उन्हें भली-भाँति समझ गई हैं कि वे सब मन के खोटे और धोखेबाज होते हैं। अब काले शरीर वाले तुम हमसे किस प्रकार का छल करने आए हो?

ऊधो को उपदेस सुनौ किन कान दै?
सुन्दर स्याम सुजान पठायो मान दै।
कोउ आयो उत तायं जितै नन्दसुवन सिधारे।
वहै बेनु-धुनि होय मनो आए नन्दप्यारे।
धाईं सब गलगाजि कै ऊधो देखे जाय।
लै आई ब्रजराज पै हो, आनन्द उर न समाय।
अरघ आरती, तिलक, दूब, दधि माथे दीन्ही।
कंचन-कलस भराय आनि परिकरमा कीन्हीं।
गोप-भीर आँगन भई मिलि बैठे यादवजात।
जलझारी आगे धरी, हो, बूझति हरि-कुसलात।
कुसल-छेम बसुदेव, कुसल देवी कुबजाऊ।
कुसल-छेम अक्रूर, कुसल नीके बलदाऊ।
पूछि कुसल गोपाल की रहीं सकल गहि पाय।
प्रेम-मगन ऊधो भए, हो, देखत ब्रज को भाय।
मन मन ऊधो कहै यह न बूझिय गोपालहि।
ब्रज को हेतु बिसारि जोग सिखवत ब्रजबालहि।
पाती बाँचि न आवई रहे नयन जल पूरी।
देखि प्रेम गोपीन को, हो ज्ञान-गरब गयो दूरि।
तब इत उत बहराय नीर नयनन में सोख्यो।
ठानी कथा प्रबोध बोलि सब गुरू समोख्यो।
सो ब्रत सीखो गोपिका, हो छाँड़ि विषय-बिस्तार।
सुनि ऊधो के बचन रहीं नीचे करि तारे।
मनो सुधा सों सींचि आनि विषज्वाला जारे।
हम अबला कह जानहीं जोग-जुगुति की रीति।
नँदनन्दन ब्रत छाँड़ि कै, हो, को लिखि पूजै भीति।

अबिगत, अगह, अपार, आदि अबगत है सोई।
आदि निरंजन नाम ताहि रंजै सब कोई।
नैन नासिका-अग्र है तहाँ ब्रह्म को बास।
अबिनासी बिनसै नहीं हो सहज ज्योति-परकास।
घर लागै औधूरि कहे मन कहा बँधावै।
अपना घर परिहरे कहो को घरहि बतावै?
मूरख जादवजात हैं हमहिं सिखावत जोग?
हमको भूली कहत हैं, हो, हम भूली किधौं लोग?
गोपिहु तैं भयो अंध ताहि दुहूँ लोचन ऐसे!
ज्ञाननैन जो अन्ध ताहि सूझै धौं कैसे?
बूझै निगम बोलाइ कै कहै बेद समुझाय।
आदि अन्त जाके नहीं, हौ, कौन पिता को माय?
चरन नहीं, भुज नहीं, कहौ, ऊखल किन बाँधो?
नैन नासिका मुख नहीं चोरि दधि कौने खाँधो?
कौन खिलायो गोद में, किन कहे तोतरे बैन?
ऊधो ताको न्याव है, हो, जाहि न सूझै नैन।
हम बूझति सतभाव न्याव तुम्हरे मुख साँचो।
प्रेम-नेम रसकथा कहौ कंचन की काँचो।
जो कोउ पावै सीस दै ताको कीजै नेम।
मधुप हमारी सौं कहौ, हो जोग भलो किधौं प्रेम।
प्रेम प्रेम सों होय प्रेम सों पारहि जैए।
प्रेम बध्यो संसार, प्रेम परमारथ पैए।
एकै निहचै प्रेम को जीवन-मुक्ति रसाल।
साँचो निहकै प्रेम को, हो, जो मिलिहैं नन्दलाल।
सुनि गोपिन को प्रेम नेम ऊधो को भूल्यो।
गावत गुन-गोपाल फिरत कुंजन में फूल्यो।
छन गोपिन के पग धरै, धन्य तिहारो नेम।
धाय धाय द्रुम भेंटही, हो, ऊधो छाके प्रेम।
धनि गोपी, धनि गोप, धन्य सुरभी बनचारी।
धन्य, धन्य! सो भूमि जहाँ बिहरे बनवारी।
उपदेसन आयो हुतो मोहिं भयो उपदेस।
ऊधो जदुपति पै गए, हो, किए गोप को बेस।
भूल्यो, जदुपति नाम, कहत गोपाल गोसांई।
एक बार ब्रज जाहु देहु गोपिन दिखराई।

गोकुल को सुख छाँड़ि कै कहाँ बसे हौ आय।
कृपावंत हरि जानि कै, हो, ऊधो पकरे पाय।
देखत ब्रज को प्रेम नेम कछु नाहिंन भावै।
उमड्यो नयननि नीर बात कछु कहत न आवै।
सूर स्याम भूतल गिरे, रहे नयन जल छाय।
पोंछि पीतपट सों कह्यो, 'आए जोग सिखाय'? ॥ 17 ॥

शब्दार्थ—किन = क्यों नहीं। कान दे = ध्यान दे। सुजान = चतुर, बुद्धिमान, समझदार। मान दै = सम्मान देकर। उततायँ = उधर से, वहाँ से। जितै = जिधर। नन्दसुवन = कृष्ण। बेनु-धुनि = मुरली की ध्वनि। धाईं = दौड़ी गईं। गलगाजि = आनन्दित हो कर। कंचन = स्वर्ण। यादव जात = यादव कुल से उत्पन्न उद्धव। जलझारी = जल से भरा हुआ पात्र। गहि पाँय = पाँव पकड़ कर। भाय = भाव। हेतु = प्रेम। बिसारि = भुला कर। बहराय = बहलाकर। ठानी = निश्चय किया। प्रबोध = उपदेश। गुरु = बड़प्पन। समोख्यो = समेटा। नीचे करि तारे = आँख की पुतलियों को नीचे करके। आनि = लाकर। भीति = दीवार। अविगत = शाश्वत। अगह = अगम्य। अवगत = ज्ञात। रंजै = शोभित। अग्र = अग्रभाग। घर लागै = ठिकाने लगता है। औधूरि = घूमकर। परिहरे = छोड़कर, त्यागकर। किधौं = अथवा। लोचन = नेत्र। निगम = शास्त्र। खाँद्यो = खाया। काँचो = काँच। सीस दै = प्राण देकर। सौ = सौगन्ध। परमारथ = स्वर्ग, मोक्ष। निहचै = निश्चय। रसाल = मथुरा। नेम = नियम। फूल्यो = प्रफुल्लित। छाके = अघाए। सुरभी = गाएँ। बिहरे = विहार किया। बनवारी = कृष्ण।

सन्दर्भ— यह बड़ा पद है। इसमें भ्रमर गीत प्रकरण का सार-संक्षेप है। जिसमें आरम्भ में उद्धव गोपियों को योग का उपदेश देते हैं और बाद में वे स्वयं प्रेममार्गी भक्ति के समर्थक हो गए और यहाँ से गोपियों के दूत बनकर कृष्ण के पास गए और उन्हें गोकुल आने के लिए प्रेरित किया।

सरलार्थ—उद्धव के ब्रज आने पर जब सम्पूर्ण गोपिकाएँ शोर मचाती हुई उनके सम्मुख प्रकट हुईं और उनके शोर के कारण कुछ भी सुनाई न पड़ा, तब एक गोपी ने खड़े होकर सबको सम्बोधित करते हुए कहा—

तुम उद्धव के सन्देश को कान देकर क्यों नहीं सुनतीं? इन्हें सुन्दर, बुद्धिमान्, ज्ञानवान, श्रीकृष्ण ने अत्यन्त सम्मान देकर हमारे पास यहाँ ब्रज में भेजा है। जिस दिशा को कृष्ण यहाँ से पधारे थे, यह सज्जन उसी दिशा से आए हैं। श्रीकृष्ण की वंशी की वैसी ही सुरीली ध्वनि हो रही है जिससे प्रतीत होता है कि श्रीकृष्ण स्वयं यहाँ पधारे हैं और वंशी बजा रहे हैं। गोपी की यह बात सुन कर समस्त गोपियाँ आनन्दित हुईं और उस ओर दौड़ पड़ीं। वहाँ उन्हें उद्धव के दर्शन हुए। तब वह

उद्धव को ब्रज-राज नन्द के पास ले गईं, उनके हृदय में आनन्द समा नहीं पा रहा था। उन्होंने उद्धव को अर्घ्य दिया, उनकी आरती उतारी, दूब नामक घास में दही मिला कर उनके माथे पर तिलक लगाया। इसके उपरान्त सोने के कलश में जल भर कर उद्धव की परिक्रमा की। उद्धव के आगमन की सूचना पाकर नन्द के आँगन में गोप-ग्वालों की भीड़ जमा हो गई। गोपियों ने उद्धव के सम्मुख जल से भरी हुई सुराही रख दी और कृष्ण की कुशल-क्षेम पूछने लगीं। फिर उन्होंने कृष्ण के पिता वसुदेव और माता देवकी की, देवी कुब्जा, अक्रूर, बलराम आदि सभी की कुशल-क्षेम पूछी। अन्त में पुन: कृष्ण का कुशल समाचार ज्ञात किया। तत्पश्चात् वे उद्धव के चरण पकड़ कर बैठ गईं।

ब्रजवासियों के कृष्ण के प्रति प्रेम को देखकर उद्धव प्रेम-भावना में विभोर हो गए। वह मन-ही-मन सोचने लगे कि गोपाल की यह नीति समझ में नहीं आ रही कि वह ब्रज की गोपियों के अनन्य प्रेम को विस्मृत कर उन्हें योग-ज्ञान सिखाना क्यों चाहते हैं? इस प्रकार सोचते हुए उद्धव के नेत्रों में आँसू भर आए और जो पत्रिका कृष्ण ने अपने संदेश के रूप में ब्रजवासियों के लिए भेजी थी, वह उनसे नहीं पढ़ी गई। कृष्ण के प्रति अनन्य प्रेम को देख कर उनके ज्ञान का गर्व दूर हो गया। तब उन्होंने अपने मन को इधर-उधर बदल कर अपने नेत्रों में बहते हुए आँसुओं को किसी प्रकार नियंत्रण में किया। इस प्रकार वह प्रयत्न कर और स्वस्थ-चित्त होकर अपने योग का उपदेश देने के लिए तत्पर हुए। तब उन्होंने अपना बड़प्पन समेट कर ज्ञानोपदेश देने का निश्चय किया।

इसके बाद उन्होंने कहा कि तुम समस्त सांसारिक विषय-प्रपंचों को त्याग कर उस व्रत का पालन करो जिसका श्रेष्ठ मुनिगण ध्यान करते हैं, फिर भी उसको पूर्ण रूप से जान पाने में असफल रहते हैं। उद्धव की इस प्रकार की चर्चा सुन कर गोपियाँ स्तब्ध हो गईं और नीचे नेत्र किए हुए बैठी रह गईं। इस समय उनकी दशा उस लता के समान थी जिसे पहले तो अमृत द्वारा सींचा गया हो और तदुपरान्त विष की ज्वाला में दग्ध कर दिया गया हो। गोपियों के लिए उद्धव के दर्शन तो अमृत के समान जीवन देने वाले थे किन्तु निर्गुण ब्रह्म का उनका उपदेश विष के सदृश प्राणलेवा था।

उद्धव के वचनों को सुन कर गोपियों ने उनसे कहा कि हम अबला हैं, योग की युक्तियाँ हमारी समझ से बाहर हैं। साक्षात् नन्द-नन्दन कृष्ण से प्रेम के व्रत को तोड़कर हम क्या ऐसी मूढ़ हैं जो दीवार पर चित्र खींच कर निर्गुण ब्रह्म की पूजा करें। ऐसी मूर्ख हम नहीं हैं। तुम्हारा ब्रह्म अजाना, अगम्य, अज्ञेय, अपार आदि रूप में जाना जाता है, फिर भी तुम कहते हो कि उसे जान लेना सम्भव है। वह संसार में आदि निरंजन के नाम से सबको विदित है, विख्यात है फिर भी भक्तजन उसे प्रसन्न करने के लिए उसकी पूजा-अर्चना करते हैं।

तुम्हारे ब्रह्म का निवास नेत्र और नासिका के अग्र भाग अर्थात् त्रिकुटी पर कहा जाता है, वह अविनाशी है और कभी नष्ट नहीं होता, वह स्वयं ज्योति-स्वरूप है। तुम्हारा आग्रह है कि हम ऐसे ब्रह्म में अपने मन को एकाग्रचित्त करें किन्तु मन की तो यह दशा प्रसिद्ध है कि वह घूम-फिर कर पुन: अपनी उसी पूर्वस्थिति में आकर ही विश्राम पाता है। इसी कारण यह हमारे लिए सम्भव नहीं कि हम अपने मन को साकार-साक्षात् ब्रह्मरूप कृष्ण के अनुराग से वंचित करके तुम्हारे नीरस निर्गुण ब्रह्म में लगाएँ। यद्यपि यह सम्भव है कि यह मन पलभर को तुम्हारे समझाने में आकर निर्गुण की उपासना करना आरम्भ कर दे, किन्तु यह निश्चित है कि अन्तत: यह कृष्ण के अनुराग में ही आनन्द अनुभव करेगा। कोई व्यक्ति अपने घर का त्याग कर के अन्यत्र कहीं भी सुख-चैन नहीं प्राप्त कर सकता है और यही मन की स्थिति है।

हे उद्धव! तुम तो निपट मूढ़ यादव जात हो जो हमें योग-मार्ग का शिक्षण प्रदान करने आए हो। तुम हमें भ्रमित अथवा पथभ्रष्ट कर रहे हो, किन्तु एक बार विचार करके अपना मन टटोल करके देखो कि वस्तुत: हम पथभ्रष्ट हैं अथवा वे लोग जो अबलाओं को अपना घर त्यागकर धूनि रमा कर घर-घर भटकनें और अज्ञात ब्रह्म की खोज करने के लिए कह रहे हैं। तुम तो हम गोपियों से भी अधिक अन्धे प्रतीत हो रहे हो। जिसके ज्ञानरूपी नेत्र नष्ट हो गए हों, उसे फिर उचित-अनुचित का भान किस प्रकार हो सकता है? वेदों के सन्दर्भ में जिसकी व्याख्या की जाती है, जिसका न कोई आदि है और न कोई अन्त, जिसके माता-पिता अर्थात् जन्मदाताओं के विषय में कोई सूचना नहीं, जिसके न तो चरण हैं—अर्थात् वह चलने-फिरने में असमर्थ है, न ही उसकी भुजाएँ हैं—अर्थात् वह कर्म करने में समर्थ नहीं, फिर भी उसे यहाँ ब्रज में ऊखल में बाँधा गया। बताओ तो सही, ऐसा किसके साथ हुआ? तुम्हारे मत में ब्रह्म के नेत्र, नासिका और मुख नहीं तो फिर इन्द्रियों की सहायता से किसने चोरी करके माखन-दधि खाई? कौन यहाँ आकर ब्रजवासियों की गोद में खेला? और किसने अपने तोतले वचनों से सभी को प्रसन्न एवं आनन्दित किया? हे उद्धव! तुम्हारी अज्ञान भरी बातें तो आँखों से अन्धों को ही उचित एवं न्यायपूर्ण प्रतीत होंगी किन्तु हम न तो अज्ञानी हैं और न ही अन्धी, तुम हमारी समझ में ज्ञानवान् और नेत्रों वाले हो, अत: हम तुम्हें न्यायाधीश स्वीकार करती हैं और सत्य भाव से तुमसे न्याय चाहती हैं कि हमारे प्रेम-मार्ग और तुम्हारी योग-साधना में से कौन-सा मार्ग स्वर्ण के समान शुद्ध और खरा है तथा कौन-सा काँच के सदृश एक ही झटके से नष्ट हो जाने वाला अर्थात् त्याज्य है? योग-साधना उसी वस्तु के लिए उचित है जिसे प्राण देकर प्राप्त करने का प्रण हो किन्तु हमने आज तक ऐसा नहीं सुना कि किसी ने योग-साधना के बल पर ब्रह्म के साथ तादात्म्य स्थापित किया हो अथवा उसे प्राप्त किया हो, फिर ऐसे निर्गुण ब्रह्म के लिए प्राणों को संकट में डालना कहाँ तक उचित है? इससे तो हमारा प्रेम-मार्ग ही ठीक है जिसमें अराध्य-

देव के साथ साक्षात्कार करना सम्भव है। इसलिए हे मधुप! तुम्हें हमारी सौगन्ध है, तुम निर्णय करके ठीक-ठीक बता दो कि तुम्हारे योगमार्ग और हमारे प्रेम-मार्ग में से कौन-सा मार्ग श्रेष्ठ है?

गोपियाँ आगे कहती हैं कि प्रेम-प्रेम से ही सम्भव होता है। प्रेम के द्वारा ही संसार के रहस्य को जानना और उससे पार पाना सम्भव है। इस प्रेम के कारण समस्त संसार परस्पर बाध्य है। प्रेम के द्वारा परमार्थ की प्राप्ति सम्भव है। इस बात में कोई संशय नहीं कि प्रेम के माध्यम से ही मधुर जीवन-मुक्ति, जिसका बड़े-बड़े भक्तजन स्वप्न देखते हैं, उपलब्ध हो सकती है। यदि प्रेम-सम्बन्धी हमारा यह मत निश्चित एवं सही है, तो हमें विश्वास है कि हमें नन्दलाल श्रीकृष्ण की प्राप्ति अवश्य होगी।

गोपियों की प्रेम-सम्बन्धी बातों को सुनकर उद्धव अपनी नियमित योग-साधना को भूल गए। वह प्रफुल्लित होकर कृष्ण के गुण गाते हुए ब्रज के कुंजों में भ्रमण करने लगे। एक क्षण तो गोपियों के चरण पकड़ लेते और उनसे कहते कि तुम्हारा प्रेम-नियम धन्य है। उद्धव प्रेम में इतने डूब गए कि दौड़ कर वृक्षों से लिपट कर भेंट करने लगे। कृष्ण ने इन्हीं वृक्षों की छाया में बैठकर गोपियों के साथ प्रेम की क्रीड़ाएँ की थीं। कृष्ण के प्रेम में मदोन्मत्त होकर वह कहते हैं ये कि ब्रजवासी गोप-गोपियाँ धन्य हैं और वन में भ्रमण करने वाली ये गौएँ धन्य हैं, यह ब्रजभूमि धन्य है, क्योंकि यहाँ बनवारी श्रीकृष्ण ने विहार किया था। मैं इन गोपियों को योग-साधना का उपदेश देने आया था किन्तु यहाँ आकर मैंने गोपियों से स्वयं ज्ञान प्राप्त किया है। मैं योग-साधना के भ्रम में भटक रहा था, यहाँ मैंने प्रेम-मार्ग के अमृत-तत्व को समझा और उसका मर्म जाना। आज तक मैं कितना भ्रम में था इसका ज्ञान मुझे यहाँ आकर हुआ।

इसके उपरान्त उद्धव गोप का वेश धारण करके श्रीकृष्ण के पास गए। प्रेम के वशीभूत होने के कारण अपने स्वभावानुसार वह कृष्ण को 'जदुपति' के नाम से सम्बोधित करना भूल गए और 'गोपाल गोसाईं', के नाम से सम्बोधन किया। उन्होंने कृष्ण को सम्बोधन करते हुए अनुरोध किया कि वह एक बार अवश्य ब्रज जाकर गोपियों को दर्शन दे आएँ। उद्धव ने कृष्ण से पूछा कि तुम गोकुल का सुख-आनन्द छोड़कर यहाँ कहाँ आन बसे हो। इस प्रकार कृष्ण को सब पर दयालु जानकर उद्धव ने उनके पाँव पकड़ लिए। इस समय वह अपने पूर्व ज्ञान-गर्व के अपराध के कारण लज्जा अनुभव कर रहे थे। ब्रज के निवासियों का कृष्ण के प्रति प्रेम और विश्वास देखकर, उद्धव को अपने पर धिक्कार होने लगा, अब उन्हें अपना योग अच्छा नहीं लगता। प्रेमाधिक्य के कारण उन के नयनों में जल भरा हुआ है, गला भी भरा हुआ है, कुछ भी कहते नहीं बनता। वह प्रेमविह्वल होकर श्रीकृष्ण के सम्मुख पृथ्वी पर गिर पड़े। उनके नेत्र आँसुओं से भर गए। श्रीकृष्ण ने अपने तन पर पहने हुए पीत वस्त्र से

उनके आँसुओं को पोंछा और उनसे इतना ही पूछा कि 'योग सिखा आए हो।'

हमसों कहत कौन की बातें?
सुनि ऊधो! हम समुझत नाहीं फिरि पूँछति हैं तातें।
को नृप भयो कंस किन मारयो को वसुद्यौ-सुत आहि?
यहाँ हमारे परम मनोहर जीजतु हैं मुख चाहि॥
दिनप्रति जात सहज गोचारन गोप सखा लै संग।
बासरगत रजनीमुख आवत करत नयन गति पंग।
को व्यापक पूरन अविनासी, को बिधि-बेद-अपार?
सूर बृथा बकवात करत हौ या ब्रज नन्दकुमार॥18॥

शब्दार्थ—कौन = किस। तातें = इसलिए। नृप = राजा। वसुद्यौ-सुत = वसुदेव-देवकी का पुत्र कृष्ण। आहि = है। जीजतु = जीती। चाहि = देखकर। वासर = दिन। रजनीमुख = संध्या। पग = स्तब्ध। को = कौन। बिधि = ब्रह्म। बृथा = व्यर्थ। दिनप्रति = प्रतिदिन।

सन्दर्भ—इस पद में गोपियाँ उद्धव को सम्बोधित करके उसके मत का खंडन कर रही हैं। वे एक तरफ सहज जिज्ञासा के रूप में अपनी बात कहती हैं, दूसरी तरफ उद्धव के निर्गुण मत का युक्तियुक्त खंडन करती हैं। इस तरह वे उद्धव को ईश्वर सम्बन्धी चिन्तन से अज्ञानी साबित कर देती हैं।

सरलार्थ—तुम हमसे किस विषय में बातें कर रहे हो? हे उद्धव! सुनो, हमें तुम्हारी बातें समझ में नहीं आईं, इसीलिए हम तुमसे पुनः पूछ रही हैं। भला, बताओ तो सही, कि मथुरा का शासक कौन हो गया है, कंस का वध किसने किया है और वसुदेव-देवकी का पुत्र कौन है? हमारे यहाँ तो हमारे कृष्ण परम सुन्दर हैं जिनके मनमोहक मुख को देखकर ही हम सब जी रही हैं। वह तो प्रतिदिन अपने गोपसखाओं को साथ लेकर गाएँ चराने वन में जाया करते थे और दिन बीत जाने पर संध्या समय लौट कर आते थे। ऐसे कृष्ण की अनुपम सुन्दरता को देखकर हमारे नेत्रों की गति पंगु हो जाती थी। कृष्ण के इस सौन्दर्य को हम अपलक देखती रहती थीं। तुम्हारा यह सर्वव्यापी परिपूर्ण, अविनाशी ब्रह्म, जो वेद के ज्ञान से भी परे है, कौन-सा है? हम ऐसे ब्रह्म के विषय में कुछ नहीं जानतीं।

हमारे विचार में तो ब्रह्म-सम्बन्धी तुम्हारी सभी बातें, वस्तुतः व्यर्थ का प्रलाप हैं। ब्रज में तो नन्दकिशोर कृष्ण ही सर्वस्व हैं।

तू! अलि कासों कहत बनाय?
बिन समुझे हम फिरि बूझति हैं एक बार कहौ गाय।
किन वै गवन कीन्हों सकरनि चढ़ि सुफलकसुत के संग।
किन वै रजक लुटाइ बिबिध पट पहिरे अपने अंग?

किन हति चाप निदरि गज मारयो किन वै मल्ल मथि जाने?
उग्रसेन बसुदेव देवकी किन वै निगड़ हठि भाने?
तू काकी है करत प्रसंसा, कौने घोष पठायो?
किन मातुल बधि लयो जगत जस कौन मधुपुरी छायो।
माथे मोरमुकुट बनगुँजा, मुख मुरली धुनि बाजै।
सूरदास जसोदानन्दन गोकुल कह न बिराजै॥ 19॥

शब्दार्थ—अलि = भ्रमर। कासों = किससे। फिरि = पुन:। बूझति = पूछती। गाय = गाकर। सकरनि चढ़ि = रथ पर चढ़कर। सुफलक-सुत = अक्रूर। संग = साथ। रजक = धोबी। बिबिध = अनेक प्रकार के। पट = वस्त्र। पहिरे = धारण किए। अंग = शरीर। हति = तोड़ा। चाप = धनुष। निदरि = निरादर करके। गज = हाथी। मल्ल = पहलवान, योद्धा। मथि जाने = पछाड़ दिए। निगड़ = हथकड़ी। भाने = तोड़ी। काकी = किसकी। कौने = किसने। घोष = ब्रज। मातुल = मामा, कंस। जस = कीर्ति। किन = किसने। मधुपुरी = मथुरा।

सन्दर्भ—प्रस्तुत पद में गोपियाँ उद्धव की नादानी पर परिहासात्मक व्यंग्य कर रही होती हैं तथा उससे कुछ ऐसे प्रश्न पूछ रही हैं जिनके उत्तर देने पर उद्धव स्वत: पराजित हो जाएँगे। फिर वे उद्धव से इनके उत्तर देने की अपेक्षा भी नहीं करतीं। इसके साथ वे अपने कृष्ण-प्रेम को स्थापित करना भी नहीं भूलतीं।

सरलार्थ—हे मधुप! तुम ये न समझ में आने वाली ज्ञान वाली बातें बना कर किसे सुना रहे हो? तुम्हारी ये बातें अभी तक हमारी समझ में नहीं आईं, इसी कारण हम तुम से पुन: पूछ रही हैं। उन्हें एक बार फिर गाकर अर्थात् धीरे-धीरे समझा कर हमसे कहो। अच्छा यह तो बताओ कि ब्रज से रथ पर बैठकर अक्रूर जी के साथ मथुरा कौन गया था? किसने कंस के धोबी के सभी वस्त्र लुटवा दिए थे और अपने शरीर पर अनेक प्रकार के राजसी वस्त्र धारण किए थे? किसने कंस के सुरक्षित धनुष का भंजन किया था, और किसने कंस के कुबलयापीड़ नामक मदमस्त एवं बलवान हाथी का निरादर करके वध कर दिया था और किसने कंस द्वारा भेजे गए चाणूर, मुष्टिक नामक मल्लों को पछाड़ कर मार दिया था? उग्रसेन, वसुदेव, देवकी कारागार में बन्द थे, किस ने उनकी बेड़ी दृढ़तापूर्वक काट कर उन्हें मुक्त करवाया है? तू किस ब्रह्म की प्रशंसा कर रहा है, किसने तुझे यहाँ ग्वालों की बस्ती में भेजा है? किसने अपने मामा कंस को मृत्यु के घाट उतार कर सारे संसार में यश अर्जित किया है और जो अब वह मथुरा पर शासन कर रहा है?

सूरदास कहते हैं कि गोपियों के कृष्ण मस्तक पर मोर-मुकुट और उर में गुँजाओं की माला को धारण करने वाले अत्यन्त मनमोहक हैं और वह अपने मुख से वंशी की मधुर तानें निकाला करते हैं। वह ब्रज में सर्वत्र विद्यमान रहते हैं। हे उद्धव! तुम बताओ, वह गोकुल में कहाँ नहीं विद्यमान हैं?

हम तो नन्दघोष की दासी।
नाम गोपाल जाति कुल गोपहि, गोप-गोपाल-उपासी।
गिरिवरधारी, गोधनचारी, वृन्दावन-अभिलासी।
राजा नन्द, जसोदा रानी, जलधि नदी जमुना सी।
प्रान हमारे मरम मनोहर कमलनयन सुखरासी।
सूरदास प्रभु कहौं कहाँ लौं अष्ट महासिधि दासी॥ 20॥

शब्दार्थ— नन्द-घोष = नन्द का शंख, गोकुल। वासी = निवासिनी, रहने वाली। उपासी = उपासना, पूजा, अर्चना करते हैं। गोधन चारी = गायों को चराने वाले। अभिलाषी = प्रेम-अनुराग रखने वाले। जलधि = समुद्र। कमल-नयन = कमल रूपी नेत्रों वाले। सुखरासी = सुख की खान।

सन्दर्भ— प्रस्तुत पद में गोपियाँ उद्धव के सामने अपनी मान्यता, अपने मत और कृष्ण प्रेम की निष्ठा को व्यक्त करती हैं। ताकि उनकी निष्ठा को देखते हुए वे उनसे योग मत की चर्चा ही न करे। यदि चर्चा करे भी तो यह मानकर करे कि सुननेवाली गोपियाँ उसके मत को मानने से इनकार कर रही है। अर्थात् गोपियाँ तटस्थ नहीं हैं। तटस्थ व्यक्ति को अपने पक्ष में समझाया जा सकता है। जिनका पहले से ही एक पक्ष है और जो अपने पक्ष पर दृढ़ हैं उन्हें समझाने का प्रयास निरर्थक है। न केवल निरर्थक है वरन् नैतिक रूप से गलत भी है, क्योंकि सबको अपने-अपने विचारों की स्वतंत्रता है।

सरलार्थ— गोपियाँ उद्धव से कहती हैं कि हम नन्दगाँव—गोकुल की रहने वाली हैं। हमारा नाम गोपाल है, हमारी जाति और कुल गोपों का है। गोप होने के कारण हम गोपाल श्रीकृष्ण की उपासिका हैं और इस प्रकार अत्यन्त प्रसन्न हैं। कृष्ण के गोपाल होने से और हमारे गोप वंश और कुल होने से दोनों में निकट का सम्बन्ध है। हमारे गोपाल गोवर्द्धन पर्वत को धारण करने वाले, गायों रूपी-धन को चराने वाले हैं, वृन्दावन से वह अनुराग रखते हैं। यहाँ नन्दबाबा हमारे राजा हैं और यशोदा माता हमारी रानी हैं। इस प्रदेश में समुद्र के समान विशाल यमुना नदी प्रवाहित होती हैं। कमल के समान सुन्दर नेत्रों वाले परम मनोहर, सौन्दर्य एवं सुखों की खान कृष्ण हमारे जीवन-प्राण हैं—अर्थात् हमें प्राणों से भी प्रिय हैं। सूरदास कहते हैं कि हे उद्धव! हम तुमसे यहाँ के सुख का और अधिक क्या वर्णन करें? यहाँ के सुख की तुलना में आठ महासिद्धियों से प्राप्त सुख भी फीका है।

गोकुल सबै गोपाल-उपासी।
जोग-अंग साधत जे ऊधो ते सब बसत ईसपुर कासी।
यद्यपि हरि हम तजि अनाथ करि तदपि रहति चरननि रसरासी।
अपनी सीतलताहि न छाँड़त यद्यपि है ससि राहु-गरासी।

का अपराध जोग लिखि पठवत प्रेमभजन तजि करत उदासी।
सूरदास ऐसी को बिरहिन माँगती मुक्ति तजे गुनरासी? ॥ 21 ॥

शब्दार्थ—उपासी = उपासना, अर्चना-पूजा करते हैं। जोग-अंग = अष्टाँग योग। बसत = रहते हैं। ईसपुर = महादेव की नगरी। रसरासी = प्रेम में पगी हुई हैं। तथापि = तो भी। ससि = चन्द्रमा। गरासी = ग्रसित होता है। पठवत = भेजा है। उदासी = उदासीन, विरक्त। गुनरासी = सुखों की खान। सीतलताहि = शीतलता।

सन्दर्भ—प्रस्तुत पद में गोपियाँ उद्धव से बहस करने से बचते हुए उन्हें दूसरी दिशा में भेज रही हैं। वे यह कहना चाहती हैं कि इस योग मत को सुनने की हम पात्र नहीं हैं। आप उचित पात्रों को जाकर यह जटिल योग की बातें बतावें। साथ ही वे योग को मुश्किल भी बता रही हैं। वे उसे गलत सिद्ध नहीं करतीं बल्कि अपने लिए अप्रासंगिक सिद्ध करती हैं।

सरलार्थ—हे उद्धव! गोकुल में सब नर-नारी गोपालक कृष्ण के उपासक हैं, उसी की रूप-राशि में रसलीन हैं। जो जन अष्टाँग योग की साधना करते हैं वे शिव की नगरी काशी में निवास करते हैं, यहाँ उनका कोई कार्य नहीं। यद्यपि श्रीकृष्ण ने हमें त्याग दिया है और इस प्रकार हम अनाथ हो गई हैं, तो भी हमें उनके चरणों में रति है, उनके चरणों की रूप-राशि में हम पगी हुई हैं, उनमें ही हमारा अनुराग है। यह उसी प्रकार सम्भव है जिस प्रकार चन्द्रमा राहु द्वारा ग्रसे जाने पर भी अपना स्वाभाविक गुण-संसार को शीतलता प्रदान करना नहीं छोड़ता। उसी प्रकार कृष्ण को त्याग देने पर भी हम अपना स्वभाव, धर्म नहीं छोड़ेंगी, उनके चरणों में ध्यानस्थ ही रहेंगी। हमारी समझ में नहीं आता कि हमारे किस अपराध के कारण दण्ड के रूप में कृष्ण ने हमारे लिए योग का संदेश लिख भेजा है? सूरदास कहते हैं कि यहाँ ब्रज में ऐसी कौन-सी विरहिणी है जो गुणों की खान कृष्ण को छोड़कर मुक्ति की कामना करती हो।

जीवन मुँहचाही को नीको।
दरस परस दिनरात करति हैं कान्ह पियारे पी को।
नयनन मूँदि मूँदि किन देखौ बँध्यो ज्ञान पोथी को।
आछे सुन्दर स्याम मनोहर और जगत सब फीको।
सुनौ जोग को का लै कीजै यहाँ ज्यान है जी को?
खाटी मही नहीं रुचि मानै सूर खवैया घी को॥ 22 ॥

शब्दार्थ—मुँहचाही = प्रियतम को प्रिय लगने वाली प्रेमिका। नीको = अच्छा। दरस = दर्शन। परस = स्पर्श। कान्ह = क़न्हैया। ज्ञान-पोथी को = पुस्तक से प्राप्त ज्ञान। आछे = अच्छे। जगत = संसार। फीको = तुच्छ। ज्यान = हानि। मही = मट्ठा। खवैया = खाने वाला।

सन्दर्भ— प्रस्तुत पद में गोपियाँ कुब्जा के प्रति अपने ईर्ष्या भाव को व्यक्त कर रही हैं। ईर्ष्या के बावजूद गोपियाँ अपने आपको नैतिक रूप से अधिक श्रेष्ठ और कृष्ण के प्रेम की सच्ची अधिकारी घोषित कर रही हैं। इस बहस के द्वारा वे सामान्य ज्ञान के स्तर के तर्क देकर उद्धव से ही निर्णय करने के लिए आमंत्रित करती हैं। इस तरह हर बार गोपियाँ उद्धव से दार्शनिक बहस करने से अपने आपको बचा लेती हैं।

सरलार्थ— गोपियाँ उद्धव से कहती हैं कि प्रियतम को भाने वाली प्रेमिका का जीवन अच्छा है, सफल है क्योंकि वह कृष्ण की चहेती प्रेमिका है। वह अपने प्रियतम कन्हैया का प्रतिदिन दर्शन प्राप्त करती है और उनके स्पर्श से उसे शारीरिक आनन्द प्राप्त होता है। किन्तु उसे भी इतना सुख आनन्द प्राप्त नहीं क्योंकि वह प्रेम करने की उचित रीति से परिचित नहीं। हे उद्धव! आँखें मूँद-मूँद कर किसने पुस्तक में निहित ज्ञान को प्राप्त किया है। उसी प्रकार प्रियतम के पास बने रहने से, दर्शन-स्पर्श से जीवन सफल नहीं होता। यह तो तभी सम्भव है जब वह प्रेम की रीति से सुपरिचित हो।

हमारे लिए तो श्यामसुन्दर कृष्ण ही एक मात्र सुन्दर एवं मनोहर हैं। उसके सम्मुख हमें समस्त संसार और उससे प्राप्त सुख फीका प्रतीत होता है। हे उद्धव! तुम हमारी बात सुनो। हम तुम्हारे जोग-ध्यान को लेकर क्या करें? इससे हमें प्राणहानि का भय है। उनके बिना हमारा जीवित रहना सम्भव नहीं। जिस प्रकार शुद्ध घी का प्रयोग करने वाला व्यक्ति खट्टी छाछ पीकर प्रसन्न नहीं रह सकता, उसी प्रकार कृष्ण के प्रेमामृत का पान करने वाला हमारा यह हृदय तुम्हारी योग की नीरस बातें सुनकर आनन्दित नहीं होता।

आयो घोष बड़ो व्योपारी।
लादि खेप गुन ज्ञान-जोग की ब्रज में आय उतारी।
फाटक दै कर हाटक माँगत भोरै निपट सुधारी।
धुर ही तें खोटो खायो है लये फिरत सिर भारी।
इनके कहे क़ौन डहकावै ऐसी कौन अजानी?
अपनो दूध छाँड़ि को पीवै खार कूप को पानी।
ऊधो जाहु सबार यहाँ तें बेगि गहरु जनि लावौ।
मुँह माग्यो पैहो सूरज प्रभु साहुहि आनि दिखावौ॥ 23॥

शब्दार्थ— घोष = अहीरों की बस्ती अर्थात् गोकुल। खेप = गठरी। फाटक = फटकन, भूसा। हाटक = सोना। भोरै = भोले-भाले। निपट = बिल्कुल। सुधारी = समझ कर। धुर = प्रारम्भ। डहकावै = ठगा जाय। अजानी = अज्ञानी। खार कूप = खारे जल का कुआँ। सबार = शीघ्र। बेगि = जल्दी। गहरु = विलम्ब। जनि = मत। साहुहि = महाजन को अर्थात् कृष्ण। आनि = लाकर।

सन्दर्भ— प्रस्तुत पद में गोपियाँ उद्धव से बहस नहीं करतीं, उद्धव पर व्यंग्य करती हैं। इसके लिए वे उद्धव की कथा का नया अर्थ करती हैं। उसकी तारीफ करती हुई उसकी निन्दा कर रही हैं। उसे योग का उपदेशक नहीं बताकर उसे दूकानदार बताती हैं जो उपदेश देने नहीं वरन् अपना ज्ञान बेचने के लिए आया है। वे आपस में संवाद कर रही हैं, ताकि उद्धव सुन ले, परन्तु बोले नहीं। फिर अन्त में उद्धव को ही उपदेश देने लगती हैं।

सरलार्थ— आज हमारी इस अहीरों की बस्ती में एक अत्यन्त विचित्र व्यापारी आया हुआ है। उसने ज्ञान और योग के गुणों से युक्त सामान की गठरी यहाँ ब्रज में लाकर उतार दी है। इसने यहाँ के निवासियों को अत्यन्त भोला और अज्ञानी समझ लिया है जिससे फटकन के समान निस्सार वस्तु अर्थात् ज्ञान-योग समर्थित ब्रह्म को देकर उसके प्रतिकार स्वरूप अर्थात् स्वर्ण के समान बहुमूल्य एवं प्रिय कृष्णा माँगा है। इस व्यापारी का असबाब बिल्कुल व्यर्थ है जिसके कारण यह बिक नहीं रहा और इसे आरम्भ से ही हानि उठानी पड़ रही है। यहाँ ब्रज में हम ही कौन-सी नासमझ और अज्ञानी हैं जो इसका माल खरीदकर धोखा खा जाएँ। हमने तो आज तक ऐसा कोई मूर्ख नहीं देखा जो अपने घर का मीठा दूध त्यागकर खारे जल के कुएँ का पानी पीने जाए। हे उद्धव! तुम यहाँ से अत्यन्त शीघ्र मथुरा चले जाओ और अपने महाजन अर्थात् ज्ञान-योग की गठरी भेजने वाले साहूकार रूपी कृष्ण को यहाँ लाकर हमें उनके दर्शन करा दो तो तुम्हें मुँहमाँगा पुरस्कार प्राप्त होगा।

जोग ठगौरी ब्रज न बिकैहै।
यह ब्योपार तिहारो ऊधो! ऐसोई फिरि जैहै।
जापै लै आए हौ मधुकर ताके उर न समैहै।
दाख छाँड़ि कै कटुक निंबौरी को अपने मुख खैहै।
मूरी के पातन के केना को मुक्ताहल दैहै।
सूरदास प्रभु गुनहिं छाँड़ि कै को निर्गुन निरबैहै ॥24॥

शब्दार्थ— ठगौरी = ठगी से भरा हुआ। फिरि जैहै = वापिस चले जाओ। जापै = जिसके पास से। कटुक = कड़वी। निबौरी = नीम का फल। केना = सौदा। मुक्ताफल = मोती। निरबैहै = निर्वाह करेगा, साधना करेगा।

सन्दर्भ— प्रस्तुत पद में गोपियाँ उद्धव को सम्बोधित कर रही हैं। उसकी बातें सुनकर वे सब उद्धव को ही आत्मीय उपदेश देने लग जाती हैं। नितान्त आत्मीय और लौकिक उपमाओं के द्वारा और उसकी हितैषी बनकर उसे नासमझ साबित करने में सफल हो जाती हैं।

सरलार्थ— गोपियाँ उद्धव के ज्ञान-योग पर व्यंग्य करती हुई कह रही हैं कि हे उद्धव! तुम्हारा यह ज्ञान-योग रूपी ठगी का माल ब्रज में नहीं बिक पायेगा।

तुम्हारा यह सौदा यहाँ से लौटा दिया जायेगा। इसे यहाँ कोई नहीं खरीदेगा। तुम जिनके लिए यह सामान इतनी दूर तक लाए हो, उन्हें यह पसन्द नहीं आएगा और न ही यह उनके हृदय में समा सकेगा। ऐसा कौन मूर्ख है जो अपने अंगूर के दानों को त्यागकर नीम के कड़ुए फल को खाएगा और मूली के तीखे पत्तों के बदले में मोतियों के दाने देगा। इसलिए हम ऐसी मूर्ख नहीं कि कृष्ण को त्याग कर निर्गुण ब्रह्म की साधना करें। सूरदास कहते हैं कि ऐसा कौन है जो सम्पूर्ण गुणों के भण्डार-सगुण रूप कृष्ण को छोड़कर तुम्हारे गुणहीन-निर्गुण ब्रह्म के साथ निर्वाह करे अर्थात् उसकी साधना करे।

आए जोग सिखावन पाँड़े।
परमारथी पुराननि लादे ज्यों बनजारे टाँड़े।
हमरी गति पति कमलनयन की जोग सिखैं ते राँड़े।
कहौ, मधुप, कैसे समायँगे एक म्यान दो खाँड़े।
कहु षटपद, कैसे खैयतु है हाथिन के संग गाँड़े।
काकी भूख गई बयारि भखि बिना दूध घृत माँड़े।
काहे का झाला लै मिलवत, कौन चोर तुम डाँड़े।
सूरदास तीनों नहिं उपजत धनिया धान कुम्हाँड़े॥ 25॥

शब्दार्थ—परमारथी = परमार्थ की शिक्षा देने वाले। बनजारे = खानाबदोश। पुराननि = पुराणों की। टाँड़े = व्यापार का माल। राँड़े = विधवा। खाँड़े = तलवारें। षटपद = छः पैरों वाला भौंरा। गाँड़े = गन्ना। बयारि = हवा। भखि = खाकर। माँड़े = रोटी। झाला = बकवाद। डाँड़े = दंड। कुम्हौड़े = कुम्हड़ा।

सन्दर्भ—प्रस्तुत पद में गोपियाँ आक्रामक भाव से उद्धव से संवाद कर रही हैं। गोपियों का सबसे बड़ा अस्त्र लोक जीवन का अनुभव है। वे इस अनुभव का सहारा लेकर कहना चाहती हैं कि उद्धव प्रेम के वश में यहाँ नहीं आए हैं, वरन् गोपियों को ठगने के लिए आए हैं और गोपियाँ कहती हैं और मानती हैं कि वे इतनी भोली नहीं हैं जो तुम्हारी बातों में आ जाएँ। लौकिक जीवन के प्रश्न तो उनके सहायक हैं ही।

सरलार्थ—हे सखि! देखो यह पंडित हमें योग सिखाने आए हैं, वे परमार्थ की शिक्षा देने वाले पुराणों में निहित ज्ञान के बोझ को उसी प्रकार अपने सिर पर लादे फिर रहे हैं, जिस प्रकार बनजारे अपने सिर पर माल लादे बेचने के लिए घूमते-फिरते हैं। परमार्थ रूपी पुरानी, बासी, व्यर्थ की वस्तु को लिए फिरते हो और हमारे ऊपर मढ़ना चाहते हो। हमारी गति अपने पति के साथ है और हमारे पति कमलनयन कृष्ण हैं जो हमें शरण और प्रतिष्ठा देने वाले हैं। योग उन्हीं के लिए उचित है जो विधवा और अनाथ हैं। हमारे पति कमलनयन कृष्ण जीवित हैं और हमें शरण एवं प्रतिष्ठा देने वाले हैं, अतः योग हमारे लिए व्यर्थ की वस्तु है।

जैसे एक म्यान में दो तलवारों का समा जाना असम्भव है उसी प्रकार हमारे लिए योग-ज्ञान की साधना करना असम्भव है, क्योंकि कृष्ण हमारे हृदय में समाए हुए हैं, वहाँ निर्गुण ब्रह्म की समाई नहीं हो सकती है। हे भ्रमर! हमें बताओ कि किस प्रकार हाथी के साथ गन्ने को खाया जा सकता है? क्योंकि हाथी तो एक ही बार में अनेक गन्नों को खा जाता है जबकि मनुष्य एक ही गन्ने को खाने में पर्याप्त समय लगा देता है। जिस प्रकार हाथी के साथ गन्ना खाने में मनुष्य स्पर्धा नहीं कर सकता उसी प्रकार हम अबला नारियों के लिए योग-मार्ग की कठिन और दुरूह साधना करना भी कठिन है।

हे उद्धव! हमें यह बताओ कि बिना दूध, घी, रोटी खाए केवल वायु के भक्षण अर्थात् प्राणायाम करने से किसकी भूख मिट सकती है? जिस प्रकार यह असंभव है, उसी प्रकार हमारे लिए योग की साधना करना भी असंभव है। तुम किस कारण बातें बना-बनाकर व्यर्थ की थोथी बकवाद कर रहे हो? हम लोगों ने ऐसी आखिर कौन-सी चोरी की है जिसका तुम हमें दंड देने आए हो। वस्तुत: तुम स्वयं चोर हो क्योंकि हमारे प्रिय, मूल्यवान, सर्वस्व कृष्ण को, जो हमारे हृदय में विराजमान हैं, चुराने, हमसे छीन कर ले जाने के लिए आए हो। तुम भली भाँति जानते हो कि जिस प्रकार धनिया, धान और काशीफल की खेती एक स्थल पर होनी असंभव है, उसी प्रकार हमारे लिए भी कृष्ण को छोड़कर तुम्हारे ब्रह्म को स्वीकार करना असंभव है।

ए अलि! कहा जोग में नीको?
तजि रसरीति नन्दनन्दन की सिखवत निर्गुन फीको।
देखत सुनत नाहिं कछु स्त्रवननि, ज्योति ज्योति करि ध्यावत।
सुन्दरस्याम दयालु कृपानिधि कैसे हौ बिसरावत?
सुनि रसाल मुरली-सुर की धुनि सोई कौतुक रस भूलैं।
अपनी भुजा ग्रीव पर मेलैं गोपिन के सुख फूलैं।
लोककानि कुल को भ्रम प्रभु मिलि-मिलि कै घर बन खेली।
अब तुम सूर खवावन आए जोग जहर की बेली॥ 26॥

शब्दार्थ—नीको = अच्छाई। तजि = त्याग कर। रसरीति = प्रेम-क्रीड़ा की पद्धति। स्त्रवननि = कानों से। ध्यावत = ध्यान करते हैं। बिसरावत = भूलना। रसाल = मधुर। ग्रीव = गला। मेलैं = डाल देते थे। लोककानि = लोक-लाज। खवावन = खिलाने। बेली = बूटी।

सन्दर्भ—प्रस्तुत पद में गोपियाँ उद्धव के निर्गुण ब्रह्म की कमियाँ गिना रही हैं। एक तो यह लोक रुचि के अनुकूल नहीं है। दूसरे यह सामान्य जनता को समझ में आने लायक भी नहीं है। यह सही है या गलत? इस विषय पर गोपियाँ बहस

नहीं करतीं। वे बहस इस बात पर करती हैं कि आम जनता में यह मत ग्राह्य नहीं है। सम्भवत: भ्रमर गीत प्रकरण का एक उद्देश्य यह स्थापित करना भी है कि योग तो जहर की बेल है।

सरलार्थ—हे उद्धव रूपी भ्रमर! तुम्हारे इस ज्ञान-योग में ऐसी कौन-सी अच्छाई है जिससे तुम हमें नन्द-नन्दन कृष्ण के सुन्दर प्रेम को त्यागकर इस फीके, गुणहीन, रसरहित निर्गुण ब्रह्म की उपासना करने की बात कह रहे हो। योगमार्गी भक्त न तो नेत्रों से कुछ देख ही पाते हैं और न ही कानों से कुछ सुन पाते हैं, केवल 'ज्योति-ज्योति' कह कर व्यर्थ ही उसका ध्यान करने का प्रयत्न करते रहते हैं। हम अपने ऐसे सुन्दर, दयालु, कृपा के भंडार कृष्ण को तुम्हारे इस ब्रह्म के लिए किस प्रकार भुला दें।

हे उद्धव! हम उनकी मधुर मुरली की ध्वनि को सुनकर उसके आनन्द में लीन हो कर, उनके प्रेम में हम स्वयं को भूल जाती थीं। हमारी ऐसी अवस्था को देखकर वे हमारे गले में अपनी भुजाएँ डाल देते थे। ऐसे सुख में हम फूली न समाती थीं। हमने कृष्ण के साथ प्रेमलीलाएँ करते हुए, उनके साथ क्रीड़ा-विहार करते हुए लोक, समाज और परिवार के समस्त गौरव, मान-मर्यादा के भ्रम को विनष्ट कर दिया था, अब तुम हमें उस अमृत के समान मधुर-मादक कृष्ण-प्रेम को छोड़ने का उपदेश देकर अपने विष-फल उत्पन्न करने वाली योगरूपी इस बूटी के फल को खिलाने यहाँ आए हो—यह तो अच्छी बात नहीं है।

हमरे कौन जोग ब्रत साधै?
मृगत्वच, भस्म अधारि, जटा को को इतनो अवराधै?
जाकी कहुँ थाह नहिं पैए अगम, अपार, अगाधै।
गिरिधर लाल छबीले मुख पर इते बाँध को बाँधै?
आसन पवन बिभूति मृगछाला ध्याननि को अवराधै?
सूरदास मानिक परिहरि कै रात गाँठि को बाँधै॥ 27॥

शब्दार्थ—साधै = साधना करे। मृगत्वच = हरिण की छाल। अवराधै = आराधना करे। जाकी = जिसकी। अधारि = साधुओं की हाथ टिकाने की लकड़ी। अगाधै = अथाह। बाँध = बन्धन। पवन = प्राणायाम। बिभूति = राख। मानिक = मोती। परिहरि = त्यागकर।

सन्दर्भ—प्रस्तुत पद में गोपियाँ निर्गुण ब्रह्म और उनके बाह्याचार पर टिप्पणियाँ करती हैं। उनके इस परिधान को वे युवतियों के लिए अग्राह्य साबित कर रही हैं। तथा यह इतना दुरूह है कि कोई भी इसे अपना ही नहीं सकता। मुश्किल होने के साथ मनुष्य की स्वाभाविक रुचि के भी यह अनुकूल नहीं है। इसलिए तुम अपने योग की बातें अपने पास ही रखो।

सरलार्थ—हे उद्धव! तुम्हारे योग-व्रत की साधना करने वाली यहाँ कौन है? कौन मृगछाला, भस्म और अधारी-वस्तुओं को एकत्रित करके और सिर पर जटा बाँध कर तुम्हारे निर्गुण ब्रह्म की आराधना करे। यह तो अत्यन्त कठिन कार्य है। तुम्हारा निर्गुण ब्रह्म तो ऐसा है जिसकी थाह पाना सम्भव नहीं, जो अगम्य, अपार और अगाध है, उसे प्राप्त करना क्या कोई सरल कार्य है जो तुम हम अबलाओं को इसका उपदेश दे रहे हो। ये सब प्रयत्न तो व्यर्थ ही हैं, हमारे सुन्दर-सलोने कृष्ण के छबीले-चंचल मुख के दर्शन करने के लिए तो किसी को इतने आडम्बर करने की आवश्यकता नहीं। उन्हें प्राप्त करने के लिए, प्रसन्न करने के लिए आसन, प्राणायाम, भस्म, मृगछाला आदि माध्यमों की कतई आवश्यकता नहीं। यहाँ तो केवल एक सच्चा प्रेम चाहिए। सूरदास कहते हैं कि हे उद्धव, ऐसा कौन मूर्ख है जो इन सारे प्रपंचों में पड़ कर निर्गुण ब्रह्म की आराधना करे और इस प्रकार कृष्ण रूपी माणिक-मुक्ता को त्याग कर उसके स्थान पर निर्गुण-ब्रह्म रूपी राख को अपनी गाँठ में बाँध ले।

हम तो दुहूँ भाँति फल पायो।
जो ब्रजनाथ मिलैं तो नीको, नातरु जग जस गायो।
कहँ वै गोकुल की गोपी सब बरनहीन लघुजाती।
कहँ वै कमला के स्वामी सँग मिलि बैठीं इक पाँती।
निगम ध्यान मुनिज्ञान अगोचर ते भए घोष निवासी।
ता ऊपर अब साँच कहो धौं मुक्ति कौन की दासी?
जोग-कथा, पा लागों ऊधो, ना कहु बारंबार।
सूर स्याम तजि और भजै जो ताकी जननी छार॥ 28॥

शब्दार्थ—दुहूँ भाँति = दोनों प्रकार से। नीको = अच्छा। नातरू = नहीं तो। बरनहीन = वर्णहीन। लघुजाती = छोटी जाति की। कमला के स्वामी = लक्ष्मी पति विष्णु के अवतार श्रीकृष्ण। पाँति = पंक्ति। निगम = वेद। अगोचर = अप्राप्त। घोष निवासी = अहीरों की बस्ती में आकर रहे। छार = राख, यहाँ धिक्कार।

सन्दर्भ—प्रस्तुत पद में गोपियाँ अपने कृष्ण प्रेम का महत्त्व समझाती हैं। वे यह कहना चाहती हैं कि हर तरह से हमारा कृष्ण प्रेम हमारे लिए अच्छा है। कृष्ण मिल जाए तो भी अच्छा, न मिले तो भी अच्छा। अत: किसी भी तरह से कृष्ण को छोड़कर निर्गुण ब्रह्म को अपनाना हमारे लिए उचित नहीं है।

सरलार्थ—हे उद्धव। कृष्ण-प्रेम का फल तो हमें दोनों प्रकार से प्राप्त हो सकेगा। यदि हमें अपने इस विरह के अन्त में ब्रजनाथ कृष्ण मिले तो यह अति उत्तम रहेगा क्योंकि हम ब्रह्म में लीन हो जायेंगी। और यदि हमारी उनसे भेंट न हो सकी तो हमारे मरणोपरान्त सारा संसार हमारा यशगान करेगा कि गोपियाँ कृष्ण के

प्रति अपने प्रेम में सदा एकनिष्ठ रहीं। वस्तुत: हमारी और कृष्ण की कोई समानता ही नहीं, कहाँ हम छोटी जाति की कर्म-वर्णहीन, गोकुल की गोपियाँ और कहाँ ये लक्ष्मीपति ब्रह्मस्वरूप कृष्ण। यह तो हमारा परम सौभाग्य ही था, कि हमें उनसे प्रेम करने का अवसर मिला और उन्होंने भी हमें अपने प्यार के योग्य समझा और इस प्रकार हम उनके साथ एक पंक्ति में बैठीं अर्थात् उन्होंने हमें अपने साथ समानता का दर्जा प्रदान किया।

वेद भी जिन भगवान का सदा ध्यान करते हैं, जिन्हें पूर्ण ज्ञानी मुनिगण भी प्रयत्न करने पर प्राप्त नहीं कर पाते, वही भगवान इस अहीरों की बस्ती में आकर रहे थे। इससे ऊपर तुम हमें यह बताओ कि मुक्ति किसकी दासी है? मुक्ति ब्रह्म की दासी है और वह ब्रह्म निश्चय ही कृष्ण हैं। हम तुम्हारे पाँव पड़ती हैं कि हे उद्धव! योग की कथा बार-बार हमें मत सुनाओ। सूरदास जी कहते हैं कि गोपियों का यह निश्चित मत है कि जो कृष्ण को त्याग कर किसी अन्य की उपासना करता है, उसकी जन्मदायिनी माता भी धिक्कार के योग्य है।

> पूरनता इन नयन न पूरी।
> तुम जो कहत स्त्रवननि सुनि समुझत, ये याही दुख मरति बिसूरी।
> हरि अंतर्यामी सब जानत बुद्धि विचारत वचन समूरी।
> वै रस रूप रतन सागर निधि क्यों मनि पाय खवावत धूरी॥
> रहु रे कुटिल, चपल, मधुलंपट, कितब संदेस कहत कटु कूरी।
> कहँ मुनिध्यान कहाँ ब्रजयुवति! कैसे जात कुलिस करि चूरी॥
> देखु प्रगट सरिता, सागर, सर सीतल सुभग स्वाद रुचि रूरी।
> सूर स्वातिजल बसै जिय चातक चित लागत सब झूरी॥ 29॥

शब्दार्थ— पूरनता = पूर्णता। न पूरी = नहीं जँचती। बिसूरी = बिलख-बिलख कर। समूरी = पूर्णरूप से। घूरी = धूल-मिट्टी। कुटिल = छली। चपल = चंचल। मधुलंपट = रस के लोभी। कितब = धूर्त्त। कूरी = क्रूर, निष्ठुर। कुलिस = वज्र। सर = तालाब। सीतल = ठण्डा। सुभग = मधुर। रूरी = अच्छी। झूरी = नीरस।

सन्दर्भ— प्रस्तुत पद में गोपियाँ उद्धव की बातों को अपने ढंग से उद्धृत करके तब अपनी बात कहती हैं। वे उद्धव को बोलने नहीं देतीं। इस तरह वे गलत ढंग से उद्धृत करके उसे फिर गलत साबित कर देती हैं। यह वचन चातुर्य ही हुआ। इसी के बहाने से वे पुन: निर्गुण को अपने लिए अनुपयोगी सिद्ध करती हैं, जो स्वाद की दृष्टि से भी कड़ुआ है और विचार की दृष्टि से असम्भव है।

सन्दर्भ— प्रस्तुत पद में गोपियाँ उद्धव की बातों को अपने ढंग से उद्धृत करके तब अपनी बात कहती हैं। वे उद्धव को बोलने नहीं देती। इस तरह वे गलत ढंग से उद्धृत करके उसे फिर गलत साबित कर देती हैं। यह वचन चातुर्य ही हुआ। इसी

के बहाने से वे पुन: निर्गुण को अपने लिए अनुपयोगी सिद्ध करती है, जो स्वाद की दृष्टि से भी कड़ुआ है और विचार की दृष्टि से असम्भव है।

सरलार्थ— हे उद्धव! तुमने पूर्ण ब्रह्म का जो वर्णन किया है, उसकी वह पूर्णता हमारे इन नेत्रों में पूरी तरह समा नहीं पाती। तुमने हमसे ब्रह्म की पूर्णता के विषय में जो-जो बातें कही हैं, उसे हम अपने कानों से सुन कर समझने का प्रयत्न कर रही हैं, परन्तु इस पर हमारी आँखें दुखी हैं और बिलख-बिलख कर मरी जा रही हैं। इस बिलखने के दो कारण हो सकते हैं। एक तो यह कि इन्हें तुम्हारे द्वारा वर्णित ब्रह्म की पूर्णता कहीं भी दृष्टिगत नहीं होती अथवा इन्हें यह भय है कि कहीं हम तुम्हारी बातों में आकर कृष्ण को न त्याग दें और तुम्हारे निर्गुण ब्रह्म को स्वीकार न कर लें। ऐसा होने पर कृष्ण के सौन्दर्य में छकी हुई इन आँखों को ऐसी स्थिति में फिर कृष्ण के मधुर रूप के दर्शन न हो सकेंगे।

सब लोगों को यह पता है कि भगवान अन्तर्यामी हैं। बुद्धि द्वारा इस बात पर पूर्ण रूप से विचार करने पर हमें भी तुम्हारा यह कथन सत्य प्रतीत होता है और इस पर विश्वास होने लगता है किन्तु हमारे कृष्ण तो प्रेम, रूप और रत्नों के सागर हैं, वे अति मूल्यवान हैं। ऐसे कृष्ण रूपी माणिक को प्राप्त कर लेने पर तुम क्यों हमें धूल के समान तुच्छ अपने निर्गुण ब्रह्म को अपना लेने का उपदेश दे रहे हो। हम अपना धर्म बदलने वाली नहीं। क्योंकि यह तो गाँठ की मणि को त्याग कर धूल फाँकने के समान मूर्खता ही होगी।

तदुपरान्त भ्रमर को सम्बोधित करते हुए वे उद्धव को खरी-खोटी सुनाती हुई कहती हैं कि रे छली, चंचल, रस के लोभी, धूर्त भँवरे ठहर जा! तू हमें ऐसा योग का कटु सन्देश क्यों सुना रहा है? तू हमें यह तो बता कि कहाँ मुनियों की ब्रह्म विषयक कठोर साधना और कहाँ हम कोमलाँगी ब्रज की युवतियाँ, कहीं भी तुम्हें समानता दिखाई देती है? हम ब्रज की कोमलाँगनाएँ किस प्रकार योग-विषयक क्लिष्ट साधना करने में समर्थ हो सकती हैं? जिस प्रकार कठोर बज्र को तोड़ कर चकनाचूर करना असम्भव है, उसी प्रकार हमारे लिए भी इस योग का करना असम्भव है। इस संसार में सरिता, सागर, तालाब का जल मीठा, निर्मल और शीतल होता है, यह देख कर भी स्वाति-जल के प्रेमी चातक के हृदय में तो केवल स्वाति-नक्षत्र के समय उपलब्ध जल के प्रति ही प्रेम होता है। वह उसी का पान करके अपनी तृषा को शान्त करता है, उसके लिए अन्य स्रोतों से प्राप्त जल शीतल और मधुर होने पर भी नीरस और व्यर्थ है। इसी प्रकार तुम्हारा ब्रह्म निश्चय ही मुक्ति देने वाला हो किन्तु हमें तो कृष्ण ही एकमात्र प्रिय लगते हैं, हम उन्हीं से प्रसन्न हैं, हमें मोक्ष की आकांक्षा नहीं, अत: हम तुम्हारे ब्रह्म को स्वीकार करने में असमर्थ हैं।

हमतें हरि कबहूँ न उदास।
राति खवाय पिवाय अधररस सो क्यों बिसरत ब्रज को बास॥
तुमसों प्रेमकथा को कहिबो मनहुँ काटिबो घास।
बहिरो तान-स्वाद कह जानै, गूँगो बात-मिठास॥
सुनु री सखी, बहुरि फिरि ऐहैं वे सुख बिबिध बिलास।
सूरदास ऊधो अब हमको भयो तेरहों मास॥ 30॥

शब्दार्थ— राति = प्रेमपूर्वक। काटिबो घास = घास काटना, व्यर्थ माथापच्ची करना। तान स्वाद = संगीत से प्राप्त आनन्द। बहुरि = पुन:। फिरि ऐहैं = लौट आयेंगे। बिबिध = अनेक। बिलास = प्रेमक्रीड़ाएँ। तेरहों मास = अवधि का बीत जाना।

सन्दर्भ— प्रस्तुत पद में गोपियाँ उद्धव से अपने और कृष्ण के रिश्ते की चर्चा करती हैं। इस चर्चा के द्वारा एक तो वे कृष्ण और उद्धव के आपसी रिश्ते को कमजोर सिद्ध करती हैं और फिर कृष्ण से अपने सुदृढ़ रिश्ते को रेखांकित करते हुए उद्धव के व्यक्तित्व को अपने सामने छोटा सिद्ध करती हैं। इस सब बातचीत में अपने विरह का वर्णन करती हैं, जो उद्धव को समझ में नहीं आ सकता।

सरलार्थ— हे उद्धव! हमारे प्रभु कृष्ण हमसे कभी विरक्त नहीं हो सकते क्योंकि उन्हें ब्रजभूमि का अपना निवास कभी भी विस्मृत नहीं हो सकता। यहाँ जब वे हमारे सान्निध्य में थे तो हमने उन्हें प्रेमावस्था में अपने अधरों के अमृतरस का पान कराया था। परन्तु तुम्हारे सम्मुख इस प्रेम-कथा का बखान करना तो घास काटने के समान व्यर्थ माथा-पच्ची करना है, क्योंकि तुम इसके महत्त्व को समझ नहीं सकते हो। तुम्हारी गति तो उस बहरे मनुष्य के समान है जो संगीत की मधुर तानों का स्वाद नहीं जानता अथवा उस गूँगे व्यक्ति के समान है जो प्रेमालाप के रस को ग्रहण नहीं कर सकता।

तदुपरान्त एक गोपी ने अपनी एक अन्य सखी से कहा कि हे सखी! सुन, क्या हमारे जीवन में पुन: वही सुख कभी फिर आएगा? अब तो उनके आने का समय भी आ गया है क्योंकि जितनी अवधि के लिए वह मथुरा गए थे वह समाप्त हो रही है।

तेरो बुरो न कोऊ मानै।
रस की बात मधुप नीरस, सुनु, रसिक होत सो जानै॥
दादुर बसै निकट कमलन के जन्म न रस पहिचानै।
अलि अनुराग उड़न मन बाँध्यो कहे सुनत नहिं कानै॥
सरिता चलै मिलन सागर का कूल मूल द्रुम भानै।
कायर बकै, लोह तें भाजैं, लरे जो सूर बखानै॥ 31॥

शब्दार्थ— रसिक = प्रेमी। दादुर = मेंढक। कूल = किनारा। मूल = जड़

सहित। भानै = नष्ट करना। द्रुम = वृक्ष। बकै = थोथी बकवास करता है। लोह = तलवार। भाजै = दूर रहता है। बखानै = कहा जाता है। सूर = वीर।

सन्दर्भ—प्रस्तुत पद में गोपियाँ उद्धव से कहती हैं कि तुम उपदेश देने के, ज्ञान देने के अधिकारी नहीं हो क्योंकि तुम्हें प्रेम का अनुभव नहीं है। अनुभव के बिना दिया गया ज्ञान प्रामाणिक नहीं होता। इसलिए तुम्हारा यह ज्ञान भी सतही है। उद्धव जिस ज्ञान के गर्व के साथ गोकुल आए हैं, गोपियाँ उसी गर्व पर चोट करती हैं। फिर वे दादुर और कमल तथा दादुर और भ्रमर के रिश्ते का प्राकृतिक उदाहरण देकर अपनी बात सिद्ध करती हैं।

सरलार्थ—हे नीरस स्वभाव वाले भ्रमर! सुन! तेरी बात का बुरा यहाँ कोई नहीं मानता क्योंकि प्रेम की रसभरी बातें वही सोच-समझ सकता है जो स्वयं प्रेमी और रसिक हो। तू तो मधु के लोभ में प्रत्येक पुष्प पर मँडराता फिरता है। किसी एक पुष्प के साथ तुझे कोई लगाव नहीं। इसलिए तू प्रेम की बातें नहीं समझ सकता और न ही प्रेम की बातों में रस ले सकता है। मेंढक अपना पूरा जीवन कमल-पुष्पों के निकट निवास करता है किन्तु फिर भी कमल के पराग से प्राप्त रस को पहचान पाने में सर्वथा असमर्थ रहता है। किंतु भ्रमर कमल के पराग की सुगन्ध को पहचानता है, तभी तो वह उससे अनुराग रखता है। वस्तुत: उसका मन कमल में बँध कर रह जाता है, तभी तो वह कहीं भी हो कमल के पास तत्काल उड़कर जाता है और मार्ग में किसी भी बाधा की तनिक भी परवाह नहीं करता। और न ही किसी के कहने की ओर कान देता है।

सरिता की गति भी अलि जैसी ही है। जब वह अपने प्रियतम सागर के प्रेमवश उससे मिलने के लिए चल पड़ती है तो पथ की बाधाएँ—किनारे पर उत्पन्न लता-द्रुमों को उखाड़कर नष्ट कर देती है। तुम्हारे जैसा व्यक्ति ही प्रेम-पथ पर चलता हुआ ऊँच-नीच पर विचार-विमर्श करता है, परन्तु हम जैसे प्रेमी-जन सब लोक-मर्यादाओं का त्यागकर अपने प्रिय से एकाकार हो जाते हैं। कायर व्यक्ति केवल बातों के धनी होते हैं, हथियार देखकर भाग खड़े होते हैं, वास्तविक वीर वही है जो युद्ध में सम्मुख होकर संघर्ष करता है और विजयश्री का वरण करता है। प्रेम करना रण-क्षेत्र के युद्ध के समान साहस का कार्य है। तभी तो कोरी बातों का सहारा लेने वाले उद्धव प्रेम के क्षेत्र में गोपियों की समानता नहीं कर सकते।

घर ही के बाढ़े रावरे।
नाहिन मीत बियोगबस परे अनवउगे अलि बावरे।
भुख मरि जाय चरै नहिं तिनुका सिंह को यहै स्वभाव रे।
स्रवन सुधा-मुरली के पोषे जोग-जहर न खबाव, रे।
ऊधो हमहिं सीख का दैहो? हरि बिनु अनत न ठाँव रे।
सूरदास कहा लै कीजै थाही नदिया नाव, रे!॥32॥

शब्दार्थ—घर ही के बाढ़े = अपने ही घर पर बढ़-बढ़ कर बात करनेवाले। रावरे = तुम। अनवउगे = सहोगे । मीत = मित्र। स्रवन = कान। सुधा-मुरली = मुरली की धुनि रूपी अमृत। पोषे = पोषण किए गए। अनत = अन्यत्र। ठाँव = स्थान। थाही = उथली।

सन्दर्भ—प्रस्तुत पद में गोपियाँ उद्धव के व्यक्तित्व पर कठोर टिप्पणी करने के उपरान्त उसके योग मत की अस्वीकार्यता के तर्क देती हैं। गोपियों के मत का आधार यह है कि निर्गुण ब्रह्म मनुष्य की आन्तरिक वृत्ति के अनुकूल नहीं है। यहाँ तक कि वह जैविक वृत्ति के अनुकूल भी नहीं है। अन्य जीव-जन्तु भी अपनी अभिरुचि के अनुसार ही व्यवहार करते हैं। उन्हें जबर्दस्ती कोई चीज खिलाई भी नहीं जा सकती। इसके उपरान्त वे अपने कृष्ण प्रेम की दृढ़ता को स्थापित करती हैं।

सरलार्थ—हे उद्धव! तुम तो घर के ही शेर हो। तुम्हारे जैसे ज्ञान-योग का गुणगान करने वाले घर पर बैठे-बैठे ही बड़ी-बड़ी बातें बनाते हैं। सुन भ्रमर! तुमने अभी तक अपने प्रिय का वियोग नहीं सहा, जब तुम्हारे लिए अपने प्रिय का वियोग सहने का अवसर आयेगा, तभी तुम जान सकोगे कि यह कितना दुखदायी होता है। सिंह का तो यह स्वभाव होता है कि वह भूखा मर सकता है, किन्तु घास अथवा किसी अन्य वस्तु से पेट नहीं भर सकता। सिंह की इस दृढ़ता के समान हम भी अपने कृष्ण प्रेम में दृढ़ हैं। प्रेम की वियोग-व्यथा से चाहे हमारे प्राण निकल जाएँ, परन्तु हम कृष्ण के प्रेम को नहीं छोड़ेंगी और न ही तुम्हारे निर्गुण ब्रह्म को स्वीकार करेंगी।

हमारे इन कानों का पोषण कृष्ण की मुरली की अमृत के समान मधुर तान से हुआ है। ये उन तानों को सुनने के ही अभ्यस्त हो चुके हैं, अत: इन्हें तुम विष के सदृश कटु योग की बातें सुना कर व्यथित न करो। हे उद्धव! तुम भला हमें क्या शिक्षा एवं उपदेश दोगे, हमारे लिए तो भगवान् श्रीकृष्ण ही एकमात्र आश्रय हैं, उनके अतिरिक्त हमें जाने को अन्य कोई स्थान नहीं। हमारे लिए यह संसार उस उथली नदी के समान है जिसे पार करने के लिए किसी नावरूपी सहारे की आवश्यकता नहीं होती, अत: हम तुम्हारे योग रूपी सम्बल को लेकर क्या करेंगी?

स्याममुख देखे ही परतीति।
जो तुम कोटि जतन करि सिखवत जोग ध्यान की रीति।
नाहिंन कछू सयान ज्ञान में यह हम कैसे मानैं।
कहौ कहा कहिए या नभ को कैसे उर में आनैं।
यह मन एक, एक यह मूरति, भृंगकीट सम माने।
सूर सपथ दै बूझत ऊधो वह ब्रज लोग सयाने॥ 33॥

शब्दार्थ—परतीति = विश्वास। जतन = यत्न। सयान = चालाकी। नभ = आकाश। आनै = लाएँ। भृंगकीट = बिलनी नाम का एक कीड़ा जिसके विषय में

प्रसिद्ध है कि वह अन्य कीड़ों को पकड़कर उन्हें अपने आकार का बना देता है।

सन्दर्भ—प्रस्तुत पद में गोपियाँ उद्धव को सम्बोधित करती हुई अपने कृष्ण प्रेम का वर्णन करती हैं। उनका यह प्रेम अटल है और किसी भी तर्क-वितर्क से परे है। इसके साथ ही वे योग मत को काल्पनिक सिद्ध करती हुई उन पर अविश्वास प्रकट भी कर रही हैं। गोपियों को लगता है कि इस योग मत के प्रचार में उद्धव का कुछ-न-कुछ निहित स्वार्थ है और वे गोपियों को ठगना चाहते हैं। वे गोपियों से प्रेम के कारण, उनकी पीड़ा को दूर करने के लिए नहीं आए हैं।

सरलार्थ—हे उद्धव! अब तो कृष्ण के दर्शन करने पर ही हमें विश्वास हो सकेगा। तुम अनेक प्रयत्नों के द्वारा हमें योग और ज्ञान की पद्धतियों की शिक्षा देना चाहते हो किन्तु इन पर हमारा मन स्थिर नहीं हो पाता। हम किस प्रकार यह स्वीकार कर लें कि तुम्हारे इस ज्ञानोपदेश में कहीं कोई चालाकी का समावेश नहीं है।

यह तो बताओ कि इस आकाश जैसे विस्तृत ब्रह्म (शून्य) को हम किस प्रकार अपने हृदय में समेट लें, हमारा यह हृदय एक है और इसमें पहले से ही एक मूर्ति (श्रीकृष्ण की) विराजमान है। हमारा हृदय और कृष्ण मूर्ति पहले से ही मिलकर भृंग और कीट के समान एक हो चुके हैं। हमारे हृदय पूर्णरूप से कृष्णमय बन गए हैं। अत: अब यह ज्ञानवान ब्रज-बासी तुम्हें शपथ देकर यह जानना चाहते हैं कि क्या इनके कृष्णमय हृदयों में निर्गुण-ब्रह्म के लिए कोई स्थान उपलब्ध हो सकता है? जब इनका हृदय कृष्ण-मूर्ति के साथ एकरूप हो चुका तो हमें ब्रह्म की साधना असम्भव ही जान पड़ती है।

लरिकाई को प्रेम, कहौ अलि, कैसे करिकै छूटत?
कहा कहौं ब्रजनाथ-चरित अब अंतरगति यों लूटत॥
चंचल मनोहर चितवनि, वह मुसुकानि मंद धुनि गावत।
नटवर भेस नन्दनन्दन को वह बिनोद गृह बन तें आवत॥
चरनकमल की सपथ करति हौं यह सँदेस मोहि विष सम लागत।
सूरदास मोहि निमिष न बिसरत मोहन मूरति सोवत जागत॥ 34॥

शब्दार्थ—लरिकाई = बचपन। अन्तरगति = चित्त की वृत्ति। निमिष = क्षण भर भी। सम = समान।

सन्दर्भ—प्रस्तुत पद में गोपियाँ उद्धव से तर्क करती हुई उन्हें अपने मत से सहमत करने का प्रयास करती हैं। इस पद में भी वे योग मत का दार्शनिक खंडन नहीं करतीं। उस पर वे कभी कोई टिप्पणी ही नहीं करतीं। वे योग मत को ग्रहण करने में आनेवाली कठिनाइयों की चर्चा करती हैं। योग मत को स्वीकार करना उनके लिए असम्भव है। इसमें उनके अपने मन के अलावा कृष्ण का सौन्दर्य भी एक बहुत बड़ी बाधा है।

सरलार्थ—हे उद्धव! यह बताओ कि बालपन में साथ-साथ रहते हुए उत्पन्न प्रेम किस प्रकार छूट सकता है। यह तो असम्भव है। हम ब्रजनाथ कृष्ण के चरित्र अर्थात् क्रीड़ाओं का कहाँ तक वर्णन करें? उनके इन चरित्रों का ध्यान अब भी हमारे मन को सहज रूप से उनकी ओर आकर्षित करता रहता है। उनका स्मरण आते ही हम स्वयं को विस्मृत कर बैठती हैं। उनकी वह चंचल गति, वह मनोहर चितवन, वह मोहक मुस्कान तथा मन्द एवं मधुर स्वर में गान हम कभी भी भुला नहीं सकतीं। नन्दनन्दन श्रीकृष्ण का नटवर वेष धारण किए हुए विनोद करते हुए वन से घर की ओर लौटना—हमारे मन में सदैव छाया रहता है। सूरदास कहते हैं कि हम चरण-कमल की शपथ खाकर यह कहती हैं कि निर्गुण-ब्रह्म की साधना करने का उनके द्वारा भेजा हुआ यह सन्देश हमें विष के समान अत्यन्त कड़वा प्रतीत होता है।

अटपटि बात तिहारी ऊधो सुनै सो ऐसी को है?
हम अहीरि अबला सठ मधुकर! तिन्हैं जोग कैसे सोहै?
बूचिहि खुभी आँधरी काजर, नकटी पहिरै बेसरि।
मुंडली पाटी पारन चाहै, कोढ़ी अंगहि केसरि।
बहिरी सों पति मतो करै सो उतर कौन पै पावै?
ऐसो न्याव है ताको ऊधो जो हमैं जोग सिखावै।
जो तुम हमको लाए कृपा करि सिर चढ़ाय हम लीन्हे।
सूरदास नरियर जो विष को करहिं वंदना कीन्हें॥ 35॥

शब्दार्थ—अटपटि = व्यर्थ की। बूचिहि = कनकटी। खुभी = कान का गहना। बेसरि = नथ। मुंडली = गंजी। पाटीपारन = बालों में माँग निकालना। मतो करै = सलाह करे। नरियर = नारियल।

सन्दर्भ—प्रस्तुत पद में गोपियाँ उद्धव के मन का खंडन करती हुई उनकी न्याय बुद्धि को जगाने का प्रयास करती हैं। हालाँकि वे बहुत शालीनता से अपनी बात रखती हैं, परन्तु उद्धव के सामने उद्धव को बहुत भला-बुरा कहती हैं। ऐसा कहने का उद्देश्य यही है कि उद्धव अपने मन पर स्थिर न रहें, वरन् वे स्वयं गोपियों के मत को स्वीकार कर लें। या कम से कम गोपियों से निर्गुण मन को स्वीकार करने का आग्रह न करें।

सरलार्थ—हे उद्धव! हम ऐसी कौन खाली बैठी हैं जो तुम्हारे योग की अटपटी एवं व्यर्थ की बातों को सुनें और उन पर ध्यान दें। हे दुष्ट भ्रमर। हम अहीर जाति की अबला नारियाँ हैं, हमें तुम्हारा यह योग किस प्रकार शोभा दे सकता है? यह बात उसी प्रकार अनहोनी और असम्भव है जिस प्रकार कनकटी हुई स्त्री कानों में लौंग रूपी गहने पहनने का प्रयत्न करे, अथवा अंधी स्त्री अपने नेत्रों में काजल

डालने का, नाक कटी हुई नाक में नथ पहनने का, गंजी का अपने सिर पर बालों की पटियाँ काढ़ने का अथवा माँग काढ़ने का और कोढ़ी अपने कोढ़ से गलित अंगों का केसर से श्रृंगार करने का प्रयत्न करे। यदि एक पति अपनी बहरी पत्नी से किसी प्रकार का कोई विचार-विमर्श करने का प्रयत्न करे तो वह क्या उत्तर प्राप्त कर सकेगा? जिस प्रकार यह सब असम्भव है, उसी प्रकार हे उद्धव! योग साधना हमारे लिए भी असंभव है।

हे उद्धव! तुम हमारे लिए श्रीकृष्ण से जो कुछ लाए हो वह हमने सादर सिर पर चढ़ा कर अंगीकार किया है। परन्तु तुम्हारा यह योग का उपदेश हमारे लिए उस विष भरे नारियल के समान है जिसे दूर से ही नमस्कार किया जाता है।

बरु वै कुब्जा भलो कियो।
सुनि सुनि समाचार ऊधो मो कछुक सिरात हियो।
जाको गुन, गति, नाम, रूप, हरि हार्‌यो, फिरि न दियो।
तिन अपनो मन हरत न जान्यो हँसि हँसि लोग जियो।
सूर तनक चन्दन चढ़ाय तन ब्रजपति बस्य कियो।
और सकल नागरि नारिन को दासी दाँव लियो॥ 36॥

शब्दार्थ— मो = मेरा। सिरात हिया = कलेजा ठण्डा होता है। कछुक = थोड़ा-सा। हार्‌यो = हर लिया। जाको = जिसका। फिरि = वापिस। तिन = उन्होंने। तनक = थोड़ा-सा। बस्य = वश। नागरि = नगर में रहने वाली, मथुरा वासी सुन्दरियाँ। दासी = कुब्जा। दाँव लिया = बाजी मार ली। बरु = तो भी।

सन्दर्भ— प्रस्तुत पद में गोपियाँ उद्धव से कृष्ण और कुब्जा के सम्बन्धों पर टिप्पणी करती हैं। वे कुब्जा की तारीफ करती हुई कृष्ण पर चोट करती हैं। इस बहाने से वे कृष्ण और मथुरा की अन्य रानियों को कुब्जा के विरुद्ध उकसाने का प्रयास कर रही हैं। कुब्जा की तारीफ करके कुब्जा और कृष्ण के सम्बन्धों में दरार पड़ जाए, यह कामना इस पद में दिखाई देती है। इस तरह कुछ समय के लिए वे अपना दर्द भूल जाती हैं।

सरलार्थ— हे उद्धव! यह अच्छा ही हुआ अर्थात् कुब्जा ने कृष्ण को अपने वश में करके एक अति उत्तम कार्य किया है। इस समाचार को सुन कर हमारे हृदय में थोड़ी-बहुत ठण्डक मिली है। अब तक तो कृष्ण का यह स्वभाव ही था कि एक बार जिसका भी गुण, गति, नाम और रूप उन्होंने हर लिया था, उसे फिर लौटा कर नहीं दिया अर्थात् वह सदैव दूसरों का सर्वस्व हरण करके उन्हें अपने वश में करते रहे। वही कृष्ण कुब्जा द्वारा हरण होते हुए अपने मन की गति को नहीं जान पाए। कृष्ण की कुब्जा के हाथों इस पराजय को देख-सुन कर समस्त संसार हँस-हँस कर अत्यन्त प्रसन्न हो रहा है। सूरदास कहते हैं कि उस कुब्जा ने

तो उनके शरीर पर तनिक-सा चन्दन का लेप चढ़ा कर ही उन्हें अपने वश में कर लिया। इस प्रकार वह मथुरा नगर की सम्पूर्ण स्त्रियों को चतुराई से पराजित करके दाँव मार ले गई। अन्य चतुर स्त्रियों से बाजी जीत कर आगे निकल गई।

हरि काहे के अन्तर्यामी?
जौ हरि मिलत नहीं यहि औसर, अवधि बतावत लामी।
अपनी चोप जाय उठि बैठे और निसर बेकामी?
सो कह पीर पराई जानै जो हरि गरुड़ागामी॥
आई उघरि प्रीति कलई सी जैसे खाटी आमी।
सूर इते पर अनख मरति हैं, ऊधो, पीवत मामी॥ 37॥

शब्दार्थ—अन्तर्यामी = सर्वज्ञ। औसर = अवसर। लामी = लंबी। चोप = इच्छा। निरस = नीरस। बेकामी = निष्काम। कह = क्या। गरुड़-गामी = गरुड़ की सवारी करते हैं, पैदल नहीं चल सकते। उघरि = खुल गई है। आमी = अमिया, आम। अनख = अनखना कर, कुढ़ कर। पीबत मामी = बात को पी जाना।

सन्दर्भ—प्रस्तुत पद में गोपियाँ उद्धव के सामने कृष्ण पर टिप्पणी कर रही हैं। कृष्ण की छवि और उनके व्यवहार की असंगति को रेखांकित करती हुई वे कृष्ण को उपालम्भ देती हैं। इसके माध्यम से वे कृष्ण को अपने लिए न्यायप्रिय बनाना चाहती हैं। कृष्ण गोपियों के हैं, इसलिए गोपियों को कृष्ण की आलोचना करने का अधिकार है और वे इसी अधिकार का उपयोग कर रही हैं।

सरलार्थ—हरि किस प्रकार के सर्वज्ञ हैं? यदि ऐसा होता तो वह हमारे हृदय की विरहावस्था को भी जान लेते और हमें दर्शन लाभ देकर हमारे शोक सन्ताप को दूर करते। ऐसा करने के बजाय वह तो अपने आने की लम्बी अवधि बता रहे हैं। वह यहाँ से अपनी इच्छानुसार उत्साह के साथ प्रस्थान करके मथुरा जा बैठे हैं और अब पूर्ण निष्काम और नीरस बन बैठे हैं। अब उनके हृदय में हमसे भेंट करने की इच्छा ही नहीं उत्पन्न हो रही। वस्तुत: बात यह है कि वह हमारी पीड़ा को नहीं जान पा रहे क्योंकि वह सदा गरुड़ की सवारी करते हैं, उन्होंने कभी पैदल चल कर नहीं देखा। वह हम जैसे पैदल चलने वाले लोगों की पीड़ा के विषय में क्या जान सकते हैं?

जिस प्रकार खट्टे आम के द्वारा बर्तन पर चढ़ाई हुई कलई उतर जाती है और उसका असली रूप सबके सामने स्पष्ट हो जाता है, उसी प्रकार कृष्ण की इस निष्ठुरता से उनका असली रूप हमारे सम्मुख स्पष्ट हो गया है। यह सब जानते हुए भी हम इस बात पर कुढ़-कुढ़ कर मरी जा रही हैं, और वह हमारे प्रेम के सम्बन्ध में मौन साध कर मथुरा में जमे हुए हैं।

बिलग जनि मानहु, ऊधो प्यारे!
वह मथुरा काजर की कोठरि जे आवहिं ते कारे।
तुम कारे, सुफलकसुत कारे, कारे मधुप भँवारे।
तिनके संग अधिक छवि उपजत कमलनैन मनिआरे।
मानहु नील माट तें काढ़े लै जमुना ज्यों पखारे।
ता गुन स्याम भई कालिंदी सूर स्याम-गुन न्यारे॥ 38॥

शब्दार्थ—बिलग = बुरा। जनि = मत। सुफलकसुत = अक्रूर। मनिआरे = रौनक। काढ़े = निकाले। पखारे = धोए। कालिन्दी = यमुना।

सन्दर्भ—प्रस्तुत पद में गोपियाँ उद्धव के व्यक्तित्व पर टिप्पणी करती हैं। इस टिप्पणी में उद्धव के प्रति अपनत्व, उद्धव के व्यक्तित्व की कमियाँ और तब भी उद्धव का निरादर न करने का भाव व्यक्त हुआ है। इसमें वे उद्धव को उसके दोष के लिए दोष नहीं देतीं। इसके लिए वे मथुरा नगरी को ही दोष देती हैं। उसी मथुरा से आने के कारण उद्धव में ये दोष आ गए हैं। ये उद्धव के अर्जित दोष नहीं हैं। इसलिए गोपियाँ उद्धव की निन्दा करते हुए भी चाहती हैं कि उद्धव उनकी बातों का बुरा न मानें।

सरलार्थ—हे प्यारे उद्धव! हमारी बातों का बुरा मत मानना। असलियत यह है कि वह मथुरा काजल की कोठरी है और वहाँ से आने वाले सभी जन तन के काले होते हैं। तुम भी काले हो, अक्रूर जी भी काले थे। उस ओर से उड़कर आने वाले भ्रमर भी घोर काले होते हैं। इन सम्पूर्ण काले लोगों के साथ कमल-नेत्रों वाले कृष्ण भी ज्यादा सुन्दर लगते हैं।

ऐसा लगता है कि मानो तुम लोग नीले रंग के भरे हुए एक मटके में अब तक पड़े हुए थे और किसी ने तुम्हें उसमें से निकाल लिया है तथा यमुना के पानी से धोकर साफ करने का प्रयत्न किया था। इसी कारण तुम्हारे शरीर से अलग हुए उस नीले रंग के कारण ही यमुना का पानी भी नीला हो गया है। इन काले लोगों के गुण ऐसे ही निराले होते हैं।

अपने स्वारथ को सब कोऊ।
चुप करि रहौ, मधुप रस-लंपट! तुम देखे अरु वोऊ।
औरौ कछु संदेस कहन को कहि पठयो किन सोऊ।
लीन्हे फिरत जोग जुवतिन को बड़े सयाने दोऊ।
तब कत मोहन रास खिलाई जो पै ज्ञान हुतोऊ?
अब हमरे जिय बैठो यह पद, होनी होउ सो होऊ।
मिटि गयो मान परेखो ऊधो हिरदय हतो सो होऊ।
सूरदास प्रभु गोकुलनायक चित-चिंता अब खोऊ॥ 39॥

शब्दार्थ—रस-लम्पट = रस के लोभी। अरु = और। बोऊ = वह भी। पठियो = भेजा। किन = क्यों नहीं। सोऊ = उसे भी। हुतोऊ = था। परेखो = पश्चाताप। कोऊ = कोई।

सन्दर्भ—प्रस्तुत पद में गोपियाँ उद्धव पर कठोर टिप्पणी करती हैं। उनकी मानसिकता बदलती रहती हैं, इसलिए इस पद गोपियाँ कठोर हो गई हैं। यही कठोरता कृष्ण के लिए भी है, जिनके कारण उन्हें यह विरह की पीड़ा झेलनी पड़ रही हैं। ऐसा करते हुए वे मानव प्रकृति पर भी टिप्पणी कर पाती हैं कि सभी लोग अपना स्वार्थ ही देखते हैं। इसके बावजूद वे कृष्ण और उद्धव से अपने लिए सहृदयता चाहती हैं।

सरलार्थ—हे उद्धव! सभी संसार में अपने स्वार्थ को ही देखते हैं। दूसरों की चिन्ता कोई नहीं करता। हे रस के लोभी भ्रमर! तुम अब चुप रहो। अधिक बातें न बनाओ। हमने तुम्हें और तुम्हारे कृष्ण दोनों को ही देख और समझ लिया है। तुम दोनों ही एक समान अपना स्वार्थ साधन करने वाले हो। यदि कृष्ण ने तुम्हें हमारे पास कोई और भी सन्देश कहने के लिए भेजा है तो उसे भी कह क्यों नहीं चुकते? तुम दोनों तो अत्यन्त समझदार और ज्ञानवान कहलाते हो और हम युवतियों के लिए योग का सन्देश लिए फिरते हो, क्या यही तुम्हारी चतुराई है?

यदि कृष्ण को सचमुच ज्ञान-योग पर इतना विश्वास था तो उन्होंने हमारे साथ रास-लीला क्यों रचाई थी? अब तो हमारे मन में यह बात घर कर गई है कि विधाता ने जो हमारे लिए विधान रचा होगा, वह तो सम्पन्न होगा ही, इसलिए हम क्यों प्रीति का बन्धन तोड़ें? हे उद्धव! कृष्ण की उपेक्षा और मौन के प्रति हमारे हृदय में अब तक जो भी मान-सम्मान और पश्चाताप की भावनाएँ थीं, वे भी समाप्त हो गई हैं। अब हमें अपने प्रेम की उपेक्षा के प्रतिकार में कृष्ण के प्रति न तो कोई शिकायत अथवा न ही उलाहने की भावना है। सूरदास कहते हैं कि हमारे कृष्ण गोकुल के स्वामी हैं, अत: हमें दृढ़ विश्वास है कि वह हमारे हृदय की सारी चिन्ताएँ दूर कर देंगे।

तुम जो कहत सँदेसो आनि।
कहा करौं या नन्दनन्दन सों होत नहीं हितहानि।
जोग-जुगुति किहि काज हमारे जदपि महा सुखखानि।
सने सनेह स्यामसुन्दर के हिलि-मिलि कै मन मानि।
सोहत लोह परसि पारस ज्यों सुबरन बारहबानि।
पुनि वह चोप कहाँ चुंबक ज्यों लटपटाय लपटानि।
रूपरहित नीरासा निरगुन निगमहु परत न जानि।
सूरदास कौन बिधि तासों अब कीजै पहिचानि॥ 40॥

शब्दार्थ—आनि = अन्य दूसरा। हितहानि = प्रेम की हानि। सने = भीगे हुए। सोहत = शोभा देता है। परसि = स्पर्श। पारस = एक पत्थर, जो अपने स्पर्श से

लोहे को सोना बनाता है। बारहबानि = बारह कलाओं के साथ चमकने वाले सूर्य के समान उज्ज्वल, खरा सोना। पुनि = फिर। चोप = चाह। नीरास = निराशा।

सन्दर्भ— प्रस्तुत पद में गोपियाँ निर्गुण मन को अपने लिए अनुपयोगी सिद्ध कर रही हैं। इसके साथ ही वे उद्धव को भी उलाहना दे रही हैं कि वे कृष्ण की कथा क्यों नहीं कहते? दूसरी बातें (योग मत की) क्यों कर रहे हैं? हमारी उसमें कोई रुचि नहीं है। हम चर्चा के कन्द्र में कृष्ण को रखना चाहती हैं, क्योंकि कृष्ण हमारे हैं और हम उनके बारे में ही ज्यादा से ज्यादा जानना चाहती हैं। फिर निर्गुण मत का खंडन तो कर ही देती हैं।

सरलार्थ— हे उद्धव! तुम हमें कृष्ण-प्रेम का सन्देश न कहकर कोई अन्य योग ज्ञान से संबंधित सन्देश कह रहे हो जिसमें हमारी तनिक भी रुचि नहीं है। इस सन्देश को सुनना हमारे लिए उचित नहीं क्योंकि इससे नन्दनन्दन कृष्ण के साथ हमारे प्रेम की हानि होती है किंतु हम उनसे प्रेम करना नहीं छोड़ सकतीं। तुम्हारे कथनानुसार यद्यपि योग-साधना महान् सुखों की खान है—किन्तु वह हमारे किस काम की है? योग-साधना को अपनाने पर हमें कृष्ण-प्रेम को त्यागना पड़ेगा, जो हमारे लिए संभव नहीं, अत: तुम्हारा यह योग हमारे लिए व्यर्थ है। हमारा मन श्याम-सुन्दर के साथ हिलमिल कर उनके स्नेह में पूर्ण रूप से डूब गया है। लोहा पारस नाम के स्पर्श से बारहबानि-उज्ज्वल एवं खरा सोना बन जाता है, किंतु ऐसे सोने में वह उत्साह अथवा आकर्षण शेष नहीं रह जाता जो उसे चुम्बक के प्रति आकर्षित कर उससे चिपका देता है। ऐसे ही योग साधना के कारण भले ही हमारा मन निर्मल, खरे सोने के समान क्यों न हो जाय परन्तु उसकी सर्वस्व प्रेम-भावना नष्ट हो जायेगी।

तुम कहते हो कि तुम्हारा ब्रह्म, निष्काम, अगम्य है, आज तक वेदों ने भी उसका पार नहीं पाया तो फिर तुम्हारे इस ब्रह्म के साथ हम किस प्रकार परिचय प्राप्त कर सकती हैं? सूरदास कहते हैं कि जब हमारा उससे परिचय ही नहीं हो सकेगा, तो हम उससे प्रेम किस प्रकार करेंगी?

हम तौ कान्ह-केलि की भूखी।
कैसे निरगुन सुनहिं तिहारो बिरहिनि बिरह-बिदूखी?
कहिए कहा यही नहिं जानत काहि जोग है जोग।
पा लागों तुमहीं सो वा पुर बसत बावरे लोग।
अंजन, अभरन, चीर, चारु बरु नेकु आप तन कीजै।
दंड, कमण्डल भस्म, अधारी जो जुवतिन को दीजै।
सूर देखि दृढ़ता गोपिन की ऊधो यह ब्रत पायो।
कहै कृपानिधि हो कृपाल हो! प्रेमै पढ़न पठायो॥ 41॥

र्थ— केलि = क्रीड़ा। बिदूखी = दुखी। जोग = योग्य। वा = उस।

पुर = नगर। बसत = रहते हैं। अभरन = आभरण = आभूषण। चारू = सुन्दर। प्रेमै = प्रेम को ही।

सन्दर्भ—प्रस्तुत पद में गोपियाँ उद्धव से अपने कृष्ण प्रेम की दुहाई देती हैं। चूँकि हम कृष्ण प्रेम के लिए लालायित रहती हैं इसलिए हमें तुम्हारा यह योग मत बिलकुल अच्छा नहीं लगता। फिर वे सगुण-निर्गुण के परिधान की तुलना करते हुए सगुण के परिधान के सुन्दरता और निर्गुण के परिधान की असुन्दरता का बखान करती हैं। इसलिए उद्धव का उपदेश सुनने के बाद वे अपना निर्णय सुनाती हुई कहती हैं कि हमें आपका योग नहीं चाहिए।

सरलार्थ—हम तो कृष्ण के साथ पहले जैसी क्रीड़ाएँ करने के लिए लालायित हैं। हम विरहिणी नारियाँ हैं, हम किस प्रकार तुम्हारे निर्गुण-ब्रह्म के उपदेश को सुन सकती हैं। तुम्हें इस बात का ज्ञान नहीं है कि हम जैसी विरह में संतप्त अबलाओं के साथ किस प्रकार की बातें करनी चाहिए। तुम्हारा कर्त्तव्य था कि तुम हमें सांत्वना देते, कृष्ण-आगमन की घड़ी का निर्देश करते, उल्टा तुम हमें योग की शिक्षा देने लगे। तुम्हें इस बात का भी ज्ञान नहीं कि तुम्हारे योग के योग्य पात्र कौन है? तुम इन सब बातों पर ध्यान न देकर, योग का उपदेश देकर हम पर अन्याय कर रहे हो। हम तुम्हारे पाँव पड़ती हैं, हमसे इस प्रकार की बातें न करो। इससे हमें दुःख होता है। तुम्हें देखकर हमें लगता है कि उस मथुरा नगरी में सभी बावले, अनाड़ी लोग ही निवास करते हैं। कृष्ण भी इस बात के प्रमाण हैं क्योंकि उन्होंने तुम्हारे हाथों हम अबला नारियों के लिए ऐसा अनुचित सन्देश भेजा है।

यदि तुम्हारे मत में हम युवतियों को दन्ड, कमंडल, भस्म, अधारी आदि योग-साधना के उपकरण धारण करने उचित हैं तो तुम अपने शरीर पर तनिक हमारा अंजन, आभूषण, सुन्दर वस्त्र धारण करके तो देखो, क्या ये तुम्हें शोभा देते हैं और तुम्हारे लिए उचित हैं?

सूरदास कहते हैं कि गोपियों की इस प्रकार की प्रेम की दृढ़ता और अनन्यता को देखकर उद्धव को यह विश्वास हो गया कि कृपालु और दयानिधि श्रीकृष्ण ने उन्हें यहाँ ब्रज में गोपियों को योग का उपदेश देने न भेजकर, उनसे प्रेम का पाठ ग्रहण करने के लिए भेजा है।

अँखियाँ हरि दरसन की भूखी।
कैसे रहैं रूपरसरांची ये बतियाँ सुनि रूखी।
अवधि गनत इकटक मग जोवत तब एती नहिं झूखी।
अब इन जोग-सँदेसन ऊधो अति अकुलानी दूखी।
बारक वह मुख फेरि दिखाओ दुहि पय पिवत पतूखी।
सूर सिकत हठि नाव चलायो ये सरिता है सूखी॥ 42॥

शब्दार्थ— रूपरसरांची = रूप (सुन्दरता) के रस में पगी हुई। बतियाँ = बातें। रूखी = शुष्क। गनत = गिनते हुए। इकटक = बिना पलक झपकाए। मग जोवत = राह देख रही है। झूखी = दुखी हुई, संतप्त हुई। बारक = एक बार। फेरि = पुन:। पय = दूध। पतूखी = पत्ते का दोना। सिकत = बालू, रेत।

सन्दर्भ— प्रस्तुत पद में गोलियाँ उद्धव से अपनी आँखों की पीड़ा का वर्णन कर रही हैं। इस वर्णन में वे स्वयं आँखों से तटस्थ हो जाती हैं। और तब वे अपनी नहीं, आँखों की पीड़ा का वर्णन कर रही हैं। इस तरह आँखों के बहाने उनकी स्वयं की विरह-पथ पीड़ा की अभिव्यक्ति भी हो जाती है। फिर वे इस बात का भी वर्णन करती हैं कि तुम्हारे योग के उपदेश को सुनकर आँखें बहुत पीड़ित हो रही हैं। इस तरह वे आर्त्त प्रार्थना करती हैं कि किसी तरह एक बार कृष्ण का मुँह दिखा दो।

सरलार्थ— हमारी आँखें तो कृष्ण के दर्शनों की प्यासी हैं। हमारी ये आँखें कृष्ण के रूप और रस में पगी हुई हैं, उनमें पूर्णतया अनुरक्त हैं, अत: ये किस प्रकार तुम्हारी इन नीरस योग की बातें सुनकर धैर्य धारण कर सकती हैं? जब ये आँखें कृष्ण के लौट कर आने की अवधि के एक-एक दिन की गणना करती हुई मार्ग की ओर बिना पलक झपकाए निहारती थीं, तब भी वे इतनी संतप्त और दु:खी नहीं हुईं, अब तुम्हारे योग के नीरस और व्यर्थ सन्देशों को सुनकर अत्यधिक संतप्त और अकुलाई हुई हैं।

अब हमारी तुमसे केवल यही प्रार्थना है कि हमें कृष्ण के मुख के दर्शन एक बार फिर करवा दो जिससे वह पत्ते के दोनों में दूध दुहकर पान किया करते थे। तुम्हारा हमें योग का उपदेश देना वैसा असम्भव कार्य है जैसा सूखी हुई नदी की बालू में हठपूर्वक नाव चलाने का प्रयत्न करना।

जाय कहौ बूझी कुसलात।
जाके ज्ञान न होय सो मानै कही तिहारी बात।
कारो नाम, रूप पुनि कारो, कारे अंग सखा सब गात।
जो पै भले होत कहुँ कारे तौ कत बदलि सुता लै जात।
हमको जोग, भोग कुब्जा को काके हिये समात।
सूरदास सेए सो पति कै पाले जिन्ह तेहि, पछितात॥ 43॥

शब्दार्थ— बूझी = पूछी। कुशलात = कुशल-क्षेम। तिहारी = तुम्हारी। गात = शरीर। कत = क्यों । सुता = लड़की। काके = किसके। हिये = हृदय। सेए = सेवा की। पाले = पालन किया।

सन्दर्भ— प्रस्तुत पद में गोपियाँ उद्धव को अपना दूत बनाकर मथुरा भेजना चाहती हैं ताकि कृष्ण की कुशलता जान सकें। फिर वे उद्धव को काले होने पर व्यंग्य करती हैं। जैसे कृष्ण श्याम वर्ण के हैं, वैसे ही उनके मित्र हैं, वैसे ही उनका

शरीर है और उसी तरह का उनका मन भी काला है। उद्धव के अन्यायी कार्य को संकेतित करती हुई कहती हैं कि आप हमें तो योग और कुब्जा को भोग दे रहे हो। इस तर्क के द्वारा गोपियाँ उद्धव की न्याय बुद्धि को जगाने का प्रयास करती हैं, ताकि उद्धव गोपियों की पीड़ कृष्णा तक पहुँचा दें।

सरलार्थ—हे उद्धव! तुम मथुरा वापिस चले जाओ और कृष्ण से कहो कि हमने उनकी कुशल-क्षेम पुछवा भेजी है। हमारा समाचार देने के उपरान्त उनसे यह कहना कि तुम्हारे योग-मार्ग को अपना लेने का सन्देश वही मान सकता है जो सर्वथा अज्ञानी होगा। कृष्ण का नाम भी काला अर्थात् श्याम है फिर रंग एवं स्वरूप भी काला है। उनके सारे सखाओं—अक्रूर, उद्धव आदि के शरीर का समस्त अंग भी श्याम है। इस प्रकार कृष्ण स्वयं और उनके सब मित्र तन-मन से काले अर्थात् कपटी हैं। यदि ये काले वर्ण वाले कपटी और धोखेबाज न होकर अच्छे होते, तो वसुदेव अपने पुत्र श्यामवर्ण कृष्ण को यहाँ छोड़ उसके बदले में नन्दबाबा की लड़की को न ले जाते। तुम सब काले लोग इतने दुष्ट हो कि नारी-नारी में भी अन्तर करते हो। हम गोपियों के लिए तो योग-साधना उचित बताते हो और कुब्जा के लिए भोग। तुम्हारी यह विलक्षण गति किसके हृदय में समाने वाली है? यह तुम्हारा सरासर अन्याय है। कृष्ण के इस प्रकार छल-कपट भरे व्यवहार पर, पति के तुल्य उन्हें स्वीकार करने वाली हम गोपियाँ ही नहीं पछतातीं अपितु पुत्र तुल्य मानते हुए उनका भरण-पोषण करने वाले नन्द-यशोदा भी पछताते हैं।

कहाँ लौं कीजै बहुत बड़ाई।
अतिहि अगाध अपार अगोचर मनसा तहाँ न जाई।
जल बिनु तरंग, भीति बिनु चित्रन, बिन चित ही चतुराई।
अब ब्रज में अनरीति कछू यह ऊधो आनि चलाई।
रूप न रेख, बदन, बपु जाके संग न सखा सहाई।
ता निर्गुन सों प्रीति निरन्तर क्यों निबहै, री माई?
मन चुभि रही माधुरी मूरति रोम रोम अरुझाई।
हौं बलि गई सूर प्रभु ताके जाके स्याम सदा सुखदाई॥ 44॥

शब्दार्थ—लौं = तक। मनसा = मन। भीति = दीवार, आधार। अनरीति = अनोखी, विपरीत रीति। बपु = शरीर। वदन = मुख। निबहे = निर्वाह हो। चित्रन = चित्र।

सन्दर्भ—प्रस्तुत पद में गोपियाँ तर्क सहित निर्गुण ब्रह्म का खंडन करती हैं। उद्धव से बौद्धिक परिहास करते हुए निर्गुण ब्रह्म के स्वरूप का खंडन कर रही हैं। कभी वे आपस में बात करती हैं, कभी वे उद्धव को सम्बोधित करती हैं। अन्त में निष्कर्ष रूप में वे अपने कृष्ण प्रेम की दृढ़ता का बखान करती हैं। ऐसा कहते हुए

वे किसी भी तरह के तर्क-वितर्क की संभावना को समाप्त कर देती हैं।

सरलार्थ—हे उद्धव! तुम्हारे निर्गुण ब्रह्म की प्रशंसा कहाँ तक करें? उसके सम्बन्ध में तुम्हारी उक्तियाँ अत्यन्त विचित्र हैं। तुम्हारे मन में तुम्हारा निर्गुण-ब्रह्म अत्यधिक अगाध, अपार और न दिखाई देने वाला है। वह इतना अगम्य है कि मानव-मन भी उस तक नहीं पहुँच सकता। वह मन की पहुँच-कल्पना से भी परे है। तुम्हारा यह निर्गुण-सम्प्रदाय अति विचित्र है क्योंकि इसमें अपेक्षित उपादानों के बिना ही वस्तुएँ निर्मित हो जाती हैं। इसमें बिना जल के तरंगें उत्पन्न होती हैं, बिना भीति के चित्रों का अंकन होता है। यहाँ चित्त के बिना ही चतुराई प्रदर्शित की जाती है। तुमने यहाँ ब्रज में आकर इस प्रकार की अनोखी रीति चलाई है। तुम असम्भव और अनहोनी बातें कह कर हमें बहला रहे हो और अपने जाल में फँसाना चाहते हो।

तुम्हारे ब्रह्म की न तो कोई रूपरेखा है अर्थात् आकार है, न उसका कोई मुख और न ही कोई शरीर है। उसके न कोई मित्र है और न कोई सहायक है। ऐसी स्थिति में तुम ही हमें बताओ कि उक्त विशेषताओं से सम्पन्न तुम्हारे निर्गुण ब्रह्म के साथ हमारा निरन्तर प्रेम-निर्वाह किस प्रकार हो सकता है? हमारे कृष्ण रूप-गुण सम्पन्न हैं, इसलिए उनके साथ हमारा निरन्तर प्रेम-व्यापार चलता रहा है। हमारे मन में तो कृष्ण की मधुर एवं रूपहली मूर्ति घर कर गई है, वह मोहिनी मूर्ति हमारे रोम-रोम में समाई रहती है। हम तो सदा कृष्ण की माधुर्यपूर्ण मोहिनी मूर्ति के ध्यान में मस्त रहती हैं। हम कृष्ण-प्रेमियों पर अपना सर्वस्व न्यौछावर करने को उद्धत हैं।

काहे को गोपीनाथ कहावत?
जो पै मधुकर कहत हमारे गोकुल काहे न आवत?
सपने की पहचानि जानि कै हमहिं कलंक लगावत।
जो पै स्याम कूबरी रीझे सो किन नाम धरावत।
ज्यों गजराज काज के औसर औरे दसन दिखावत।
कहन सुनन को हम हैं ऊधो सूर अन्त बिरमावत॥45॥

शब्दार्थ—काहे को = किसलिए। काहे न = क्यों नहीं। आवत = आते। कूबरी = कुबड़ी, कुब्जा। किन = क्यों नहीं। धरावत = रखते। औसर = अवसर। औरे = और। दसन = दाँत। अनत = अन्यत्र, और कहीं। बिरमावत = विश्राम करते हैं।

सन्दर्भ—प्रस्तुत पद में गोपियाँ उद्धव को सम्बोधित करते हुए कृष्ण की शिकायत करती हैं। इस शिकायत में वे कृष्ण के व्यक्तित्व पर दोषारोपण कर रही हैं। उनकी छवि और उनके कर्म में जो अन्तर्विरोध है, इसे गोपियाँ रेखांकित करती हैं। यह अन्तर्विरोध तभी दूर हो सकता है, जब कृष्ण वापिस गोकुल आ जाएँ। तभी उनका गोपीनाथ नाम सार्थक हो पाएगा, अन्यथा नहीं। यदि कृष्ण कुब्जा पर रीझ

गए हों तो उन्हें अपना नाम बदल लेना चाहिए, जो वे नहीं कर पा रहे हैं।

सरलार्थ—कृष्ण अब भी स्वयं को 'गोपीनाथ' क्यों कहलवाते हैं? जबकि अब इस नाम में कोई तथ्य नहीं रहा क्योंकि वह मथुरा जाकर हमें भुला बैठे हैं। हे मधुकर! यदि वह अभी भी हमारे स्वामी कहलाते हैं तो मथुरा से लौटकर गोकुल क्यों नहीं चले आते? एक ओर तो हमारे साथ स्वप्न के समान अत्यन्त थोड़ा परिचय बताते हैं, और फिर स्वयं को 'गोपीनाथ' भी कहलवाते हैं। इस प्रकार वह परोक्ष रूप से हम पर कलंक लगा रहे हैं। यदि श्यामसुन्दर उस कुबड़ी दासी कुब्जा पर ही रीझ गए हैं तो उसी के नाम पर अपना नाम 'कुब्जानाथ' अथवा 'कुब्जापति' ही क्यों नहीं रख लेते? उनके 'गोपीनाथ' नाम पर सारा संसार हमें कलंकिनी समझ रहा है, जबकि उनका-हमारा अब कोई साथ नहीं रहा। अब तो वह कुब्जा पर ही मोहित हैं और उसके साथ मथुरा में रहते हैं। इस प्रकार का उनका कार्य उसी प्रकार है जिस प्रकार कि हाथी के दाँत खाने के और दिखाने के और होते हैं। कहने-सुनने के लिए हम उनकी प्रेमिकाएँ हैं और वे हमारे स्वामी होने के कारण 'गोपीनाथ' भी कहलाते हैं किन्तु वास्तविक स्थिति यह है कि वह हमारे प्रियतम न होकर कुब्जा के प्रेम में फँसे हुए हैं और आजकल उसी के साथ मथुरा में विश्राम कर रहे हैं।

अब कत सुरति होति है राजन्?
दिन दस प्रीति करी स्वारथ-हित रहत आपने काजन।
सबै अयानि भईं सुनि मुरली ठगीं कपट की छाजन।
अब मन भयो सिंधु के खग ज्यों फिरि फिरि सरत जहाजन।
वह नातो टूटो ता दिन तें सुफलकसुत-संग भाजन।
गोपीनाथ कहाय सूर प्रभु कत मारत हौ लाजन॥ 46॥

शब्दार्थ—सुरति = स्मृति। काजन = कार्य के लिए। अयानि = अज्ञानी। छाजन = कपटपूर्ण व्यवहार। सिन्धु = समुद्र। खग = पक्षी। सरत = बढ़ता है। सुफलकसुत = अक्रूर जी। भाजन = भाग गए, चले गए, प्रस्थान कर गए।

सन्दर्भ—प्रस्तुत पद में गोपियाँ कृष्ण को उलाहना देती हैं। उलाहने में कृष्ण को स्वार्थी और कपटी कह रही हैं, जिन्होंने कुछ समय तक उनसे प्रीति की और अब हमें वे भूल गए हैं। इस बहाने वे यह भी कहती हैं कि अक्रूर जब उनको यहाँ से ले गए, तब से उनका मन बदल गया है। वे इस पर भी कहती हैं कि कृष्ण के इस कार्य से गोपियाँ लज्जित हो रही हैं।

सरलार्थ—हे उद्धव! अब कृष्ण को हमारी सुधि किस प्रकार आती होगी? अब वह मथुरा के राजा हो गए हैं, और कुब्जा उनकी रानी है। उसके सान्निध्य में अब उन्हें हमारा अभाव क्या खटकता होगा। उन्होंने अपने स्वार्थ-वश दस दिन अर्थात् थोड़े समय के लिए हमसे प्रेम बढ़ाया था। किन्तु अब राजा बन जाने के

कारण राज-काज में ही समय निकल जाता होगा। अब उन्हें हमारी स्मृति किस प्रकार आती होगी। कृष्ण की बंसी की मादक स्वर-लहरी को सुनकर हम सब उस समय अज्ञानी हो गई थीं और उसके प्रभाव में तन-मन खो बैठीं। उन्होंने तो वस्तुत: प्रेम का ढोंग रचा था किन्तु हम इसे सत्य समझ कर अपनी सुध-बुध खो बैठीं और इस प्रकार उनके चंगुल में फँस गईं। अब तो हमारा मन जहाज के उस पंछी के समान हो गया है जो अन्यत्र कोई ठौर प्राप्त नहीं कर पाने के कारण पुन: जहाज पर लौट आता है। कृष्ण से हमारा प्रेम का नाता तो उसी दिन टूट गया था जिस दिन वह हमें अकेला, निराधार छोड़कर अक्रूर जी के साथ स्वयं मथुरा चले गये थे। अब तो हमें इस बात का दु:ख है कि हमसे स्नेह का रिश्ता तोड़ जाने पर भी अभी तक वह 'गोपीनाथ' बने हुए हैं। जिससे सारा संसार हमें लांछित कर रहा है और हम लाज से मरी जा रही हैं।

लिखि आई ब्रजनाथ की छाप।
बाँधे फिरत सीस पर ऊधो देखत आवै ताप।
नूतन रीति नन्दनन्दन की घर घर दीजत थाप।
हरि आगे कुब्जा अधिकारी तातें है यह दाप।
आए कहन जोग अवराधो अविगत-कथा की जाप।
सूर संदेसो सुनि नहिं लागै कहौ कौन को पाप॥ 47॥

शब्दार्थ—छाप = चिन्ह, मनोहर, चिट्ठी, पत्र। ताप = ज्वर। नूतन = नवीन। थाप = स्थापित करना, थोपना। आगे = बढ़कर, अधिक। तातें = इसी कारण। दाप = दर्प, घमंड। अवराधो = आराधना, साधना करो। अविगत = निराकार ब्रह्म।

सन्दर्भ—प्रस्तुत पद में गोपियाँ कृष्ण, उद्धव और कुब्जा तीनों की निन्दा कर रही हैं। इस निन्दा के बावजूद वे कृष्ण को बचाते हुए कुब्जा को अपने व्यंग्य का निशाना बना रही हैं। इसी क्रम में वे उद्धव के अपराध को भी कमतर कर देती हैं। कृष्ण तो कुब्जा के सामने लाचार हैं। उद्धव कृष्ण के आदेश का पालन कर रहे हैं। असल समस्या कुब्जा से है। उसने ही कृष्ण की मुहर लगाकर यह पत्र भेजा है। इसमें उद्धव का अपना दोष नहीं है।

सरलार्थ—अरे देखो तो सही। ब्रजनाथ कृष्ण के हाथों का लिखा हुआ पत्र आया है जिस पर उनकी मुद्रा का चिह्न अंकित है। इस प्रकार इस उद्धव बिचारे का दोष नहीं, योग का सन्देश वस्तुत: कृष्ण ने स्वयं हमारे लिए भेजा है। उद्धव इस पत्र की सुरक्षा के कारण इसे अपनी पगड़ी में खोंसे फिरते हैं जिसे देखकर इन्हें क्रोध और क्षोभ के कारण ज्वर आने लगा है। यह नन्दनन्दन कृष्ण की सन्देश देने की नवीन नीति है। उनकी आज्ञानुसार ही तो उद्धव घर-घर में इस पत्र में निहित सन्देश की स्थापना कर रहे हैं।

ऐसा प्रतीत होता है कि मथुरा में सभी कार्यों में कृष्ण की कुछ नहीं चलती, सर्वत्र कुब्जा का आदेश चलता है और उसके अधिकार कृष्ण से भी अधिक हैं। इसी कारण तो उसे इतना घमण्ड हो गया है कि उसने कृष्ण से चोरी करके इस पत्र पर उनकी मोहर छापकर इसे प्रामाणिक बना दिया है। वस्तुत: वह कृष्ण को अपने में ही सीमित करना चाहती है। इस अनुचित, अनर्गल सन्देश को सुनने में बताओ, किसको पाप नहीं लगेगा। हम गोपियाँ एकमात्र कृष्ण की ही अनुरागिनी हैं। कृष्ण को त्याग कर निर्गुण ब्रह्म की उपासना करने में हमें पाप लगता है। यह भारतीय नारी के पातिव्रत्य धर्म के प्रतिकूल है। हम कृष्ण की सच्ची प्रेमिकाओं के लिए अपने प्रियतम कृष्ण को त्याग किसी अन्य से प्रेम करना अथवा उसका ध्यान करना निश्चय ही पापाचार है।

फिरि फिरि कहा सिखावत बात?
प्रातकाल उठि देखत, ऊधो घर घर माखन खात।
जाकी बात कहत हौ हमसों सो है हमसों दूरि।
ह्याँ है निकट जसोदानन्दन प्रान सजीवन मूरि।
बालक संग लये दधि चोरत खात खवावत डोलत।
सूर सीस सुनि चौंकत नावहिं अब काहे न मुख बोलत॥ 48॥

शब्दार्थ—ह्याँ = यहाँ। प्रान-सजीवनमूरि = संजीवनी बूटी के समान प्राण एवं जीवन का संचार करने वाली। लए = लिए हुए। दधि = दही। खवावत = खिलाता हुआ। डोलत = घूमता-फिरता है। सीस नवावहिं = सिर को झुका लेते हो।

सन्दर्भ—प्रस्तुत पद में गोपियाँ उद्धव को उलाहना देते हुए कहती हैं कि आप बार-बार वही शिक्षा क्यों दे रहे हो। हालाँकि भ्रमरगीत प्रसंग में उद्धव ज्यादा नहीं बोल पाते। फिर वे कृष्ण की बाल लीलाओं का वर्णन करने लग जाती हैं। तब कृष्ण हमारे कितने आत्मीय और अपने हुआ करते थे। हम तो कृष्ण के उसी रूप को प्यार करती हैं। इस तरह अपने प्रेम का वर्णन करते हुए उद्धव द्वारा दिए गए ज्ञान को अप्रासंगिक सिद्ध कर देती हैं।

सरलार्थ—हे उद्धव! तुम हमें बार-बार निर्गुण-ब्रह्म की साधना करने का उपदेश क्यों दे रहे हो? हम यहाँ ब्रज में नित्य प्रात: उठकर उन्हें घर-घर मक्खन खाते हुए देखती हैं। तुम जिस निर्गुण-ब्रह्म की आराधना करने के लिए हमसे कह रहे हो वह हमसे बहुत दूर है, हमारी पहुँच से परे है, जबकि संजीवनी बूटी के समान जीवन-संचार के लिए यशोदा-नन्दन श्रीकृष्ण यहाँ ब्रज में हमारे निकट निवास करते हैं। हमें वह आज भी ग्वाल बालों को साथ लिए दही चुराते हुए, कुछ स्वयं खाते और कुछ दूसरों को खिलाते हुए घूमते-फिरते दिखाई देते हैं। जब हम उन्हें चोरी करते हुए रंगे हाथों पकड़ लेती हैं, तो वह चौंक कर लज्जित

हो सिर झुका कर चुपचाप खड़े हो जाते हैं और हमारी डाँट-फटकार का कुछ भी उत्तर नहीं देते।

अपने सगुन गोपालै, माई! यहि विधि काहे देत?
ऊधो की ये निरगुन बातैं मीठी कैसे लेत?
धर्म, अधर्म कामना सुनावत सुख औ मुक्ति समेत।
काकी भूख गई मन लाडू सो देखहु चित चेत।
सूर स्याम तजि को भुस फटकै मधुप तिहारे हेत? ॥ 49 ॥

शब्दार्थ—मीठी कैसे लेत = स्वीकार कर ग्रहण करें। तजि = छोड़कर। भुस फटकै = व्यर्थ परिश्रम करे। तिहारे हेत = तुम्हारे लिए। काकी = किसकी।

सन्दर्भ—प्रस्तुत पद में गोपियाँ आपस में बातचीत करती हैं। उद्धव वहाँ खड़े हैं, परन्तु गोपियाँ उद्धव से कुछ नहीं कहतीं, जो वे कहती हैं वह अब उद्धव को सुनाने के लिए भी है। आपस की बात में वे निर्गुण को गुणहीन बताकर उसका खंडन करती हैं। तब दैनिक जीवन के अनुभवों के तर्क द्वारा निर्गुण मत को निरर्थक घोषित कर रही हैं।

सरलार्थ—गोपियाँ परस्पर वार्तालाप में संलग्न हैं। एक गोपी दूसरी गोपी से कहती है कि हे सखी! हम अपने सगुण रूप गोपाल कृष्ण को किस प्रकार और क्यों कर उद्धव को दे दें? और उद्धव की निर्गुण-विषयक बातों को मधुर, प्रिय और ग्रहण करने योग्य मान कर किस प्रकार स्वीकार कर लें? अपने मन में यह विचार कर देखो कि आज तक मन में लड्डू खाने से किसकी भूख शान्त हुई है। उद्धव लड्डू के समान प्रत्यक्ष ग्रहणी—कृष्ण-प्रेम को त्याग, अलक्ष्य, अगम्य निर्गुण-ब्रह्म की उपासना करने का उपदेश दे रहे हैं।

उनके शब्दों में इस उपासना से मुक्ति प्राप्त होती है, किन्तु हमें तो यह लगता है कि जैसे किसी सामने की प्रत्यक्ष हाथ में आई हुई वस्तु को त्याग कर नितान्त काल्पनिक एवं अप्राप्य वस्तु के पीछे भागना और उसे प्राप्त करने का प्रयत्न करना। कृष्ण और उनका प्रेम हमें सुलभ है और प्रत्यक्ष है तो हम उन्हें त्याग कर क्यों निर्गुण ब्रह्म के पीछे भागती फिरें? हे मधुप! यहाँ हम कौन खाली बैठी हैं जो कृष्ण को त्याग कर निर्गुण की साधना जैसा भुस फटकने का व्यर्थ कार्य करें।

हमको हरि की कथा सुनाव।
अपनी ज्ञानकथा हो, ऊधो! मथुरा ही लै गाव।
नागरि नारि भले बूझैंगी अपने बचन सुझाव।
पा लागों, इन बातनि, रे अलि! उनहीं जाय रिझाव।
सुनि, प्रियसखा स्यामसुन्दर के जो पै जिय सति भाव।

हरिमुख अति आरत इन नयननि बारक बहुरि दिखाव।
जो कोउ कोटि जतन करै, मधुकर, बिरहिनि और सुहाव।
सूरदास मीन को जल बिनु नाहिंन और उपाव॥ 50॥

शब्दार्थ—नागरि नारि = मथुरा नगर की चतुर स्त्रियाँ। बूझेंगी = पूछेंगी। रिझाव = प्रसन्न करो। जिय = हृदय। सतिभाव = सच्चा सहानुभूति का भाव। आरत = व्याकुल, उत्सुक। बारक = एक बार। बहुरि = पुन:, फिर। कोटि = करोड़। जतन = यत्न, प्रयत्न। मीन = मछली। उपाव = उपाय।

सन्दर्भ—प्रस्तुत पद में गोपियाँ उद्धव से अनुरोध करती हैं। इस अनुरोध के द्वारा वे उद्धव के योग मत को अनुपयोगी बता रही हैं तथा कृष्ण कथा सुनाने का आग्रह कर रही हैं। इसका तात्पर्य यह है कि वे अपने संवाद के केन्द्र में कृष्ण को रखना चाहती हैं, योग मत को नहीं। इस तरह अन्त में फिर वे आर्त्त प्रार्थना करती हैं कि इन आँखों को एक बार कृष्ण के दर्शन करवा दें। वे किसी भी तरह से अपना ध्यान कृष्ण से परे हटाना नहीं चाहतीं।

सरलार्थ—गोपियाँ उद्धव की ज्ञानोपदेश एवं निर्गुण ब्रह्म की निरन्तर चर्चा से ऊब उठी हैं, इसलिए वे उद्धव से कहती हैं कि हे उद्धव! तुम हमें केवल कृष्ण की कथा सुनाओ, हमारे सम्मुख उन्हीं की चर्चा करो। तुम अपनी इस ज्ञानोपदेश और निर्गुण-ब्रह्म की कथा को मथुरा लौटाकर ले जाओ और वहाँ के लोगों के सम्मुख गा-गाकर सुनाते रहो। नगर की नारियाँ चतुर होती हैं, अत: वे अपने स्वभावानुसार तुम्हारे इस निर्गुण ब्रह्म के विषय में जिज्ञासा प्रकट करेंगी, पूछेंगी, तुम्हें वार्तालाप में घसीटेंगी और समझाने का प्रयत्न भी करेंगी। हे भ्रमर! हम तुम्हारे पाँव पड़ती हैं, अपनी योग-ज्ञान और निर्गुण-ब्रह्म सम्बन्धी चर्चा को तुम कृपा करके वहीं मथुरा नगर लौटाकर ले जाओ और इससे वहाँ की चतुर स्वभाव वाली स्त्रियों को रिझाने का प्रयत्न करो।

हे उद्धव! तुम श्यामसुन्दर श्रीकृष्ण के प्रिय और वास्तविक सखा हो, और तुम्हारे हृदय में हम विरहिणियों के प्रति सच्ची सहानुभूति का भाव है। इसलिए तुम कृष्ण के मुख के दर्शन के लिए तड़प रहे, इन हमारे व्याकुल नेत्रों को पुन: एक बार उस मोहिनी मूर्ति के दर्शन करा दो, इसके लिए हम तुम्हारा अत्यन्त आभार मानेंगी।

हे मधुकर! तुम हमें यह बताओ कि क्या करोड़ों यत्न करने पर भी विरहिणी नारियों को अपने प्रियतम की चर्चा के अतिरिक्त अन्य किसी प्रकार की चर्चा सुहा सकती है? जिस प्रकार तड़पती हुई मछली के लिए जल के अतिरिक्त जीवन प्राप्त करने का अन्य कोई उपाय नहीं, उसी प्रकार विरह संतप्त हम गोपियों के लिए कृष्ण-चर्चा ही एक ऐसा उपाय है जिससे हम जीवन धारण किए रह सकती हैं, अन्यथा नहीं।

अलि हो! कैसे कहौं हरि के रूप-रसहि?
मेरे तन में भेद बहुत बिधि रसना न जानै नयन की दसहि॥
जिन देखे ते आहिं बचन बिनु, जिन्हैं बचन दरसन न तिसहि।
बिन बानी भरि उमगि प्रेमजल सुमिरि वा सगुन-जसहि॥
बार बार पछितात यहै मन कहा करै जो बिधि न बसहि।
सूरदास अंगन की यह गति को समुझावै याछपद पसुहि॥51॥

शब्दार्थ—रसना = जिह्वा,जीभ। रसहि = दशा को। आहिं = हैं। तिसहि = उसे। सुमिरि = स्मरण। जसहि = यश को। न बसहि = वश में नहीं। बिधि = विधाता। छपद = षट्पदु, भ्रमर। पसुहि = पशु को। विधि = भाग्य।

सन्दर्भ—प्रस्तुत पद में गोपियाँ कृष्ण के सौन्दर्य का वर्णन करती हुई कहती हैं कि हम उसका वर्णन नहीं कर पा रही हैं। क्यों? तब गोपियाँ अपने सारे अंगों का मानवीयकरण करके उनमें तालमेल के अभाव की कहानी कहती हैं। मानव इन्द्रियों का अलग-अलग रूप और उनका अलग-अलग कार्य कृष्ण के सही-सही वर्णन करने में असमर्थ हैं। अपनी इस असमर्थता के बहाने कृष्ण के सौन्दर्य की अतिशयता को व्यंजित कर देती हैं। और इस तरह निर्गुण-सगुण विवाद के लिए भी अपने आपको असमर्थ पाती हैं।

सरलार्थ—एक गोपी भ्रमर के माध्यम से उद्धव से कह रही है कि हे मधुप! मैं कृष्ण के रूप-रस-शृंगार का किस प्रकार वर्णन करूँ? मेरे इस शरीर के विभिन्न अवयवों में परस्पर अत्यधिक विभेद है। एक अंग एक ही कार्य कर सकता है। मेरी जिह्वा मेरे नयनों की दशा को नहीं जानती और न ही वह उस दशा का अनुभव कर सकती है। नयनों ने कृष्ण की रूप-माधुरी के दर्शन किए हैं, किन्तु वे वचनों के अभाव में उसका वर्णन करने में असमर्थ हैं और जिह्वा जो बोलने में समर्थ है, नेत्रों के बिना उस रूप-माधुरी को देखने में असमर्थ है। नेत्र बोल न सकने के कारण कृष्ण के उस रूप और उसके यश का स्मरण कर उमंगित हो प्रेम के आवेग के कारण उमड़ते हुए आँसुओं से भर उठते हैं। अपनी इसी विवशता के कारण हमारा मन बारम्बार पश्चाताप से भर उठता है। जब विधाता ही हमारे वश में नहीं हैं तो यह मन कर भी क्या सकता है? सूरदास कहते हैं कि गोपियों ने कहा कि अपने शरीर के विभिन्न अंगों की विवशता से इस मूढ़ छः पैर वाले भौंरे को कौन समझाये?

हमारे हरि हारिल की लकरी।
मन बच क्रम नन्दनन्दन सों उर यह दृढ़ करि पकरी॥
जागत, सोवत, सपने सौंतुख कान्ह-कान्ह जक री।
सुनतहि जोग लगत ऐसो अलि! ज्यों करुई ककरी॥

सोई व्याधि हमें लै आए देखी सुनी न करी।
यह तौं सूर तिन्हैं लै दीजै जिनके मन चकरी॥ 52॥

शब्दार्थ—हारिल की लकरी = हारिल नामक पक्षी सदैव अपने पंजों में कोई-न-कोई लकड़ी का टुकड़ा अथवा तिनका पकड़े रहता है—यहाँ उसी से तात्पर्य है। बच = वचन। क्रम = कर्म। उर = हृदय। सौंतुख = प्रत्यक्ष। कान्ह = कन्हैया। जक = रट। करुई = कड़वी। सोई = वही। व्याधि = रोग। तिन्है = उनको। चकरी = चकई के समान सदैव अस्थिर रहने वाली।

सन्दर्भ—प्रस्तुत पद में गोपियाँ अपने मन की दशा का वर्णन करती हैं। मन की इस दशा के कारण वे योग मत को ग्रहण नहीं कर पा रही हैं। यह हमारी विवशता है। फिर योग मत अच्छा नहीं लग रहा। हमारे जैसे लोगों के लिए यह नहीं है। अत: योग के अधिकारी लोगों के पास इसे ले जाओ। गोपियाँ यह नहीं कहतीं कि उद्धव द्वारा प्रस्तुत निर्गुण मत अपने आप में मिथ्या है। वे कहती हैं कि यह हमारे लिए नहीं है। हमें यह अच्छा नहीं लगता। वह इस तरह का तर्क देती हैं जिसमें उद्धव से दार्शनिक बहस नहीं करनी पड़े।

सरलार्थ—जिस प्रकार हारिल पक्षी कहीं भी हो और किसी भी दशा में हो, सहारे के लिए अपने पंजों में कोई-न-कोई लकड़ी अथवा किसी तिनके को पकड़े रहता है, उसी प्रकार हम गोपियाँ भी निरन्तर कृष्ण के ध्यान में निमग्न रहती हैं। हमने अपने मन, वचन और कर्म से नन्दनन्दन कृष्ण रूपी लकड़ी को अपने हृदय में दृढ़ करके पकड़ लिया है। हमारा मन जागते, सोते, स्वप्नावस्था में, प्रत्यक्ष रूप में अर्थात् सभी दशाओं में कृष्ण के नाम की रट लगाता रहता है। उन्हीं का स्मरण मात्र एक कार्य हमारा रह गया है जिसे हमारा मन सभी अवस्थाओं में करता रहता है।

हे भ्रमर! तुम्हारे निर्गुण ब्रह्म सम्बन्धी ज्ञान उपदेश की बातें सुन कर ऐसा लगता है जैसे हमने कड़वी ककड़ी मुँह में रख ली हो। निर्गुण-ब्रह्म के रूप में उद्धव तुम हमारे लिए ऐसा रोग ले आए हो जिसे न तो हमने कभी देखा है, न सुना है और न ही उसका भोग किया है। अत: तुम्हारे लिए यह उचित होगा कि तुम उन लोगों को यह ज्ञान-योग रूपी बीमारी प्रदान करो जिनके मन चकई के समान सदा चंचल रहते हैं। वे ही इसका आदर करने में समर्थ हैं।

फिरि फिरि कहा सिखावत मौन?
दुसह बचन अलि यों लागत उर ज्यों जारे पर लौन॥
सिंगी, भस्म, त्वचामृग, मुद्रा, अरु अवरोधन पौन।
हम अबला अहीर, सठ मधुकर! घर बन जानै कौन॥
यह मत लै तिनहीं उपदेसौ जिन्हैं आजु सब सोहत।
सूर आज लौं सुनी न देखी पोत सूतरी पोहत॥ 53॥

शब्दार्थ—दुसह = असह्य, कठोर। जारे पर लौन = जले पर नमक। त्वचा-मृग = मृगछाला। अवरोधन पौन = साँस रोकना अर्थात् प्राणायाम करना। पोत = काँच की बनी छोटी-सी गुरिया अथवा मोती। सूतरी = सुतली।

सन्दर्भ—प्रस्तुत पद में गोपियाँ उद्धव के वचनों से प्रताड़ित महसूस कर रही हैं। इसलिए वे प्रतिकार में उसे भला-बुरा कहने लग जाती हैं। यह ज्ञान चर्चा उन्हें असहज लग रही है। फिर वे योग के प्रतीकों के द्वारा उसकी विरूपता का वर्णन करती हैं। अपने आपको अबला व अहीर कहकर अपनी कमजोरी को स्वीकार करके योग की पात्रता का प्रश्न उठाती हैं। अत: इस मत को आपको उन्हीं को देना चाहिए, जो इसकी पात्र हो। यहाँ वे प्रकारान्तर से कुब्जा और नगर की नारियों पर छींटाकशी करती हैं।

सरलार्थ—हे उद्धव! तुम हमें बार-बार मौन साधने का उपदेश क्यों दे रहे हो? कम-से-कम हमें अपना दु:ख तो कह लेने दो। हे भ्रमर! तुम्हारे ये योग-साधना-रूपी असह्य, कठोर वचन इस प्रकार कष्ट दे रहे हैं जैसे कि जले पर नमक छिड़क दिया हो।

तुम हमसे सिंगी, भभूत रमाने, मृगछाला तथा मुद्रा धारण करके प्राणायाम की साधना करने को कहते हो, किन्तु हे मूर्ख भ्रमर! क्या तुमने यह भी सोचा है कि हम अबला, अहीर नारियाँ हैं? हमारे लिए यह किस प्रकार सम्भव है कि हम तुम्हारे कठिन योग-साधना से प्राप्त निर्गुण ब्रह्म को अपना लें? योग-साधना तो वन में रह कर अपनायी जा सकती है, हम न घर को त्याग सकती हैं और न ही अपने घर को वन के समान निर्जन कर सकती हैं। तुम्हारे लिए तो यही उचित है कि तुम अपना यह उपदेश उन्हीं लोगों के पास ले जाओ जिन्हें आजकल सब कुछ करना शोभा देता है।

हमने आज तक किसी भी जन को मोटी सुतली में धागा पिरोते हुए न तो देखा है और न सुना ही है। वस्तुत: यह एक असम्भव कार्य है। हमें भी तुम योग-साधना द्वारा निर्गुण ब्रह्म को प्राप्त करने का उपदेश देकर इसी प्रकार का असम्भव कार्य कर रहे हो।

प्रेमरहित यह जोग कौन काज गायो?
दीनन सों निठुर वचन कहे कहा पायो?
नयनन निज कमलनयन सुंदर मुख हेरा?
मूँदन ते नयन कहत कौन ज्ञान तेरो?
तामें कहु मधुकर! हम कहा लैन जाहीं।
जामें प्रिय प्राननाथ नन्दनन्दन नाहीं?
जिनके तुम सखा साधु बातें कहु तिनकी।

जीवैं सुनि स्यामकथा दासी हम जिनकी॥
निरगुन अविनासी गुन आनि आनि भाखौ।
सूरदास जिय के जिय कहाँ कान्ह राखौ?॥ 54॥

शब्दार्थ— प्रेम-रहित = अनुराग रहित। काज = कार्य। कौन काज = किस कारण। दीनन = दुखियों, विरह-ग्रस्त अबलाओं। निठुर = निष्ठुर, कठोर। निज = अपने। हेरो = निहारो, देखो। लैन = लेने के लिए। तिनकी = उनकी। आनि आनि = अन्य-अन्य। भाखौ = कहते हो। जिय के जिय = प्राणों के प्राण।

सन्दर्भ— प्रस्तुत पद में गोपियाँ उद्धव के कार्यों की आलोचना कर रही हैं और इसके लिए वे उद्धव से अनेक प्रश्न पूछती हैं। इन प्रश्नों में गोपियों का अपना मत प्रकट हो रहा है तथा निर्गुण मत का खंडन भी हो रहा है। निर्गुण मत की इन व्यावहारिकता का भी वे वर्णन करती जाती हैं। फिर यह निर्गुण प्रेमरहित है अर्थात् भाव रहित है। फिर ये हमें निष्ठुर लग रहा है। आपकी संवाद में निष्ठुरता तो नहीं होनी चाहिए। यह तो सामान्य शिष्टाचार के खिलाफ है। सब कहने के साथ वे उद्धव से यही निवेदन करती हैं कि वे उन्हें श्याम की कथा सुनाएँ, जिनकी गोपियाँ दासी हैं।

सरलार्थ— हे उद्धव! तुमने इन नीरस योग के गीतों को हमारे सम्मुख क्यों गाया? इनकी यहाँ क्या आवश्यकता थी? हम अबलाओं, विरहिणी नारियों के सम्मुख इस प्रकार की कठोर बातें कह कर तुम्हें क्या मिला? हमारे इन नयनों ने कमल नेत्रों वाले सुन्दर, मनमोहक कृष्ण के सुन्दर मुख के दर्शन किये हैं। यह तुम्हारी किस प्रकार की बुद्धि है, कैसा विवेक है कि तुम हमें इन्हें बन्द करके निर्गुण-ब्रह्म की साधना करने को कहते हो? इससे हमें क्या उपलब्ध होगा? हे मधुकर! हमें यह बताओ कि हम तुम्हारी इस योग-साधना को किस लालसा के वशीभूत होकर अपनाएँ, जबकि हम जानती हैं कि इससे हासिल होने वाला कुछ नहीं, और फिर इसमें नन्दनन्दन कृष्ण की भी हानि है, क्योंकि उन्हें त्याग कर ही इसे अपनाना होगा। अत: हमारे लिए तुम्हारी यह साधना निरर्थक है।

कुछ तो हमें उन्हीं कृष्ण की बातें सुनाओ, तुम तो उन्हीं के सच्चे मित्र हो न। हम उनकी दासी हैं। उन्हीं श्याम की कथा और रस भीनी बातें सुन कर हम जी उठेंगी और हमारी विरह-वेदना भी जाती रहेगी। किन्तु तुम उनकी बातें न करके किसी निर्गुण, अविनाशी ब्रह्म के विषय में कुछ अन्य प्रकार की बातें कह रहे हो। ऐसी बातें करते हुए न जाने तुम हमारे प्राणों के प्राण कृष्ण को कहाँ छुपाकर रख लेते हो, उनके सम्बन्ध में हमें कुछ भी नहीं बताते।

जनि चालो, अलि, बात पराई।
ना कोउ कहै सुनै या ब्रज में नइ कीरति सब जाति हिराई॥
बूझैं समाचार मुख ऊधो कुल की सब आरति बिसराई।

भले संग बसि भई भली मति, भले मेल पहिचान कराई॥
सुंदर कथा कटुक सी लागति उपजत उर उपदेस खराई।
उलटी नाव सूर के प्रभु को बहे जात माँगत उतराई॥ 55॥

शब्दार्थ— जनि = मत, न। पराई = दूसरे की। हिराई = नष्ट की। आरति = दुख, कष्ट, विपदा। बिसराई = भुला दी। कटुक = कड़वी। उर = हृदय। खराई = विरक्ति। उतराई = पारिश्रमिक।

सन्दर्भ— प्रस्तुत पद में गोपियाँ उद्धव से शिकायत करती हुई उन्हें सलाह भी दे रही हैं कि उनको यहाँ किस तरह की चर्चा करनी चाहिए। यहाँ आए हो, कृष्ण के सखा हो, इसलिए अपनी इस मर्यादा को ध्यान में रखते हुए चर्चा करो। योग मत से तुम्हारी छवि खराब हो रही है। हम तो कोई बात मानेंगे नहीं, फिर यह ज्ञान चर्चा करके अपनी हानि क्यों कर रहे हो। इस तरह वे अपनी बातों में उलझाकर उद्धव को निरुत्तर कर देती हैं।

सरलार्थ— हे अलि! तुम यहाँ कृष्ण के अतिरिक्त अन्य किसी की बात न चलाओ। क्योंकि यहाँ ब्रज में कृष्ण के अतिरिक्त अन्य किसी की बात न तो कोई करता ही है और न सुनता ही है। तुम्हारे बार-बार इस प्रकार की बात को दोहराने से तुम्हारी वह समस्त नई कीर्ति नष्ट हुई जा रही है जो तुमने यहाँ आकर कृष्ण के सखा के रूप में स्थापित की थी। तुम मथुरा से आये हो और कृष्ण के सखा हो, इसीलिए हम तुम से यह समाचार पूछती हैं कि क्या उन्होंने अपने कुल की विपदाओं, कष्टों को विस्मृत कर दिया है। मथुरा जाने पर कृष्ण को अत्यन्त अच्छे लोगों का सत्संग प्राप्त हुआ है जिसके परिणामस्वरूप उनकी अपनी बुद्धि भी श्रेष्ठ हो गई है। अपनी इसी नई बुद्धि के कारण उन्होंने तुम जैसे भले लोगों को हमारे पास भेज कर हमें तुम्हारा परिचय प्राप्त करने का अवसर दिया है।

तुम्हारी अपनी रुचि और विवेक के अनुसार तुम्हारी यह निर्गुण-ब्रह्म की चर्चा सुन्दर है, किन्तु हमें कड़वी और अरुचिकर लगती है। हमें तुम्हारी निर्गुण-ब्रह्म सम्बन्धी योग-ज्ञान की ये बातें तनिक भी भली नहीं लगतीं। तुम्हारे सखा का अद्‌भुत न्याय हमारी समझ में नहीं आ रहा। नाव तो नदी के मध्य में उलट गई है, यात्री जल में बहे चले जा रहे हैं। मल्लाह उन्हें डूबने से न बचा कर उनसे उतराई का पारिश्रमिक माँग रहा है। फिर कृष्ण ने उन्हें योग-साधना के माध्यम से निर्गुण-ब्रह्म की आराधना करने का सन्देश भेज कर और भी व्यथित किया है। यह उनका सरासर अन्याय है और यह ऐसा है जैसे बहे जा रहे यात्रियों से नाव का भाड़ा माँगना।

याकी सीख सुनै ब्रज को, रे।
जाकी रहनि कहनि अनमिल, अलि, कहत समुझि अति थोरे।
आपुन पद-मकरन्द सुधारस हृदय रहत नित बोरे।

हमसों कहत बिरस समझौ, है गगन कूप खनि खोरे।
धान को गाँव पयार तें जानौ, ज्ञान विषयरस भोरे।
सूर सो बहुत कहे न रहै रस गूलर का फल फोरे॥ 56॥

शब्दार्थ— याकी = इनकी। सीख = योग-साधना का उपदेश। अनमिल = परस्पर विरोधी। आपुन = स्वयं। नित = प्रतिदिन। बोरे = डूबे। बिरस = रसहीन। खनि = खोद कर। खोरे = नहाए। पयार = धान का भूसा। विषयरस = प्रेमरस। भोरे = भोले। फोरे = फोड़ने पर।

सन्दर्भ— प्रस्तुत पद में गोपियाँ उद्धव पर परिहासमय व्यंग्य कर रही हैं। इसमें वे तर्क करती हैं। अपने मन के समर्थन में तर्क करती हैं। उद्धव के मत को अव्यावहारिक बताती हुई भी उद्धव को अपने मत से सहमत करना चाहती हैं। वे उद्धव को नाराज करना नहीं चाहतीं। इसलिए वे उसे गालियाँ नहीं देतीं। समझाने का प्रयास करती हैं। यदि उद्धव न भी समझें तो भी उन तर्कों से पाठक सहमत हो जाएँ–इस बारीकी का भी वे ध्यान रखती हैं। इसलिए वे कोई बेतुकी बात नहीं कहतीं। जीवन-जगत की वास्तविक बातों को तर्क के रूप में इस्तेमाल करती हैं।

सरलार्थ— गोपियाँ खीझकर भ्रमर के माध्यम से उद्धव पर ही व्यंग्य करती हुई कह रही हैं कि इनके योग-साधना सम्बन्धी निर्गुण-ब्रह्म का उपदेश यहाँ ब्रज में कौन सुनेगा? जिसके रहन-सहन और व्यवहार में अर्थात् करनी और कथनी में इतना विरोध रहता हो, उसकी बातें यहाँ कोई भी सुनना पसंद नहीं करता। हे अलि! हमने यह बात खूब समझ-बूझ ली है और अब अत्यन्त थोड़े शब्दों में अर्थात् संक्षेप में तुमसे कह रही हैं।

तुम्हारी तो स्थिति यह है कि तुम स्वयं तो कृष्ण के प्रेम रूपी अमृत में रसलीन रहते हो और हमें कहते हो कि उन कृष्ण को रसहीन-नीरस समझ लो। यह तो उसी प्रकार असम्भव है जिस प्रकार आकाश में कुआँ खोद कर उसके जल से स्नान करने का प्रयत्न करना।

धान के गाँव का परिचय उसके चारों ओर फैले पयाल-धान के भूसे में ही प्राप्त होता है, उसी प्रकार तुम्हें देखकर हमें यही लगता है कि तुम स्वयं तो कृष्ण-भक्त हो। फिर यह क्या तुम्हारे लिए उचित है कि हम जैसी विरहिणी बालाओं को कृष्ण से विमुख होने का उपदेश दो। अत: उचित यही है कि तुम, हमसे इस विषय में और अधिक चर्चा न करो। अन्यथा इस सम्बन्ध में अधिक बातें करने से वैसी स्थिति हो जाएगी जैसे गूलर के फल को फोड़ देने से होती है। गूलर का फल ऊपर से देखने पर अत्यन्त सुन्दर और मीठा प्रतीत होता है किन्तु उसे फोड़ने पर उसमें भरे कीड़ों को देख कर विरक्ति उत्पन्न हो जाती है। इसी आधार पर ठीक यही रहेगा कि तुम अपनी बात को गुप्त ही रहने दो।

निरखत अंक स्याममुन्दर के बारबार लावति छाती।
लोचन-जल कागद-मसि मिलि कै ह्वै गई स्याम स्याम की पाती॥
गोकुल बसत संग गिरिधर के कबहुँ बयारि लगी नहिं ताती।
तब की कथा कहा कहौं, ऊधो, जब हम बेनुनाद सुनि जाती॥
हरि के लाड़ गनति नहिं काहू निसिदिन सुदिन रासरसमाती।
प्राननाथ तुम कब धौं मिलोगे सूरदास प्रभु बालसंघाती॥ 57॥

शब्दार्थ—निरखत = देखते ही। अंक = पत्री। लावति = लगाती है। लोचन = नेत्र। जल = आँसू। कागद-मसि = कागज पर की स्याही। पाती = चिट्ठी। बयारि = हवा। ताती = गरम। बेनुनाद = मुरली की मधुर ध्वनि। लाड़ = प्रेम। गनति = गिनती, समझती। काहू = किसी को। निसिदिन = रात-दिन। रासरसमाती = रास-रंग में उन्मत्त। बालसंघाती = बालापन के साथी।

सन्दर्भ—प्रस्तुत पद में गोपियों की स्थिति का वर्णन है। कृष्ण का पत्र पढ़कर गोपियों की जो स्थिति बनती है, उसका इसमें वर्णन किया गया है। उद्धव खड़ा-खड़ा देख रहा है। कृष्ण से सम्बन्ध होने के कारण पत्र के अक्षर भी उन्हें प्रिय लग रहे हैं। फिर गोपियाँ अपने बचपन में चली जाती हैं। स्मृति को जीने लगती हैं। तब जब कृष्ण गोकुल में रहते थे। फिर वे आर्त्त प्रार्थना करती हैं और कामना करती हैं कि अब उन्हें प्राणनाथ कृष्ण कब मिलेंगे। इसलिए वे उद्धव से भी उसी कथा की चर्चा करने का आग्रह करती हैं।

सरलार्थ—श्यामसुन्दर कृष्ण के पत्र में लिखे उनके अक्षरों को देख-देखकर गोपियाँ प्रेमविह्वल हो गईं और भावावेश में उस पत्र को बार-बार अपने हृदय से लगाने लगीं। प्रेमावेश के कारण उनके नेत्रों में आँसू भर आए, अश्रुधारा से श्याम द्वारा भेजी गई पत्री भीग गई। इस प्रकार नेत्रों के जल से कागज पर की स्याही का मिलन हो जाने पर सारे कागज पर स्याही फैल गई जिससे पूरी की पूरी चिट्ठी काली हो गई। इस पत्र को निहारते ही गोपियों की पूर्वकाल की स्मृतियाँ साकार हो उठीं। वे उद्धव को बताने लगीं कि जब हम यहाँ गोकुल में गिरिधर कृष्ण के साथ निवास करती थीं, तो हमें वायु भी कभी गर्म नहीं लगी, अर्थात् हमें कभी किसी प्रकार का कष्ट अथवा विपदा नहीं झेलनी पड़ी।

हे उद्धव! हम तुम्हें तब की क्या-क्या बातें बताएँ। जब हम कृष्ण की मुरली की मधुर ध्वनि सुनकर उनके पास वन में भागी चली जाती थीं, तब हमें उनके साथ अनेक प्रकार की रास क्रीड़ाओं के करने का आनन्द प्राप्त होता था। उस समय कृष्ण के प्रेम को पाकर हम इतनी गर्वित अनुभव करती थीं कि अपने सम्मुख किसी को कुछ नहीं समझती थीं। हम रात-दिन रास-रंग में उन्मत्त रहती थीं। चारों ओर आनन्द ही आनन्द था। इस प्रकार प्राचीन काल की स्मृतियाँ जाग जाने पर गोपियाँ

अत्यन्त भाव-विह्वल और कातर हो उठती हैं और कृष्ण को पुकारते हुए कहती हैं कि हे प्राणनाथ! हे बालापन के साथी! अब तुम हमें कब दर्शन दोगे? हम कब तुमसे मिल भेंट सकेंगी?

मोहिं अलि दुहूँ भाँति फल होत।
तब रस-अधर लेति मुरली, अब भई कूबरी सौत॥
तुम जो जोगमत सिखवन आए भस्म चढ़ावन अंग।
इन बिरहिन में कहुँ कोउ देखी सुमन गुहाये मंग?
कानन मुद्रा पहिरि मेखली धरे जटा आधारी।
यहाँ तरल तरिवन कहँ देखे अरु तनसुख की सारी॥
परम बियोगिनि रटति रैन दिन धरि मनमोहन-ध्यान।
तुम तो चलो बेगि मधुबन को जहाँ जोग को ज्ञान॥
निसिदिन जीजतु हैं या ब्रज में देखि मनोहर रूप।
सूर जोग लै घर घर डोलौ, लेहु लेहु धरि सूप॥58॥

शब्दार्थ— दुहूँ भाँति = दोनों अवस्थाओं में। जोगमत = योग-साधना। सुमन = पुष्प। मंग = माँग। गुहाये = सजाई हो। कानन = कानों में। मेखली = एक प्रकार का झीना कपड़ा। सारी = साड़ी। जोग को ज्ञान = योग के ज्ञाता, पारखी। निसिदिन = रात-दिन। जीजतु = जीती हैं।

सन्दर्भ— प्रस्तुत पद में गोपियाँ उद्धव के मत की नई व्याख्या कर रही हैं। उद्धव उन्हें समझाना चाहते हैं। गोपियाँ समझना नहीं चाहतीं फिर वे अपनी विरह दशा की तुलना योग मत से करती हैं। देख लो, जो तुम योग की बातें बता रहे हो, वह तो हम पहले से ही कर रही हैं। इसलिए हमें समझाने की तो कोई जरूरत ही नहीं है। इसलिए वे उद्धव को वापिस मथुरा जाने की सलाह देती हैं। यहाँ योग मत का कोई काम नहीं है। इसे कोई अंगीकार करनेवाला नहीं है।

सरलार्थ— गोपियाँ उद्धव से कह रही हैं कि हे भ्रमर! हमें तो दोनों अवस्थाओं में—कृष्ण के सामीप्य में और उनसे दूर रह कर एक जैसा ही फल मिला है। जब कृष्ण यहाँ ब्रज में हमारे निकट थे, तो मुरली सदा उनके ओठों पर विराजमान रहती थी। हम इस अमृत से वंचित थीं, इस प्रकार कृष्ण का सान्निध्य प्राप्त होने पर भी हम उनके ओष्ठ-सुधारस को पान करने के लिए तड़पती रहती थीं। अब मथुरा में मुरली के स्थान पर कुब्जा हमारी सौत बन गई है और कृष्ण के सामीप्य का पूर्ण लाभ उठा रही है। हे उद्धव! तुम जो यहाँ हम विरहिणियों को योग-साधना द्वारा प्राप्त निर्गुण-ब्रह्म का उपदेश देने आए हो और हमारे शरीर पर भस्म, भभूत का लेप चढ़वाना चाहते हो, तो क्या तुमने हममें से किसी विरह-संतप्त गोपी को अपनी माँग में फूल चढ़ाए हुए देखा है? तुम हमें उपदेश दे रहे हो कि हम अपने कानों में

मुद्रा पहन कर मूँज की करधनी, जटाजूट और अधारी धारण करें। यह तुम हमें क्यों कह रहे हो, क्या तुमने हममें से किसी को अपने कानों में सदैव हिलते-चमकते रहने वाले चंचल कर्णफूल तथा अपने शरीर पर तनसुख कपड़े से बनाई हुई झीनी साड़ी धारण किये हुए देखा है? हम तो कृष्ण-प्रेम के विरह में संतप्त हैं और शारीरिक साज-सज्जा तथा शृंगार-प्रसाधनों को तिलांजलि देकर पहले ही योगिनी बनी हुई हैं।

इस प्रकार की ये परमयोगिनी बनी हुई गोपियाँ रात-दिन मनमोहन श्रीकृष्ण का ध्यान करती हुईं उन्हीं का नाम रटने में संलग्न हैं। इसलिए उचित यही है कि तुम शीघ्र ही मथुरा नगरी लौट जाओ क्योंकि वहाँ तुम्हारे इस योग के अनेक पारखी मिलेंगे। हम गोपियाँ ब्रज में तो रात-दिन कृष्ण के मनोहर रूप को देखकर और स्मरण करके जीवित रह रही हैं। तुम हे उद्धव! व्यर्थ ही यहाँ अपने योग को लादे हुए घर-घर घूम रहे हो और अपना समय नष्ट कर रहे हो। तुम उसी प्रकार सबको अपने योग की विशेषताएँ समझा कर इस निस्सार वस्तु को ग्रहण करने का आग्रह कर रहे हो जिस प्रकार कोई व्यापारी अपने ग्राहकों से अपने माल को सूप से भलीभाँति छान-फटक कर खरीदने का आग्रह करे। वस्तुत: यह योग इतना व्यर्थ और बेकाम है कि ब्रज में इसकी कोई उपयोगिता नहीं।

बिलग जनि मानौ हमरी बात।
डरपति बचन कठोर कहति, मति बिनु पति यों उठि जात॥
जो कोउ कहत जरे अपने कछु फिरि पाछे पछितात।
जो प्रसाद पावत तुम ऊधो कृस्न नाम लै खात॥
मन जु तिहारो हरिचरनन तर अचल रहत दिनरात।
'सूर स्याम तें जोग अधिक, केहि कहि आवत यह बात? ॥ 59 ॥

शब्दार्थ— बिलग जनि मानौ = बुरा मत मानो। पति उठि जात = मर्यादा जाती रहती है। जरे अपने = अपना जी जलने पर। पावत = प्राप्त करो।

सन्दर्भ— प्रस्तुत पद में गोपियाँ उद्धव को अपने लिए संवेदनशील बनाने का प्रयास करती हैं। अब तक उन्होंने उद्धव को जो कठोर वचन कहे हैं, उनके निर्गुण मत को स्वीकार नहीं किया है। उन पर व्यक्तिगत टिप्पणियाँ भी की हैं। उद्धव को ये बातें बुरी लग सकती हैं। इसलिए वे उन्हें बुरा न मानने का निवेदन करती हैं। इसके बाद भी वे अपनी बातें उन्हें जरूर कहती हैं। वे कहती हैं कि उद्धव स्वयं तो कृष्ण के साथ रहते हैं और हमें योग की शिक्षा दे रहे हैं। यह कहाँ का न्याय है। उनका उद्‌देश्य यही है कि उद्धव में न्याय बुद्धि जागृत हो जाए और वे गोपियों के पक्ष में सोचना प्रारम्भ कर दें।

सरलार्थ— हे उद्धव! तुम हमारी बात का बुरा मत मानना। हमें तुमसे कठोर वचन कहते हुए डर लगता है; क्योंकि अविवेकशील व्यक्ति से बात करने में व्यक्ति

की मर्यादा जाती रहती है। जिस प्रकार की तुम बातें कर रहे हो, उससे यही लगता है कि तुम्हारी मति भ्रष्ट हो गई है। यदि कोई व्यक्ति अपने मन के आहत हो जाने पर किसी के प्रति अनर्गल बातें कहता है तो उसे बाद में पछताना भी पड़ता है।

हे उद्धव! तुम सम्भवत: यह बात अभी तक नहीं समझ पा रहे कि तुम्हें यहाँ ब्रज में जो कुछ सम्मान प्राप्त हुआ है, वह केवल कृष्ण के नाते ही है; क्योंकि तुम श्रीकृष्ण के सखा और इस प्रकार हमारे पूज्य हो। तुम्हारा मन रात-दिन उनके चरणों में दृढ़ बना रहता है। ऐसी स्थिति में हम यह समझ पाने में सर्वथा असमर्थ हैं कि तुम यह किस प्रकार कह सके कि योग द्वारा प्राप्य निर्गुण-ब्रह्म कृष्ण से अधिक श्रेष्ठ है? स्वयं तो तुम दृढ़ कृष्ण-भक्त बने हुए हो और हमें उस पर से डिगाना चाहते हो?

अपनी सी कठिन करत मन निसिदिन।
कहि कहि कथा, मधुप, समुझावति तदपि न रहत नन्दनन्दन बिन॥
बरजत श्रवन संदेस, नयन, जल, मुख बतियाँ कछु और चलावत।
बहुत भाँति चित धरत निठुरता सब तजि और यहै जिय आवत॥
कोटि स्वर्ग सम सुख अनुमानत हरि-समीप-समता नहिं पावत।
थकित सिंधु-नौका के खग ज्यों फिरि फिरि फेरि वहै गुन गावत॥
जे बासना न बिदरत अन्तर तेइ तेइ अधिक अनूअर दाहत।
सूरदास परिहरि न सकत तन बारक बहुरि मिल्यो है चाहत॥60॥

शब्दार्थ— अपनी-सी = अपने जैसी, अपने समान। निसिदिन = दिवा-रात्रि। तदपि = तो भी। बरजत = रोकती हैं। जिय = हृदय। खग = पक्षी। फिरि-फिरि = लौट कर। फेरि = पुन:। बासना = इच्छा। बिदरत = फटना। अन्तर = हृदय। अनूअर = निरन्तर। दाहत = दग्ध करना। परिहरि = त्यागना, छोड़ना। तन = शरीर। बारक = एक बार। बहुरि = पुन:।

सन्दर्भ— प्रस्तुत पद में गोपियाँ अपनी असहायता का वर्णन करती हैं कि कृष्ण के बिना रहने का हम पूरा प्रयास कर रही हैं लेकिन हमारा मन जहाज के पक्षी के समान घूम-फिरकर पुन: कृष्ण की तरफ चला जाता है। अपनी असहायता के द्वारा वे उद्धव को विश्वास दिलाना चाहती हैं कि वे जान-बूझकर योग मत का अनादर नहीं कर रही हैं। वह उनसे हो नहीं रही है इसलिए वे अनेक तर्क देती हैं।

सरलार्थ— हे उद्धव! हम रात-दिन अपने मन को अपने समान कठोर बने रहने का भरसक प्रयत्न करती हैं, हम इसे भाँति-भाँति की अन्य कथाएँ सुना कर इसे श्रीकृष्ण से विमुख करना चाहती हैं, किन्तु यह हमारा मन ही ऐसा है कि सभी प्रयत्नों को निष्फल कर देता है। हम तो इसे समझा कर हार गई हैं? यह नन्द-नन्दन कृष्ण के बिना रहता ही नहीं। सदैव उनकी स्मृति में विमग्न रहता है। हम अपने

कानों को कृष्ण का सन्देश सुनने से बरजती हैं, रोकती हैं, उनकी स्मृति के कारण नेत्रों में आँसू न लाने का पूरा प्रयत्न करती हैं तथा कृष्ण को छोड़कर अपने मुख से अन्य विषयों की चर्चा करती हैं—इस प्रकार हम विविध भाँति अपने मन को कठोर एवं दृढ़ बनाने का प्रयत्न करती हैं—किन्तु अन्य सारी बातों, सब विषयों एवं प्रसंगों को छोड़ कर हमारे हृदय में यही आता है कि कृष्ण के सान्निध्य से जो सुख आनन्द प्राप्त होता है उसके सम्मुख करोड़ों स्वर्गों का सुख व्यर्थ है।

इस समय हमारी दशा समुद्र में जाने वाले जहाज पर बैठे पक्षी के समान हो जाती है जो बार-बार उड़कर इधर-उधर विचरण करता है किन्तु अन्यत्र कोई आश्रय का स्थान न पाकर थक-कर जहाज पर ही लौट आता है। हमारा मन भी ऐसे पक्षी के समान क्षण भर के लिए अन्य प्रसंगों में आकर्षण ढूँढ़ने का प्रयत्न करता है किन्तु उसे वहाँ कोई सुख नहीं मिलता, अत: वह फिर लौट आता है और कृष्ण के गुणगान की ओर पुन: प्रवृत्त होता है। हमारे हृदय में अब केवल एक ही इच्छा शेष रह गई है कि किसी प्रकार कृष्ण से हमारी पुन: भेंट हो सके, इसी कारण हमारा हृदय विदीर्ण नहीं हो पाता, वह प्राणों को धारण किए हुए है। इसी इच्छा के कारण ही हमारा हृदय कृष्ण वियोग से निरन्तर अधिकाधिक दग्ध होता रहता है। हम अभी मृत्यु को प्राप्त नहीं होना चाहतीं और न ही अपने शरीर को त्यागना चाहती हैं क्योंकि यह शरीर कृष्ण से एक बार फिर मिलना चाहता है।

रहुरे, मधुकर! मधुमतवारे!
कहा करौं निर्गुन लै कै हौं जीवहु कान्ह हमारे॥
लोटत नीच परागपंग में पचत, न आपु सम्हारे॥
बारंबार सरक मदिरा की अपरस कहा उघारे॥
तुम जानत हमहूँ वैसी हैं जैसे कुसुम तिहारे।
घरी पहर सबको बिलमावत जेते आवत कारे॥
सुन्दरस्याम को सर्बवस अर्प्यो अब कापै हम लेहिं उधारे॥ 61॥

शब्दार्थ— सरक = मद्य पात्र। अपरस = रसहीन। उधारे = उधार में। आप = स्वयं को। अर्प्यो = अर्पित कर दिया। कुसुम = पुष्प। तिहारे = तुम्हारे। उघारे = उगाड़ने में अर्थात खोलने में।

सन्दर्भ— प्रस्तुत पद में गोपियाँ भम्रर को सम्बोधित करती हैं और भ्रमर की प्रकृति पर टिप्पणी करती हैं। इसी बहाने वे चाहती हैं कि ये बातें उद्धव पर भी लागू हो। हालाँकि पूरी तरह से लागू नहीं होती। इस बहाने से वे भ्रमर से अपनी तुलना करके अपने कृष्ण प्रेम को व्यक्त कर देती हैं। साथ ही वे यह भी कहती हैं कि वे एकनिष्ठ प्रेम करती हैं। भ्रमर की तरह सब तरह के पुष्पों का रस-पान नहीं करती। इसलिए इस कथन का उद्द्देश्य भ्रमर के बहाने उद्धव पर टिप्पणी नहीं है, सिर्फ

भ्रमर से अपनी तुलना करके अपनी श्रेष्ठता सिद्ध करती हैं और तब उन्हें निर्गुण ब्रह्म की कहाँ आवश्यकता है। फिर यह हमारी प्रकृति के अनुकूल भी नहीं है।

सरलार्थ— गोपियाँ इस पद में उद्धव से कोई बात नहीं करतीं। वे भ्रमर से संवाद करती हैं। भ्रमर से कहती हैं कि हे भ्रमर तुम तो अपने मधु पीकर मस्त रहो। तुम्हें निर्गुण का हमें उपदेश देने की कहाँ जरूरत है। हमारे तो कृष्ण हैं और युगों-युगों तक जीवित रहें। हमारे लिए वही पर्याप्त है। तुम्हारे उस निर्गुण को लेकर क्या करें? हे भ्रमर तुम तो सारे समय पराग में लोट-पोट रहते हो। तुम्हें अपने शरीर की भी सुध नहीं रहती। यहाँ तक कि तुम्हारी बुद्धि भी तुम्हारे नियंत्रण में नहीं रहती। जिस रस का पान करते हो, उसी रस के विरुद्ध बोलते रहते हो। हम गोपियाँ तुम्हारे जैसी नहीं हैं जो फूल-फूल पर बहकें। हमारा तो एक ही कृष्ण हैं। हमने तो अपना सर्वस्व उन्हीं को अर्पित कर दिया है। अब हम निर्गुण पर न्यौछावर करने के लिए कहाँ से तन-मन उधार लें।

काहे को रोकत मारग सूधो?
सुनहु मधुप! निर्गुन कंटक तें राजपथ क्यों रूँधो?
कै तुम सिखै पठाए कुब्जा, कै कही स्यामघन जू धौं।
वेद पुरान सुमृति सब ढूँढ़ौ जुवतिन जोग कहूँ धौं?
ताको कहा परेखो कीजै जानत छाछ न दूधो।
सूर मूर अक्रूर गए लै ब्याज निबेरत ऊधो॥62॥

शब्दार्थ— सूधो = सीधा। राजपथ = राजपथ के समान अकंटक, बाधा रहित। रुँधों = रोकते हो। कै = यातो। सिखै = सिखाकर। पठाए = भेजे गए हो। धौं = संभवत:। सुमृति = स्मृति। जुवतिन = युवतियाँ। परेखो = बुरा मानना। मूर = मूलधन। निबेरत = वसूल करने।

सन्दर्भ— प्रस्तुत पद में गोपियाँ उद्धव से प्रश्न पूछकर उनसे उनके कर्मों की उपयोगिता जानना चाहती हैं। गोपियों को लगता है कि उनका प्रेम व मार्ग सीधा है और उद्धव उस सीधे मार्ग को रोकना चाहते हैं। तो ऐसा क्यों कर रहे हैं। इस तरह वे उद्धव को चालाक और षड्यंत्रकारी सिद्ध करती हैं। साथ ही वे अज्ञानी भी हैं जो 'भक्ति' को नहीं जानतीं। उनका यह कर्म–निर्गुण मत का उपदेश देना सरल नहीं है। इसके पीछे कोई न कोई बात है। गोपियाँ इस पद में उस सम्भावित सत्य को अभिव्यक्त कर रही हैं।

सरलार्थ— हे उद्धव! तुम हमारे सीधे-सादे, सरल प्रेम-मार्ग में क्यों बाधा उपस्थित कर रहे हो? हे मधुप! हमारी बात सुनो। राजपथ के समान प्रशस्त बाधा रहित, अकंटक प्रेम-मार्ग को तुम कंटकपूर्ण, अनुचित और कष्टदायक योग-मार्ग से क्यों अवरुद्ध कर रहे हो? हमें ऐसा प्रतीत होता है कि कुब्जा ने हमारे प्रति अपनी

ईर्ष्या के कारण तुम्हें हमारे पास सिखा-पढ़ा कर भेजा है। जिससे हम कृष्ण-प्रेम को भूल कर योग में भटकती रहें और वह कृष्ण के प्रेम का एकाकी भोग करे। उसे इस बात का भय है कि कहीं कृष्ण पुन: गोपियों की सुधि न कर बैठें और उसे त्याग कर हमारे पास न लौट आएँ। सम्भवत: कृष्ण ने ही यह सन्देश देकर तुम्हें यहाँ हमारे पास भेजा हो जिससे वह निष्कंटक कुब्जा के प्रेम को भोग सकें।

हे उद्धव! वेद, पुराण, स्मृतियाँ आदि सम्पूर्ण धार्मिक सार-ग्रथों का अध्ययन करके देख लो। उनसे कहीं भी यह स्पष्ट नहीं होता कि कोमल नारियों को योग की शिक्षा देनी चाहिए। अब हम तुम्हारे जैसे दूध और छाछ में अंतर न जानने वाले मूर्ख की बात का क्या बुरा मानें? अत: तुम मूर्ख हो। हम तुम्हारी बात का बुरा नहीं मानतीं।

हे उद्धव! मूलधन (कृष्ण) को तो अक्रूर यहाँ से ले गए थे, क्या तुम अब यहाँ ब्याज उगाहने आए हो? अर्थात् कृष्णरूपी मूलधन को तो अक्रूर हम से छीन कर ले गए, अब यहाँ उनकी स्मृति मात्र शेष है। क्या तुम ब्याज के रूप में उस स्मृति को भी हमसे छीन लेना चाहते हो? इसी कारण हमें निर्गुण ब्रह्म का उपदेश दे रहे हो।

बातन, सब कोऊ समुझावै।
जेहि बिधि मिलन मिलैं वै माधव सो बिधि कोउ न बतावै॥
जद्यपि जतन अनेक रचीं पचि और अनत बिरमावै।
तद्यपि हठी हमारे नयना और न देखे भावै॥
बासर-निसा प्रानबल्लभ तजि रसना और न गावै।
सूरदास प्रभु प्रेमहिं लगि करि कहिए जो कहि आवै॥63॥

शब्दार्थ— बातन = बातों द्वारा। पचि = थक गई। अनत = अन्यत्र। बिरमावै = विश्राम करते हैं। भावै = अच्छा लगता है। बासर-निशा = रात-दिन। तजि = त्याग, छोड़ कर। रसना = जिह्वा। लगि = नाते से।

सन्दर्भ— प्रस्तुत पद में गोपियाँ उद्धव से संवाद कर रही हैं। और अपनी आकांखा की अभिव्यक्ति कर रही हैं। उद्धव के उपदेश को वे सिर्फ 'बातों से समझाना' का दर्जा दे रहे हैं। वास्तविक ईश्वर का मिलन तो हो नहीं पा रहा। फिर वे अपने विभिन्न अंगों का मानवीयकरण करके उनकी पीड़ा और आकांक्षा को अभिव्यक्त कर रही हैं। साथ ही वे निर्गुण ब्रह्म का भी खंडन करती जाती हैं।

सरलार्थ— गोपियाँ उद्धव के उपदेश पर खीझ उठती हैं कि सब लोग बातों से ही हमें समझाने का प्रयत्न करते हैं। किन्तु कोई ऐसा उपाय नहीं बताता जिससे कृष्ण से हमारा मिलन सम्भव हो सके। हम तो कृष्ण के दर्शन की प्यासी हैं किन्तु लोग हमें कृष्ण के दर्शन का उपाय न बता कर केवल बातों से ही हमारा परितोष करना चाहते हैं। हमने उनसे मिलने के अनेक प्रयत्न किये किन्तु वह अन्यत्र अर्थात् कुब्जा के सान्निध्य में मथुरा में आनन्दपूर्ण विहार करते रहे। उन्होंने हमारी कोई

खोज-खबर नहीं ली। इतने पर भी हमारे ये हठीले नेत्र कृष्ण के दर्शनों के प्यासे हैं, इन्हें किसी अन्य को देखना रुचिकर नहीं लगता। हमारी जीभ रात-दिन प्राणप्रिय कृष्ण के ही गुणों का गान करती है, उन्हें छोड़ कर अन्य किसी के गुणगान में इसका मन नहीं रमता।

हे उद्धव! तुम हमारे इस कृष्ण-प्रेम को चाहे जो समझो और चाहे जो कहो, इससे हमारे लिए कोई अन्तर नहीं पड़ने वाला, हम तो मन से, वचन से और कर्म से एकमात्र कृष्ण की ही अनुरागिनी हैं, अत: तुम्हारे उपदेशों का हम पर कोई प्रभाव पड़ना संभव नहीं।

निर्गुन कौन देस को बासी?
मधुकर! हँसि समुझाय, सौंह दै बूझति साँच, न हाँसी॥
को है जनक, जननि को कहियत, कौन नारि, को दासी?
कैसो बरन भेस है कैसो केहि रस में अभिलासी॥
पावैगो पुनि कियो आपनो जो रे! कहैगो गाँसी।
सुनत मौन ह्वै रह्यो ठग्यो सो सूर सबै मति नासी॥ 64॥

शब्दार्थ—सौंह दे = सौगन्ध देकर। बूझति = पूछती हैं। साँच = सत्य बात। हाँसी = हँसी नहीं कर रहीं। जनक = पिता। जननि = माता। नारि = पत्नी। बरन = वर्ण। भेस = वेश-भूषा। गाँसी = कपट की बात। नासी = नष्ट हो गई। मति = बुद्धि, विवेक।

सन्दर्भ—प्रस्तुत पद में गोपियाँ उद्धव से परिहास कर रही हैं। वे जानती हैं कि उद्धव ने बता दिया है तब भी वे परिहास करती हुई निर्गुण ब्रह्म का लौकिक परिचय पूछती हैं। लोक में तो किसी का परिचय उसके माता-पिता, निवास-स्थान, रहन-सहन और उसकी कामनाओं से ही जान सकते हैं। अत: गोपियाँ, जो लोक की नायिकाएँ हैं, अहीर हैं, वे निर्गुण ब्रह्म का परिचय इन्हीं तर्कों से जानना चाहती हैं। जाहिर है कि इन तर्कों से निर्गुण ब्रह्म का परिचय नहीं दिया जा सकता। इसलिए उद्धव मौन हो जाते हैं। गोपियाँ उन्हें चुप करने में सफल हो जाती हैं।

सरलार्थ—गोपियाँ भ्रमर के माध्यम से उद्धव से पूछ रही हैं कि हे उद्धव! तुम्हारा यह निर्गुण-ब्रह्म वस्तुत: कौन से देश में निवास करता है? क्या उसका कोई पता-ठिकाना भी है? हे मधुप रूपी उद्धव, हमें उसके निवास स्थान के विषय में प्रसन्न होकर भलीभाँति समझा दें। हम कसम खाकर कहती हैं कि हमें यह नहीं मालूम, इसी कारण हम तुम से सच-सच पूछ रही हैं, हम तुमसे कोई हँसी नहीं कर रहीं, अत: तुम क्रोध न करके हमें निर्गुण-ब्रह्म के निवास के सम्बन्ध में ठीक-ठीक बता दो। तुम हमें यह भी बताओ कि तुम्हारे ब्रह्म का पिता कौन है, और उसकी जननी कही जाने का श्रेय किसे है, कौन उसकी पत्नी है, और कौन उसकी दासी है,

जो दिवा-रात्रि उसकी सेवा-टहल में व्यस्त रहती है? उसका रूप-रंग और वेश-भूषा किस प्रकार की है और किस प्रकार के कार्यों में उसकी रुचि है?

इन पंक्तियों में गोपियाँ उद्धव को सावधान करती हुई कहती हैं कि यदि उसने निर्गुण-ब्रह्म विषयक उक्त बातों के सम्बन्ध में कपटपूर्ण बात कही, झूठ बोला तो फिर उसे स्वयं अपनी इस करनी के अनुसार उचित फल भी भुगतना पड़ेगा। गोपियों के मुख से निकली हुई इस प्रकार की चातुर्यपूर्ण बातों को सुन कर उद्धव ठगे-से मौन खड़े रह गये, उनके मुख से एक भी शब्द न निकला। उनका समस्त विवेक उनका साथ छोड़ता प्रतीत होता था।

नाहिंन रह्यो मन में ठौर।
नन्दनन्दन अछत कैसे आनिए उर और?
चलत, चितवत, दिवस जागत, सपन सावत राति।
हृदय तें वह स्याम मूरति छन न इत उत जाति॥
कहत कथा अनेक ऊधो लोक-लाभ दिखाय।
कहा करौं तन प्रेम-पूरन घट न सिंधु समाय॥
स्याम गात सरोज-आनन ललित अति मृदु हास।
सूर ऐसे रूप-कारन मरत लोचन प्यास॥65॥

शब्दार्थ—ठौर = स्थान। अछत = रहते हुए। आनिए = लाए। उर = हृदय। छन = एक पल भी। लोक-लाभ = सांसारिक लाभ। गात = शरीर। सरोज-आनन = कमल के समान मुख। ललित = आकर्षक। रूपकारण = रूप के लिए। लोचन = नेत्र।

सन्दर्भ—प्रस्तुत पद में गोपियाँ अपनी असहायता का वर्णन करती हैं। वे चाहकर भी उनके निर्गुण ब्रह्म को अपना नहीं पातीं। यहाँ गोपियाँ न तो निर्गुण मत का खंडन करती हैं, न सगुण मत को स्थापित करती हैं, वरन् वे अपने को ही असमर्थ पाती हैं। इस असमर्थता को जानकर उद्धव उनसे रुष्ट होकर वापिस न जावें। यदि वे गोपियों से रुष्ट होकर मथुरा चले गए तो वहाँ जाकर वे कृष्ण को उनका सन्देश उचित रीति से नहीं करेंगे। अत: उद्धव की बात तो नहीं मानतीं, परन्तु उद्धव को नाराज भी नहीं करतीं।

सरलार्थ—निर्गुण-ब्रह्म को स्वीकार करने में अपनी विवशता प्रकट करती हुई गोपियाँ उद्धव से कह रही हैं कि कृष्ण हमारे मन में पहले से ही विराजमान हैं, अत: उसमें अन्य किसी के लिए स्थान नहीं रहा है। नन्दनन्दन कृष्ण के इस हृदय में रहते हुए, तुम ही बताओ उद्धव! हम किसी अन्य को अपने हृदय में किस प्रकार ला सकती हैं। हमें चलते-फिरते, इधर-उधर देखते हुए, दिन में जाग्रतावस्था में तथा रात्रि को सोते समय स्वप्नावस्था में कृष्ण की मधुर-मूर्ति लुभाती रहती

है और हमारे हृदय से यह मोहनी मूरत क्षण भर के लिए भी ओझल नहीं होती।

हे उद्धव! तुम योग एवं निर्गुण-ब्रह्म सम्बन्धित अनेक कथा-वार्ता सुना कर हमें सांसारिक लाभ का मार्ग सुझा रहे हो अर्थात् इस मार्ग पर चलाकर हमारे लिए मोक्ष प्राप्ति का साधन उपलब्ध करा रहे हो। किन्तु हम बाध्य हैं, हम तुम्हारे इस मार्ग को नहीं अपना सकतीं, हम कृष्ण-प्रेम के लिए पुन: शरीर धारण करने के लिए भी तत्पर हैं क्योंकि हमारा यह तन कृष्ण-प्रेम में परिपूर्ण है और फिर जिस प्रकार सिन्धु का जल एक छोटे से घड़े में नहीं समा सकता, उसी प्रकार हमारे नन्हे-से हृदय में भी तुम्हारा अनन्त ब्रह्म नहीं समा सकता।

कृष्ण का शरीर साँवला-सलोना है, उनका मुख कमल के समान सुन्दर और मनमोहक है, उनकी हँसी अत्यन्त मधुर और बरबस अपनी ओर खींचने वाली है। हमारे नेत्र कृष्ण की इस आकर्षक रूप-माधुरी का पान करके तृप्त होने के लिए व्याकुल बने रहते हैं।

ब्रजजन सकल स्याम-ब्रतधारी।
बिन गोपाल और नहिं जानत आन कहें व्यभिचारी॥
जोग मोट सिर बोझ आनि कै कत तुम घोष उतारी?
इतनी दूरि जाहु चलि कासी जहाँ बिकति है प्यारी॥
यह संदेस नहिं सुनै तिहारा, है मंडली अनन्य हमारी।
जो रसरीति करी हरि हमसों सो कत जात बिसारी?
महामुक्ति कोऊ नहिं बूझै, जदपि पदारथ चारी।
सूरदास स्वामी मनमोहन मूरति की बलिहारी॥66॥

शब्दार्थ—ब्रजजन = ब्रजवासी। सकल = सारे। स्याम-ब्रतधारी = कृष्ण-प्रेम का व्रत धारण करने वाले। आन = अन्य। मोट = गठरी। घोष = अहीरों की बस्ती-गोकुल। प्यारी = महँगी। अनन्य = अनोखी। रसरीति = प्रेम-क्रीड़ाएँ। बिसारी = भुलाई। कत = कैसे। पदारथ चारी = धर्म, अर्थ, काम, मोक्ष नामक चार पदार्थ। बूझै = पूछे।

सन्दर्भ—प्रस्तुत पद में गोपियाँ उद्धव से अपना वास्तविक परिचय देती हैं। इस परिचय में वे अपने कृष्ण प्रेम को उद्घाटित करती है और उद्धव को यह सलाह देती हैं कि आप कहीं अन्यत्र जाकर अपने योग मत का प्रचार करें। फिर वे अपनी स्मृति में चली जाती हैं, उस स्मृति को वे भूल नहीं पातीं। वे उस स्मृति में इतनी मगन हैं कि उन्हें धर्म, अर्थ, काम, मोक्ष कुछ भी नहीं चाहिए। निर्गुण से जो मिलना है, वह न मिले। इस तरह वे अपने तर्क का विस्तार कर देती हैं।

सरलार्थ—हे उद्धव! सम्पूर्ण ब्रजवासी कृष्ण-प्रेम के व्रत को दृढ़ता से धारण किये हुए हैं, वे कृष्ण के अतिरिक्त अन्य किसी को प्रेम करना तो दूर रहा, उसके

प्रति आकर्षित भी नहीं हो सकते। हम गोपाल कृष्ण के अतिरिक्त अन्य किसी को नहीं जानतीं। यदि हम किसी अन्य अर्थात् तुम्हारे निर्गुण ब्रह्म की बातें भी करें तो हम व्यभिचारी कही जायेंगी, क्योंकि पतिव्रता नारी किसी अन्य को अपने मन में नहीं ला सकती, यदि वह ऐसा करती है तो वह व्यभिचारिणी है। तुमने अपनी योग की गठरी का भारी बोझ यहाँ अहीरों की बस्ती-गोकुल में लाकर क्यों उतारा है? अत: उचित यही है कि तुम इसे यहाँ के दूर स्थित काशी ले जाओ, वहाँ के लोग इसका मर्म समझते हैं।

हे उद्धव! हमारी यह गोपियों की मण्डली अत्यन्त विलक्षण है और कृष्ण-प्रेम में निमग्न है, अत: यहाँ तुम्हारा निर्गुण-ब्रह्म सम्बन्धी उपदेश कोई सुनने वाला नहीं। हमारे साथ कृष्ण ने यहाँ प्रवास करते समय जो प्रेम-लीलाएँ की थीं क्या वे भुलाई जा सकती हैं? उन प्रेम-क्रीड़ाओं की स्मृति के सम्मुख धर्म, अर्थ, काम, मोक्ष-चारों पदार्थों से युक्त महामुक्ति का कोई मूल्य नहीं है। हमें तो कृष्ण-प्रेम में ही उक्त चार पदार्थों से युक्त महा-मुक्ति प्राप्त हो चुकी है, अत: निर्गुण-ब्रह्म के मार्ग पर चलकर प्राप्त होने वाली मुक्ति का हमारे लिए कोई आकर्षण नहीं। हम तो अपने स्वामी मनमोहन कृष्ण की सुन्दर मूर्ति पर अपने प्राण न्यौछावर करती हैं।

कहति कहा ऊधो सों बौरी।
जाको सुनत रहे हरि के ढिंग स्यामसखा यह सो री!
हमको जोग सिखावन आयो, यह तेरे मन आवत?
कहा कहत री! मैं पत्यात री नहीं सुनी कहनावत॥
करनी भली भलेई जानैं, कपट कुटिल की खानि।
हरि को सखा नहीं री माई! यह मन निसचय जानि॥
कहाँ रास-रस कहाँ जोग-जप? इतनो अंतर भाखत।
सूर सबै तुम कत भइँ बौरी याकी पति जो राखत॥67॥

शब्दार्थ—बौरी = बावली, पगली। ढिंग = पास, समीप। पत्यात = विश्वास करती हूँ। कत = क्यों। याकी = इसकी। पति = विश्वास। राखत = करती हो।

सन्दर्भ—प्रस्तुत पद में गोपियाँ उद्धव से कुछ नहीं कहतीं। वे आपस में बातचीत करती हैं तथा इसी बातचीत में वे उद्धव को चुप रहने के लिए विवश कर देती हैं। आखिर वे आपस में तो बातचीत कर ही सकती हैं। उनको लगता है और वे एक-दूसरी से कहती भी हैं कि यह व्यक्ति सीधा और सरल नहीं है। यह तो कपटी है, जान-बूझकर हमें भ्रमित करने आया है। जब वक्ता पर आप विश्वास ही नहीं करते, तब उसकी बातों के सत्यासत्य पर विचार होगा ही नहीं।

सरलार्थ—उद्धव का उपदेश सुनने के उपरान्त एक गोपी दूसरी गोपी से कहती है कि हे पगली! तू उद्धव से क्या बात कर रही है? अरी पगली। यह श्याम का वह

सखा है जो सदा उनके पास निवास करता है और जिसके विषय में हम कब से सुनती आ रही हैं। क्या तू यह समझती है कि यह यहाँ हमें योग की शिक्षा प्रदान करने आया है? आखिर तू कह क्या रही है, मुझे तो इस बात पर विश्वास ही नहीं आता कि यह यहाँ हमें योग का उपदेश देने आया है। तूने वह कहावत तो सुनी ही होगी कि सज्जन और भले लोग अपनी प्रकृति के अनुसार दूसरों की भलाई में रत रहते हैं और नीच मनुष्य अत्यन्त कपटी होते हैं और दूसरों का कार्य बिगाड़ने में प्रसन्नता अनुभव करते हैं। अत: हे सखी! यह कृष्ण का सखा नहीं है, यह तू अपने मन में निश्चय जान ले। यह तो कोई धूर्त और कपटी है जो कृष्ण के सखा के रूप में हमसे छल करने आया है।

हे सखी! तनिक इस बात पर तो विचार करो, कि कहाँ तो कृष्ण के साथ प्रेम विहार, क्रीड़ाओं का आनन्द और कहाँ योग-साधना तथा तपस्या का कठिन कार्य? यह किस प्रकार दो परस्पर-विरोधी बातें कह रहा है। यदि यह कृष्ण का सखा होता तो हमें उनके प्रेम से विमुख होकर योग-तपस्या का उपदेश न देता। क्या तुम सब पागल हो गई हो जो इसकी बातों का विश्वास करके इसे कृष्ण के सखा के समान आदर दे रही हो।

ऐसेई जन दूत कहावत।
मोको एक अचंभो आवत या में ये कह पावत?
बचन कठोर कहत, कहि दाहत, अपनी महत गँवावत।
ऐसी परकृति परति छाँह की जुवतिन ज्ञान बुझावत॥
आपुन निलज रहत नखसिख लौं एते पर पुनि गावत।
सूर करत परसंसा अपनी, हारेहु जीति कहावत॥68॥

शब्दार्थ— मोको = मुझे। या में = इसमें। महत = महत्ता, गुरुत्व सम्मान। परकृति = प्रकृति, संसर्ग अथवा छाया का प्रभाव। जुवतिन = युवतियों, अबलाओं, गोपियों को। बुझावत = समझाते हैं। आपुन = स्वयं। निलज = निर्लज्ज। नखसिख-लौं = ऊपर से नीचे तक पूरी तरह। एते पर = इतने पर भी। पुनि = फिर।

सन्दर्भ— प्रस्तुत पद में गोपियाँ परस्पर संवाद करती हुई दिखाई देती हैं और वे उद्धव के बारे में अपनी राय व्यक्त करती हैं। उद्धव के दूत रूप को ये अपना निशाना बनाती हैं कि दूत कैसा व्यक्ति होता है। आमतौर से माना जाता है कि एक की बात यथावत रूप में दूसरे तक पहुँचाना–यह दूत का कर्म है। लेकिन व्यवहार में दूत कपटी होता है। सीधी बात नहीं करता। फिर इस अर्थ को वे उद्धव पर लागू करती हैं और इस बहाने से उद्धव के साथ-साथ कुब्जा पर भी व्यंग्य करती हैं। इसमें अपनी पीड़ा का वर्णन नहीं करती हैं।

सरलार्थ— गोपियाँ व्यंग्य करती हुई परस्पर वार्तालाप करती हुई कहती हैं

कि वस्तुत: ऐसे ही लोग सफल दूत कहे जाते हैं जो वास्तविक सन्देश न कह कर इधर-उधर की बातें गढ़ कर सुनाया करते हैं। मुझे इस बात का आश्चर्य है कि ऐसा करने से अर्थात् योग का सन्देश सुना कर हमें संतप्त करने से इन्हें क्या लाभ होता है? ऐसे लोग दूसरों से कठोर वचन कहते हैं, जैसे उद्धव हमसे कृष्ण को भुलाकर निर्गुण-ब्रह्म की उपासना करने को कह रहे हैं, इस प्रकार के वचनों से दूसरों को दुखी करते हैं, संतप्त करते हैं और इस प्रकार अपनी महत्ता और सम्मान भी गँवा बैठते हैं।

वस्तुत: संगति का प्रत्येक व्यक्ति पर प्रभाव पड़ता है जिसके कारण वह बौरा जाता है और ऊटपटाँग बातें करने लगता है, उद्धव इसके साक्षात् प्रमाण हैं। कुब्जा की संगति के कारण इनकी बुद्धि भ्रष्ट हो गई है जिससे हम अबलाओं को योग और निर्गुण-ब्रह्म की शिक्षा देने यहाँ आ गये हैं। ऐसे लोग पूरी तरह निर्लज्ज होते हैं, वे अपने उक्त प्रकार के निर्लज्ज कार्यों के लिए लज्जा अनुभव न करके निरन्तर अपनी ही हाँके चले जाते हैं। ये लोग स्वयं अपनी ही प्रशंसा में रत रहते हैं तथा अपनी पराजय को भी विजय कहते हैं।

प्रकृति जोई जाके अंग परी।
स्वान-पूँछ कोटिक जो लागै सूधि न काहु करी॥
जैसे काग भच्छ नहि छाँड़ै जनमत जौन घरी।
धोये रंग जात कहु कैसे ज्यौं कारी कमरी?
ज्यों अहि डसत उदर नहि पूरत ऐसी धरनि धरी।
सूर होउ सो होउ सोच नहिं, तैसे हैं एउ री॥ 69॥

शब्दार्थ—प्रकृति = स्वभाव, आदत। स्वान = कुत्ता। कोटिक = करोड़ों। सूधि = सीधी। न काहु करी = कोई नहीं कर सका। काग = कौआ। भच्छ = खाने न खाने योग्य पदार्थ। कारी कमरी = काला कम्बल। अहि = सर्प। जनमत = जन्म लेते ही। जौन घरी = जिस समय। धरनि धरी = टेक पकड़ रखी है, स्वभाव बन गया है। एउ = यह भी।

सन्दर्भ— प्रस्तुत पद में गोपियाँ उद्धव की प्रकृति को अतिरंजित रूप में प्रस्तुत करती हैं। उद्धव ऐसे ही हैं, इसे न तो गोपियाँ मानती हैं और न स्वयं उद्धव ऐसे थे। फिर भी यहाँ तर्क करते हुए गोपियाँ उन्हें एक विशेष प्रकृति का व्यक्ति सिद्ध करती हैं, जो दूसरों को दुख देकर प्रसन्न होता है। कृष्ण को छोड़कर निर्गुण ब्रह्म का उपदेश देना उनका वैसा ही कार्य है। इन्हें नहीं करना चाहिए, लेकिन ये अपनी प्रकृति से लाचार हैं। इनका अपना कोई दोष नहीं है। इसलिए वे प्राकृतिक जीवों का उदाहरण देकर अपनी बात को पुष्ट करती हैं।

सरलार्थ—एक गोपी अन्य गोपियों से कहती है कि जिसका जैसा स्वभाव हो

जाता है, उसे फिर बदला नहीं जा सकता। करोड़ों प्रयत्न करने पर भी कुत्ते की पूँछ को आज तक कोई सीधा नहीं कर सका। इसका कारण यह है कि पूँछ का स्वभाव सदा टेढ़ा रहने का हो गया है, अब उसे सीधा किया ही नहीं जा सकता। कौआ जन्म से भक्ष्याभक्ष्य अर्थात् खाने-न-खाने योग्य पदार्थों को खाना आरम्भ करता है और अपने सम्पूर्ण जीवन में इस स्वभाव को नहीं छोड़ता। अच्छा यह बताओ कि क्या धोने से काले कम्बल का रंग उतर सकता है। यद्यपि सर्प का दूसरों को डसने से पेट नहीं भरता क्योंकि उसके पेट में तो कुछ जाता ही नहीं तथापि डसने का उसका स्वभाव पड़ गया है, इसे वह नहीं छोड़ता। यह उद्धव भी ऐसे ही हैं, दूसरों को दुखी करने का इनका स्वभाव बन गया है, अत: इन्हें तो इसी बात में आनन्द मिल रहा है, इन्हें इस बात की कोई चिन्ता नहीं कि इनके इस प्रकार के व्यवहार का क्या परिणाम निकलने वाला है।

तौ हम मानैं बात तुम्हारी।
अपनो ब्रह्म दिखावदु ऊधो मुकुट - पिताम्बरधारी॥
भजि हैं तब ताको सब गोपी सहि रहि हैं बरु गारी।
भूत समान बतावत हमको जारहु स्याम बिसारी॥
जे मुख सदा सुधा अँचवत हैं ते विष क्यों अधिकारी।
सूरदास प्रभु एक अंग पर रीझि रहीं ब्रजनारी॥ 70॥

शब्दार्थ— बरु = भले ही। गारी = गाली। भूत-समान = छायामात्र। जारहु = दग्ध करते हो। बिसारी = भुला कर। अँचवत = आचमन करते हैं। रीझि = मुग्ध हुई।

सन्दर्भ— प्रस्तुत पद में गोपियाँ उद्धव के सामने एक असम्भव शर्त रखती हैं। यदि इसे वे पूरी कर दें तो सभी गोपियाँ निर्गुण ब्रह्म को स्वीकार कर लेंगी। यदि आप निर्गुण ब्रह्म को भी कृष्ण की वेषभूषा धारण करके दर्शन दिला दो तो हम सब निर्गुण मत को स्वीकार कर लेंगी। अर्थात् निर्गुण-सगुण का यदि भेद मिट जाए तो हम गोपियाँ इस मत को मान लेंगी। स्पष्ट है कि ऐसा सम्भव नहीं है। यह असम्भव होने की आड़ लेकर गोपियाँ अपने दोष से बच जाती हैं कि उन्होंने निर्गुण को क्यों नहीं अपनाया? या कृष्ण का सन्देश क्यों स्वीकार नहीं किया।

सरलार्थ— हे उद्धव! एक शर्त पर तुम्हारी बात मान कर हम तुम्हारे ब्रह्म को स्वीकार कर लेंगी। वह शर्त यह है कि तुम अपने ब्रह्म के मोर-मुकुट तथा पीताम्बर धारण किए हुए दर्शन करा दो। हम सब गोपियाँ फिर उसी ब्रह्म का ध्यान-भजन करने लगेंगी। भले ही इसके लिए उन्हें संसार चरित्रहीन होने की गाली दे, वे इसे भी सहन कर लेंगी किन्तु हमें यह सम्भव प्रतीत नहीं होता क्योंकि तुम अपने ब्रह्म को छायाहीन अर्थात् आकारहीन बताते हो, अत: उसका मोर-मुकुट और पीताम्बर धारण करना असम्भव ही है, इस पर हम कृष्ण को भुलाकर उसे स्वीकार नहीं

कर सकतीं। तुम ऐसा कह कर हमें अत्यन्त पीड़ा पहुँचा रहे हो। इस प्रकार एक तो हम कृष्ण को भुला देंगी और दूसरी ओर तुम्हारे आकारहीन ब्रह्म को भी प्राप्त नहीं कर सकेंगी। इस प्रकार हमारे लिए तो दोनों ओर दुख ही दुख है। हम तो सदा अपने मुख से अमृतपान करती आई हैं, उसी मुख से आज विष का पान किस प्रकार कर सकती हैं?

हे उद्धव! सम्पूर्ण ब्रजनारियाँ तो अपने कृष्ण के मनोहर शरीर पर मुग्ध हैं, वे उन्हें त्याग कर तुम्हारे शरीर-विहीन निराकार ब्रह्म को स्वीकार नहीं कर सकतीं।

यहै सुनत ही नयन पराने।
जबहीं सुनत बात तुव मुख की रोवत रमत ढराने॥
बारंबार स्यामघन घन तें भाजत फिरत लुकाने।
हमकों नहिं पतियात तबहिं तें जब ब्रज आपु समाने॥
नातरु यहौ काछ हम काछति वै यस जानि छपाने।
सूर दोष हमरे सिर धरिहौ तुम हो बड़े सयाने॥ 71॥

शब्दार्थ— पराने = पलायन करते हैं, भाग खड़े होते हैं। तुव = तुम्हारे। रमत = व्यस्त हो जाते हैं। ढराने = ढुलक गये। भाजत = भागते। लुकाने = छिपने के लिए। पतियात = विश्वास करते। आपु = अपने। समाने = समाए हैं। नातक = नहीं तो। काछ हम काछति = वेश धारण करतीं। छपाने = छिप गए हैं।

सन्दर्भ— प्रस्तुत पद में गोपियाँ अपनी आँखों को अलग करके प्रस्तुत करती हैं। वे स्वयं तो उद्धव के पक्ष में हो जाती हैं और अपने से दूर खड़ी आँखों की पीड़ा का वर्णन करने लग जाती हैं जो प्रकारान्तर से गोपियों की अपनी ही पीड़ा है, जो आँखों के माध्यम से अभिव्यक्त हो रही है। फिर वे उद्धव से निवेदन करती हैं कि तुम्हारे इस उपदेश से आँखों की पीड़ा बढ़ गई है। अतः जो दूसरों को इतना पीड़ित करे वह अच्छा कैसे हो सकता है।

सरलार्थ— गोपियाँ उद्धव से कहती हैं कि हे उद्धव! तुम्हारी निर्गुण-ब्रह्म सम्बन्धी बातें सुनते ही हमारे नेत्र भयभीत हो कर भाग खड़े हुए हैं। जैसे ही ये तुम्हारे मुख से इस प्रकार की बातें सुनते हैं, तुरन्त ही इनसे आँसू ढुलक आते हैं और ये बन्द हो जाते हैं। वस्तुतः ये नेत्र कृष्ण के रूप-दर्शन के उपासक हैं। तुम्हारी बातें सुनकर उन्हें यह शंका होने लगती है कि हम तुम्हारी बातों में आकर कृष्ण को त्याग कर निर्गुण-ब्रह्म को स्वीकार कर लेंगी और इस प्रकार ये नयन कृष्ण-दर्शन से सदैव के लिए वंचित हो जायेंगे। इसी कारण ये भयभीत हैं और तुम्हारे उपदेश आरम्भ करते ही भाग खड़े होते हैं। अब तो इनकी यह दशा है कि वर्षा ऋतु में श्याम रंग के बादलों को देखकर उनसे छिपने के लिए ये इधर-उधर भागते-फिरते हैं। इसका कारण यह है कि एक तो काले बादलों को देखकर इन्हें कृष्ण की स्मृति हो आती है, दूसरे सभी काले रंग

वालों ने धोखा दिया है, अत: ये काले मेघों से भी अब डरने लगे हैं।

हे उद्धव! जब से आप ब्रज में आकर विराजमान हुए हैं, तब से हमारे ये नेत्र हमारा भी विश्वास नहीं करते। इन्हें इस बात का सन्देह है कि हम तुम्हारी बात मानकर निर्गुण-ब्रह्म को स्वीकार कर लेंगी, इस कारण ये छिप गये हैं। वस्तुत: यदि हमारे नेत्र मुँद न जाते तो हम तुम्हारे उपदेशानुसार योगियों का वेश अब तक धारण कर चुकी होतीं और इस प्रकार योग-साधना के मार्ग को अपना लेतीं। अब जबकि ये नेत्र ही हमारे अधिकार में न रहे, ब्रह्म-दर्शन हम किस प्रकार करेंगी? यह हमारे लिए असम्भव है, अत: हम बाध्य हैं, तुम्हारी बात स्वीकार करने में असमर्थ हैं। यद्यपि इसमें हमारा कोई दोष नहीं, पर तुम स्वयं को अधिक विवेकशील समझते हो, अत: सारा दोष हमारे सिर पर थोप दोगे?

नयननि वहै रूप जौ देख्यो।
तौ ऊधो यह जीवन जग को साँचु सफल करि लेख्यो॥
लोचन चारु चपल खंजन, मनरंजन हृदय हमारे।
रुचिर कमल मृग मीन मनोहर स्वेत अरुन अरु कारे॥
रतन जटित कुंडल श्रवननि वर, गंड कपोलनि झाँई।
मनु दिनकर-प्रतिबिंब मुकुर महँ ढूँढ़त यह छबि पाई॥
मुरली अधर विकट भौहैं करि ठाढ़े होत त्रिभंग।
मुकुतमाल उर नीलसिखर तें धँसि धरनी ज्यों गंग॥
और भेस को कहै बरनि सब अँग अँग केसरि खौर।
देखत बनै, कहत रसना सो सूर बिलोकत और॥72॥

शब्दार्थ—लेख्यो = समझें। लोचन = नेत्र। चारु = सुन्दर। चपल = चंचल। रुचिर = मनोहारी। श्रवननि = कान। गंड = गर्दन। झाँई = परछाईं। दिनकर-प्रतिबिम्ब = सूर्य का प्रतिबिंब। मुकुर = दर्पण। त्रिभंग = तीन जगह से टेढ़ा शरीर, त्रिभंगी मुद्रा। मुकुतमाल = मोतियों की माला। नील सिखर = पर्वत का नील शिखर। धँसि = घुसकर। धरनी = पृथ्वी। बरनि = वर्णन। खौर = तिलक। सो = वह।

सन्दर्भ—प्रस्तुत पद में गोपियाँ उद्धव से निवेदन करती हैं कि हम नहीं, हमारी आँखें यदि कृष्ण के उसी रूप को पुन: देख लें जैसा उन्होंने बालपन में देखा था तो हमारा जन्म सार्थक हो जाए। उसके बाद वे अतीत की स्मृति में चली जाती हैं और कृष्ण के रूप-माधुर्य में डूब जाती हैं। वर्णन करते-करते उनको लगने लगता है कि कृष्ण के रूप का वर्णन तो हम कर ही नहीं पातीं क्योंकि उनके रूप को तो आँखों ने देखा है और वर्णन जीभ को करना है। अब कान और जीभ में इतनी दूरी है, इसलिए हम ठीक से आपको बता नहीं सकतीं कि कृष्ण का रूप कैसा मन को हरनेवाला है।

सरलार्थ—गोपियाँ कहती हैं कि हे उद्धव! यदि हम अपने नेत्रों में कृष्ण के उसी मनोहर रूप के पुन: दर्शन कर लें तो इस संसार में प्राप्त अपने जीवन को सार्थक स्वीकार कर लें। कृष्ण के खंजन पक्षी के समान सुन्दर और चंचल नेत्र हमारे हृदय को प्रसन्न करने वाले हैं। उनके वे नेत्र कमल, मृग और मछली के नेत्रों के समान सुन्दर एवं मनोहारी हैं। वे श्वेत, लाल और काले रंगों का अद्‌भुत मिश्रण हैं—अर्थात् उनके नेत्रों की पुतली काली है, आस-पास का भाग श्वेत है तथा लाल डोरे हैं, इस प्रकार उनमें इन तीनों रंगों की अद्‌भुत छटा दिखाई देती है।

कृष्ण के कानों में रत्नजड़ित कुण्डल लटके रहते हैं जिनकी सुन्दर झलक उनकी गर्दन तथा कपोलों पर पड़ती है। इस झलक से ऐसा प्रतीत होता है मानो सूर्य दर्पण में अपना प्रतिबिंब ढूँढ़ रहा हो और उसकी इस खोज से ऐसी शोभा उत्पन्न हो रही हो।

कृष्ण अधरों पर मुरली धारण किये हुए उसे बजाने के प्रयत्न में जब अपनी भौंहें टेढ़ी करके त्रिभंगी मुद्रा में खड़े होते हैं तो उनकी छबि हमारे मन को मोह लेती है। कृष्ण के वक्षस्थल पर पड़ी मोतियों की माला इस प्रकार सुशोभित हो रही है मानो पर्वत के नीले शिखर से उतर कर गंगा धरती पर आ गई हो। हम कृष्ण के अन्य वेश का वर्णन कहाँ तक करें। केसर के तिलकों से शोभायमान उनके संपूर्ण अंग-प्रत्यंग अत्यन्त मनोहारी दृश्य प्रस्तुत करते हैं। उनके इस सौन्दर्य का वर्णन करना मानव-रसना के लिए असंभव है, क्योंकि नेत्र देखते हैं, अनुभव करते हैं किन्तु वर्णन करने में असमर्थ हैं, जबकि जिह्वा देख न पाने के कारण सौन्दर्य का वर्णन नहीं कर पाती। इस प्रकार इन दोनों इन्द्रियों की अपूर्णता के कारण कृष्ण के स्वर्णिम सौन्दर्य का वर्णन असंभव है, क्योंकि एक की अनुभूति को दूसरा अभिव्यक्त नहीं कर पाता।

नयनन नन्दनन्दन ध्यान।
तहाँ लै उपदेस दीजै जहाँ निरगुन ज्ञान॥
मानिपल्लव-रेख गनि गुन-अवधि बिधि-बंधान।
इते पर कहि कटुक बचनन हनत जैसे प्रान॥
चंद्र कोटि प्रकास मुख, अवतंस कोटिक भान।
कोटि मन्मथ वारि छबि पर, निरखि दीजित दान॥
भृकुटि कोटि कुदंड रुचि अवलोकनी संधान।
कोटि बारिज बंक नयन कटाच्छ कोटिक बान॥
कंबु ग्रीवा रतनहार उदार उर मनि जान।
आजानुबाहु उदार अति कर पद्‌म सुधानिधान॥
स्याम तन पटपीत की छबि करै कौन बखान?
मनहु निर्तत नील घन में तड़ित अति दुतिमान॥

रासरसिक गोपाल मिलि मधु अधर करती पान।
सूर ऐसे रूप बिनु कोउ कहा रच्छक आन॥73॥

शब्दार्थ— गनि = गिनकर, समझकर। गुन-अवधि = सर्वगुण-सम्पन्न। विधि-बंधान = ब्रह्मा की रचना। इते पर = इतने पर। हनत = मारते हो। अवतंस = मुकुट, कुण्डल। भानु = सूर्य। मन्मथ = कामदेव। वारि = न्यौछावर। दीजित = दिया है। कुदण्ड = कोदण्ड, धनुष। अवलोकननी = चितवन। संधान = धनुष की प्रत्यंचा खींचना। बारिज = कमल। बंक = तिरछे, टेढ़े। कंबु = शंख। ग्रीवा = गर्दन। उदार उर = विस्तृत वक्षस्थल। मनि = मणियों की माला। आजानुबाहु = घुटनों तक लम्बी एवं विशाल भुजाएँ। पदम = कमल। सुधानिधान = अमृतसागर। बखान = वर्णन। निर्तत = नृत्य करती हुई। तड़ित = बिजली। दुतिमान = प्रकाशवान। आन = अन्य। रच्छक = रक्षक।

सन्दर्भ—प्रस्तुत पद में गोपियाँ अपनी आँखों के माध्यम से कृष्ण प्रेम का वर्णन करती हैं। फिर वे विस्तार से कृष्ण के रूप-सौन्दर्य का वर्णन करती हैं, जिन पर ये नेत्र मुग्ध हैं। इनको कृष्ण के अलावा कुछ अच्छा नहीं लगता। इसलिए निर्गुण ब्रह्म के गुण-दोष पर बिना टिप्पणी किए हुए वे उसे नकार देती हैं और उद्धव को सलाह देती हैं कि हम तो इस योग्य नहीं है। इस निर्गुण ब्रह्म को वहाँ ले जाकर बेचो जहाँ इसके पारखी लोग रहते हैं। जिन निर्गुण ब्रह्म को आम जनता के हित में बताया गया है, उस निर्गुन ब्रह्म को सूरदास की गोपियाँ नकार रही हैं और ये गोपियाँ उस आम जनता का ही हिस्सा हैं।

सरलार्थ—वे उद्धव से कहती हैं कि हे उद्धव! हमारे ये नेत्र सदा नन्दनन्दन कृष्ण के ध्यान में निमग्न रहते हैं। उन्हें अन्य न तो कुछ भाता है और न ही सुहाता है। अत: तुम अपने निर्गुण-ब्रह्म के ज्ञान को वहाँ ले जाओ, जहाँ लोग इसकी परख करने में समर्थ हों। तुम्हारा ब्रह्म गुणहीन अर्थात् निर्गुण है जबकि हम पत्तों के समान अपनी कोमल हथेलियों पर अंकित रेखाओं को गिन-गिन कर ब्रह्म द्वारा लिखित अपने इस भाग्य पर गर्व अनुभव करती हैं कि इसी के कारण हमें गुणों की सीमा अर्थात् सर्वगुण सम्पन्न कृष्ण जैसे प्रियतम उपलब्ध हुए हैं। हम तो उनके वियोग से पहले से ही पीड़ित हैं और तुम ऊपर से कृष्ण को भूल जाने के लिए कठोर, कटु वचन कह कर हमारे प्राणों को और अधिक व्यथित कर रहे हो। तुम्हें चाहिए यह था कि हम विरह-विदग्ध कामिनियों पर तरस खाते और हमें कृष्ण के लौटने का समाचार देकर आश्वस्त करते, किन्तु तुम्हारी गति विपरीत है, तुम तो हमें और अधिक पीड़ा पहुँचा रहे हो।

हमारे कृष्ण अत्यधिक सुन्दर हैं। उनके मुख की शोभा करोड़ों चन्द्रमाओं के सम्मिलित प्रकाश के समान शुभ्र, शीतल और शान्तिदायक है। और कानों में धारण किये हुए उनके कुण्डलों की चमक करोड़ों सूर्य के प्रकाश के समान देदीप्यमान है।

कृष्ण के सौन्दर्य पर करोड़ों कामदेवों की छवि को न्यौछावर किया जा सकता है और इनकी इसी सौन्दर्य-छवि को देखकर हमने अपना सर्वस्व उनके प्रति समर्पित कर दिया है। उनकी भृकुटियाँ करोड़ों धनुषों के समान वक्र और खिंची हुई हैं, उनकी चितवन धनुष की खिंची हुई प्रत्यंचा के समान खिंची हुई है तथा सबको अपनी ओर आकर्षित करती है। जिस प्रकार धनुष की खिंची प्रत्यंचा को देख कर लोग भयभीत एवं स्तम्भित हो उसी की ओर देखते रह जाते हैं, उसी प्रकार कृष्ण की मोहक एवं खिंची हुई चितवन को देख लोग आकर्षित होते हैं। उनके बाँके नयन करोड़ों कमलों के समान मनोहारी हैं तथा उनके नयनों के कटाक्ष बाणों के समान मर्मभेदी एवं हृदय को निकाल कर अपनी ओर ले जाने वाले हैं।

उनकी शंख सदृश सुन्दर गर्दन में रत्नों से जड़ा हुआ हार सुशोभित होता है जिसमें पिरोई हुई कौस्तुक मणि उनके विशाल वक्षस्थल पर शोभा पा रही है। उनकी घुटनों तक दीर्घ भुजाएँ शरणागत की सहायता करने में समर्थ हैं। उनके हाथ कमल के समान सुन्दर हैं तथा अमृत के सागर के समान सबको जीवन-दान देने एवं रक्षा करने में समर्थ हैं। उन्होंने अपने श्याम शरीर पर पीत-परिधान धारण किया हुआ है और उससे उत्पन्न शोभा का वर्णन नहीं किया जा सकता। श्याम शरीर पर पीत-परिधान को देखकर ऐसा प्रतीत होता है कि अतिशय प्रकाशित विद्युत काले बादलों में नृत्य कर रही हो।

ऐसे शोभा सम्पन्न रासलीला में हमारे साथ आनन्द का अनुभव करने वाले गोपालकृष्ण को मिल कर हम प्रसन्न होती थीं तथा उनके अधरों के अमृत का पान करती थीं। हे उद्धव! अब तुम ही कहो कि ऐसे अनुपम रूप सम्पन्न कृष्ण के अतिरिक्त हमारी रक्षा और पालन कौन कर सकता है। इसलिए हमें कृष्ण को छोड़ निर्गुण-ब्रह्म स्वीकार्य नहीं।

देन आए ऊधो मत नीको।
आवहु री! सब सुनहु सयानी, लेहु न जस को टीको॥
तजन कहत अंबर आभूखन, गेह नेह सब ही को।
सीस जटा, सब अंग भस्म, अति सिखवत निर्गुन फीको॥
मेरे जान यहै जुवतिन को देत फिरत दुख पी को।
तेहि सर-पंजर भए स्याम तन, अब न गहत डर जी को॥
जाकी प्रकृति परी प्रानन सों, सोच न पोच भली को।
जैसे सूर ब्याल डसि भाजत का मुख परत अमी को॥ 74॥

शब्दार्थ— नीको = अच्छा। तजन = छोड़ने के लिए। अम्बर = आकाश। पी = प्रियतम। सर-पजर = बाणों का समूह। पोच = बुरी। ब्याल = सर्प। अमी = अमृत। मत = राय।

सन्दर्भ— प्रस्तुत पद में गोपियाँ आपस में बातचीत कर रही हैं। आरम्भ में वे एक दूसरी को बुलाकर परिहास की भाषा में व्यंग्य करती हैं। वे उद्धव के मत को अपने ढंग से उद्धृत करती हैं। इस उद्धरण से स्वतः उद्धव के मत का खंडन हो जाता है। फिर वे उद्धव के व्यक्तित्व पर टिप्पणी करती हैं कि दूसरों को दुख देना इनकी प्रकृति है। हमें निर्गुण का उपदेश देकर कष्ट पहुँचा रहे हैं। इससे उनको कोई लाभ होनेवाला नहीं है। तब भी वे हमें कष्ट पहुँचा रहे हैं। इसका कारण यह है कि यह इनकी प्रकृति है। जैसी अन्य जीवों में भी होती है।

सरलार्थ— गोपियाँ परस्पर कह रही हैं कि हे सखी! ये उद्धव हमें बहुत अच्छा उपदेश देने के लिये यहाँ पधारे हैं। हे विवेकशील सखियो! तुम सब यहाँ आकर इनकी बातें सुनो और उन पर आचरण करके यश प्राप्त करो। ये हमसे वस्त्र, आभूषण, घर तथा स्नेहजनित सब सम्बन्धों को त्याग देने का आग्रह कर रहे हैं तथा कहते हैं कि हम शीश पर जटा-जूट धारण कर लें एवं समस्त शारीरिक अंगों पर भस्म मल लें, इस प्रकार ये हमें अत्यन्त फीके निर्गुण-ब्रह्म को अपना लेने का उपदेश दे रहे हैं। मुझे ऐसा प्रतीत होता है कि ये उद्धव निर्गुण-ब्रह्म का उपदेश देकर युवतियों को उनके प्रियतम के वियोग का दुःख देते फिर रहे हैं।

अपना यह काम उद्धव अपने उपदेश रूपी बाणों से कर रहे हैं, जिसके कारण इसका शरीर काला पड़ गया है—अब इनके पास इन उपदेश रूपी बाणों के समूह के अतिरिक्त किसी को देने के लिए कुछ नहीं रहा। इन्हें इन बाणों से प्रहार करने में भय नहीं लगता, वस्तुतः ये स्वयं को अब अजेय समझते हैं। किसी ने उचित ही कहा है जिसका जैसा स्वभाव बन गया, अथवा जिसका स्वभाव प्राणों में समा जाता है, वह व्यक्ति अपने स्वभावानुसार कार्यरत रहता है और उसके सम्पन्न करते समय उसे भले-बुरे का विवेक नहीं रहता। वह यह विचार करता ही नहीं कि इससे उसे लाभ होने वाला है, या हानि। जैसे सर्प का स्वभाव दूसरों को काटने का होता है, वह काट कर भाग जाता है किन्तु क्या ऐसा करने में उसके मुख में अमृत पड़ जाता है? नहीं यह बात नहीं है। वस्तुतः दूसरों को डसना उसका स्वभाव बन गया है, इसलिए वह अपनी प्रकृति अनुसार कार्य करता है और हानि-लाभ का विचार नहीं करता।

प्रीत करि दीन्हीं गरे छुरी।
जैसे बधिक चुगाय कपट कन पाछे करत बुरी॥
मुरली मधुर चेंप कर काँपो मोरचंद्र ठटवारी।
बंक बिलोकनि लूक लागि बस सकी न तनहिं सम्हारी॥
तलफत छांड़ि चले मधुबन को फिरि कै लई न सार।
सूरदास वा कलप-तरोवर फेरि न बैठि डार॥75॥

शब्दार्थ— कन = अनाज के दाने। बुरी = बुराई, बुरी दशा। कांपी = कम्पा,

नोंक पर लासा लगा हुआ चिड़ियों को चिपका कर पकड़ने वाला बाँस। टटवारी = टटिया। लूक = आग। सार = खबर, समाचार। कलप-तरोवर = कल्प वृक्ष।

सन्दर्भ— प्रस्तुत पद में गोपियाँ कृष्ण को सीधे उपालम्भ दे रही हैं। उनके कष्ट का कारण स्वयं कृष्ण हैं। उन्होंने ही पहले हमसे प्रेम किया और फिर हमें छोड़कर चले गए। हम अब भी उनके आने की बाट देख रही हैं। फिर वे कृष्ण की उपमा बहेलिया से देती हैं, जो चिड़ियों को लालच देकर पकड़ता है और फिर आग में भूनकर खा जाता है। इसमें गोपियाँ न तो उद्धव से कुछ निवेदन करती हैं, न कृष्ण से आर्त्त प्रार्थना करती हैं। वे सिर्फ़ कृष्ण द्वारा दिए गए दुखों का वर्णन करती हैं।

सरलार्थ— हे उद्धव! कृष्ण ने हमारे प्रति अपना प्रेम प्रदर्शित करके अन्तत: हमारे गले पर छुरी चला दी है, और इस प्रकार हमारी भावनाओं की जीते-जी हत्या कर डाली है। उन्होंने हमारे साथ इस प्रकार का व्यवहार किया है जैसा बहेलिया पक्षियों के साथ उन्हें पकड़ने के लिए करता है। बहेलिया सबसे पहले पक्षियों को चुगने के लिए कपटपूर्ण अनाज के दाने डालता है और जब दाने के लालच में वह उसके जाल में फँस जाते हैं तो उनकी अत्यन्त बुरी गत बनाता है। कृष्ण ने भी हमें पहले झूठा प्रेम दर्शा कर अपने कपट-जाल में फाँस लिया और फिर हमें वियोग पीड़ा में तड़पता हुआ छोड़कर स्वयं मथुरा जा बैठे और अब तुम्हारे हाथों निर्गुण-ब्रह्म-सम्बन्धी सन्देश भेज कर मर्मान्तक पीड़ा पहुँचा रहे हैं। कृष्ण ने मुरली के मधुर स्वर रूपी लासा को अपने हाथ रूपी बाँस पर लगा कर कम्पा बनाया, तत्पश्चात् मोर पंख के मुकुट रूपी टटिया की आड़ में छिप कर हम गोपियों रूपी चिड़ियों को अपने प्रेमजाल में फाँस लिया। और फिर हमें अपनी तिरछी चितवनरूपी ज्वाला में जलने के लिये छोड़ दिया। इस प्रेम की ज्वाला में हमारा सब कुछ होम हो गया, हम अपने शरीर को भी बचाने में सफल न हो सकीं अर्थात् तन-मन से कृष्ण के प्रेम-जाल में फँस कर उस कपटी बहेलिये के पूर्णरूप से वश में हो गईं।

फ़िर जिस प्रकार बहेलिया पक्षियों को तड़पा-तड़पा कर आग में भूनता है और फिर उनका भक्षण करता है, उसी प्रकार कृष्ण भी वियोगाग्नि में तड़पने के लिये हमें छोड़कर स्वयं मथुरा के लिए प्रस्थान कर गये और न कभी स्वयं ही लौटे और न कभी कोई शुभ-समाचार ही भेजा और न ही कभी कोई खोज-खबर ली। इसके पश्चात् हम फिर कभी उस कृष्ण रूपी कल्प-वृक्ष की डाल पर बैठ कर आनन्द का उपभोग न कर सकीं। अब हम आश्रयहीन पक्षियों के समान भटकती रहती हैं, अब हमें सम्पूर्ण मनोकामनाओं को पूरा करने वाले कृष्ण रूपी कल्पवृक्ष की छाया उपलब्ध नहीं होती।

कोउ ब्रज बाँचत नाहिंन पाती।
कत लिखि लिखि पठवत नन्दनन्दन कठिन बिरह की काती॥

नयन, सजल, कागद अति कोमल, कर अंगुरी अति ताती।
परसत जरै, बिलोकत भीजै दुहूँ भाँति दुख छाती॥
क्यों समुझैं ये अंक सूर सुनु कठिन मदन-सर-घाती।
देखे जियहिं स्यामसुंदर के रहहिं चरन दिनराती॥ 76॥

शब्दार्थ— कोउ = कोई। बाँचत = बाँचता, पढ़ता। पाती = पत्री। काती = छुरी। ताती = गर्म। परसत = स्पर्श करते ही। अंक = अक्षर। मदन-सर-घाती = कामदेव के बाणों के समान घातक।

सन्दर्भ— प्रस्तुत पद में गोपियों की स्थिति का वर्णन किया गया है। यह उस समय की स्थिति का वर्णन है जब उद्धव कृष्ण की चिट्ठी लेकर ब्रज में आए और उन्होंने कृष्ण के सन्देश की वह चिट्ठी गोपियों को दे दी। अब वैसे तो गोपियाँ निरक्षर हैं, कहाँ पढ़ पाती होंगी। चिट्ठी कृष्ण ने भेजी है इसलिए वे इसी सम्बन्ध भावना से चिट्ठी को छूती हैं। परन्तु वे पढ़ नहीं पातीं। इसका कारण बताते हुए इस पद में गोपियों की विरह-दशा का मार्मिक वर्णन कर देते हैं। इस विरह-वर्णन के अन्त में निष्कर्ष यही निकलता है कि ये श्यामसुन्दर कृष्ण को देखकर ही जीवित रह सकती हैं, अन्यथा नहीं।

सरलार्थ— इस ब्रज में कोई भी कृष्ण द्वारा भेजे हुए पत्र को नहीं पढ़ना चाहता। न जाने क्यों नन्दनन्दन कृष्ण हमारी इस वियोगावस्था में इस प्रकार की कठोर एवं छुरी के समान प्राणघातक चिट्ठियाँ लिख कर हमें और भी दुखी कर रहे हैं? इस पत्र का पढ़ना हमारे लिए सम्भव नहीं हो पा रहा क्योंकि इसके लिए प्रयुक्त कागज अत्यन्त कोमल है। हमारे नेत्र आँसुओं से भीगे हुए हैं और विरह की अग्नि में जलते रहने के कारण हमारी उँगलियाँ गर्म हैं, इस प्रकार यदि हम इसे स्पर्श करती हैं तो इसके जल जाने का भय है, यदि पढ़ने के लिए देखती हैं तो आँसू गिरने के कारण इसके भीग जाने का भय है। इस प्रकार दोनों स्थितियों में इसे न पढ़ पाने के कारण हमारे हृदय में दुःख हो रहा है। हे उद्धव! सुनो! हम कृष्ण द्वारा लिखे हुए इन अक्षरों को किस प्रकार समझें—ये तो हमें कामदेव के कठोर बाणों के समान अत्यधिक पीड़ा पहुँचा रहे हैं। हम तो श्यामसुन्दर कृष्ण को देखकर तथा दिवा-रात्रि उनके चरणों में पड़े रहकर ही जीवित रह सकती हैं।

मुकुति आनि मंदे में मेली।
समुझि सगुन लै चलो न, ऊधो! ये सब तुम्हरे पूँजि अकेली॥
कै लै जाहु अनत ही बेंचन, कै लै जाहु जहाँ विष-बेली।
याहि लागि को मरै हमारे बृंदाबन पायँन-तर पेली॥
सीस धरे घर घर कत डोलत, एकमते सब भईं सहेली।
सूर वहाँ गिरिधरन छबीलो जिनकी भुजा अंस गहि मेली॥77॥

शब्दार्थ— मंदे = सस्ता बाजार। अनत = अन्य किसी स्थान पर। विष-बेली = विष की बेल अर्थात् कुब्जा। मरै = जान खपाये। पाँयन-तर पेली = पाँवों के नीचे कुचल दिया जायेगा। अंस = कन्धा। मेली = रख ली।

सन्दर्भ— प्रस्तुत पद में गोपियाँ उद्धव को एक व्यापारी के रूप में पेश कर रही हैं जो ब्रज में अपना निर्गुण ब्रह्म रूपी माल को बेचने आया है, क्योंकि यहाँ बाजार सस्ता है। इस तरह गोपियाँ पूरे उद्धव प्रकरण को नया सन्दर्भ दे देती हैं। फिर गोपियाँ उद्धव को सम्बोधित करती हैं। उद्धव को बुरा-भला कहती हैं और उसे यह 'माल' कहीं और बेचने की सलाह देती हैं। फिर वे कुब्जा-कृष्ण के सम्बन्धों पर भी टिप्पणी कर देती हैं। इन सबके मूल में उनका अटूट कृष्ण-प्रेम और कृष्ण के विरह में व्याकुल जीवन है।

सरलार्थ— हे उद्धव! तुमने निर्गुण-ब्रह्म से प्राप्त मुक्ति का सौदा यहाँ ब्रज के सस्ते बाजार में बेचने के लिए लाकर उतारा है किन्तु यहाँ इसका कोई ग्राहक या खरीददार तुम्हें नहीं मिलेगा। हमें लगता है कि तुम मथुरा से शुभ शगुन में नहीं चले, इसलिए तुम्हारा सौदा यहाँ न बिक सकेगा। तुम्हारे पास यही तो एकमात्र पूँजी है और यदि यह यहाँ न बिकी तो तुम्हें बड़ी हानि उठानी पड़ेगी, अत: तुम्हारे लिए यही उचित है कि इसे किसी अन्य स्थान पर बेचने के लिए ले जाओ। अथवा इसे वहाँ ले जाओ जहाँ वह विष की बेल कुब्जा रहती है। वह तुम्हारी इस मुक्ति के महत्त्व को समझती है अत: तुम्हारे वहाँ पहुँचते ही वह तुरन्त इसे खरीद लेगी।

इसके लिए यहाँ ब्रज में कौन अपनी जान खपाता फिरे, अपनी मतिभ्रष्ट करे, यहाँ वृन्दावन में तो इसे पाँवों के तले कुचल दिया जायेगा, यहाँ इसके महत्त्व को कोई नहीं समझता, यह सभी के लिए त्याज्य है। इसके बोझ को अपने सिर पर लेकर तुम व्यर्थ ही घर-घर घूम रहे हो और इसे बेचने का प्रयत्न कर रहे हो। वस्तुत: हम सब सहेलियाँ एकमत हो गई हैं और हमने मिल कर इसे न खरीदने का फैसला किया है। इस मुक्ति की तो भोग में पड़े हुए लोगों को आवश्यकता है, हम तो पहले ही कृष्ण के विरह में संतप्त हैं। वह अद्‌भुत छैल-छबीले, रंगीले गोवर्धनधारी कृष्ण वहीं मथुरा में हैं और उनकी भुजाओं को कुब्जा ने पकड़ कर अपने कन्धे पर रख लिया है—वे दोनों परस्पर रंगरेलियाँ मना रहे हैं, वे दोनों भोगी हैं, सम्भवत: तुम्हारी गुहार सुनकर उनके मन में विरक्ति की भावना उत्पन्न हो जाए और वह तुम्हारी इस मुक्ति को खरीद लें।

हम, अलि, गोकुलनाथ अराध्यो।
मन बच क्रम हरि सों धरि पतिब्रत प्रेमयोग-तप साध्यो॥
मातु-पिता-हित-प्रीति निगम-पथ तजि दुख-सुख-भ्रम नाख्यो।
मानऽपमान परम परितोषी अस्थिर थित मन राख्यो॥

सकुचासन, कुलसील परस करि, जगतबँद्य करि बंदन।
मानऽपवाद पवन-अवरोधन हित - क्रम काम - निकंदन॥
गुरुजन-कानि अगिनि चहुँदिसि, नभ-तरनि-ताप बिनु देखे।
पिवन धूम-उपहास जहाँ तहँ, अपजस श्रवन अलेखे॥
सहज समाधि बिसारि बपु करी, निरखि निमेख न लागत।
परम ज्योति प्रतिअंग-माधुरी धरत यहै निसि जागत॥
त्रिकुटी सँग भ्रूभंग तराटक नैन नैन लगि लागे।
हँसन प्रकास, सुमुख कुंडल मिलि चंद्र सूर अनुरागे॥
मुरली अधर श्रवन धुनि सो सुनि अनहद सब्द प्रमाने।
बरसत रस रुचि-बचन - संग, सुख-पद-आनन्द-समाने॥
मंत्र दियो मनजात भजन लगि, ज्ञान ध्यान हरि ही को।
सूर, कहौं गुरु कौन करै, अलि, कौन सनै मत फीको? ॥ 78 ॥

शब्दार्थ—क्रम = कर्म। निगम पथ = वेदों द्वारा निर्धारित मार्ग। नाख्यो = लाँघा, पार किया। थित = स्थित। परस = स्पर्श। अवरोधन = रोक दिया है। काम-निकन्दन = काम भावना पर विजय प्राप्त कर ली है। कानि = मर्यादा। तरनि = सूर्य। बपु = शरीर। निमेख = निमिष पल। त्रिकुटी = दोनों भौंहों के बीच का स्थल। तराटक = त्राटक, योग के छः कर्मों में से एक, टकटकी बाँध कर किसी एक बिन्दु पर ध्यान केन्द्रित करना। मनजात = कामदेव। समाने = लीन हो जाना।

सन्दर्भ—प्रस्तुत पद में गोपियाँ अपने कृष्ण-प्रेम का वर्णन कर रही हैं। इस पद में वे अपने प्रेम की तुलना निर्गुण भक्ति से कर रही हैं। उनका तर्क यह है कि निर्गुण भक्ति के जो-जो विधान हैं, हम कृष्ण भक्ति में उन्हीं विधानों का पालन कर रही हैं। और जब आपके विधान हमारी भक्ति में भी है तो हम कृष्ण भक्ति को छोड़कर निर्गुण भक्ति की साधना क्यों करें। फिर वे कृष्ण के ब्रह्म स्वरूप का वर्णन करती हैं। इस तरह गोपियाँ निर्गुण ब्रह्म को न अपनाने के नए-नए रूप तर्क ढूँढ़कर लाती हैं। ऐसी मौलिक उद्‌भावनाएँ भ्रमर गीत प्रसंग की जान है।

सरलार्थ—हे भ्रमर! हमने तो केवल गोकुलनाथ कृष्ण की आराधना की है। हमने मन, वचन एवं कर्म से कृष्ण के प्रति पतिव्रत धर्म को धारण करते हुए प्रेम रूपी योग की साधना की है। जिस प्रकार एक योगी संसार के बन्धनों से स्वयं को मुक्त कर, सुख-दुःख के भ्रम से छुटकारा पाकर समरसता की स्थिति को प्राप्त कर लेता है, उसी प्रकार हमने भी प्रेम-योग में अपने माता-पिता तथा अन्य बन्धुओं एवं हितैषियों के स्नेह को, वेदों एवं शास्त्रों द्वारा निर्धारित पथ एवं नारी सुलभ लोकलज्जा एवं मर्यादा को त्याग कर सुख-दुःख तथा तज्जन्य भ्रम आदि तीनों सांसारिक अवस्थाओं को पार कर लिया है और इस प्रकार अब हमें योगियों

के समान ही समरसता की स्थिति प्राप्त हो गई है। हम मान एवं अपमान—दोनों स्थितियों में पूर्ण सन्तुष्ट रहती हैं, हमें अब ये दोनों अवस्थाएँ ही प्रेम-मार्ग से विचिलित नहीं कर पातीं, हमने अपने अस्थिर एवं चंचल मन को कृष्ण-प्रेम में इस प्रकार एकाग्र कर लिया है कि उस पर मानापमान अथवा सांसारिक प्रलोभनों का कोई प्रभाव नहीं होता।

जिस प्रकार योगी आसन पर बैठ कर ध्यान करता है, जल को हाथ में लेकर आचमन करता है और फिर संसार द्वारा पूज्य ब्रह्म की वन्दना करता है, उसी प्रकार हमने भी संकोच को अपना आसन बनाया है, अर्थात अब हम सारे संसार से विरक्त हो गई हैं और अपने प्रेम को केवल कृष्ण में ही सीमित एवं संकुचित कर लिया है, अर्थात् कुल की मर्यादा और नारी सुलभ सहज गुणशीलता का हमने आचमन कर लिया है, अर्थात् हमने कुल की मर्यादा और शील की भावना को स्वयं में आत्मसात् कर लिया है और इस प्रकार अब हमारे लिए कुल-मर्यादा और शील की भावना का अस्तित्व ही नहीं रहा। इस स्थिति में कुल-मर्यादा एवं शील की भावना का आचमन करके हम संसार द्वारा पूज्य कृष्ण की वन्दना करती रहती हैं। जिस प्रकार योगी प्राणायाम द्वारा कामभावना को पूर्णतया नष्ट कर देता है, उसी प्रकार हम भी मानापमान-प्रशंसा एवं बुराई की भावना को सर्वदा त्याग चुकी हैं तथा इन्हीं के द्वारा ही हमने काम-वासना पर विजय प्राप्त कर ली है।

जिस प्रकार योगी ब्रह्म प्राप्ति के लिए पंचाग्नि में तप कर साधना करते हैं, उसी प्रकार हम भी कृष्ण को प्राप्त करने के लिए तपस्या कर रही हैं। इसके लिए हमने अपने चारों ओर गुरु-जनों की मर्यादा रूपी अग्नि प्रज्वलित कर रखी है, अर्थात् हम अपने गुरु जनों की मर्यादा का पूर्ण-पालन करने के लिए कोई भी अमर्यादित—उच्छृंखलता पूर्ण कार्य नहीं करतीं। जिस प्रकार योगी पाँचवीं-अग्नि के रूप में सूर्यताप को सहन करता है, उसी प्रकार हम भी कृष्ण की वियोगजन्य अग्नि के ताप को झेल रही हैं। जिस प्रकार योगी पंचाग्नि से उत्पन्न धुएँ का पान करता है, उसी प्रकार हम भी संसार द्वारा किए गए उपहास रूपी कड़ुवे धुएँ का पान कर रही हैं। जिस प्रकार योगी अपने मन को पूर्णत: एकाग्र कर, अपनी श्रवण-शक्ति पर आधिपत्य पा लेता है और इस प्रकार किसी भी होने वाली ध्वनि से उसका ध्यान भंग नहीं होता, उसी प्रकार हम भी संसार में व्याप्त अपने अपयश को धैर्यपूर्वक सुनती हैं किन्तु उसकी अवहेलना नहीं करती हैं, उससे प्रभावित हो दुख अनुभव नहीं करतीं।

जिस प्रकार योगी अपने ध्यान को पूर्णत: ब्रह्म में लीन कर सहज समाधि की अवस्था धारण कर लेता है उसी प्रकार हम भी अपने शरीर की समस्त सुधि खोकर कृष्ण ध्यान में लीन हैं, हमारी पलकें टकटकी बाँधे हैं, पलभर को भी नहीं झपकतीं। जिस प्रकार योगी रात को जाग कर परम-ज्योति अर्थात् ब्रह्म के दर्शनों का आनन्द-लाभ उठाता है, उसी प्रकार हम भी रात-रात भर जागते हुए कृष्ण के प्रत्येक अंग के

सौन्दर्य एवं रूप-माधुरी का स्मरण करती हैं और उनके दर्शनों का लाभ उठाती हैं। योगी त्रिकूट-चक्र में अपने ध्यान को—अर्थात् अनिमेष रूप से अपनी दृष्टि को केन्द्रित कर लेते हैं, उनकी भाँति हम भी अपने ध्यान को कृष्ण के भ्रू-भंग पर केन्द्रित कर उनके भावों को जानने की चेष्टा करती रहती हैं। योगी इस स्थिति में 'पूर्ण स्थिर' हो जाते हैं—इस अवस्था को 'त्राटक मुद्रा' धारण करना कहते हैं—जबकि हम अपने नेत्रों को प्रियतम कृष्ण के नेत्रों से मिला कर उनकी ओर टकटकी बाँधे देखती रहती हैं—हमारी यह अवस्था पूर्ण स्थिर है और त्राटक मुद्रा के समान है।

जिस प्रकार योगी की कुण्डलिनी, इड़ा, पिंगला आदि नाड़ियों को भेदती हुई सुषुम्ना नाड़ी से होकर छः चक्रों को भेदती हुई ब्रह्मरन्ध्र में पहुँच जाती है तथा इस स्थिति में पहुँच कर साधक को परम-ज्योति के दर्शन होते हैं, यहाँ चन्द्र और सूर्य मिल कर एकाकार हो जाते हैं और परमज्योति का प्रकाश चारों ओर फैल कर सारे संसार को ज्योतिमान करता है, उसी प्रकार हम भी कृष्ण के सुन्दर एवं शीतलतादायक मुखरूपी चन्द्र तथा कानों में पड़े कुण्डल रूपी सूर्य के सम्मिलित प्रकाश से युक्त कृष्ण के शोभायमान मुख पर परम ज्योति के समान व्याप्त मुस्कान के दर्शन करती हैं और इस प्रकार स्वयं को धन्य मानती हैं। योगी सहज समाधि में स्थित अहनद-नाद का श्रवण करता है, उसी के समान हम भी कृष्ण के सुशोभित अधरों पर स्थित मुरली की मधुर तान को सुनती हैं। योगी अपनी जिह्वा को उलट कर ब्रह्मरन्ध्र से प्रवाहित अमृत रस का पान करके आनन्द अनुभव करता है, जबकि हमें कृष्ण के प्रिय एवं मधुर बोलों को सुन कर अमृतरस के समान आनन्द मिलता है। योगी इस अवस्था में पहुँच कर पूर्ण रसलीन हो जाता है, जबकि हम कृष्ण के साथ रासरंग, क्रीड़ा-विहार में पूर्ण सुख का अनुभव करते हुए रसलीन हो ज.ती हैं और हमें संसार की सुधि नहीं रहती।

योगी किसी गुरु से मंत्र प्राप्त कर योग-साधना की ओर प्रवृत्त होता है और ब्रह्म में ध्यान लगाता है, उसी भाँति हमने भी कामदेव रूपी गुरु से कृष्ण-प्रेम रूपी मंत्र ग्रहण किया है और निरन्तर कृष्ण के ध्यान में खोई रहती हैं। अतः हे भ्रमर! अब तुम्हीं यह बताओ इस स्थिति में हम किसी अन्य को किस प्रकार अपना गुरु धारण कर लें? इसी कारण हम तुम्हारे इस नीरस योग-सिद्धान्त को सुनना नहीं चाहतीं।

कहिबे जीय न कछु सक राखो।
लावा मेलि दए हैं तुमको बकत रहौ दिन आखो॥
जाकी बात कहौ तुम हमसों सो धौं कहौ को काँधी।
तेरो कहो सो पवन भूस भयो, बहो जात ज्यों आँधी॥
कत श्रम करत, सुनत काह्याँ है, होत जो बन को रोयो।
सूर इते पै समुझत नाहीं, निपट दई को खोयो॥79॥

शब्दार्थ—सक = शक, सन्देह। लावा मेलि दए = जादू का टोना करके पागल कर देना। आखो = पूरा, सारा। काँधी = स्वीकार की, अंगीकार की। दई को खोयो = नासमझ, गया बीता।

सन्दर्भ—प्रस्तुत पद में गोपियाँ उद्धव के उपदेश की प्रभावहीनता की चर्चा कर रही हैं। चूँकि उद्धव का यहाँ कोई प्रभाव पड़नेवाला नहीं है इसलिए वे उद्धव से कहती हैं कि तुमको जो कुछ कहना है, वह सब नि:संकोच होकर कह दो। मन में कोई बात छिपाकर मत रखो। फिर वे उद्धव पर ही टिप्पणी करती हैं कि यह पगला गए हैं। सारा दिन कुछ का कुछ बोलते रहते हैं। आमतौर से वक्ता को पता चल जाता है कि सुननेवाला सुनकर समझ रहा है या नहीं? सहमत है या नहीं? यदि सुननेवाला सहमत न हो तो वह समझाना बन्द कर देता है। लेकिन उद्धव ऐसा कुछ नहीं करता। इसलिए गोपियाँ उसे निरा मूर्ख ही प्रमाणित कर देती हैं।

सरलार्थ—हे उद्धव! तुमने जो कुछ कहना है, कह डालो, तनिक भी संकोच न करो। ऐसा प्रतीत होता है कि किसी ने तुम पर जादू-टोना करके तुम्हें पागल बना दिया है, इसी कारण तुम सारा दिन बकते रहते हो। तुम हमसे जिस ब्रह्म को स्वीकार कर लेने की बातें कर रहे हो क्या उसे पहले भी किसी ने स्वीकार किया है? अब तक निर्गुण ब्रह्म के सम्बन्ध में जो कुछ भी तुमने कहा है, वह यहाँ ऐसे विलीन हो गया है जैसे आँधी भूसे को उड़ा कर ले जाती है और उसका निशान-मात्र भी नहीं रहता—अर्थात् यहाँ तुम्हारे निर्गुण ब्रह्म सम्बन्धी उपदेश का किसी पर भी रंचमात्र प्रभाव नहीं पड़ा। तुम अपनी बातों को कहने में व्यर्थ इतना श्रम कर रहे हो, यहाँ इस पर कोई ध्यान देने और आचरण करने वाला नहीं। यहाँ तुम्हारा यह उपदेश उसी प्रकार व्यर्थ है जिस प्रकार निर्जन बन में किसी विपत्तिग्रस्त व्यक्ति का सहायता के लिए चिल्लाना क्योंकि वहाँ उसकी सहायता करने कोई नहीं आने वाला। हमें इस बात का अत्यन्त खेद है कि तुम्हें इतना समझाने पर भी तुम समझ नहीं पा रहे, तुम तो निरे मूर्ख हो।

अब नीके कै समुझि परी।
जिन लगि हुती बहुत उर आसा सोऊ बात निबरी॥
वै सुफलकसुत, ये सखि! ऊधो मिली एक परिपाटी।
उन तो वह कीन्ही तब हमसों, ये रतन छँड़ाई गहावत माटी॥
ऊपर मृदु भीतर तें कुलिस सम, देखत के अति भोरे।
जोइ जोइ आवत वा मथुरा तें एक डार के से तोरे॥
यह सखि, मैं पहिले कहि राखी असित न अपने होंहीं।
सूर कोटि जौ माधो दीजै चलत आपनी गौ हीं॥80॥

शब्दार्थ—नीके कै = भलीभाँति। हुती = थी। निबरी = समाप्त हो गई।

परिपाटी = परम्परा। सुफलकसुत = अक्रूर जी। गहावत = ग्रहण करने को कहते हैं। माटी = धूल। रतन = रत्न। छँड़ाइ = छुड़ा कर। कुलिस = वज्र के समान कठोर। असित = श्यामवर्णीय। माथो दीजै = सिर फोड़ें, प्रणाम करें। गौं = रास्ता।

सन्दर्भ—प्रस्तुत पद में गोपियाँ आपस में बातचीत कर रही हैं। उद्धव का सन्देश और उपदेश सुनने के उपरान्त गोपियाँ इस निष्कर्ष पर पहुँचती हैं कि उद्धव के ब्रज आने का उद्‌देश्य अब समझ में आया है। ये और अक्रूर दोनों एक ही जैसे कपटी हैं। उनके अनुसार मथुरा कपट की नगरी है। वहाँ से जो भी आता है, वह सीधी-सच्ची बात नहीं कहता। इसलिए कोई कितना ही समझावे, उद्धव अपनी ही बात कहेंगे। इसलिए इनसे अब कोई विवाद नहीं करना। गोपियों को लगता है कि हम कृष्ण की स्मृति के सहारे ही जिन्दा हैं और उद्धव हमसे वह स्मृति छीनकर ले जाने के लिए आए हैं। यही उनका निहित उद्‌देश्य है।

सरलार्थ—अब उद्धव के ब्रज पधारने का मूल उद्‌देश्य हमारी समझ में भली-भाँति आ गया है। इनके दर्शन करके हमारे मन में यह आशा उठी थी कि अब हमें कृष्ण के शीघ्र लौटने का सन्देश प्राप्त होगा। किन्तु अब वह सब कुछ समाप्त हो गया है। हे सखी! वह अक्रूर और यह उद्धव—ये दोनों एक ही परम्परा से सम्बद्ध हैं—दोनों का एक ही उद्‌देश्य को लेकर ब्रज आगमन हुआ था। वह कृष्ण को हम से छीन कर ले गए थे, यह उनकी स्मृति को हम से छीनने आए हैं। अक्रूर शीघ्र ही कृष्ण को ब्रज लौट जाने का आश्वासन देकर उन्हें यहाँ से ले गए और वह फिर कभी न लौटे, अब यह उद्धव कृष्ण की स्मृति रूपी अमूल्य रत्न को हमसे छीनकर उसके बदले में धूल के समान व्यर्थ निर्गुण-ब्रह्म को हम पर थोपना चाहते हैं। ये लोग ऊपर से मृदुभाषी और कोमल-हृदय प्रतीत होते हैं किन्तु इनके हृदय भीतर से पत्थर से भी कठोर हैं और उनमें कपट भरा हुआ है। ये वस्तुतः कृष्ण के समान कठोर और छली हैं।

वह मथुरा वस्तुतः कपट की नगरी है, वहाँ से जो भी आते हैं, सभी एक ही डाली से तोड़े हुए फलों के समान कपटपूर्ण व्यवहार में दक्ष हैं। हे सखी! मैंने तो पहले ही कह रखा था ये श्याम-वर्णी कपटी होते हैं—ये अपने नहीं हो सकते, और न ही इन पर विश्वास किया जा सकता है। तुम इनके साथ लाख सिर फोड़ो, माथापच्ची करो किन्तु इनमें सुधार होना सम्भव नहीं।

मधुकर रह्यो जोग लौं नातो।
कतहि बकत बेकाम काज बिनु, होय न ह्याँ तें हातो॥
जब मिलि मिलि मधुपान कियो हो तब तू कहि धौं कहाँ तो।
तू आयो निगुन उपदेसन सो नहिं हमें सुहाय॥
काँचे गुन लै तनु ज्यों बेधौ; लै बारिज को ताँतो।
मेरे जान गह्यो चाहत हौ फेरि कै मैगल मातो॥

यह लै देहु सूर के प्रभू को आयो जोग जहाँ तो।
जब चहिहैं तब माँगि पठैहैं जो कोउ आवत-जातो॥ 81॥

शब्दार्थ—लौं = तक। हातो = दूर। तो = था। गुन = धागा। तांतो = तन्तु, रेशा। बारिज = कमल। मैगल = हाथी। मातो = मदमत्त। तो = से। आबत-जातो = मथुरा की ओर से आता-जाता हुआ व्यक्ति।

सन्दर्भ—प्रस्तुत पद में गोपियाँ उद्धव से अपने लिए योग की आवश्यकता से इनकार करती हैं। वह चूँकि गोपियों के कृष्ण प्रेम का साक्षी नहीं रहा अत: उनको इस प्रेम की गहराई का भी कुछ पता नहीं। गोपियों का कहना है कि योग से परे भी हमारा कृष्ण से सम्बन्ध है। अत: गोपियाँ उद्धव के प्रस्ताव को इस समय स्वीकार नहीं करतीं। अन्त में वे उद्धव को टालते हुए कहती हैं कि जब उन्हें जरूरत महसूस होगी तब हम मथुरा से मँगवा लेंगे। तब तक यह उपदेश कृष्ण और कुब्जा को दे दो।

सरलार्थ—हे भ्रमर! यदि हम एक बार यह स्वीकार कर लें कि कृष्ण ने तुम्हारे द्वारा हमें यह योग-सन्देश भेजा है तो क्या उनसे हमारा सम्बन्ध योग तक ही सीमित है? तुम्हें तो वास्तविकता का ज्ञान नहीं, इसी कारण तुम व्यर्थ ही बिना काम के बकते चले जा रहे हो। तुम यहाँ हमें क्यों और भी दुखी कर रहे हो, यहाँ से कहीं दूर जाकर हमारी नजरों से ओझल क्यों नहीं हो जाते? उस समय तुम कहाँ थे जब कृष्ण हमारे साथ प्रेम-क्रीड़ाएँ करते समय हमारे अधरों का रसपान किया करते थे? हम उन मधुर क्षणों की स्मृति में इस प्रकार डूबी हुई हैं कि तुम्हारे द्वारा लाया यह निर्गुण ब्रह्म सम्बन्धी उपदेश हमारे लिए स्वीकार करना उसी प्रकार असम्भव है जिस प्रकार कच्चे धागे से शरीर को बाँधने का प्रयत्न करना। तुम्हारा निर्गुण-ब्रह्म को स्वीकार कराने का प्रयत्न वैसा ही व्यर्थ है जैसा कमल के कोमल तन्तुओं द्वारा एक मदमस्त हाथी को बाँध कर अपने वश में करने का प्रयत्न व्यर्थ है।

अत: तुम्हारे लिए यही उचित है कि तुम इसे वहीं ले जाओ जहाँ से लाए हो, अर्थात् इसे कृष्ण के पास ले जाओ और उन्हें लौटा दो, वह दिन रात कुब्जा के साथ भोग-विलास में निमग्न रहते हैं, उन्हें ही इसकी आवश्यकता है। जब हमें इस योग एवं निर्गुण-ब्रह्म की आवश्यकता अनुभव होगी हम किसी मथुरा जाने-आने वाले यात्री के द्वारा इसे मँगा लेंगी।

मोहन माँग्यो अपनो रूप।
या ब्रज बसत अँचै तुम बैठीं, ता बिनु तहाँ निरूप॥
मेरो मन, मेरो अलि! लोचन लै जो गए धुपधूप।
हमसों बदलो लेन उठि धाए मनो धारि कर सूप॥
अपनो काज सँवारि सूर, सुनु, हमहिं बतावत कूप।
लेवा-देइ बराबर में है, कौन रंक को भूप॥82॥

शब्दार्थ— अँचे = आचमन कर बैठी। निरूप = रूपहीन। धुपधूप = दिन दहाड़े। सँवारि = सँवार कर। लेवा-देइ = लेन-देन। रंक = निर्धन।

सन्दर्भ— प्रस्तुत पद में गोपियाँ व्यापार का उदाहरण देकर अपनी बात कहती हैं। व्यापार में सौदा बराबर का होता है। कृष्ण गोपियों से अपना रूप लेना चाहते हैं। गोपियाँ कहती हैं कि वे हमारा मन हमको लौटा दें। कृष्ण का रूप गोपियों ने आत्मसात् कर रखा है। निर्गुण भक्ति स्वीकार करते ही वह रूप चला जाएगा। अब गोपियाँ उद्धव से कहती हैं कि आप सिर्फ लेने की बात ही क्यों करते हो? देने की बात भी तो करो। इस अद्भुत तर्क योजना के सामने उद्धव हतप्रभ हो जाते हैं।

सरलार्थ— हे सखी राधा! मोहन ने उद्धव द्वारा तुमसे वह रूप मँगा भेजा है जिसे तुमने उनके यहाँ ब्रज में रहते समय स्वयं में आत्मसात कर लिया था। उनका वह रूप अभी भी तो तुम्हारे पास है और कृष्ण उस रूप के बिना वहाँ मथुरा में निराकार बने हुए हैं। तभी तो उन्होंने हमसे निर्गुण-ब्रह्म को अपना लेने का सन्देश भेजा है जिससे तुम उन्हें छोड़ कर निराकार ब्रह्म की प्रार्थना करो और उन्हें अपना रूप प्राप्त हो सके।

अब दूसरी गोपी इस गोपी की बात का उत्तर देती हुई कहती है कि हे सखी! यदि वह अपना रूप मुझ से वापिस माँगते हैं तो मेरा मन जो वह दिन-दहाड़े अपनी बाँकी चितवन द्वारा चुरा कर ले गए थे, मेरा अपना है। वह पहले मेरा मन तो मुझे लौटायें। यह तो न्यायोचित नहीं कि वह अपनी वस्तु तो लौटाने को कहते हैं और दूसरे की वस्तु फेरना नहीं चाहते।

उनसे बढ़ कर एक यह उद्धव हैं जो दाल-पानी लेकर यहाँ आ गए हैं और बदला लेने के लिए हमारे पीछे पड़ गए हैं। अर्थात् यह उद्धव भी एक ही हैं—हमारी वस्तु लौटवाने का नाम नहीं लेते और कृष्ण का रूप वापिस लेने के लिए भागे चले आए हैं। इस प्रकार यह उद्धव अपना काम तो बना लेना चाहते हैं और हमें निर्गुण-ब्रह्म की उपासना का उपदेश देकर कुएँ में धकेल रहे हैं। वस्तुत: सच तो यह है कि लेन-देन में तो समानता का व्यवहार चलता है, उसमें बड़ा-छोटा कोई नहीं होता और न ही राजा एवं रंक का मतभेद होता है, अत: न्यायोचित यही है कि यदि कृष्ण ने अपना रूप वापिस लेना है तो पहले वह हमारा मन लौटा दें।

हरि सों भलो सो पति सीता को।
बन बन खोजत फिरे बंधु-सँग, कियो सिंधु बीता को॥
रावन मारयो, लंका जारी, मुख देख्यो भीता को।
दूत हाथ उन्हैं लिखि न पठायो निगम-ज्ञान गीता को॥
अब धौं कहा परेखो कीजै कुबजा के मीता को।
जैसे चढ़त सबै सुधि भूली, ज्यों पीता चीता को?

कीन्हीं कृपा जोग लिखि पठयो, निरखु पत्र री! ताको।
सूरदास प्रेम कह जानै लोभी नवनीता को॥83॥

शब्दार्थ—भलो = अच्छा। बीता = बालिश्त। भीता = भयभीत। मीता = मित्र। पीता = मदिरा पीने वाला। चीता = चैतन्य हुआ। ताको = उनका। नवनीता = मक्खन।

सन्दर्भ—प्रस्तुत पद में गोपियाँ राम से कृष्ण की तुलना करती हैं। राम के जीवन की व्याख्या करते हुए कहती हैं कि सीता जब राम से बिछुड़ गई तो वन-वन घूमकर राम ने सीता को खोजा। उन्होंने कृष्ण की तरह सीता के पास गीता का उपदेश नहीं भेजा? इधर कृष्ण उद्धव के साथ योग का उपदेश भेज रहे हैं। असल में मक्खन के लोभी कृष्ण सिर्फ लेना जानते हैं हमारे दुख दूर करने का कोई उपाय नहीं करते। यह राम के माध्यम से कृष्ण को उलाहना दे रही हैं।

सरलार्थ—कृष्ण से कहीं अधिक भले और अच्छे तो सीता के पति राम थे। सीता का हरण हो जाने पर उन्हें राम ने छोटे भाई लक्ष्मण के साथ वन-वन ढूँढ़ा था। जब उन्हें सूचना मिली कि सीता समुद्र पार लंका में हैं तो उन्होंने अपने अथक परिश्रम से सिन्धु पर पुल बाँधा और उसे इस प्रकार पार कर गए जैसे वह बालिश्त भर चौड़ी पानी की नाली हो। उन्होंने महान् पराक्रम प्रदर्शित करते हुए रावण का वध किया। लंका को तहस-नहस कर डाला और अन्त में रावण के त्रास से संतप्त एवं भयभीत अपनी प्रिया सीता के दर्शन किए और उन्हें त्रासमुक्त किया। राम ने हमारे इन कृष्ण के समान अपने दूत द्वारा सीता के पास शास्त्रीय ज्ञान और गीता के उपदेश का सन्देश नहीं भेजा था, अपितु राम ने दूत हनुमान के हाथों सीता को यह सन्देश भेजा था कि वह धैर्य धारण करें, प्रभु को उनकी सुधि है, वह शीघ्र ही रावण का नाश करके उनके संताप को दूर करेंगे।

हमारे कृष्ण तो कुब्जा के प्रेम में निमग्न हैं, आज उसके मीत बने हुए हैं, उससे प्रभावित होकर उन्होंने हमें योग का सन्देश लिख कर भेजा है, अत: ऐसे पराधीन व्यक्ति की बातों का क्या बुरा मानें। कुब्जा के प्रेम में मदमत्त हुए उनकी गति ही ऐसी है और आज वह हमें इस प्रकार विस्मृत कर बैठे हैं जिस प्रकार मदिरापान के उपरान्त मस्त शराबी अपनी चैतन्यता खो बैठता है।

हे सखी! उन्होंने हम पर अत्यधिक कृपा की है जो योग का सन्देश लिखकर भेजा है, इस बहाने हमें स्मरण तो किया है। जरा इनके पत्र को तो देखो। जो केवल मक्खन में ही रुचि रखता है, वह प्रेम के महत्त्व को किस प्रकार जान सकता है? कृष्ण इसी कारण प्रेम के महत्त्व को नहीं जानते, वह तो मक्खन के लोभी अर्थात् इन्द्रिय-सुख में रुचि रखते हैं तभी तो हमें यहाँ बिलखता हुआ छोड़ कर वहाँ मथुरा में कुब्जा के साथ भोग-आनन्द में निमग्न हैं।

निरमोहिया सों प्रीति कीन्हीं काहे न दुख होय?
कपट करि करि प्रीति कपटी लै गयो मन गोय॥
काल मुख तें काढ़ि आनी बहुरि दीन्हीं ढोय।
मेरे जिय की सोइ जानै जाहि बीती होय॥
सोच, आँखि मँजीठ कीन्हीं निपट काँची पोय।
सूर गोपी, मधुप आगे दरकि दीन्हीं रोय॥84॥

शब्दार्थ— निरमोहिया = निर्मोही। गोय = चुरा कर, छिपा कर। बहुरि = फिर। ढोय = धकेल दिया। मंजीठ = लाल। पोय = पकाना। दरकि = फूट फूट कर।

सन्दर्भ— प्रस्तुत पद में गोपियाँ अपनी पीड़ा का वर्णन करते हुए कृष्ण के निर्मोही रूप की निन्दा करती हैं। निन्दा करते हुए भी वे यह बताना नहीं भूलतीं कि वे कृष्ण से अब भी प्रेम करती हैं। उनका मन अभी भी कृष्ण के ही पास है। उद्धव के आने से होनेवाली प्रसन्नता के साथ वे अपनी पीड़ा का वर्णन भी करती हैं। सूरदास के पदों में सिर्फ एक ही भाव व्यक्त नहीं होता। परस्पर विरोधी भावों को गोपियाँ व्यक्त करती हैं। चूँकि संवाद उद्धव से हो रहा है, इसलिए वे उद्धव से भी कहती हैं कि अनुभवहीन होने के कारण वे हमारी पीड़ा नहीं समझ पा रहे हैं।

सरलार्थ— प्रेम-भावना से रहित निर्मोही व्यक्ति से प्रेम करने पर क्यों न दुःख हो? वह कपटी था और हमारे प्रति ऊपरी कपटपूर्ण प्रेम रच कर हमारे मन को चुपचाप चुरा कर अपने साथ ले गया। उद्धव के ब्रज आगमन पर हमने समझा था कि अब हमारे दुख के दिन बीत गए क्योंकि हमें आशा थी कि वह वियोग रूपी काल के मुख से हमारा उद्धार करने के लिए आए हैं। हमारे हृदय की इस मार्मिक वेदना को केवल वही अनुभव कर सकता है जिसने प्रिय-वियोग की वेदना को अनुभव किया हो। हमें इस बात का अत्यन्त खेद है कि कृष्ण के पूर्ण रूप से कच्चे अर्थात् ऊपरी प्रेम को हमने सच्चा परिपक्व समझा और हमने उनके वियोग में रो-रोकर अपनी आँखें मजीठ के रंग की भाँति लाल कर ली हैं। अब हमारी आँखों की अवस्था ऐसी हो गई है जैसे गीली लकड़ियों को फूँक-फूँक कर जलाने और उन पर रोटियाँ सेंकने से हो जाती है।

इस प्रकार कृष्ण की निर्मोहिता का वर्णन करते-करते उनकी निर्ममता तथा वियोगजन्य व्यथा के कारण वह फूट-फूट कर रो उठीं।

बिन गोपाल बैरिन भइँ कुंजैं।
तब ये लता लगति अति सीतल, अब भइँ विषम ज्वाल की पुंजैं॥
बृथा बहति जमुना, खग बोलत, बृथा कमल फूलैं अलि गुंजैं।
पवन पानि घनसार संजीवनि दधिसुत किरन भानु भइँ भुंजैं॥

ए, ऊधो, कहियो माधव सों बिरह कदन करि मारत लुंजैं।
सूरदास प्रभु को मग जोवत अँखियाँ भईं बरन ज्यों गुंजैं॥ 85॥

शब्दार्थ— बिषम = भयानक। पुंजैं = समूह। बृथा = व्यर्थ। अलि = भ्रमर। गुंजैं = गुंजार करते हैं। पानि = जल। धनसार = कपूर। दधिसुत = चन्द्रमा। भानु = सूर्य। भुंजैं = भूनती हैं। कदन = छुरी। लुंजैं = लुंज-पुंज बना रही हैं। बरन = वर्ण। गुंजैं = गुंजा।

सन्दर्भ— प्रस्तुत पद में गोपियाँ उद्धव को अपना दूत बनाकर कृष्ण के लिए अपना सन्देश सुना रही हैं। वे दो विपरीत अनुभवों की तुलना करती हैं। जब कृष्ण जमुना में थे, तब पेड़, पौधे, लता आदि प्राकृतिक चीजें सुहावनी लगती थीं। और अब प्रकृति तो वैसी ही है, परन्तु हमारा अनुभव बदल गया है, इसलिए प्रकृति हमें हमारी शत्रु लगने लगी है। इसलिए हे उद्धव! तुम मथुरा जाकर उनसे हमारी पूरी व्यथा बताना, ताकि कृष्ण इसको जानकर वापिस गोकुल आ जाएँ।

सरलार्थ— कृष्ण की अनुपस्थिति में अब वे सुखदायक कुंजें जिनमें हम उनके साथ विहार करती थीं शत्रु के समान हमें पीड़ा पहुँचा रही हैं। जब कृष्ण यहाँ थे तब ये लतायें हमें अत्यन्त शीतलता प्रदान करती थीं किन्तु अब उनके अभाव में ये भयानक अग्नि-ज्वालाओं के समूह के समान दग्ध करने वाली बन गई हैं। अब यह यमुना व्यर्थ प्रवाहित होती है तथा पक्षी भी व्यर्थ ही चहचहा रहे हैं। व्यर्थ ही कमल विकसित होते हैं तथा उन पर व्यर्थ ही भ्रमर गुंजार करते हैं। ये सब बातें सुखदायी तभी थीं जब कृष्ण यहाँ थे। संयोगावस्था में वायु, जल, कपूर आदि हमें संजीवनी बूटी के समान जीवन-दायक प्रतीत होते थे, किन्तु अब हमें विरह में संतप्त करने वाले हैं। उस समय चन्द्रमा की किरणें सुख एवं शान्तिदायक थीं किन्तु अब ग्रीष्मकालीन सूर्य की तप्त किरणों के समान भूनने वाली बन गई हैं।

हे उद्धव! तुम माधव से जाकर यह कहना कि उनका विरह बधिक के समान हमें गोद-गोद कर हमारे अंग-प्रत्यंगों को क्षीण किए दे रहा है, अर्थात् हमें मारे डाल रहा है। सूरदास कहते हैं कि कृष्ण की बाट जोहतीं हमारी अँखियाँ गुंजा के समान लाल पड़ गई हैं।

संदेसो कैसे कै अब कहौं?
इन नैनन्ह या तन को पहरो कब लौं देति रहौं?
जो कछु बिचार होय उर-अंतर रचि पचि सोचि गहौं।
मुख आनत, ऊधो-तन चितवत न सो बिचार, न हौं॥
अब सोई सिख देहु, सयानी! जातें सखहिं लहौं।
सूरदास प्रभु के सेवक सों बिनती कै निबहौं॥86॥

शब्दार्थ— कैसे कै = किस प्रकार। रचि-पचि = अच्छी तरह। तन = ओर। लहौं = प्राप्त करूँ। निबहौं = निर्वाह करूँ।

सन्दर्भ—प्रस्तुत पद में गोपियाँ आपसी संवाद द्वारा अपने विरह को वाणी देती हैं। इसके लिए गोपियों ने अपने शरीर और आँखों को दो अलग-अलग पात्र बनाकर उनका मानवीयकरण कर दिया है। कृष्ण के विरह में शरीर मृतप्राय हो चुका है लेकिन आँखें शरीर का पहरा देती हैं, ताकि हमारे प्राण न निकले। प्राण निकल गए तो कृष्ण से मिलन कैसे होगा? और सखियाँ यह तय करती हैं कि ऐसे में उद्धव हमारे सहायक हो सकते हैं। वे ही हमारे दूत बनकर कृष्ण को मथुरा भेज सकते हैं। जाहिर है इस बातचीत में उद्धव श्रोता के रूप में उपस्थित हैं।

सरलार्थ—हे सखी! अब मैं अपना प्रेम सन्देश प्रियतम कृष्ण के पास किस प्रकार भेजूँ? मैं अपने इस शरीर पर अपने इन नेत्रों का पहरा किस प्रकार बैठाती रहूँ। मेरा शरीर कृष्ण के वियोग में पहले ही क्षीण हो चुका है, फिर योग के सन्देश को सुन कर यह मृतप्राय हो गया है, किन्तु मेरे नेत्रों को कृष्ण के दर्शनों की आशा है, इसलिए ये शरीर पर पहरा लगाये हुए हैं ताकि यह प्राण न त्याग दे। यदि कभी मेरे हृदय में कृष्ण को प्रेम-सन्देश भेजने की भावना उत्पन्न होती है तो मैं अत्यधिक सोच-विचार के उपरान्त मन मार कर चुप रह जाती हूँ, मेरे मन में प्रेम-संदेश भेजने की दुविधा उत्पन्न हो जाती है, क्योंकि कृष्ण ने तो हमें योग का उपदेश लिखकर भेजा है, उसके प्रत्युत्तर में क्या हमारा प्रेम-सन्देश भेजना उचित है? फिर समस्त बल एकत्रित कर मैं कुछ कहना चाहती हूँ, मेरे मन में स्थित भावनाएँ वाणी का रूप धारण करना ही चाहती हैं कि उद्धव की ओर देखते ही न तो मेरे वे विचार ही स्थिर रह पाते हैं और न मैं ही।

अत: हे चतुर सखी! अब तू मुझे कोई ऐसी शिक्षा दे जिससे मैं अपने सखा एवं प्रियतम कृष्ण को पुन: प्राप्त कर सकूँ। मेरा विवेक तो यह कहता है कि स्वामी कृष्ण के इस सखा—उद्धव से प्रार्थना करने से हमारा निर्वाह हो सकता है। सूरदास कहते हैं कि यदि हम इनसे प्रार्थना करके इन्हें मथुरा भेजें तो यह हमारी दीनावस्था पर तरस खाकर कृष्ण को यहाँ ला सकते हैं।

बहुरो ब्रज वह बात न चाली।
वह जो एक बार ऊधो कर कमलनयन पाती दै घाली॥
पथिक! तिहारे पा लागति हौं मथुरा जाव जहाँ बनमाली।
करियो प्रगट पुकार द्वार ह्वै 'कालिंदी' फिरि आयो काली॥
जबै कृपा जदुनाथ कि हम पै रही, सुरुचि जो प्रीति प्रतिपाली।
माँगत कुसुम देखि द्रुम ऊँचे, गोद पकरि लेते गहि डाली॥
हम ऐसी उनके केतिक हैं अंग-प्रसंग सुनहु री, आली!
सूरदास प्रभु प्रीति पुरातन सुमरि सुमरि राधा-उर साली॥87॥

शब्दार्थ—बहुरो = फिर कभी। घाली = भेजी थी। काली = कालीनाग।

केतिक = कितनी ही। अंग-प्रसंग = कथाएँ-उपकथाएँ। आली = सखी। साली = पीड़ा देने लगी।

सन्दर्भ— प्रस्तुत पद में गोपियाँ एक अन्य पथिक को सम्बोधित कर रही हैं, जो मथुरा जा रहा है। वे उससे निवेदन करती हैं कि वह मथुरा जावें तो कृष्ण के महल के पास जाकर जोर-जोर से बोलें कि यमुना नदी में फिर कालिया नाग आ गया है। गोपियों को विश्वास है कि कृष्ण अब भी उनसे इतना ही प्रेम करते हैं, जितना उनके गोकुल प्रवास के दिनों में किया था। विरह की पीड़ा सुनकर वे आवें या न आवें परन्तु कालिया नाग की चर्चा सुनकर वे अवश्य आ जाएँगे। फिर वे अपनी स्मृति में कृष्ण को याद करती हैं और अपने प्रेम का वर्णन करती हैं। ऐसा करते-करते वे फिर पीड़ित हो जाती हैं।

सरलार्थ— हे पथिक! ब्रज में फिर कभी योग-सन्देश चर्चा जो एक बार उद्धव द्वारा कमलनयन कृष्ण ने अपनी चिट्‌ठी भेज कर आरम्भ की थी, नहीं चली। हे पथिक! मैं अब तुम्हारे पाँव पड़ती हूँ कि तुम एक बार मथुरा चले जाओ जहाँ हमारे प्रियतम बनमाली कृष्ण का निवास है। वहाँ उनके द्वार पर पहुँच कर तुम ऊँचे स्वर में यह पुकार लगाना कि यमुना नदी में कालियाँ नाग ने फिर अपना डेरा जमा लिया है। सम्भवत: इससे कृष्ण के हृदय में हमारा प्रेम पुन: जाग उठे और वह ब्रज की रक्षा करने हेतु चले आयें।

जब कृष्ण यहाँ थे, तो उनकी सदैव हम पर कृपा बनी रहती थी। उस समय वह हमारे प्रेम को सुरुचि के साथ स्वीकार करते थे तथा प्रतिदान में भी प्रेम-प्रदर्शित करते थे। जब हम किसी ऊँचे वृक्ष पर लटकते हुए पुष्पों को पाने की इच्छा व्यक्त करती थी तो हमें गोद में उठा कर डाली पकड़ा देते थे जिससे हम फूल तोड़ लेती थीं। हमारे समान न जाने उनकी कितनी प्रियतमाएँ हैं। हे सखी! हम तुम्हें उनकी ऐसी क्रीड़ाएँ एवं प्रसंग कहाँ तक सुनाएँ, कहाँ तक स्मरण दिलाएँ? जब वह यहाँ थे तो इसी प्रकार हमारे साथ प्रेम-क्रीड़ाओं में निमग्न रहते थे।

इस प्रकार राधाकृष्ण के प्राचीन प्रेम-भरे व्यवहारों को स्मरण करके अत्यन्त व्याकुल हो गईं। सूरदास कहते हैं कि गोपियों को ये स्मृतियाँ उनके पीड़ित हृदय को व्यथित करने लगीं।

ऊधो! क्यौं राखौं ये नैन?
सुमिरि सुमिरि गुन अधिक तपत हैं सुनत तिहारो बैन॥
हैं जो मनोहर बदनबद के सादर कुमुद चकोर।
परम-तृषारत सजल स्यामघन के जो चातक मोर॥
मधुप मराल चरनपंकज के, गति बिलास-जल मीन।
चक्रवाक, मनिदुति दिनकर के, मृग मुरली आधीन॥

सकल लोक सूनी लागतु है बिन देखे वा रूप।
सूरदास प्रभु नन्दनन्दन के नखसिख अंग अनूप॥ 88॥

शब्दार्थ— राखौं = रोकूँ, समझाऊँ। मनोहर = मन को हरने वाले। बदनचंद = चन्द्रमुख। तृषारत = प्यासे। मराल = हंस। दिनकर = सूर्य। सकल = सार। लोक = संसार।

सन्दर्भ—प्रस्तुत पद में गोपियाँ अपने आँखों का मानवीयकरण करके तटस्थ भाव से उनकी पीड़ा का वर्णन कर रही हैं। उद्धव का उपदेश सुनकर जो दुख गोपियों को हुआ था, उसे वे आँखों का दुख कहकर व्यक्त कर रही हैं। इस उपदेश से उनको लगता है कि अब कृष्ण से मिलना सम्भव नहीं होगा। फिर वे अपनी स्मृति में आँखों के आनन्द और कृष्ण के सौन्दर्य का वर्णन करती हैं। इस तरह इस पद में संयोग और वियोग दोनों भावों का समन्वय हो जाता है।

सरलार्थ— हे उद्धव! कृष्ण-वियोग में हमारे ये नेत्र अति व्यथित हैं। हमारे लिए इनको समझा कर रखना भी एक समस्या बन गई है। तुम्हारी निर्गुण-ब्रह्म सम्बन्धी बातों को सुन कर इन्हें कृष्ण के गुणों की याद आ गई है जिससे ये अब अधिक दुख अनुभव कर रहे हैं। हमारे ये नेत्र हमारे मन के चोर कृष्ण के चन्द्र-सम सुन्दर मुख के प्रति अत्यन्त श्रद्धा एवं अनुराग से भर कुमुदिनी और चकोर के समान उनके दर्शनों को लालायित रहते हैं। ये काले मेघ के समान कृष्ण के सुन्दर शरीर को देखने के लिए उसी प्रकार प्यास अनुभव करते हैं जिस प्रकार चातक एवं मयूर।

हमारे ये नेत्र कृष्ण के कमल-चरणों के भ्रमर एवं हंस के समान उत्कट प्रेमी हैं। जिस प्रकार मीन केवल जल में ही जीवित रह सकती है, उसी प्रकार हमारे ये नेत्र कृष्ण की मन्द-मंथर चाल को देखकर जीवन पाते हैं। ये उनके दर्शन पाकर उसी प्रकार आनन्दित होते हैं और आलोक से भर उठते हैं जिस प्रकार चकवा-चकवी और सूर्यकान्त मणि सूर्य के प्रकाश को देखकर आनन्द एवं प्रकाश से आपूरित होते हैं। जिस प्रकार बधिक की मुरली की तान सुनकर मृग अपनी सुध-बुध खो बैठता है और उसके पास भागा चला आता है, उसी प्रकार ये कान भी कृष्ण की मुरली की मधुर ध्वनि को सुनकर उसके वशीभूत हो रहते हैं और अपनी सुधि खो बैठते हैं। इन नेत्रों को कृष्ण के उस मधुर रूप को देखे बिना सारा संसार सूना-सूना प्रतीत होता है। सूरदास कहते हैं कि गोपियाँ कहती हैं कि स्वामी कृष्ण के नख से लेकर शिख तक सारे अंग-प्रत्यंगों का सौन्दर्य विलक्षण है जिन्हें देखे बिना हमारे नेत्रों को चैन नहीं।

संदेसनि मधुबन-कूप भरे।
जो कोउ पथिक गए हैं ह्याँ ते, फिरि नहिं अवन करे॥
कै वै स्याम सिखाय समोधे कै वै बीच मरे?

अपने नहिं पठवत नन्दनन्दन हमरेउ फेरि धरे॥
मसि खूँटी कागद जल भीजे, सर दव लागि जरे।
पाती लिखें कहो क्यों करि जो पलक-कपाट अरे? ॥ 89 ॥

शब्दार्थ—अवन करे = आए, लौटे। समोधे = समझा दिये। मसि = स्याही। खूँटी = चूक गई। सर = सरकंडे। दव = दावाग्नि, वन में लगने वाली आग। कपाट = द्वार।

सन्दर्भ—प्रस्तुत पद में गोपियाँ अपने विरह और कृष्ण से संवादहीनता की स्थिति का वर्णन कर रही हैं। उनका कहना है कि हमने इतने खत भेजे हैं, उनसे मथुरा के कुंभ भर गए। उस समय जिस स्याही और कलम से लिखे थे, वे सब खत्म हो गए हैं। अब तो लिखा भी नहीं जाता। जिन सन्देशवाहक को भेजा था उनमें से कोई वापिस नहीं आया। या वे सब मर-खप गए और इधर कृष्ण की हालत यह है कि उनका तो कोई सन्देश ही नहीं आया। जबकि उनको तो वापिस गोकुल आना था।

सरलार्थ—हमने मथुरा में कृष्ण को इतने सन्देश लिख-लिख कर भेजे कि उनसे मथुरा के सब कुएँ भी भर गए होंगे। यहाँ से जितने भी पथिक हमारे सन्देश लेकर मथुरा की ओर गए, उनमें से कोई लौट कर वापिस नहीं आया। हमें लगता है कि कृष्ण उन्हें समझा-बुझा कर वहीं रोक लेते हैं अथवा वे रास्ते में मर कर समाप्त हो गये। नन्दनन्दन कृष्ण अपनी ओर से सन्देश रूप में कोई पत्र नहीं भेजते और जो सन्देश पत्र हम उनके लिये यहाँ से भेजती हैं, उन्हें भी चुपचाप अपने पास रख लेते हैं, उनका उत्तर तक भी नहीं देते।

अब हम उन्हें और अधिक लिख कर भेजने में भी असमर्थ हैं क्योंकि सारी स्याही विरहाग्नि के ताप से सूख कर समाप्त हो गई है, सारे कागज नेत्रों के जल से भीग कर नष्ट हो गए हैं तथा हमारी विरहजन्य उत्तप्त उसाँसों के ताप से सारे जंगल में आग लग गई है जिससे कलम बनाने वाले सरकण्डों के झुण्ड जल गये हैं। इतना सब होता तो ठीक था किन्तु अब हमारी आँखें भी काम करने के योग्य नहीं रहीं। कृष्ण के विरह में रो-रोकर नेत्रों की पलकें इतनी सूज गई हैं कि ये पलकें एक रूप से किवाड़ बन गई हैं जो बन्द हैं अर्थात् नेत्र बन्द हो गये हैं, वे कुछ भी देख सकने में असमर्थ हैं।

सूरदास कहते हैं कि गोपियाँ कहती हैं कि इस प्रकार न तो आँखों से ही हमें कुछ दिखलाई देता है और न लिखने के अन्य साधन—मसि, कागज, लेखनी ही उपलब्ध हैं, अत: अब हम कृष्ण को और पत्र किस प्रकार लिख सकती हैं।

नन्दनन्दन मोहन सों मधुकर! है काहे की प्रीति?
जौ कीजै तौ है जल, रवि औ जलधर की सी रीति॥
जैसे मीन, कमल, चातक की ऐसे ही गइ बीति।

तलफत, जरत, पुकारत सुनु, सठ! नाहिन है यह रीति॥
मन हठि परे, कबंध जुद्ध ज्यों, हारेहू भइ जीति।
बँधत न प्रेम-समुद्र सर बल कहुँ बारूहि की भीति॥ 90॥

शब्दार्थ—काहे की = कैसी, किस बात की। कबन्ध = मस्तकविहीन धड़। बारुहि = बालू की, रेत की। भीति = दीवार।

सन्दर्भ—प्रस्तुत पद में गोपियाँ उद्धव से संवाद कर रही हैं। वे निर्गुण ब्रह्म को तो किसी तरह से स्वीकार नहीं कर रही हैं। यह उपदेश भले ही कृष्ण ने भेजा हो, तब भी हम इसे स्वीकार नहीं कर सकतीं। हमारा मन अभी भी कृष्ण प्रेम में ही लिप्त है। स्वयं कृष्ण हमसे प्रेम करते हैं और हमें उसी तरह पीड़ा में जलाते हैं जैसा प्रकृति में सूर्य कमल को जलाता है। प्रेम के प्राकृतिक रूप का उदाहरण देकर वे अपने और कृष्ण के सम्बन्धों का वर्णन कर रही हैं। इस पद में वे उद्धव पर कोई टिप्पणी नहीं करतीं। सभी बातें सीधे कृष्ण के बारे में है। जो भी शिकायत है, वह कृष्ण से है।

सरलार्थ—हे मधुकर! नन्दनन्दन कृष्ण से हमारी किस प्रकार की प्रीति है, हम उनसे क्यों प्रेम करें? यदि कोई उनसे प्रेम करे तो उसकी वैसी ही गति होती है जैसी जल, सूर्य और बादल से प्रेम करने वालों की होती है अर्थात् मीन जल से प्रेम करती है और उससे पृथक् होते ही तड़प-तड़प कर प्राण त्याग देती है किन्तु जल पर इसका कुछ भी प्रभाव नहीं पड़ता और वह चुपचाप आगे बढ़ जाता है, उसी प्रकार कमल का सूर्य से प्रेम है, कमल सूर्य को देखकर विकसित होता है किन्तु सूर्य दिन-भर अपने ताप से उसे जलाता है और संध्या समय उसकी पूर्ण उपेक्षा कर विश्राम करने चला जाता है। चातक की भी घन-प्रेम में यही गति है। वह प्रेम में सदा बादल को 'पिय-पिय' कह कर पुकारा करता है किन्तु बादल उसकी खुली चोंच में स्वाति नक्षत्र की एक बूँद टपकाने की भी कृपा नहीं करता। मीन, कमल और चातक अपने प्रिय के वियोग में तड़प-तड़प कर प्राण त्याग देते हैं किन्तु इस पर भी इनके प्रियतम प्रभावित नहीं होते। उसमें आत्म-समर्पण की भावना मुख्य होती है। उभय-पक्षीय प्रेम ही सफल है।

अब हम अपने इस मन को क्या कहें? इसने कृष्ण के साथ प्रेम करने का हठ पकड़ रखा है। यह प्रेम संघर्ष में पराजित हो चुका है क्योंकि कृष्ण इसके प्रेम को ठुकरा कर यहाँ से पलायन कर गये हैं किन्तु यह स्वयं को उसी प्रकार विजयी समझ रहा है जिस प्रकार युद्धभूमि में किसी योद्धा का सिर कटा कबन्ध निरन्तर युद्धरत रहता है और शत्रुओं के संहार का यश प्राप्त करता है। उसे पराजित हो जाने पर भी विजयी समझा जाता है। अत: हे उद्धव! तुम्हारा योग-ज्ञान एवं निर्गुण-ब्रह्म की उपासना का उपदेश हमारे इस अगाध प्रेम-सागर के प्रवाह को रोक पाने में उसी प्रकार असमर्थ है जिस प्रकार बालू की दीवार से समुद्र के प्रवाह को रोकना।

मधुबनियाँ लोगनि को पतिआय?
मुख औरै अंतर्गत औरै पतियाँ लिखि पठवत हैं बनाय॥
ज्यों कोइल सुत काग जिआवत भाव-भगति भोजनहिं खवाय।
कुहकुहाय आए बसंत ऋतु, अंत मिलै कुल अपने जाय॥
जसे मधुकर पुहुप-बास लै फेरि न बूझै बातहु आय।
सूर जहाँ लौं स्यामगात हैं तिनसों क्यों कीजिए लगाय?॥91॥

शब्दार्थ— मधुबनियाँ = मथुरा के। को = कौन। पतिआय = विश्वास करे। अन्तर्गत = हृदय में। बनाय = बना-बना कर। भाव-भगति = प्रेमसहित। कुहकुहाय = कूक उठती है। पुहुप = पुष्प। बातहु = बात भी। स्याम = काले शरीर वाले। तिनसों = उसके साथ। लगाय = लगन, प्रेम।

सन्दर्भ— प्रस्तुत पद में गोपियाँ कृष्ण कथा का नया अर्थ करती हैं। संयोग से कृष्ण का रंग श्याम थे, इसी रंग के उद्धव भी थे। उद्धव भी मथुरा से आए हैं और उनसे पहले कृष्ण भी मथुरा से आए थे। इस तथ्य को आधार बनाकर गोपियों ने कृष्ण और उद्धव को अविश्वसनीय कहा। साथ ही यह भी कह दिया कि मथुरा के लोगों का क्या भरोसा। इसको उन्होंने कौए की कथा से जोड़ दिया, जो कोयल के बच्चों का लालन-पालन करता है, लेकिन बड़ा होने पर वह अपने कुल में जा मिलता है। इसलिए गोपियाँ काले रंग वालों और मथुरा निवासियों को धोखेबाज करार देती हैं। कृष्ण ने तो उन्हें प्यार करके भुला देने का अपराध किया ही है।

सरलार्थ— मथुरावासी सब छली और कपटी हैं, ये विश्वसनीय नहीं, इन पर विश्वास कौन करे? इनके मुख में तो कुछ और है और हृदय में कुछ और है और वहाँ से बैठे-बैठे पत्र बना-बना कर लिख रहे हैं। कौवा कोयल के बच्चे का अत्यन्त लगन के साथ पालन-पोषण करता है, प्रेम-पूर्वक उसे खिलाता है, किन्तु बसन्त ऋतु के आते ही वह बच्चा कूकने लगता है और उड़ कर अपने कुल के साथ जा मिलता है, वह अपने माता-पिता के पास पहुँच कर कौए के त्याग को पूर्णतया विस्मृत कर देता है। कृष्ण ने भी बिलकुल ऐसा ही किया है। ब्रज में नन्द-यशोदा ने उनका बड़े प्रेम एवं लगन के साथ पोषण किया, दूध-दही मक्खन खिलाया, स्वयं कष्ट पाकर उन्हें सुखी रखा, किन्तु बड़े होने पर कृष्ण नन्द-यशोदा के इस स्नेह को पूर्णतया विस्मृत कर बैठे। उनके त्याग को भूलकर वह अपने वास्तविक माता-पिता वसुदेव-देवकी के पास मथुरा चले गए। अब तुम ही बताओ उद्धव! ऐसे लोगों का किस प्रकार विश्वास किया जा सकता है।

जिस प्रकार एक भ्रमर पुष्प के पराग का आनन्द लूट कर पुन: उसके पास नहीं आता, ठीक उसी प्रकार का व्यवहार कृष्ण ने हमारे साथ किया है। वे हमें प्रेम-क्रीड़ाओं में निमग्न कर हमारे अधरों का रसपान करके मथुरा जा बैठे

हैं और हम उनके विरह में तड़प रही हैं। ये सभी काले शरीर वाले—कोयल, भ्रमर, कृष्ण निर्मोही, निष्ठुर होते हैं, इनसे क्यों कर प्रेम किया जाय?

हरि हैं राजनीति पढ़ि आए।
समुझी बात कहत मधुकर जो? समाचार कछु पाए?
इक अति चतुर हुते पहिले ही, अरु करि नेह दिखाए।
जानी बुद्धि बड़ी, जुबतिन को जोग-सँदेस पठाए॥
भले लोग आगे के, सखि री? परहित डोलत धाए।
वे अपने मन फेरि पाइए जे हैं चलत चुराए॥
ते क्यों नीति करत आपुन जे औरनि रीति छुड़ाए?
राजधर्म सब भए सूर जहँ प्रजा न जाय सताए॥92॥

शब्दार्थ— इक = एक तो। हुते = थे। नेह = प्रेम, स्नेह। जुबतिन = युवतियों को, हम गोपियों को। डोलत धाए = दौड़ते-फिरते थे। नीति = न्याय, सदाचार। आपुन = स्वयं। जे = जिन्होंने। औरन = औरों की।

सन्दर्भ— प्रस्तुत पद में गोपियाँ अपने व्यक्तित्व को कृष्ण से, उद्धव से और अपने दुख से ऊपर उठाने की क्षमता हासिल कर चुकी हैं। इसलिए वे इस बड़प्पन से कृष्ण के कार्यों को देखकर हँस सकती हैं। यह कृष्ण के कार्यों की स्वीकृति भी है और अपनी पीड़ा से उबरने का क्षणिक प्रयास भी। जिस कृष्ण से गोपियाँ प्रेम करती थीं, वे तो बहुत भोले-भाले थे। छल-कपट उनको आता ही नहीं था, परन्तु अब उन्होंने भी मथुरा में रहकर राजनीति का अभ्यास कर लिया है। इसलिए वे सीधे कुछ न कहकर उद्धव को योग का सन्देश देकर हमारे पास भेज दिया है। अब वे बड़े लोग हैं। बड़ी बुद्धि है, इसलिए उन्होंने ऐसा किया, हालाँकि यह कहते हुए वे राजधर्म ही भूल गए कि अपनी प्रजा को कष्ट नहीं देना चाहिए।

सरलार्थ— हे सखी! अब कृष्ण ने राजनीति में पूर्ण दक्षता प्राप्त कर ली है, वे पूर्ण राजनीतिज्ञ हो गए हैं, तभी तो वह प्रेम में भी छल-कपट एवं कुटिलता से काम ले रहे हैं। यह भ्रमररूपी उद्धव जो ज्ञान-योग सम्बन्धी बातें हमसे कह रहा है, क्या ये तुम्हारी समझ में आ गई हैं? और इन बातों से तुमने कुछ मथुरा का समाचार जाना है, अर्थात् क्या तुम इस योग-सन्देश में निहित कृष्ण के वास्तविक अभिप्राय को समझ सकी हो? एक तो कृष्ण पहले ही अधिक चतुर थे जिसे उन्होंने हमारे साथ कपटपूर्ण प्रेम करके प्रमाणित कर दिया था क्योंकि हमें अपने प्रेम-जाल में फाँस कर यहाँ तड़पता-बिलखता छोड़ कर वहाँ मथुरा चले गए। अब वह हम नारियों को योग-सन्देश भेज कर अपनी विशाल बुद्धि एवं विवेक का परिचय दे रहे हैं।

हे सखी! पुरातन काल में, वस्तुत: सज्जन पुरुषों का निवास था, वे सदा दूसरों के कल्याण एवं उपकार के लिए इधर-उधर भागते-फिरते थे। एक यह सज्जन पुरुष

उद्धव हैं जो हम अबलाओं को सताने और व्यथित करने के लिए यहाँ भागे-चले आये हैं। अब हम तो कृष्ण से केवल इतना चाहती हैं कि वे हमारा वह मन जो यहाँ से प्रस्थान करते समय चुपचाप चुराकर अपने साथ ले गए हैं, हमें लौटा दें, किन्तु हमें कृष्ण से ऐसे न्यायपूर्ण कार्य की आशा नहीं है क्योंकि वह तो दूसरों से परम्परागत व्यवहारों एवं प्राचीन रीतियों को छुड़वाने में रत हैं तो फिर स्वयं उन पर क्यों कर आचरण करेंगे। देखो न! हमारा आचरण तो यह है कि हम कृष्ण-प्रेम में निष्ठावान रहें और उद्धव के माध्यम से योग-सन्देश भेजकर वह हमारी इस निष्ठा को भंग करना चाहते हैं, तो फिर उनसे न्यायपूर्ण आचरण की आशा किस प्रकार की जा सकती है?

सच्चा राजधर्म तो वह है जिसके अन्तर्गत शासक वर्ग प्रजाजनों के कल्याण में लगे हों, उन्हें कभी भी सताया न जाय।

जोग की गति सुनत मेरे अंग आगि बई।
सुलगि सुलगि हम रहीं तन में फूँक आनि दई॥
जोग हमको भोग कुबजहिं, कौने सिख सिखई।
सिंह गज तजि तृनहिं खंडत सुनी बात नई॥
कर्मरिखा मिटति नाहीं जो बिधि आनि ठई।
सूर हरि की कृपा जापै सकल सिद्धि भई॥ 93॥

शब्दार्थ— बई = लग गई। खंडत = विदीर्ण करना। ठई = निश्चित कर दी। जापै = जिस पर। मिटति = मिटती।

सन्दर्भ— प्रस्तुत पद में गोपियाँ आपस में संवाद करती हैं। गोपियाँ पहले से ही विरह में व्याकुल हैं। उद्धव के आने से उन्हें लगा कि वे कृष्ण के आने का सन्देश देंगे। वह तो दिया नहीं, इसके विपरीत उन्हें कृष्ण को भुलाकर योग का उपदेश दे दिया। इसे सुनकर गोपियाँ कहती हैं कि हमारे तो शरीर में आग ही लग गई। यह शिक्षा उद्धव को किसने दी। फिर कुब्जा पर टिप्पणी करती हैं कि कुब्जा को कृष्ण का प्रेम और हमें योग की शिक्षा, यह कहाँ का न्याय है। इस उपदेश के बावजूद गोपियाँ अपने एकनिष्ठ कृष्ण प्रेम पर अडिग रहती हैं।

सरलार्थ— गोपियाँ कहती हैं कि उद्धव की योग-साधना की इस पद्धति की बातें सुन कर हमारे समस्त शरीर में आग लग गई है। हम तो कृष्ण-वियोग में पहले ही अन्दर-ही-अन्दर सुलग रही थीं, उद्धव ने यहाँ आकर अपनी योग की बातों से हमारी विरहाग्नि को उसी प्रकार और भी भड़का दिया है जैसे कोई सुलगती हुई अग्नि को फूँक मार कर और भी भड़का देता है। हमारी समझ में नहीं आता कि उद्धव को यह शिक्षा किसने दी है कि वह हमें तो योग की साधना करने का उपदेश दे रहे हैं और कुब्जा के लिए भोग को उचित घोषित कर रहे हैं। हम वियोगिनियाँ पहले

से ही संसार से विरक्त हैं, केवल कृष्ण की साधना में रत हैं, हमें तो योग-साधना की शिक्षा प्रदान की जा रही है और पूर्णतया भोग-विलास में डूबी हुई कुब्जा को योग-साधना का उपदेश नहीं देते।

क्या आज तक किसी ने यह बात सुनी है कि सिंह ने हाथी का वध करना छोड़ कर घास चरनी आरम्भ कर दी हो? जिस प्रकार सिंह हाथी का शिकार करना छोड़कर घास नहीं चर सकता, उसी प्रकार हम भी कृष्ण-प्रेम में अपनी निष्ठा त्याग कर योग-साधना स्वीकार नहीं कर सकतीं। विधाता ने जो कर्मों की रेखा भाग्य में लिख दी है, वह मिटाए नहीं मिटती। हमारे भाग्य में कृष्ण-प्रेम की एकनिष्ठता लिखी है, अत: कोई लाख प्रयत्न करे हम इस निष्ठा को नहीं छोड़ सकतीं। उद्धव के मत में निर्गुण-ब्रह्म को अपनाने से सिद्धियाँ प्राप्त होती हैं। सूरदास कहते हैं कि जिस पर कृष्ण की कृपा है, उसका वरदहस्त है, उसे तो समस्त सिद्धियाँ अनायास ही मिल जाती हैं। वह संपूर्ण सिद्धियों के बल पर प्राप्त सुख-वैभव का स्वत: अधिकारी बन जाता है।

ऊधो! जान्यो ज्ञान तिहारो।
जानै कहा राजगति-लीला अंत अहीर बिचारो॥
हम सबै अयानी, एक सयानी कुबजा सों मन मान्यो।
आवत नाहिं लाज के मारे, मानहु कान्ह खिस्यान्यो॥
ऊधो! जाहु बाँह धरि ल्याओ सुंदरस्याम पियारो।
ब्याहौ लाख, धरौ दस कुबरी, अंतहि कान्ह हमारो॥
सुन, री सखी! कछू नहिं कहिए माधव आबन दीजै।
जबहीं मिलैं सूर के स्वामी हाँसी करि करि लीजै॥ 94॥

शब्दार्थ—राजगति-लीला = राजनीति की पेचीदगियाँ। अयानी = अज्ञानी। खिस्यान्यो = लज्जित हो गये हैं। धरि = पकड़ कर। धरौ = रखे, घर में बैठा लो। हाँसि करि-करि = हँसते हुए। लीजै = लेना, ग्रहण करना।

सन्दर्भ— प्रस्तुत पद में गोपियाँ उद्धव के आगमन और कृष्ण कथा के अर्थ का विस्तार करती हैं। उनका मानना है कि कृष्ण हमारे हैं, भोले हैं और अहीर हैं, वे राजनीति की लीला को नहीं समझते। इस तरह वे कृष्ण को उद्धव से अलग कर लेती हैं और उनके व्यक्तिव में कोई दोष नहीं देखतीं। सारा दोष उद्धव का है जो हमारे लिए योग और कुब्जा के लिए भोग लेकर आए हैं। फिर वे आपस में संवाद करती हैं और उद्धव से कहती हैं कि वे मथुरा जाकर कृष्ण को ले आवें। वे लाख विवाह करें, दस कुब्जा रख लें लेकिन अन्तत: कृष्ण तो हमारे हैं। अपने प्रिय में कोई दोष नहीं है।

सरलार्थ—हे उद्धव! तुम्हारे इस ज्ञान का समस्त रहस्य अब हमारी समझ में आ गया है। वस्तुत: यह सब तुम्हारी बनाई हुई बातें हैं, और कृष्ण बेचारे आखिर

एक अहीर कुल के हैं, वह तुम्हारी राजनीति के दाँव-पेंच को नहीं जानते। यह स्पष्ट है कि तुम और कुब्जा कृष्ण को यहाँ आने नहीं देना चाहते, इस कारण तुम दोनों ने मिलकर यह षड्‌यंत्र और प्रपंच रचा है और कृष्ण को छोड़ योग की शिक्षा देना चाहते हो। हम सब तो अज्ञानी एवं मूर्ख स्त्रियाँ हैं और कुब्जा ही एक सयानी एवं चतुर है। उससे चतुराई एवं लोक-व्यवहार सीखते-सीखते कृष्ण उसके प्रेम-जाल मे फँस गये हैं। इस कारण अब उन्हें यहाँ आने में लज्जा अनुभव होती है। अब वह खिसियाने बने हुए हैं कि हमें किस प्रकार मुँह दिखायें।

इसलिए हे उद्धव! हमारी तुमसे प्रार्थना है कि तुम तुरन्त मथुरा जाओ और कृष्ण की बाँह पकड़ कर अपने साथ यहाँ ले आओ, तभी उनकी लज्जा का निराकरण हो सकेगा। वह लाख स्त्रियों से विवाह कर लें, चाहे दस कुब्जाओं को अपने घर में डाल लें, अन्तत: वह हमारे हैं, और हमारे रहेंगे। हे सखी! मेरी बात सुनो, जब माधव यहाँ आ जाएँ तो उनसे कोई कुछ न कहे, उन्हें आराम से यहाँ आने देना। जब वह यहाँ आएँ तो हँसी-खुशी से उन्हें ग्रहण करना और आदर एवं सम्मान के साथ उनका स्वागत करना, तभी उनके मन की ग्लानि-दूर होगी और हमारे बर्ताव से उनमें हमारे प्रति किए गए अन्याय के लिए पश्चाताप की भावना उदित होगी।

> उर में माखनचोर गड़े।
> अब कैसहु निकसत नहिं, ऊधो! तिरछे ह्वै जौ अड़े॥
> जदपि अहीर जसोदानन्दन तदपि न जात छँड़े।
> वहाँ बने जदुबंस महाकुल हमहिं न लगत बड़े॥
> को बसुदेव, देवकी है को, ना जानैं औ बूझैं।
> सूर स्यामसुन्दर बिनु देखे और न कोऊ सूझैं॥95॥

शब्दार्थ—कैसेहु = किसी प्रकार भी। छँड़े = छोड़े। सूझें = सूझता। तिरछे = टेढ़े।

सन्दर्भ—प्रस्तुत पद में गोपियाँ अपने हृदय की गति का बखान करती हैं तथा इसी तर्क से निर्गुण को अपना न पाने की विवशता बताती हैं। जब तक कृष्ण को हम हृदय से निकाल नहीं देतीं, तब तक किसी और को हृदय में स्थान कैसे दे सकती हैं। और वे टेढ़े होकर हृदय में अड़ गए हैं। वे यहाँ तो अहीर हैं और वहाँ वे यदुवंशी हो गए हैं। परन्तु हम कृष्ण के बड़प्पन को नहीं जानतीं। हम तो वे वसुदेव-देवकी नन्दन को नहीं जानतीं। इसलिए गोपियाँ निवेदन करती हैं कि श्याम सुन्दर को देखे बिना हमें कुछ सूझता ही नहीं।

सरलार्थ—हमारे हृदय में माखन-चोर कृष्ण की मोहिनी मूर्ति गड़ी हुई है। उनकी माधुरी-मूर्ति त्रिभंगी है और तिरछी होने के कारण हमारे हृदय में गड़ गई है। अब यह मूर्ति वहाँ से किसी भी प्रकार निकल नहीं सकती। यद्यपि यशोदानन्दन

कृष्ण जाति के अहीर हैं, फिर भी हमसे उन्हें छोड़ते नहीं बनता। वहाँ मथुरा में जाकर वह महान् कुल यदुवंश के एक अंग बन गए हैं, तो भी हमारे लिए वह बड़े आदमी नहीं बने। हमें तो वह अभी भी अहीर-कुल के छोटे-से आदमी लगते हैं जो हमारे साथ वन में रहते हुए प्रेम-क्रीड़ाएँ किया करते थे। तुम जिनका बार-बार नाम ले रहे हो, वह वसुदेव कौन हैं और देवकी कौन हैं? हम उनके सम्बन्ध में पूर्णतया अपरिचित हैं और न ही हमें उनके विषय में कुछ जानने-बूझने की इच्छा है। हम तो यह जानती हैं कि अपने श्यामसुन्दर कृष्ण के बिना देखे हमें और कुछ नहीं सूझता। हमें उनके बिना कुछ भी नहीं सुहाता, अत: हम तुम्हारे निर्गुण-ब्रह्म को स्वीकार करने में असमर्थ हैं।

गोपालहिं कैसे कै हम देति?
ऊधो की इन मीठी बातन निर्गुन कैसे लेति?
अर्थ, धर्म, कामना सुनावत सब सुख मुकुति-समेति।
जे व्यापकहिं बिचारत बरनत निगम कहत है नेति॥
ताकी भूलि गई मनसाहू देखहु जो चित चेति।
सूर स्याम तजि कौन सकत है, अलि, काकी गति एति॥ 96॥

शब्दार्थ—कैसे कै = किस प्रकार। देति = दे सकती हैं। समेति = सहित। व्यापकहि = व्यापकता। निगम = वेद। नेति = यह नहीं है, न इति। मनसाहू = बुद्धि भी। चेति = विचार कर। काकी = किसकी। एति = इतनी।

सन्दर्भ—प्रस्तुत पद में गोपियाँ उद्धव के निर्गुण मत का खंडन करती हैं। योग मत का एक अर्थ यह भी है कि कृष्ण को भूल कर तब योग साधना करो। गोपियाँ इस तर्क को स्वीकार नहीं करतीं। आप कितनी ही मीठी और अच्छी बातें कहो, चाहे हमें कितना ही लालच दो, हमें कृष्ण के बदले में कुछ नहीं चाहिए। फिर ब्रह्म की दुरूहता और जटिलता की ओर इशारा करती हैं तथा दर्शन के कुछ हिस्से को उद्धृत करके अपने कृष्ण प्रेम पर दृढ़ रहती हैं।

सरलार्थ—हम अपने गोपाल को किस प्रकार उद्धव को दे सकती हैं? हमारे लिए न तो यह ही सम्भव है और न ही हम इनकी चिकनी-चुपड़ी बातों में निर्गुण-ब्रह्म को स्वीकार कर सकती हैं। ये हमें प्रलोभन दे रहे हैं कि हमें ब्रह्म की उपासना द्वारा मुक्ति के साथ-साथ अर्थ, धर्म और कामना की भी प्राप्ति होगी। ये उद्धव उस ब्रह्म को सर्वव्यापक कहते हैं तथा वेद आदि ग्रन्थों ने ब्रह्म की व्यापकता पर विचार करते हुए उसे—'नेति-नेति' कहा है। जब इन शास्त्रों के अनुसार ब्रह्म कोई वस्तु ही नहीं तो वह उक्त सब बातों का फलदाता किस प्रकार हो सकता है? जिसने भी आज तक इस ब्रह्म के विषय में अपने हृदय में सोच-विचार किया है, उसकी अगम्यता का अनुभव करके उसकी बुद्धि चकरा गई है—अर्थात् आज तक

कोई भी इस व्यापक ब्रह्म को जान नहीं पाया। अत: हम कोई ऐसी मूढ़ तो हैं नहीं जो इस अप्राप्य ब्रह्म के प्रलोभन में आकर अपने श्यामसुन्दर कृष्ण को त्याग दें। कृष्ण तो हमें सहज रूप से प्राप्य हैं, उन्हें त्याग कर दुरूह साधना द्वारा भी अन्त में अप्राप्य रहने वाले ब्रह्म की आराधना करना हमारे वश में नहीं।

उपमा एक न नैन गही।
कबिजन कहत कहत चलि आए, सुधि, करि करि काहू न कही॥
कहे चकोर, सुख-बिधु बिनु जीवन; भँवर न, तहँ उड़ी जात।
हरिमुख-कमलकोस बिछुरे तें ठाले क्यों ठहरात?
खंजन मनरंजन जन जौ पै, कबहुँ नाहिं सतरात।
पंख पसारि न उड़त, मंद ह्वै समर समीप बिकात॥
आए बधन व्याध ह्वै ऊधो, जौ मृग, क्यों न पलाय?
देखत भागि बसै घन बन में जहँ कोउ संग न धाय॥
ब्रजलोचन बिनु लोचन कैसे? प्रति छिन अति दुख बाढ़त।
सूरदास मीनता कछू इक, जल भरि संग न छाँड़त॥97॥

शब्दार्थ— कबिजन = कविगण। गही = ग्रहण की। बिधु = चन्द्रमा। ठाले = अभाव में। ठहरात = स्थिर, अचल पड़े रहते। सतरात = क्रुद्ध होते। मन्द = शिथिल। समर = कामदेव। पलाय = भाग जाते। घन = सघन। छाँड़त = छोड़ते।

सन्दर्भ— प्रस्तुत पद में गोपियों ने कवियों द्वारा दी गई उपमाओं पर टिप्पणी की है। हमारे कवियों द्वारा आँखों की तुलना गुण-धर्म के आधार पर कभी चकोर, कभी भ्रमर, कभी खंजन, कभी मृग से दी जाती रहती है। गोपियाँ इन सबका खंडन करते हुए कहती हैं कि उनकी आँखों की उपमा इनमें से किसी के साथ देना सही नहीं है। सिर्फ वे मछली के साथ उनको थोड़ा-सा तुलनीय स्वीकार करती हैं, क्योंकि हमारी आँखें भी सदैव जल में रहती हैं। मछली पानी में और हमारी आँखें आँसुओं में डूबी रहती हैं।

सरलार्थ— गोपियाँ कहती हैं कि हमारे इन नेत्रों ने कवियों द्वारा विवेचित विभिन्न उपमाओं में से एक भी उपमा को ग्रहण नहीं किया। कवियों ने नेत्रों की विशेषताओं के आधार पर इनके लिए अनेक उपमाएँ निश्चित की हैं किन्तु प्राचीनकाल से कवि गण नेत्रों की विभिन्न पदार्थों, पशु-पक्षियों आदि के साथ गुण-धर्म के आधार पर अनेक उपमाएँ देते रहे हैं, किन्तु किसी भी कवि ने सोच-विचार कर कोई भी ऐसी उपमा नहीं दी जो हमारे नेत्रों पर संगत बैठती। कवियों ने नेत्रों को चकोर कहा किन्तु हमारे नेत्रों में तो चकोर का गुण-धर्म है ही नहीं क्योंकि ये कृष्ण के चन्द्र-मुख को निहारे बिना भी अभी तक जीवित हैं। इनके लिए भ्रमर की उपमा भी उचित नहीं क्योंकि भ्रमर तो अनायास वहीं पहुँच जाता है जहाँ कमल

पुष्प होता है और कमल-कोष में बन्दी बन कर स्वयं को धन्य मानता है, किन्तु हमारे ये नेत्र कृष्ण के मुख-रूपी कमल-कोष से बिछुड़ गए हैं फिर भी उनके पास उड़ कर नहीं जाते, अपितु वे निठल्ले होकर यहीं स्थिर हो गये हैं और कृष्ण के लौटने की प्रतीक्षा में टकटकी लगाये हुए हैं।

यदि नेत्रों को मानव-जाति को मनोरंजन प्रदान करने वाले खंजन पक्षी के समान स्वीकार किया जाए, तो यह भी उचित प्रतीत नहीं होता। खंजन पक्षी अपने सम्मुख बधिक को आया पाकर क्रुद्ध होकर अकड़ उठता है और अपने पंख फैलाकर उससे दूर भाग जाता है, जबकि हमारे नेत्र ऐसी स्थिति में न तो क्रुद्ध होते हैं और न ही कहीं दूर भागने का प्रयत्न करते हैं, अपितु ऐसी स्थिति में ये स्वयं को शिथिल पाते हैं और कामदेव के प्रभाव में आकर उसके वश में हो जाते हैं।

इनके लिए मृग की उपमा भी संगत नहीं प्रतीत होती क्योंकि मृग बहेलिये को अपने पास आता हुआ देख कर भाग खड़ा होता है और सघन वन में ऐसे स्थल पर जाकर छुप जाता है कि जिससे न तो उसका पीछा किया जा सके और न ही ढूँढ़ा जा सके, किन्तु हमारे ये नेत्र उद्धव रूपी बहेलिये को अपना शिकार करने के लिए आया जान कर भी कहीं जाकर छुपते नहीं। इन्हें लोचन अर्थात् देखने वाला कहना भी व्यर्थ है क्योंकि ब्रजलोचन कृष्ण के अभाव में यह उपमा भी सार्थक नहीं। इनकी सार्थकता तो केवल कृष्ण के दर्शन करते रहने में ही है।

केवल एक ही उपमान ऐसा है जिसका थोड़ा-सा अंश हमारे इन नेत्रों में उपलब्ध होता है। इनके लिए मछली की उपमा कुछ-कुछ सार्थक प्रतीत होती है। जिस प्रकार मछली क्षण-भर के लिए भी जल से पृथक नहीं होती, उसी प्रकार हमारे ये नेत्र क्षण भर के लिए भी जल का साथ नहीं छोड़ते। अर्थात् इनमें सदैव आँसू विद्यमान रहते हैं—ये कृष्ण-वियोग में सदा सजल रहते हैं।

हरिमुख निरखि निमेख बिसारे।
ता दिन तें मनो भए दिगंबर इन नैनन के तारे॥
घूँघट-पट छाँड़े बीथिन महँ अहनिसि अटत उघारे।
सहज समाधि रूपरुचि इकटक टरत न टक तें टारे॥
सूर, सुमति समुझति, जिय जानति, ऊधो! बचन तिहारे।
करैं कहा ये कह्यो न मानत लोचन हठी हमारे॥98॥

शब्दार्थ—निमेख बिसारे = पलक झपकाना भूल गए। दिगम्बर = नंगे: तारे = पुतलियाँ; बीथिन = गलियों। अटत = समाते, घूमते। उघारे = नंगे बदन। टक = टकटकी बाँध कर देखना। टारे = हटते हैं। सुमति = अच्छा विचार।

सन्दर्भ—प्रस्तुत पद में गोपियाँ अपनी आँखों की पीड़ा का वर्णन कर रही हैं। आँखों को अपने से अलग करके गोपियों ने उनका मानवीयकरण कर दिया है। अब

गोपियाँ इन आँखों के प्रति अपनी सहानुभूति प्रकट करती हैं, ताकि यही सहानुभूति उद्धव के मन में भी जाग्रत हो जाए। हमसे तो उद्धव किसी बात पर नाराज हो सकते हैं, लेकिन इन आँखों ने तो कुछ किया ही नहीं। ये हमारी आँखें बहुत हठी हैं, जब वे हमारा कहना नहीं मानतीं तो तुम्हारा कैसे मानेंगी। हम तो जान लेंगे और मान लेंगे कि तुम हमारी भलाई के लिए हमें निर्गुण ब्रह्म का उपदेश दे रहे हो, परन्तु ये आँखें नहीं समझतीं। ये तो कृष्ण के ध्यान में ही अपलक बनी हुई हैं।

सरलार्थ—हे उद्धव! कृष्ण की रूप-माधुरी के दर्शन करके हमारे ये नेत्र अपनी पलकें झपकाना भी भूल गए हैं। जिस दिन से इन्होंने कृष्ण के अनुपम-सौन्दर्य के दर्शन किए हैं, उस दिन से ऐसा प्रतीत होता है कि मानो इन नेत्रों की पुतलियाँ दिगम्बर अर्थात् नंगी बन गई हैं। इन्होंने पलकरूपी घूँघट को उतार फेंका है—अर्थात् ये अपलक मधुबन की गलियों में घूमती रहती हैं और सदैव उन्हें ही खोजती रहती हैं।

ये पुतलियाँ श्रीकृष्ण के अनुपम सौन्दर्य के ध्यान में रहती हैं तथा टकटकी बाँधे ध्यान में तल्लीन ऐसी प्रतीत होती हैं मानों सहज समाधि की अवस्था में स्थित योग-साधना कर रही हों। यह मना करने पर भी नहीं मानतीं और सदा अपलक कृष्ण के रूप के ध्यान में मगन रहती हैं।

हे उद्धव! हम तुम्हारे श्रेष्ठ विचारों को समझ रही हैं, हम अपने हृदय में भी यह जानती हैं कि तुम हमारे कल्याण के लिए हमें निर्गुण-ब्रह्म का उपदेश दे रहे हो। किन्तु हम कुछ कर नहीं पा रहीं, क्योंकि ये हमारे हठधर्मी नेत्र हमारे कहने में ही नहीं आते। इन्हें तो कृष्ण रूप की लगन लगी है, अत: हम बाध्य हैं, तुम्हारी बात मानना हमारी सामर्थ्य में नहीं।

दूर करहु बीना कर धरिबो।
मोहे मृग नाहीं रथ हाँक्यो, नाहिंन होत चंद को ढरिबो॥
बीती जाहि पै सोई जानै कठिन है प्रेम-पास को परिबो।
जब तें बिछुरे कमलनयन, सखि, रहत न नयन नीर को गरिबो॥
सीतल चंद अगिनि-सम लागत, कहिए धीर कौन बिधि धरिबो।
सूरदास प्रभु तुम्हरे दरस बिनु सब झूठो जतननि को करिबो॥99॥

शब्दार्थ—धरिबो = धारण करना। ढरिबो = ढलना। परिबो = पड़ना। गरिबो = गिरना। धीर = धैर्य। झूठो = व्यर्थ। जतननि = यत्नों का।

सन्दर्भ—प्रस्तुत पद में गोपियाँ आपस में संवाद कर रही हैं और अपना दुख एक दूसरी को सुना रही हैं। इनमें से एक सखि वीणा बजा रही है ताकि यह समय किसी तरह कटें परन्तु इसी वीणा पर मोहित होकर चाँद के रथ को चलानेवाले मृग रुक गए हैं। फिर वे प्रेमपाश की कठिनाई का वर्णन करती हैं

कि कमलनयन कृष्ण के जाने के बाद आँखों से पानी गिरना बन्द ही नहीं हो रहा है। इसलिए वे इस निष्कर्ष पर पहुँचती हैं कि कृष्ण से मिले बिना जीवन बिताने के सारे प्रयत्न व्यर्थ हैं।

सरलार्थ— हे सखी! यह जो वीणा तू हाथ में लेकर बजा रही है इसे दूर करके रख दे। वीणा के मधुर स्वर को सुनकर चन्द्रमा के रथ में जुड़े हुए मृग स्थिर होकर रह गए हैं जिससे चन्द्रमा अस्त ही नहीं हो रहा। प्रेम-पाश में पड़ना और उसका निबाहना अत्यन्त कठिन होता है। इसकी वेदना तो वही अनुभव कर सकता है जिसने कभी किसी से प्रेम किया हो और अपने प्रिय के वियोग का दुख सहा हो। हे सखि! जब से कमलनयन श्रीकृष्ण मुझसे बिछुड़ गए हैं, मुझे त्याग कर मथुरा में जा बैठे हैं, तब से मेरे नयनों से आँसुओं का गिरना बन्द नहीं हुआ।

संसार को शीतलता प्रदान करने वाला यह चन्द्रमा मुझे तो अग्नि में दग्ध करता हुआ प्रतीत होता है। अब तुम ही बताओ, इस अवस्था में मैं किस प्रकार धैर्य धारण करूँ? सूरदास कहते हैं कि एक गोपी अपनी सखी से कह रही है कि प्रिय कृष्ण के दर्शन से ही मेरी व्याकुलता दूर हो सकती है, बाकी सब यत्न व्यर्थ हैं, उनसे कोई लाभ होने वाला नहीं।

अति मलीन बृषभानुकुमारी।
हरि-स्रमजल अंतर-तनु भीजे ता लालच न धुआवति सारी॥
अधोमुख रहति उरध नहिं चितवति ज्यों गथ हारे थकित जुआरी।
छूटे चिहुर, बदन कुम्हिलाने, ज्यों नलिनी हिमकर की मारी॥
हरि-संदेस सुनि सहज मृतक भईं, इक बिरहिनि दूजे अलि जारी।
सूर स्याम बिनु यों जीवति हैं ब्रजबनिता सब स्यामदुलारी॥100॥

शब्दार्थ— मलीन = मैली, शिथिल, उदास। हरि-स्रमजल = कृष्ण के साथ की गईं प्रेम-क्रीड़ाओं में श्रम के कारण शरीर से निकले हुए पसीने की बूँदें। अन्तर-तनु = मन और शरीर। अधोमुख = मुख नीचा किए हुए। उरध = ऊपर की ओर। चितवति = देखती। गथ = पूँजी। चिहुर = चिकुर, बाल। बदन = मुख। नलिनी = कमिलिनी। हिमकर = तुषार, पाला। बृषभानुकुमारी = राधा।

सन्दर्भ— प्रस्तुत पद में गोपियाँ अपने विरह के बारे में कुछ नहीं कहतीं। न उद्धव और कृष्ण को उपालम्भ देती हैं। अब वे वृषभानुकुमारी राधा की स्थिति का वर्णन कर रही हैं। कृष्ण को विरह में राधा बिना नहाए-धोये मैले कपड़ों में बैठी हुई है। वह उदास-हताश और पीड़ित है। कृष्ण से रति क्रिया के दौरान जो पसीना उस साड़ी में लगा हुआ है, उसकी गन्ध को वह मिटाना नहीं चाहती और मैली साड़ी में ही बैठी हुई है। हे उद्धव तुम्हारा सन्देश पाकर तो वे एकदम मरणासन्न हो गई है। और यह स्थिति सिर्फ राधा की ही नहीं। सभी गोपियों की कमोबेश यही स्थिति है।

सरलार्थ— कृष्ण के विरह में वृषभानुकुमारी राधा अत्यन्त मलीन और शिथिल रहती है। उसकी साड़ी अत्यन्त मैली हो गई है वह उसे धुलवाती नहीं। साड़ी को न धुलवाने का कारण यह है कि कृष्ण के साथ रति-क्रिया करते समय उसके शरीर के पसीने से उसकी साड़ी भीग गई थी। उस साड़ी से राधा को कृष्ण के शरीर की सुगन्ध आती रहती है। इसी आकर्षण के कारण वह अपनी साड़ी नहीं धुलवाती। राधा सदैव मुख नीचा किए कृष्ण के साथ व्यतीत किए गए सुखद दिनों की मधुर स्मृति में खोई रहती है। वह कभी भी मुख ऊपर उठा कर नहीं देखती। उसकी यह दशा उस जुआरी जैसी है जो जुए में अपनी समस्त पूँजी हार चुका हो और अब उसी सोच में उदास बैठा हुआ हो।

राधा के बाल बिखरे रहते हैं तथा मुख कुम्हलाया रहता है। उसकी यह कान्तिहीन दशा उस कमलिनी का स्मरण दिलाती है जो तुषारापात के कारण मुरझा गई है। कृष्ण के निर्गुण-ब्रह्म के सन्देश को सुन कर तो वह मरणासन्न हो गई है।

सूरदास कहते हैं, कृष्ण के विरह में केवल राधा ही अकेली संतप्त नहीं, बल्कि कृष्ण की प्रिय सभी ब्रज-युवतियाँ कृष्ण के विरह में राधा के समान मर्मान्तक पीड़ा झेलती हुईं किसी-न-किसी प्रकार जीवित हैं।

बिहारी

बिहारी मध्यकालीन रीतिकाव्य के महत्त्वपूर्ण कवियों में से एक हैं। 'बिहारी सतसई' में बिहारी की सभी रचनाएँ संगृहीत हैं। इसका सम्पादन 'बिहारी रत्नाकर' नाम से श्री जगन्नाथदास रत्नाकर ने किया है। जब तक बिहारी की रचनाओं का कोई और प्रामाणिक ग्रन्थ नहीं आ जाता तब तक हिन्दी में यही सबसे प्रामाणिक ग्रन्थ माना जाता है। सतसई का अर्थ सात सौ होता है, परन्तु इस ग्रन्थ में बिहारी के 713 दोहे शामिल किए गए हैं। कहते हैं कि जयपुर के राजा जयसिंह बिहारी को एक दोहे के लिए एक अशर्फी दिया करते थे। उन्हीं के राजदरबार में रहकर बिहारी ने कविताएँ लिखीं।

एक बार जयपुर नरेश अपनी नई-नवेली दुल्हन के प्रेम में डूब गए और उन्होंने राज-काज में ध्यान देना बन्द कर दिया। तब दरबारी बिहारी को लेकर आए। बिहारी ने यह दोहा लिखकर राजा जयसिंह के पास भिजवाया।

> नहिं पराग, नहिं मधुर मधु, नहिं बिकासु इहिं काल।
> अली कली ही सौं बन्ध्यौ, आगै कौन हवाल॥ (पृ. 42)

इस दोहे को पढ़कर राजा नवोढ़ा रानी के प्रेम-पाश से मुक्त होकर बाहर आए और सामान्य राज-काज करने लगे। फिर उन्होंने बिहारी को ऐसे और दोहे लिखने का आदेश दिया। इस तरह इस दोहा को बिहारी सतसई का प्रारम्भ माना जा सकता है।

बिहारी का जन्म सम्वत् 1652 (अर्थात सन् 1595) में ग्वालियर में हुआ और मृत्यु सम्वत् 1721 (अर्थात् सन् 1664) में वृन्दावन में हुई। उनका बचपन बुन्देलखण्ड में बीता और रचनात्मक जीवन जयपुर राजदरबार में बीता। यहीं पर रहकर उन्होंने सारा लेखन किया। उन्होंने मुक्तक (मुरकत:दोहा-सोरठा) में अपनी रचनाएँ कीं। उस युग में प्रचलित काव्य भाषा ब्रजभाषा में उन्होंने लेखन किया। मध्यकाल में बिहारी अत्यन्त प्रतिष्ठित कवि थे। उनकी सतसई की 54 से अधिक टीकाएँ लिखी गईं। 'बिहारी सतसई' की स्वीकृति और प्रसिद्धि के संदर्भ में यह छन्द अत्यन्त चर्चित रहा है—

सतसइया के दोहरे, ज्यों नावक के तीर।
देखन में छोटे लगैं, घाव करैं गंभीर॥

हिन्दी आलोचना के आरम्भिक दौर के आलोचकों ने देव और बिहारी की प्रतिस्पर्धा पर कई पुस्तकें लिखीं। देव बड़े हैं या बिहारी? आचार्य रामचन्द्र शुक्ल ने इस विवाद को खत्म किया। इसी दौरान ब्रजभाषा बनाम खड़ी बोली का भी लम्बा विवाद चला। इस विवाद में बिहारी प्रमुख रचनात्मक सन्दर्भ थे।

हिन्दी आलोचकों ने भक्ति साहित्य और रीति साहित्य के बीच द्वन्द्व को रेखांकित किया है, लेकिन दोनों में पर्याप्त समानताएँ भी हैं। बिहारी भी ईश्वर की सत्ता में विश्वास करते थे और कृष्ण भक्त थे। उनकी सतसई में भक्ति और नीति सम्बन्धी अनेक दोहे मिलते हैं। हालाँकि बिहारी का महत्त्व भक्ति सम्बन्धी दोहों के कारण नहीं है। भक्ति सम्बन्धी दोहों में भी उनमें रहीम की-सी स्पष्टता और जीवन ज्ञान नहीं है। उनका महत्त्व श्रृंगार सम्बन्धी दोहों के कारण है।

भक्ति और रीतिकाल के कवियों के अन्तर का प्रमुख कारण उनका निवास स्थान है। भक्त कवि जनता के बीच में रहते थे। आम जनता उनकी रचना को सुनती और वे उनको उपदेश देते थे ताकि आम जनता का व्यक्तित्व बदल जाए या कम से कम सुधर जाए। रीतिकाल का कवि और इस रूप में बिहारी राजदरबार में रहते थे। दरबारी सभी पुरुष होते थे और कवियों को इन दरबारियों का मनोरंजन करना होता था। कोई यह अपेक्षा नहीं करता था कि कविता से व्यक्तित्व रूपान्तरित हो सकेगा। न कवि ऐसा चाहते थे। स्त्री के अभाव में पुरुषों का मनोरंजन रति-चर्चा से ही हो सकता था। फिर इस कारण कवियों पर कोई नैतिक दबाव नहीं था। अत: कवि निर्द्वन्द्व होकर श्रृंगार रस से ओत-प्रोत रचनाएँ सुनाते थे। इस तरह इस काल का विषय स्त्री होता था, लेकिन रचना करने वालों में कोई स्त्री नहीं होती थी।

परवर्ती हिन्दी आलोचकों ने रीतिकाव्य की इस विलासिता की कड़ी आलोचना की। रीतिकाव्य को पक्ष समर्थन करते हुए विजयदेव नारायण साही ने कहा कि रीतिकाव्य में हिन्दी भाषी राज्यों में भाषायी एकता बनाई। यह कार्य ब्रजभाषा के काव्यभाषा बनने के कारण सम्भव हुआ। हम जानते हैं कि भक्तिकाव्य क्षेत्रीय बोलियों में लिखा जा रहा था। फिर दूसरी सबसे बड़ी बात यह थी कि रीतिकाव्य ऐहिक काव्य था, जिसे साही ने 'सौन्दर्यवादी धर्म निरपेक्षता' का काव्य कहा है। सुधीश पचौरी ने इस काल की नायिकाओं पर टिप्पणी करते हुए कहा कि ये नायिकाएँ कवियों द्वारा उदाहरणस्वरूप रचित नहीं थीं। वे उस युग की सचमुच की स्त्रियाँ थीं, जिनका चित्रण रीतिकाल के कवियों ने किया।

हालाँकि रीतिकाव्य के कारण हिन्दी पाठकों के मन में यह संस्कार बैठ गया कि स्त्री एक यौन उपकरण है। उसकी सार्थकता पुरुष को रिझाने में है। फिर स्त्री अपनी काम भावनाओं की अभिव्यक्ति नहीं कर सकती। वह उसका अमर्यादित

आचरण है। इसलिए प्रेम-प्रस्ताव पुरुष रखेगा। स्त्री के पास हाँ या ना का अधिकार रहेगा। इसी से यह मिथ पैदा हुआ कि प्रेम-प्रस्ताव के नाम पर स्त्री से की गई छेड़छाड़ स्त्री को अच्छी लगती है। आधुनिक युग में छेड़छाड़ और घूरने को स्त्रियों का अपमान समझा जाने लगा। बिहारी इस मान्यता के अपवाद नहीं हैं।

बिहारी की कविता के और जीवन के मूल मर्म को समझने के लिए उनके इस दोहे को उद्धृत किया जा सकता है—

चमक, तमक, हाँसी, ससक, मसक, झपट, लपटानि।
ए जिहिं रति, सो रति मुकति; और मुकति अति हानि॥

रति क्रिया का वर्णन करते हुए, इस दौरान नायिका द्वारा अपने अंगों को चंचलता से हिलाने-डुलाने, उत्तेजित होने, अंगों के मर्दन और सिसकी सहित जो रति क्रिया होती है, वह परम आनन्ददायिनी है और वही मुक्ति है। शेष कोई मुक्ति नहीं है। अर्थात् बिहारी के अनुसार रति सुख ही सच्चा सुख है। बिहारी का नायक इसमें लिप्त रहता है। भक्तिकाल के कवि जहाँ मुक्ति तलाश कर रहे हैं, बिहारी का नायक उसे सारहीन बता रहा है। असली मुक्ति तो रति क्रिया में है।

इस रति क्रिया के दो पात्र हैं—नायक और नायिका। बिहारी का नायक मुग्ध होता है और वह नायिका को प्राप्त करना चाहता है। हालाँकि कई बार नायिका भी नायक को रति क्रिया के लिए आमंत्रित करती है। इस दृष्टि से बिहारी नायिका के सौन्दर्य का, उसके अंग-प्रत्यंगों का वर्णन करते हैं, जिन्हें देखकर नायक के मन में चाहत उत्पन्न होती है। यहाँ यह स्पष्ट है कि बिहारी स्वतंत्र रूप से नायिका के नख-शिख का वर्णन नहीं करते, जैसा जायसी आदि कवियों ने किया है। वे नायिका के उन अंगों पर अपना ध्यान केन्द्रित करते हैं, जो रति-क्रिया को आन्नददायक बनाते हैं।

यौवन रूपी राजा ने अपने अंग का अर्थात् अपना समर्थक जानकर 'स्तन, मन, नैन, नितंब' को खूब बड़ा-बड़ा कर दिया है—

लाज-गरब-आलस-उमंग-भरै नैन मुसकात।
राति-रमी रति देति कहि और प्रभा प्रभात॥

यह रात भर परस्त्री के साथ रतिक्रिया में प्रसन्न होकर लौटे हुए नायक की छवि है, जिसमें लज्जा, गर्व, आलस्य, उमंग के साथ मुस्कराती हुई आँखें हैं। आगे नायिका अपना मान प्रकट करती है, परन्तु यह छवि तो रति-क्रिया से तृप्त नायक की ही है, सामान्य अवस्था की नहीं। नायक नीचे से ऊपर की तरफ देखता है मानो कुच रूपी पहाड़ पर चढ़कर थक गया है। स्पष्ट है कि यह कुच के स्वतंत्र रूप का सौन्दर्य नहीं है यह सौन्दर्य नायक सापेक्ष है।

बिहारी की नायक-नायिका कोई उत्पादन कार्य करते हुए दिखाई नहीं देते। खेत में काम करते हुए या पशुओं को चराते हुए दिखाई नहीं देते। उन्हें उत्पादन की कोई चिन्ता ही नहीं है। उन्हें तो सिर्फ उपभोग करना है। उनकी सक्रियता स्त्री को और वह भी परस्त्री को हस्तगत करने तक सीमित है। बहुत कम दोहों में नायिका को कर्म करते हुए दिखाया गया है। एक दोहे में नायिका चरखा कात रही है। नायिका का एक हाथ चरखा घुमाने में चलता है। बाएँ हाथ से, दूसरे हाथ से वह रूई की पिउनी को सरकाती है। नायक की दृष्टि इस कर्मशील नारी की ग्रीवा पर रहती है। हाथों के इस कर्म से गर्दन भी हिलती-डुलती है। इस सौन्दर्य पर नायक मुग्ध है—

ज्यौं कर,त्यौं चिकुटी चलति; ज्यौं चिकुटी, त्यौं नारि।
छवि सौं गति सी लै चलति, चातुर कातन-हारि॥"

(बिहारी रत्नाकर, पृ. 289)

स्वकीया-परकीया से मुक्त होकर बिहारी नायिका के सौन्दर्य का भी चित्रण करते हैं। नाइन नायिका के पाँवों में महावर लगाने के लिए आई है। उसने जब नायिका के पाँव देखे, तो उसे लगा कि पाँवों में पहले से ही महावर लगी हुई है। अब पहले से लगी हुई महावर को हटाना जरूरी है। तो वह रूई से महावर हटाने का प्रयास करती है, तब उसे एहसास होता है कि नायिका के पाँव तो वैसे ही लाल हैं। बिना महावर लगाए हुए भी महावर लगे हुए प्रतीत हो रहे हैं।

नायक नायिका की आँखों की तारीफ करते हुए कहता है कि तुम्हारे ये नयन शृंगार रस के लिए उपयुक्त हाव, भाव और कटाक्ष से परिष्कृत हैं। आँखों में पानी भरा हुआ है। इसलिए बिना अंजन लगाये हुए भी खंजन पक्षी को तिरस्कृत करते हैं और दर्शक के रूप में मेरा या किसी भी रसिक का मान-मर्दन करने में सक्षम हैं—

रससिंगार-मंजनु किए, कंजनु भंजनु दैन।
अंजनु रंजनु हूँ बिना खंजनु भंजनु नैन॥

हालाँकि यह सौन्दर्य भी नायक सापेक्ष है। नायक इस पर रीझ गया है और तब वह उसे प्राप्त करने का प्रयास करेगा। परन्तु फिलहाल वह सौन्दर्य की तारीफ तक अपने आपको सीमित रख रहा है।

नायिका के हृदय पर छातियों का उभार-सा हो गया है। स्तन बड़े हो गये हैं। नायिका अपने सौन्दर्य पर मुग्ध हो रही है। वह सीपियों के हार को देखने के बहाने से अपने सीने के उभार को देखती है और मुग्ध होती है। नायिका के सौन्दर्य की नजाकत को देखकर उसकी सखि कहती है कि तुम इस तरफ करवट मत लो अन्यथा तुम्हें गुलाब की पंखुड़ियों से खरोंच लग जाएगी।

नायिका को गहने पहनाये जाने हैं। गहनों से नायिका का सौन्दर्य बढ़ जाएगा।

यह तो ठीक है, परन्तु इन गहनों का वजन वह कैसे सँभालेगी? वह तो अत्यन्त नाजुक है। फिर उसकी 'शोभा' का अर्थात् सौन्दर्य का भार भी आ गया है। वह भी सँभाल नहीं पा रही है। इसी कारण उसके पाँव सीधे नहीं पड़ते। नायिका की चाल में रूप गर्विता नायिका का सौन्दर्य प्रकट हो रहा है।

बिहारी में सिर्फ नायक ही मुग्ध नहीं होता, नायिका भी मुग्ध होती है। हालाँकि अपने इस भाव को वह छिपा कर रखती है। एक दोहे में नायक को देखकर नायिका के मन में अनुराग उत्पन्न हो जाता है। वह घूँघट की ओट में पहले तो उसे जी भर कर देखती है और नायक को ललचाती है। फिर किसी न किसी बहाने से उसे अपनी छाया से छुआकर चली जाती है। लोकमर्यादा का भय तो यहाँ भी है, परन्तु कोई न कोई तरकीब वह भी निकाल लेती है—

> चितई लल चैहें, चखनु डटि घूँघट पट माँह।
> छल सौं चलि छुवाइ कै छिनकु छबीली छाँह॥

बस क्षण मात्र में वह सब हो गया। अब नायक उसकी इस चेष्टा और क्रिया को याद करके खुश हो रहा है। एक दोहे में नायिका नहाने की तैयारी कर रही है, इतने में नायक आ जाता है। अब नायिका नायक के सौन्दर्य को निरखना चाहती है इसलिए सर्दी का बहाना करके अपना नहाना टालती रहती है। इस तरह उसे बिना किसी को बताए नायक को देखते रहने का बहाना मिल जाता है। हालाँकि इस क्रिया-व्यापार पर कवि की दृष्टि पड़ ही जाती है। इसी तरह एक दोहे में नायक नायिका पड़ोसी हैं। नायिका ने देखा कि नायक खिड़की पर आया हुआ है। नायिका उसे देखना चाहती है, परन्तु लोक-लाज के भय से वह ऐसा नहीं कर सकती। तब वह एक तरकीब निकालती है। वह घूँघट निकाल कर आती है और आग की लपट की तरह जल्दी से आती है और नायक को देखकर चली जाती है। जाहिर है कि इस खेल की जानकारी नायक को भी हो ही जाती है।

बिहारी ने सिर्फ नायिकाओं का ही चित्रण नहीं किया है। एक दोहे में गर्भवती स्त्री के सौन्दर्य का वर्णन भी किया है। लेकिन ऐसे दोहे गिनती के हैं। मुख्यत: वे रूपगर्विता नारी पर ही अपनी नजर जमाए रखते हैं। उनकी नायिका हँसती हुई, संकुचित होती हुई, कुचों और आँचल के बीच बाँह रखे हुए स्नान करके गीले वस्त्रों में ही चली आ रही है। सुन्दर तो वह इतनी है कि गुलाब की पंखुड़ियों से भी चोट का निशान पड़ सकता है।

दरअसल बिहारी की नायिका कभी स्वतंत्र रूप से अकेली नहीं आती। उसका अपने आप में सौन्दर्य वर्णन बिहारी नहीं करते। वह जब भी आती है, तब नायक के सन्दर्भ में आती है। प्रत्येक स्थान पर नायक निरख रहा होता है, रीझ रहा होता है। यह नायक सशरीर उपस्थित न भी रहे, तो भी वह कवि दृष्टि में रहता है। कवि

उसी दृष्टि से उसे देख रहा होता है और इस तरह वह अपने श्रोताओं में उस दृष्टि को प्रेषित कर देता है। वह यदि न भी हो, तो उसकी सखि या दूती उसके पास रहती है। जो उसके नाजुक से नाजुक क्षण की गवाह है। वह उसे हर संभावित संकट से बचाने के लिए तत्पर रहती है। आगे आने वाले संकट के बारे में उसे सचेत करती है। वह पर-पुरुष से प्रेम सम्बन्ध को सम्भव बनाती है, उसे नैतिक समर्थन प्रदान करती है, उसे अपना मन-माफिक करने की सहायता देती है। अपनी नादानी से, उतावलेपन से, वह कुछ गड़बड़ न कर दे इसलिए उचित समय पर वह दखल देती रहती है। यह सिर्फ नायिका भेद की अनिवार्य बुराई की तरह मात्र उपस्थित नहीं रहती। वह सक्रिय रहती है। उसकी सक्रियता से ही नायक-नायिका की रति-क्रिया निर्विघ्न सम्पन्न हो पाती है।

नायिका तो अपने गोरे रंग के कारण चाँदनी में मिल गई है। दिखाई भी नहीं देती और वह सखि भ्रमर की तरह उसकी सुगन्ध के डोरे से संग-संग चल रही है।

एक दोहे में नायिका ने मान कर रखा है। नायक ने अपराध किया है, जिसे नायिका ने देख लिया है। वह गुस्से में है। अब इन दोनों में मेल कैसे हो? सखि इसकी चिन्ता करती है। वह नायिका से कहती है कि तुम अपनी हँसने की प्रकृति को त्याग दो। तुम्हारी इस हँसी से, दाँतों की चमक से तुम्हारा चेहरा दिखाई नहीं दे रहा है। दाँतों की चमक की चकाचौंध से नायक तुम्हारे सामने देख नहीं पाते। अर्थात इसमें अपराध जैसा कुछ भी नहीं है। है तो भी इसे छोड़ दे—

नैंक हँसौंहीं बानि-तजि,लख्यौ परतु मुहूँ नीठि।
चौका-चनकनि-चौंध मैं परति चौंधि सी डीठि॥

(बिहारी, रत्नाकर, पृ. 67)

बिहारी की नायिका सिर्फ गृहीता नहीं है। उसमें अपने ढंग का प्रतिरोध भी है। वह विद्यमान सामाजिक पारिवारिक व्यवस्था और मूल्यों का अतिक्रमण करती है। वह अपने मन से, विवेक से और इच्छा से चलती है। सामाजिक मूल्यों से नहीं चलती। अपने जीवन का निर्णय वह स्वयं करती है। समाज में परकीया प्रेम स्वीकृत नहीं है, लेकिन बिहारी की नायिका परकीया के रूप में किसी भी पुरुष को पसन्द कर सकती है। किसी के दबाव में नहीं आती। अपने मन की करती है। कोई भी उसे राजी कर ले, बस। जोर-जबर्दस्ती नहीं चल सकती। न दबाव, धमकी या प्रलोभन चल सकता है। बिहारी में शायद ही कोई ऐसा दोहा मिलता हो, जिसमें नायिका किसी भौतिक प्रलोभन से मान जाती हो। वह सिर्फ काम-सम्बन्धों के आनन्द को ही प्राथमिकता देती है। इस तरह यह पितृसत्तात्मक व्यवस्था का गोपन प्रतिरोध है। वह किसी पति की सम्पत्ति होने से इन्कार करती है। अपना विवाह नहीं तोड़ती, उसे बचाये रखती है, परन्तु विवाहेतर प्रेम से, प्रेम करने से बाज नहीं आती। अपनी इच्छा

से वह कहीं भी चली जाती है। चुपके-चुपके से किए गए प्रेम का वह कहीं कोई पश्चाताप नहीं करती। उसमें अपने रिश्ते के बारे में कहीं कोई नैतिक अपराधबोध नहीं है। वह तो सिर्फ इतना चाहती है कि सामाजिक मर्यादा बनी रहे। प्रेमी उसके प्रेम को उजागर न कर दे, यह शब्दातीत आश्वासन तो वह चाहती है। साथ ही दूती या सखि से भी इस गोपनीय रिश्ते की गोपनीयता बनाए रखने का आश्वासन चाहती है। इसकी कला भी नायिका ने सीख रखी है।

बिहारी का एक अति चर्चित दोहा है, जिसमें नायक-नायिका घर वालों की उपस्थिति में मिलते हैं—

कहत, नटत, रीझत, खिझत, मिलत, खिलत, लजियात।
भरे भौन में करत हैं, नैननु हीं सब बात।

(वही, पृ. 40)

नायक कुछ कहता है, रति हेतु प्रस्ताव रखता है, नायिका खूबसूरत तरीके से मना करती है। नायिका के मना करने के सौन्दर्य पर नायक 'रीझ' जाता है। इससे नायिका 'खीझती' है। फिर आँखें मिलती हैं और वे दोनों खिल जाते हैं। इस पूरे काल्पनिक प्रकरण से नायिका को लज्जा आ जाती है। यह सब होता है। घर भरा हुआ है। लेकिन बिहारी की नायक-नायिका आँखों ही आँखों में सब बात कर लेते हैं। इस कला और साहस की अनदेखी नहीं की जा सकती।

बिहारी की नायक-नायिका जैविक प्राणी नहीं हैं, सामाजिक प्राणी हैं। उन्हें समाज में अपनी छवि की चिन्ता है। छवि को बचाते हुए प्रेम व्यापार में लिप्त रहने के कारण बिहारी का प्रेम भी सामाजिक बन जाता है। समाज की यह उपस्थिति, दबाव, मूल्यों का प्रभाव रीतिकाल की सम्पूर्ण कविता में देखा जा सकता है। नायिका जानती है कि परकीया के रूप में उसका प्रेम सम्बन्ध गलत है, परन्तु वह अपने शरीर के आगे, काम भाव के आगे मजबूर है। रति-सुख तो यही नायक दे सकता है, भले ही यह गलत है, बुरा है। नायिका स्वयं अपने आपसे विवश हो जाती है। यह जो क्षणिक सुख है, वह बहुत प्रभावशाली है, मादक है।

इसलिए कह सकते हैं कि बिहारी की नायिका का प्रेम अशरीरी नहीं है। शरीरी है। चाहत है, आकांक्षा है, तृप्ति है, परन्तु क्या शारीरिक सुख इतना हीन है, निम्न कोटि का है? यदि हीन है तो भी युगों-युगों से यह क्यों चल रहा है? रीतिकाल की नायिका नायक को क्यों पसन्द करती है? या नायक उसे क्यों पसन्द करता है? वह जाति-धर्म कुछ नहीं देखता। अत: कह सकते हैं कि यह रिश्ता गैर साम्प्रदायिक है। सबसे बड़ी चीज है कि नायक पसन्द आ गया या नायिका पसन्द आ गई। पसन्द सर्वोपरि जीवन मूल्य है। पसन्द का आधार शरीरिक सौन्दर्य है। शरीर के साथ आपका मन, हृदय भी हो तो क्या कहना? वह प्रेम का प्रतिदान देने के लिए

तैयार हो जाती है। रतिक्रिया के लिए उपयुक्त या आनन्ददायक शरीर—वही सबसे सुन्दर है, काम्य है।

रीतिकाल की नायिका अज्ञात यौवना से प्रौढ़ा तक अर्थात् 7 वर्ष से 35 वर्ष की उम्र की है। 35 के बाद उसमें रीतिकालीन कवियों की रुचि नहीं रहती। वह गृहस्थिन बन जाती है, लेकिन रीतिकाल का नायक किशोर नहीं है। वह खेला-खाया प्रौढ़ व्यक्ति है। उसने दुनिया देख रखी है। नायिका तो अपनी चतुराई के बावजूद भोली है, परन्तु नायक भोला नहीं है। चतुर है। वैसे भी रीतिकाल में यह माना जाता रहा है कि नर, तुरंग और वन के फूल पकने पर ही सरस होते हैं। वह अनेक स्त्रियों में से अपने लिए उपयोगी नायिका को चुन लेता है। आमतौर पर नायक ही चुनता है। बिहारी की इन नायिकाओं पर रीझने वाला नायक समझ-बूझ वाला है। भावुकता में बहकने वाला नहीं है।

बिहारी का काव्य पुरुष प्रधान है। वह पुरुष दृष्टि से स्त्री सौन्दर्य को देखता है। फिर यह पुरुष सौन्दर्य की बारीकियों को भी समझ सकता है। देश-दुनिया की और कई बातें भी वह जानता है। राजदरबार में बैठते रहने से उसका जीवन ज्ञान तो बढ़ ही गया है। वह छल-कौशल में पारंगत हो गया है। सुन्दरी नायिका जब उसे पसन्द करने का संकेत देती है, तो वह तुरन्त खुश हो जाता है। बिहारी ने शायद ही किसी ऐसे नायक का वर्णन किया हो, जिसने नायिका के प्रस्ताव को स्वीकार करने में आनाकानी की हो या झिझक दिखाई हो। वह तो हमेशा तैयार रहता है। नायिका को मनाना पड़ता है। नायक को मनाने का कोई अवसर ही नहीं आता। आदतन वह बहुस्त्रीगामी है। बिहारी में कई पतिव्रता नायिकाएँ मिल जाएँगी, जिन्हें हम स्वकीया कह सकते हैं, जिनकी उपस्थिति विरह-वर्णन में दिखाई पड़ती है। लेकिन एक ही स्त्री से प्रेम करने वाला, फिर उसके विरह में तड़पने वाला नायक मुश्किल से मिलता है।

बिहारी बहुपठित और बहुश्रुत कवि हैं। उनकी कविताएँ प्रौढ़वय की कविताएँ हैं। किशोरावस्था के भावावेग की कविताएँ उन्होंने नहीं लिखीं। वे समझदार हैं और समझदारों को कविता सुना रहे हैं। प्रकृति की, जीवन की, व्यापार की, लोक-व्यवहार की गूढ़ बातों के बीच वे काम सम्बन्धों का चित्रण कर जाते हैं। उनका नायक पूरी तरह से यौवन प्राप्त करने के बाद नायक बनता है और वह यौवन बीत जाने के बाद भी नायक बना रहता है। वह युवा और कमसिन नायिकाओं के लिए ललचाता रहता है।

बिहारी के युग में राजपरिवारों में और उनके दरबारियों में बहुविवाह का प्रचलन था। एक पुरुष के कई पत्नियाँ हुआ करती थीं। ऐसी स्थिति में नायक पर एकाधिकार का प्रश्न सपत्नियों के कलह का बड़ा कारण हुआ करता था। बिहारी ने इनके आपसी रिश्तों की कई परतें अपनी कविताओं में खोली हैं। सबसे बड़ा प्रश्न यह

होता था कि पति सबसे अधिक किसे पसन्द करेगा? बिहारी के अनुसार जो सबसे सुन्दर होगी, युवा होगी, जिसके साथ रति-क्रिया में अधिक आनन्द आएगा। नायक उसी को पसन्द करेगा। सहपत्नियाँ ईर्ष्या से पीड़ित रहेंगी, दुःखी होंगी, परन्तु कुछ कर नहीं पाती होंगी। उनकी बेबसी का आनन्द पति-प्रेम प्राप्त नायिका लेती है—

देह दुलहिया की बढ़ै ज्यौं ज्यौं जोबन-जोति।
त्यौं त्यौं लखि सौत्यैं सबैं बदन मलिन दुति होति॥ (पृ. 43)

नायक द्वारा स्त्रियों को दी गई इस पीड़ा का मार्मिक वर्णन बिहारी ने अनेक दोहों में किया है। नई-नवेली दुल्हन की उपस्थिति के कारण पीड़ित अन्य नायिकाएँ खण्डित हो जाती हैं। उस काल में पति के विरुद्ध सोचने का रिवाज नहीं था। पीड़ा रहेगी परन्तु विद्रोह नहीं होगा। यह विद्रोह आधुनिक मनोभाव है जो बिहारी में नहीं मिलता।

बिहारी की कविताओं में विवाहिता स्त्रियों का दर्द शांत रूप में उपस्थित रहता है। स्वकीया पति प्रेम में लीन है, लेकिन पति परकीया के पीछे भागता रहता है। यह बात स्वकीया को अच्छी नहीं लगती, वह अपना रोष प्रकट करती है। नायक उस रोष पर ध्यान नहीं देता। कोई न कोई बहाना बना लेता है। ऐसी स्थिति में स्वकीया के पास पति की इस हरकत को स्वीकार करने के अलावा कोई विकल्प नहीं होता। फिर यह स्वकीया भी युवा है, उसे भी काम की इच्छा जाग्रत होती है, तब उसे ऐसे पति से संबंध बनाना होता है जिसे वह नैतिक रूप से ठीक नहीं मानती। इस तरह वह स्वयं अपनी पसंद के विपरीत संबंध बनाती है। हालाँकि बिहारी का ध्यान परकीया पर रहता है और स्वकीया का दर्द शांत रहता है लेकिन स्वकीया की इस चुप्पी का विखंडन करने पर स्वकीया का यह दर्द भी बोलने लगता है—

खिचैं मान अपराध हूँ चलि गै बढ़ैं अचैन।
जुरत डीठि, तजि रिस खिसी, हँसे दुहुन के नैन॥ (पृ. 290)

नायक परकीया के पास जाकर आया है। नायिका गुस्से में है और बेचैन है। इधर नायक अपराध की लज्जा से पीड़ित है। दोनों एक-दूसरे की तरफ देख नहीं रहे हैं। फिर किसी क्षण दोनों की नजरें मिलती हैं और दोनों हँस पड़ते हैं। अर्थात् इस परिस्थिति को नायिका ने स्वीकार कर लिया है और नायक का यह विश्वास दृढ़ हो गया है कि अन्ततः स्वकीया उसे पुनः स्वीकार कर लेगी। अर्थात् नायक का पर स्त्रीगमन यथावत चलता रहेगा।

बिहारी का नायक और नायिका गृहस्थ हैं। उनके अपने-अपने पति और पत्नी हैं। इस पारिवारिक जीवन के समानान्तर उनका अन्य व्यक्ति से प्रेम-व्यापार चलता रहता है। हालाँकि वे दोनों मानते हैं और लेखक भी मानता है कि परकीया प्रेम

अच्छा नहीं है। अच्छा और नैतिक तो स्वकीया का प्रेम ही है। हालाँकि यह परकीया प्रेम पाप नहीं है। सामाजिक रूप से गलत है, बस। अतः यह प्रेम उजागार नहीं होना चाहिए। परस्त्री गमन अच्छा तो नहीं है, परन्तु वह नायिका हो या नायक, उसे इतना अच्छा लगता है कि चाहकर भी, जानकर भी उसे छोड़ नहीं सकते। उसका भोग आनन्ददायक है। अतः नायक सोचता है कि इस क्षणिक आनन्द से वह अपने आपको दूर क्यों रखे?

पत्नी को बुरा लगेगा। इसका अपराधबोध तो है, परन्तु इस अपराधबोध की तुलना में रति-क्रीड़ा का मादक सुख अधिक लुभावना है। इस लोभ से वह मुक्त नहीं हो पाता। यह स्थिति नायिका की भी है—

पलनु पीक, अंजनु अधर, धरे महावरु भाल।
आजु मिले, सु भली करी, भले बने हौ लाल॥ (पृ. 35)

नायक आया है, स्वकीया ने उसको देखा है कि नायक की पलकों पर पान की पीक लगी हुई है, नायक के भाल पर महावर लगा हुआ है। इसे देखकर स्वकीया समझ जाती है कि नायक परस्त्री से रति-क्रिया करके आया है। नायक को यही बातें बताती है और फिर पीड़ा से कहती है कि इस रूप में आज आए हो वह तो ठीक है (अर्थात् मैं क्षमा कर देती हूँ) परन्तु भविष्य में ऐसा मत करना। तुम्हारा यह चोर कर्म पकड़ा गया है। परकीया के चुम्बन से आपकी पलकों में पान की पीक लग गई है तथा उसी स्त्री के पाँव का महावर आपके भाल पर लगा हुआ है। यह किसी भी तरह से उचित नहीं है। नायिका ने देखा कि उसके पति का छल्ला पड़ोसिन के पास है। उसे बहुत बुरा लगता है। फिर वह किसी बहाने से पड़ोसिन से छल्ला ले लेती है और अपने पति को दिखती है। यह है आपके कुकर्मों का प्रमाण। आखिर आप कब तक बहाना करते रहोगे?

छला परोसिनि हाथ तैं, छलु करि, लियौ, पिछानि।
पियहिं दिखायौ लखि बिलखि, रिस-सूचक मुसकानि॥ (पृ. 179)

इस तरह के कितने ही चित्र बिहारी सतसई में भरे पड़े हैं। एक तो वैसे ही नायक दक्षिण है। अनेक स्त्रियों से समान रीति से प्रेम करता है। कई पत्नियाँ हैं। फिर भी वह स्वतंत्र पड़ोसिन के प्रेम में पड़ा हुआ है। कहीं परदेश नहीं गया है, फिर भी उससे मिले हुए बरस बीत गए हैं। स्वकीयाएँ इन्तजार ही कर रही हैं।

इसी प्रकरण में एक पुराण बाँचने वाले पंडित जी हैं, जो ज्ञान का उपदेश देते हैं और परस्त्रीगमन की आलोचना करते हैं। इस उपदेश को वह स्त्री भी सुन रही है, जिससे पंडित जी का प्रेम सम्बन्ध है। पुराण बाँचने वाले पंडित जी की वाणी सुनकर उसे हँसी आती है जिसे वह दबा लेती है। इस हँसी को देखकर पंडित जी

को भी हँसी आती है। उसे वे भी रोकते हैं ताकि शेष लोगों को पता न चले कि ये क्यों मुस्करा रहे हैं? कवि की दृष्टि इस प्रेम पर पड़ ही जाती है—

परतिय-दोषु पुरान सुनि लखि मुलकी सुखदानि।
कसु करि राखी मिश्र हूँ, मुँह-आई मुसकानि॥ (पृ. 133)

नायिका के देवर का विवाह है। सब खुश हैं, लेकिन उसकी भौजाई उदास है। क्यों उदास हो? यह पारिवारिक गुप्त प्रेम है। इसी तरह एक देवर नायिका से प्रेम निवेदन करता है। नायिका पशोपेश में पड़ी हुई है। वह न तो देवर के आगे समर्पित होती है, न घरवालों को बताती है। घरवालों को बताने से घर में कलह होने की सम्भावना है। अत: वह नि:शब्द इस पीड़ा में जीती है।

परकीया नायिका भी बड़ी चतुर है। उसने नायक की पत्नी से बहनापा जोड़ लिया है। उनका आपस में खूब आत्मीय रिश्ता हो गया है। लेकिन नायिका की एक चतुर सखि और भी है। वह नायिका (स्वकीया) को सचेत करती है। कुछ भी कर लो चील के घोंसले में माँस जैसे सुरक्षित नहीं रह सकता, उसी तरह तुम्हारा पति भी उस परकीया के घर में सुरक्षित नहीं रहेगा। एक दोहे में दो परकीया नायिकाएँ हैं। दोनों एक ही पुरुष से प्रेम करती हैं। दोनों इस बात से अनजान हैं। नायक विदेश गया हुआ है। दोनों दु:खी हैं। दोनों सोचती हैं कि यह मेरे दु:ख से दु:खी है। इतने में कोई तीसरा व्यक्ति आता है और वह बताता है कि नायक परदेश से आ गया है।

आयौ मीतु बिदेस तैं काहू कह्या पुकारि।
सुनि हुलसीं, विहँसीं, हँसी दोऊ दुहुनु निहारि॥

दोनों एक साथ प्रसन्न हुईं। दोनों ने एक दूसरे को देखा और यह लक्ष्य किया कि दोनों उसी नायक से प्रेम कर रही हैं। दोनों ने परिस्थितियों को समझा, और प्रसन्नतापूर्वक स्वीकार कर लिया। परकीया नायिकाओं में सौतिया डाह नहीं होता। यह तो स्वकीयाओं में होता है जो पति पर अपना एकाधिकार मानती है।

एक दोहे में एक परकीया पहली बार रति-क्रीड़ा में लीन हुई। उसे आनन्द की अनुभूति हुई। परन्तु अभी वह लज्जाशील है अत: आनन्द के उन क्षणों में वह अपनी आँखें बन्द रखती है। एकाएक उसकी आँख खुल गई। उन अधखुली आँखों को नायक ने देखा। उन आँखों में काम भाव का उल्लास और तृप्ति दिखाई दी। नायक फिर से उन आँखों को देखना चाहता है। इसलिए वह चाहता है कि किसी तरह नायिका उसे पुन: प्राप्त हो।

लहि रति-सुखु लगियै हियें लखी लजौंहीं नीठि।
खुलति न, मो मन बंधि रही वहै अधखुली डीठि। (पृ. 292)

बाकी तो जो है, सो है, परन्तु वह तृप्त अधखुली दृष्टि अद्‌भुत है। नायक रातभर उस परकीया के पास रहे हो। एकदम मगन हो। अब फिर से उसी के पास जाना चाहते हो। यह तो बहुत गलत बात है। परंतु तो भी तुम मेरे पास आ गए हो।

लपट बुझावत विरह की, कपट-भरेऊ आइ। (पृ. 40)

मेरे विरह की लपट भी तो तुम्हीं बुझाओगे। इसलिए तब भी तुम्हारा स्वागत है। इस स्वागत में कितनी पीड़ा, कितनी लाचारी, कितनी आत्महीनता, कितना परवश भाव है। इस ओर बिहारी के कवि की दृष्टि नहीं जाती, परन्तु कथन में वे सब बातें तो हैं ही।

प्रेम-प्रस्ताव का नायक का तरीका भी खूब है। नायिका पड़ोस में रहती है। एक बार वह झरोखे में दिख गयी और वह मोहित हो गया। अब दूती के माध्यम से सन्देश भिजवाया कि नायक रात भर इस आशा में जागता रहा कि शायद नायिका पुनः झरोखे में दिख जाए। इतना तो वह परकीया पर मोहित है। एक नायक-नायिका पड़ोस में रहते हैं। परकीया हैं। दोनों के घर के बीच एक छोटा-सा झरोखा है। इस झरोखे में से नायक-नायिका ने एक दूसरे का हाथ पकड़ लिया है और अब इसी स्थिति में वे दोनों सो गए और रात गुजार दी।

चूँकि यह परकीया प्रेम सामाजिक रूप से स्वीकृत नहीं है, अतः नायक-नायिका को समझाने वाले भी होते हैं, जो उन्हें समझाते हैं। वे समझ भी जाते हैं। लज्जा की लाव (रस्सी) तो टूट ही चुकी है।

बहके सब जिय की कहत, ठौरु कुठौरु लखैं न।
छिन औरे, छिन और से, ए छबि छाके नैन॥ (पृ. 28)

नायिका कहती है कि मैं कैसे अपने प्रेम को छुपाऊँ। ये प्रिय की छवि रूपी मदिरा पिए हुए मेरे नयन मेरे जी का सारा हाल कह देते हैं। मैं तो मान जाऊँ पर इन आँखों का क्या करूँ? ये ठौर-कुठौर कुछ नहीं देखते, क्योंकि मेरे ये नयन 'छवि छाके' हैं। प्रिय की छवि से छाक कर नशे में हो गए हैं। इस तरह बिहारी मानते हैं कि प्रेम में स्वकीया-परकीया का भेद नहीं होता। यह भेद सहज नहीं है। प्राकृतिक नहीं है। प्राकृतिक तो यह है कि पुरुष और स्त्री एक दूसरे के लिए यौन उपकरण हैं और इस यौन-इच्छा को दबाया नहीं जा सकता।

स्वकीया जब बहुत तानें सुनाती है, तब बिहारी का नायक एक नया तर्क देता है। मान लिया कि मैं अपराधी हूँ। मैंने पर-स्त्री गमन किया है। तुम यह बात अच्छी तरह से जान चुकी हो, तो तुम मुझे अपनी आँखों में कैद करके रख लो, अर्थात् मुझे कभी अकेला छोड़ो ही मत। फिर अपराध होगा ही नहीं। इस तर्क के आगे स्वकीया बेबस हो जाती है और नायक का परकीया प्रेम चलता रहता है।

बिहारी की कविता में और लगभग सारे रीतिकाव्य में ऐसा कोई दोहा नहीं मिलता, जिसमें नायक ने नायिका के साथ जोर-जबर्दस्ती की हो। बड़े से बड़ा नायक भी परकीया को राजी करने की कोशिश करता है। उसकी तारीफ करता है। अपनी रीझ का बखान करता है। उसके लिए अपनी व्याकुलता को वाणी देता है, ताकि वह रति-क्रिया के लिए सहमत हो जाए। यह अलग बात है कि एक-दो बार इन्कार करने के बाद वह अन्ततः अपने उद्देश्य में सफल हो जाता है।

जहाँ तक स्वकीया का प्रश्न है, वह नायक के साथ रहने के लिए अभिशप्त है। अतः वह उसके मन का लिहाज नहीं करता। स्वकीया इस सामाजिक मान्यता को मानती है कि एक पुरुष और एक स्त्री का सम्बन्ध ही उचित है। पति को पत्नी से ही प्रेम करना चाहिए, लेकिन पति तो परकीया के पीछे भागता है। स्वकीया इस बात को जानती है और कुढ़ती है। ऐसा इसलिए होता है कि मध्यकाल में पति-पत्नी का रिश्ता अटूट है। स्वकीया के पास कोई विकल्प नहीं है। पति को छोड़ने के बाद या पति द्वारा छोड़े जाने के बाद स्त्री का जीवन दयनीय हो जाता था। यह मध्यकाल की स्वकीया नायिका जानती थी। अतः जैसा भी यह है, वैसा ही स्वीकार है।

परकीया प्रेम संयोग श्रृंगार का प्रेम है। जबकि स्वकीया के हिस्से में विरह आता है। बिहारी ने उनके विरह का बड़ा अतिरंजित वर्णन किया। परकीया पर तो कोई नैतिक बन्धन है नहीं, इसलिए विरह में पीड़ित होने के बदले वह कोई नया प्रेमी ढूँढ़ सकती है। खंडिता के रूप में पति के बदचलन होने की जानकारी के बावजूद उसके साथ रहने की मजबूरी के दर्द को बिहारी ने दर्ज किया है। भले ही यह उनकी कविता का उद्देश्य नहीं था।

सुधीश पचौरी का मत है कि रीतिकाल के कवियों के लिए कविता करना उनका 'काम' था, उनका धन्धा था, जिसके बदले में उन्हें धन मिलता था। बिहारी भी आत्माभिव्यक्ति के लिए कविता नहीं लिखते थे, न किसी विचार को प्रचारित करने के लिए कविता लिखते थे। वे भले ही स्वयं कृष्ण भक्त थे, परन्तु वे कविता राजदरबार में बैठे हुए लोगों का मनोरंजन करने के लिए लिखते थे। इस काम में उनकी अपनी मान्यताओं का, विचारों का कोई अर्थ नहीं था। मान्यताएँ अलग, कविता अलग। यह विभाजन, भले ही कितना ही झीना हो, बिहारी की कविता को समझने के लिए बहुत जरूरी है। हालाँकि बिहारी स्वयं दरबारी थे। उनका जीवन और संस्कार दरबारी संस्कृति से परिमित था, सीमित था, लेकिन वे अपने नायक-नायिकाओं से तटस्थ रह सकते थे। वे उनसे सहमत या असहमत नहीं थे, बस तटस्थ थे। इसलिए वे उनके क्रिया-कलापों का वर्णन तो करते थे, परन्तु उनकी मूर्खता पर हँस सकते थे। वे स्त्री की पीड़ा पर भी हँस सकते थे, जिन्हें आप और हम आधुनिक दृष्टि से मानवीय नहीं कह सकते। इस तटस्थता के बावजूद बिहारी ने स्त्री के दर्द को भी अभिव्यक्त किया है। इसकी अनदेखी

नहीं की जा सकती। इसी तटस्थता के कारण बिहारी की कविता का एक स्वर हास्य भी था। नायक कभी-कभी इतना निर्लज्ज झूठ बोलता था कि नायिका के साथ कवि को भी हँसी आ जाती थी। ऐसी रचनाओं के ढेरों उदाहरण बिहारी की कविता में मिल जायेंगे।

बिहारी की काव्यकला

बिहारी की काव्य कला पर विचार करते समय कुछ बातों का ध्यान रखना जरूरी है। बिहारी मुक्तक कवि हैं। उन्होंने ब्रजभाषा में दोहे और सोरठा छन्द में अपनी रचनाएँ कीं, जो मार्मिक छन्द हैं। हिन्दी के अत्यन्त छोटे छन्दों में इसकी गिनती होती है। रीतिकाव्य को और विशेषत: बिहारी को पढ़ते समय आलोचक प्राचीन भारतीय काव्य शास्त्र की दृष्टि से इनकी कला का विवेचन करते हैं। विशेष रूप से बिहारी की अलंकार-योजना की चर्चा करते हैं। या फिर अपने आपको उनके शृंगार रस वर्णन तक सीमित रखते हैं। यह सही है कि बिहारी में रस और अलंकार का सौन्दर्य भरपूर है, परन्तु उनकी कला सिर्फ काव्यशास्त्र तक सीमित नहीं है। उनका शृंगार वर्णन सिर्फ नायिका भेद का उदाहरण मात्र नहीं है, वरन् उनकी कविताओं में उनके समय का दरबारी समाज धड़कता है। इसलिए उनकी कला का विवेचन उनके काव्य के संदर्भ में ही किया जा सकता है।

बिहारी अपनी कविताओं में कभी सपाट कथन नहीं कहते, वह हमेशा वक्र कथन कहते हैं, कुछ इशारा करते हैं, किसी पर चोट करते हैं, स्थितियों का मजाक बनाते हैं। उनमें से अर्थ सम्प्रेषित होता है। जाहिर है कि इस कथन शैली में स्वत: अलंकार सृष्टि हो जाती है। इस तरह हम कह सकते हैं कि अलंकार सृष्टि बिहारी की कविता की सतही विशेषता है। अलंकार स्वत: स्पष्ट हो जाते हैं, लेकिन उनकी कला सिर्फ अलंकार तक सीमित नहीं है।

दोहा अत्यंत छोटा छंद होने के कारण उसमें सिर्फ संक्षिप्त बात ही कही जा सकती है। इसी छंद में बिहारी एक कहानी कह देते हैं, कुछ नाट्य रचना कर देते हैं। उसमें कही हुई बातों के अलावा बहुत-सी बातें अनकही बातें भी होती हैं। ये अनकही बातें कही हुई बातों को अर्थ और संदर्भ देती हैं। इनको समझे बिना आप कही हुई बातों को नहीं समझ सकते। कही हुई बातों के साथ ही कुछ आगे की सम्भावनाओं के सूत्र भी वे छोड़ देते हैं। दोहे का सम्पूर्ण अर्थ फैला हुआ होता है, जिसके एक अर्थ को बिहारी कहते हैं। शेष हिस्से को संकेतित कर देते हैं। इसलिए बिहारी का प्रत्येक दोहा एक कहानी होता है, जिसमें पात्र होते हैं, परिस्थितियाँ होती हैं। पात्रों का चरित्र होता है, उद्देश्य होता है। इस पूरे प्रकरण को यदि रस-सिद्धांत की भाषा में जानें तो इसमें विभाव, अनुभाव और व्यभिचारी भाव के संयोग से रस की निष्पत्ति होती है। इसलिये उनका प्रत्येक दोहा

अपने-आप में सम्पूर्ण अर्थ को व्यंजित करता है। इसे किसी भी दोहे के माध्यम से समझा-समझाया जा सकता है।

बिहारी शृंगार-रस के कवि हैं। इसमें भी वे परकीया प्रेम के शृंगार का चित्रण करने में रस लेते हैं। यह उनका अभिप्रेत अर्थ है। यह अभिप्रेत अर्थ वे दरबारियों को, अपने श्रोताओं को सम्प्रेषित करना चाहते हैं। वही सम्प्रेषित होता भी है। इस अर्थ के साथ अप्रस्तुत विधान में वे गम्भीर जीवन ज्ञान देते हैं। हालाँकि बिहारी ने विलासी जीवन की छवियाँ, प्रकरण, घटनाएँ, चालाकियाँ चित्रित की हैं। लेकिन वे स्वयं बहुत प्रौढ़ और समझदार व्यक्ति थे। उनको जीवन का ठोस ज्ञान है। उनका एक दोहा है—

झटकि चढ़ति उतरति अटा, नैंक न थाकति देह।
भई रहति नट कौ बटा अटकी नागर-नेह। (पृ. 105)

एक स्थान पर नायक खड़ा है। नायिका उसे बार-बार देखना चाहती है। इसलिए वह अटारी पर चढ़ती-उतरती रहती है और जरा भी थकती नहीं है। इसका कारण यह है कि वह नायक के प्रेम में अटकी हुई है। यहाँ तक प्रस्तुत है। अब बिहारी कहते हैं, यहाँ नायिका नट की चकई बनी हुई है। अब जिसने नट विद्या की बारीकी नहीं देखी, वह यह उपमा नहीं दे सकता। नट एक रस्सी बाँधता है, उस रस्सी के सहारे उसकी चकई चलती रहती है। कहीं थकान, उलझन नहीं होती। यह उपमा अनुभव-सम्पन्न निरीक्षण से आई है।

इसी तरह बिहारी का अत्यन्त चर्चित दोहा है, जिसमें दो बार कनक शब्द का प्रयोग हुआ है। एक बार इसका अर्थ धतूरा होता है और दूसरी बार सोना होता है। अलंकार की दृष्टि से तो यह सौन्दर्य यहीं तक सीमित है लेकिन सोना पाकर अर्थात् सम्पत्ति पाकर व्यक्ति कैसे पागल हो जाता है, उसका विवेक चला जाता है, मूल्य-बोध मर जाता है, यह तो अपने युग को देखने-समझने से ही आता है। नशे के लिए लोग धतूरा खा लेते हैं, यह भी तो उन्होंने देखा-जाना ही होगा। फिर एक दोहे में वे यह भी कहते हैं कि नाम से गुण नहीं आता। कनक का अर्थ धतूरा भी होता है, लेकिन धतूरा से गहना नहीं बनवाया जा सकता। यह समझ भी बिहारी देते जाते हैं, हालाँकि यह अर्थ शांत रहता है, परन्तु इसी शांत अर्थ के कारण बिहारी के दोहे में अर्थ गाम्भीर्य आता है। यदि बिहारी के अप्रस्तुत विधान को एक साथ इकट्ठा किया जाए, तो उससे बिहारी के जीवन ज्ञान की व्यापकता का पता चल सकता है। इसी तरह हम कह सकते हैं कि बिहारी का अप्रस्तुत विधान कहीं भी बचकाना नहीं है, हालाँकि उनके नायक-नायिका बचकानी हरकतें कर रहे होते हैं। बिहारी उनका वर्णन भी करते हैं, लेकिन इस अप्रस्तुत विधान के द्वारा वे अपने आपको इनसे अलग कर लेते हैं और यहीं पर बिहारी हास्य की सृष्टि कर लेते हैं।

परिहास की दबी हुई मात्रा उनकी रचनाओं में भरी पड़ी है। नायक के परकीया प्रेम का सबूत देती हुई स्वकीया भी मुस्कराकर आगे निकल जाती है। अब यह तो ऐसा ही है, वाली हँसी उनके अनेक दोहों में मिल जाती है। शृंगार और हास्य का यह दुर्लभ मिश्रण बिहारी की कला की अपनी विशेषता है।

बिहारी के दोहों में एक से अधिक पात्र होते हैं। नायक या नायिका आश्रय के रूप में रहते हैं, फिर विषय के रूप में, आलम्बन के रूप में नायक या नायिका होती हैं। इसके अलावा कभी-कभी दूती या सखि भी होती हैं, जो इन दोनों को मिलाने के लिए तर्क देती हुई पाई जाती हैं। इस कारण दोहा मानवीय सम्बन्धों का जटिल रूप दिखाने में सफल होता है। उदाहरण के लिए एक दोहे में नायिका ने मानकर रखा है। नायक से रूठी हुई है। नायक परस्त्री गमन करके आया हुआ है। अब सखि उसे समझाती है कि तुम्हारे न रहने से, नायक से न बोलने से तुम्हारी सौतन बहुत खुश-खुश घूम रही है। हमें यह अच्छा नहीं लग रहा है। अत: तुम अपना मान त्याग दे और नायक से मित्रवत व्यवहार कर, ताकि तुम्हारी सौतन वापिस बुझ जाए। अब इतनी कहानी को चार चरणों के दोहे में कहना 'गागर में सागर' भरने के समान ही माना जाएगा। बिहारी में यह कलात्मक दक्षता बहुत जगहों पर दिखाई देती है।

इसके अलावा बिहारी अपनी कवि दृष्टि को प्रस्तुत विषय से अलग करके रख लेते हैं। यह दृष्टि भी उस दोहे के अर्थ में शामिल मानी जानी चाहिए।

इस तरह विषयवस्तु और कला की दृष्टि से बिहारी हिन्दी के विशिष्ट कवि माने जाते हैं, भले ही आधुनिक दृष्टि से हम उनको महाकवि की संज्ञा नहीं दे सकते।

अतिरिक्त अध्ययन हेतु—

1. बिहारी रत्नाकर—जगन्नाथदास रत्नाकर, लोकभारती प्रकाशन, इलाहाबाद।
2. रीति काव्य की भूमिका—डॉ. नगेन्द्र, नेशनल पब्लिशिंग हाऊस, नई दिल्ली।
3. हिन्दी नवरत्न—मिश्र बन्धु, गंगा ग्रन्थागार, लखनऊ।
4. देव और बिहारी—कृष्णबिहारी मिश्र, गंगा ग्रन्थागार, लखनऊ।

दोहे

मेरी भव-बाधा हरौ, राधा नागरि सोइ।
जा तन की झाँई परैं स्यामु हरित-दुति होइ॥ 1॥

॥ श्रीगोपीजनवल्लभाय नमः ॥

टीकाकार का मंगलाचरण

कृपा-कौमुदी कौ करौ श्रीब्रजचंद प्रकास।
उमगै रतनाकर-हिये बानी-बिमल-बिलास॥

शब्दार्थ— भव = संसार। बाधा = रुकावट, विघ्न। भव-बाधा = संसार के विघ्न। अर्थात् दु:ख, दारिद्र तथा अनेक प्रकार की चिन्ताएँ इत्यादि, जो बाधा-रूप में उपस्थित होकर संसार के मनुष्यों को किसी उत्तम अभीष्ट का एकाग्रतापूर्वक साधन नहीं करने देतीं। स्मरण रहे कि कवि परिपाटी में दु:ख दारिद्रादि का रंग काला माना जाता है। 'भव-बाधा' का अर्थ टीकाकारों ने बहुधा जन्म-मरण का दु:ख लिखा है। वह भी ठीक है, पर यहाँ पर शब्द ग्रंथ के मंगलाचरण में आया है। अत: यहाँ कवि की यही प्रार्थना विशेष संगत है कि हमारे अनेक प्रकार के चिन्तादि-जनित विघ्नों का निवारण कीजिए जिसमें ग्रंथ के पूर्ण होने में विघ्न न हो। झाँई = इस शब्द के यहाँ तीन अर्थ लिये गये हैं—(1) परछाँही, आभा; (2) झाँकी, झलक, (3) ध्यान। प्राकृत व्याकरणों के 'ध्यह्योर्झः', इस सूत्र के अनुसार 'ध्य' के स्थान में 'झ' होकर 'ध्यान' शब्द से झाँईं बन जाता है। त्रिविक्रम ने अपने प्राकृत व्याकरण में 'ध्यान' शब्द का 'झाण' रूप लिखा भी है। 'न' के स्थान में बहुधा 'यँ' भाषा के शब्दों में देखा जाता है; जैसे 'दाहिने' के स्थान पर 'दायें'। हेमचन्द्र ने अपने प्राकृत-व्याकरण में जो निम्नलिखित छंद अपभ्रंश के उदाहरण में रखा है, उसमें ध्यात्वा का अपभ्रंश रूप 'झोइवि' प्रयुक्त हुआ है—

दहमुहु भुवण-भयंकरु तोसिअ-संकरु णिग्गउ रह-वरि चडिअउ।
चउमुहु छंमुहु झाइवि एक्कहिं लाइवि णावइ दइवें घडिअउ॥

शब्दार्थ— परैं = पढ़ने से। इस शब्द के भी निम्नलिखित तीन भावार्थ 'झाँईं' के तीनों अर्थों से यथाक्रम अन्वित होते हैं—(1) तन पर पड़ने से; (2) दृष्टि में पड़ने से;

(3) हृदय में पड़ने से। स्यामु (श्याम) = यह शब्द भी यहाँ तीन अर्थों में प्रयुक्त हुआ है— (1) श्याम वर्ण वाले श्रीकृष्णचंद्र; (2) श्रीकृष्णचंद्र; (3) काले रंग वाला पदार्थ अर्थात् कल्मष, पातक, दु:ख, दारिद्रादि, जिनका रंग कवि परिपाटी में काला नियत है। उपादान लक्षणा शक्ति से 'श्याम' का अर्थ श्याम रंग का पदार्थ होता है, जैसे 'सुरंग दौड़ता है' वाक्य में 'सुरंग' शब्द का अर्थ सुरंग घोड़ा होता है। फिर साहित्य की परिपाटी के अनुसार काले पदार्थ से पातक, कल्मष इत्यादि का ग्रहण हो जाता है। हरित-दुति (हरित-द्युति) = इस शब्द के भी इस दोहे में तीन अर्थ ग्रहण किये गये हैं—(1) हरे रंग वाला; (2) हराभरा, डहडहा अर्थात् प्रसन्न-बदन; (3) हतद्युति, गतद्युति, हतप्रभ अर्थात् तेज-हीन, प्रभा-शून्य, अथवा भयंकरता-रहित। द्युति का अर्थ नाटकों में भयंकर चेष्टा भी होता है। इस अर्थ में 'हरित' शब्द हृत का अपभ्रंश है।

अवतरण— अपनी सतसई की निर्विघ्न समाप्ति की कामना से कवि, इस मंगलाचरण—रूप दोहे में, श्रीराधिकाजी से सांसारिक बाधा दूर करने की प्रार्थना करता है। सतसई में यद्यपि और रसों के भी दोहे हैं, तथापि प्रधानता शृंगार ही रस की है। इसके अतिरिक्त शृंगार रस में सब रसों की स्थायियाँ संचारी होकर संचरित होती हैं, जिसके कारण वह रसराज कहलाता है। अत: सतसई में शृंगार रस के मुख्य प्रवर्तक श्रीराधाकृष्ण ही का मंगलाचरण रहना समीचीन है। श्रीराधा तथा श्रीकृष्ण में भी, शृंगार रस में प्रधानता श्रीराधिकाजी ही की है और कवि जिस सम्प्रदाय का अनुयायी था, उसमें भी श्रीराधिकाजी ही प्रधान मानी जाती हैं। अत: उसने श्रीराधिकाजी ही से अपनी 'भव-बाधा' हरने की प्रार्थना की है—

अर्थ— जिसके तन की झाँईं पड़ने से श्याम हरित-द्युति हो जाता है, "राधा नागरि सोइ" (हे वही राधा नागरी, अथवा वही राधा नागरी) मेरी भव-बाधा हरो (तुम हरो, अथवा हरें)।

इस दोहे में 'राधा नागरि' पद संबोधन भी माना जाता है और प्रथम पुरुषवाची भी, क्योंकि 'हरौ' क्रिया का अन्वय, प्रार्थनात्मक वाक्य में, मध्यम पुरुष से भी हो सकता है और प्रथम पुरुष से भी। फिर मंगलाचरण में, आराध्य देवता से, मध्यम पुरुष तथा प्रथम पुरुष, दोनों ही रूपों में प्रार्थना करने की प्रणाली प्रशस्त है।

यह दोहा बिहारी की प्रतिभा का अत्युत्कृष्ट उदाहरण है। इसमें कवि ने 'झाँईं', 'स्यामु' तथा 'हरित-दुति' शब्दों के तीन-तीन अर्थ रखकर एक ही वाक्य से तीन भाव निकाले हैं, जो तीनों ही उसके इष्टार्थ के साधक हैं।

पहला अर्थ तो इस दोहे का यह हुआ—

हे वही राधा नागरी, जिसके तन की परछाँहीं अर्थात् आभा पड़ने से श्याम वर्ण वाले श्रीकृष्णचंद्र हरे रंग की द्युति वाले हो जाते हैं, मेरी भव-बाधा हरो।

इस अर्थ में कवि श्रीराधिकाजी के शरीर की गुराई की प्रशंसा करता है कि वह ऐसे सुनहरे रंग की हैं कि उनकी आभा पड़ने से श्रीकृष्णचंद्र का श्याम रंग हरा हो

जाता है। पीले तथा नीले रंगों के मेल से हरे रंग का बनना लोकप्रसिद्ध ही है। इसी भाव को कवि ने अपने 'नित प्रति एकत ही इत्यादि' दोहे में भी कहा है, और माघ का एक श्लोक भी गौर तथा श्याम छवियों के पारस्परिक आभा से, हरी हो जाने के वर्णन में है, जो कि 'नित प्रति एकत ही इत्यादि' दोहे की टीका में उद्धृत किया गया है। इस भाँति उनके रूप की प्रशंसा करके कवि उनसे अपनी भव-बाधा दूर करने की विनती करता है।

अब दूसरा अर्थ नीचे लिखा जाता है—

हे वही राधा नागरी, जिसके तन की झाँकी अर्थात् झलक [आँखों में] पड़ने से (दिखाई देने से) श्रीकृष्णचन्द्र हरे-भरे अर्थात् प्रसन्न-वदन हो जाते हैं, मेरी भव-बाधा हरो॥

इस अर्थ से कवि, श्रीराधिकाजी के श्रीकृष्णचन्द्र की अत्यन्त प्रेमपात्री होने की प्रशंसा करता हुआ उनसे अपनी भव-बाधा निवारण करने की प्रार्थना करता है।

ऊपर कहे हुए दोनों अर्थों से कवि, श्रीराधिकाजी के रूप तथा प्रियतम-प्रियता की प्रशंसा करता हुआ, निम्नलिखित तीसरे अर्थ से उनमें भव-बाधा हरने का सामर्थ्य सिद्ध करके, उनको अपनी भव-बाधा हरने पर उद्यत करता है। इस सामर्थ्य के सिद्ध करने से कवि का यह तात्पर्य है कि, अपने सामर्थ्य का स्मरण करके, वह शीघ्र ही उसकी भव-बाधा हरने के लिये उत्साहित हो जायें।

वह तीसरा अर्थ यह है—

हे वही राधा नागरी, जिसके तन (रूप) का ध्यान पड़ने से (भक्त के हृदय में आने से) काले रंग वाला [पदार्थ अर्थात् कल्मष, पातक इत्यादि] हृतद्युति (गतद्युति अर्थात् अपनी कल्मषता से रहित) हो जाता है (अर्थात् अपना दु:खद प्रभाव छोड़ देता है), मेरी भव-बाधा (सांसारिक दु:ख, दारिद्र, चिंता इत्यादि, जिनका रंग कवि-परिपाटी में काला माना जाता है) हरो।

ऊपर के तीनों अर्थों में 'राधा नागरि' पद संबोधन माना गया है। उसे प्रथम पुरुष-वाची मानकर भी इस दोहे के यही तीनों अर्थ हो सकते हैं।

अपने अँग के जानि कै जोबन-नृपति प्रबीन।
स्तन, मन, नैन, नितंब की बड़ौ इजाफा कीन॥ 2॥

शब्दार्थ— अपने अँग के (अपने अंग के) = राजा के प्रधान, अमात्य, सेनापति तथा सेना इत्यादि राजा के अंग अर्थात् सहायक कहलाते हैं। अत: अंग का अर्थ यहाँ सहायक अथवा पक्षी होता है। 'अपने अँग के' का अर्थ अपने पक्षियों के दल में हुआ। इजाफा (इज़ाफ़ा) = अरबी भाषा में इज़ाफ़ा बढ़ती अर्थात् वृद्धि को कहते हैं। जब कोई बादशाह, अपने किसी सरदार अथवा कर्मचारी को अपना शुभचिन्तक समझकर अथवा उसके किसी अच्छे काम से प्रसन्न होकर, उसकी

जागीर अथवा वेतनादि में वृद्धि कर देता है, तो यह वृद्धि इज़ाफ़ा कहलाती है।

अवतरण—नायक नवयौवना मुग्धा के शरीर तथा उत्साह में वृद्धि देख, रीझकर, उसकी प्रशंसा करता हुआ, अपने मन में कहता है—

अर्थ—यौवन-रूपी प्रवीन (दान, दंड इत्यादि उपायों में निपुण) नृपति (राजा) ने [उनको] अपने अँग का (दल का, पक्ष का) समझकर, स्तनों (कुचों), मन, नयनों [और] नितंबों का बड़ा इज़ाफ़ा कर दिया है॥

टीकाकारों ने प्राय: ऐसे दोहों को सखी का वचन सखी से, नायक से, अथवा स्वयं नायिका से माना है, पर हमारी समझ में ऐसे दोहों को, सखी का वचन मानने की अपेक्षा, नायक का वचन मानने में विशेष रस है, क्योंकि किसी गुण-ग्राहक की प्रशंसा से किसी वस्तु के गुणों की जैसी वास्तविकता प्रकट होती है, वैसी किसी अभिप्राय से प्रशंसा करने वाले की प्रशंसा से नहीं हो सकती। इसलिए ऐसे दोहों में हमने प्राय: नायक का स्वगत वचन माना है।

अर तैं टरत न बर-परे, दई मरक मनु मैन।
होड़ाहोड़ी बढ़ि चले चितु, चतुराई, नैन॥ 3॥

शब्दार्थ—अर (अँड़) = किसी बात के निमित्त हठ-पूर्वक डट जाना। यहाँ 'अर' का अर्थ अपने गौरव के निमित्त हठ करना है॥ बर-परे—'बर' का अर्थ बल है। यहाँ इसका अर्थ उत्साह, उमंग है। अत: 'बर-परे' का अर्थ उमंग से भरे हुए होता है। मरक = बढ़ावा, चाँटी। होड़ाहोड़ी = होड़ बराबरी करने की स्पृहा—लागडाट—को कहते हैं। 'होड़ाहोड़ी' का अर्थ परस्पर की लागडाट होता है।

अवतरण—नवयौवना नायिका की शोभा से रीझकर नायक, उसकी प्रशंसा करता हुआ, अपने मन में कहता है—

अर्थ—[अहा! इस स्त्री के शरीर में यौवनागमन के कारण] उमंग से भरे हुए चित्त, चतुराई और नयन [अपने-अपने] हठ से नहीं हटते, [और] होड़ा-होड़ी (परस्पर लागडाट करके) बढ़ चले हैं, मानो मदन ने [इन्हें] बढ़ावा दे रखा है।

औरे-ओप कनीनिकनु गनी घनी-सिरताज।
मनीं धनी के नेह की बनीं छनीं पट लाज॥ 4॥

शब्दार्थ—औरे-ओप = कुछ और ही ओप वाली। यह समस्त पद 'कनीनिकनु' का विशेषण है। कनीनिकनु = कनीनिका आँख की पुतली को कहते हैं। 'कनीनिकनु' कनीनिका शब्द के संबंधकारक का बहुवचनांत रूप होता है। इसके पश्चात् की तृतीया की विभक्ति का लोप है, अत: इसका अर्थ कनीनिकाओं से, अर्थात् कनीनिकाओं के कारण, हुआ। गनी = गिनी गई है, मानी गई है। घनी-सिरताज-घनी का अर्थ अनेक होता है। यहाँ इसका अर्थ अनेक सपत्नी है। 'सिरताज' फारसी

समस्त शब्द 'सरताज' का रूपान्तर है। इसका अर्थ शिरोमणि अर्थात श्रेष्ठतम होता है। इसलिए 'घनी-सिरताज' का अर्थ अनेक सपत्नियों में शिरोमणि अर्थात् श्रेष्ठतम पत्नी हुआ। मनीं (मणि) = हीरा, नीलम इत्यादि, अथवा सर्प इत्यादि से निकली हुई मणियाँ। मणियों में अनेक प्रकार के प्रभाव माने जाते हैं। किसी मणि के पहनने से लक्ष्मी की प्राप्ति, किसी से अन्य मनुष्यों का सम्मोहन इत्यादि माना जाता है। धनी = प्रभु, स्वामी अर्थात पति। मनीं धनी के नेह की—इसका अर्थ पति के स्नेह को आकर्षित करने वाली मणियाँ होती हैं। छनीं = आच्छादित, छिपी हुई। मणि, मंत्र इत्यादि का प्रभाव छिपे रहने पर विशेष होता है और खुल जाने पर जाता रहता है। इसी प्रकार लज्जा से आच्छादित नेत्रों में भी आकर्षण-शक्ति विशेष होती है। इसीलिए कवि ने कनीनिकाओं को मणि बनाकर लज्जा रूपी पट से ढाँप रखा है।

अवतरण— नवयौवना मुग्धा की आँखों की पुतलियों में यौवनागमन के कारण विलक्षण प्रभा तथा लज्जा का संचार हो गया है। उनकी प्रशंसा सखी उसके हृदय में उत्साह बढ़ाने के निमित्त करती है—

अर्थ— [अब तू अपनी] और ही ओप (प्रभा) वाली कनीनिकाओं के कारण अनेक [सपत्नियों में] शिरोमणि गिनी गई है, [क्योंकि ये तेरी कनीनिकाएँ] लज्जा-रूपी पट में छिपी हुई (लिपटी हुई) पति के स्नेह की (पति के स्नेह को तेरी ओर आकर्षित करने वाली) मणियाँ बन गई हैं।

सनि-कज्जल चख-झख-लगन उपज्यौ सुदिन सनेहु।
क्यौं न नृपति ह्वै भोगवै लहि सुदेसु सबु देहु॥ 5॥

शब्दार्थ— सनि (शनि) = शनैश्चर नामक ग्रह। इस ग्रह का रंग काला माना जाता है और वस्तुत: भी इस तारे का रंग देखने में श्याम प्रतीत होता है। सनि-कज्जल = जिसमें कज्जल शनि है ऐसी। यह समस्त पद 'चख-झख लगन' का विशेषण है। इसमें बहुव्रीहि समास है। चख (चक्षु) = आँख। झख (झष) = मछली। लगन (लग्न) = इस शब्द का अर्थ लगा रहना, मिला रहना है। ज्योतिष की परिभाषा में क्रांतिवृत्त के क्षितिज में लगे रहने को लग्न कहते हैं। भारतीय ज्योतिषाचार्यों के अनुसार सूर्य पृथ्वी की परिक्रमा करता है।

उस परिक्रमा-पथ को क्रांतिवृत्त कहते हैं, जो स्वयं भी प्रवह वायु द्वारा चलायमान होकर, पृथ्वी के चारों ओर घूमा करता है। यह क्रांतिवृत्त बारह सम भागों में विभक्त माना गया है। एक-एक भाग एक-एक राशि के नाम से ख्यात है। उन बारह राशियों के नाम ये हैं—मेष, वृष, मिथुन, कर्क, सिंह, कन्या, तुला, वृश्चिक, धनु, मकर, कुम्भ और मीन। जो राशि जितने काल तक पूर्व क्षितिज से सम्मिलित रहती है, उतने काल तक उस राशि की लग्न मानी जाती है। जैसे यदि सूर्योदय के समय क्रांतिवृत्त की मीन राशि क्षितिज से सम्मिलित हो, तो उस समय मीन

लग्न मानी जायेगी और जब तक क्रांतिवृत्त के भ्रमण के कारण, वह राशि घूमकर क्षितिज रेखा का उल्लंघन न कर जायेगी और मेष लग्न रेखा पर न पहुँच जायेगी, तब तक मीन लग्न का मान रहेगा। उसके पश्चात् मेष लग्न का मान आरम्भ होगा। जन्मकुण्डली के सम्बन्ध में लग्न उस लग्न को कहते हैं, जो किसी के जन्म के समय होती है। जैसे यदि किसी के जन्म समय मीन लग्न हो तो मीन लग्न कहने से उसके जन्म-काल की लग्न समझी जायेगी। यदि उस मनुष्य के जन्म के समय मीन लग्न हो और शनि ग्रह भी उस समय मीन राशि ही में हो, तो उस मनुष्य की लग्न में मीन राशि के शनि का होना कहा जायेगा। ऐसा मनुष्य ज्योतिष शास्त्र के अनुसार राजा होता है, यथा—

तुलाकोदण्डमीनस्थो लग्न स्थोऽपि शनैश्चरः।
करोति भूपतेर्जन्म वंशे च नृपतिर्भवेत्॥

(जातक संग्रह, राजयोग-प्रकरण, श्लोक 13)

शब्दार्थ—'लगन' शब्द इस दोहे में श्लिष्ट है। इसका एक अर्थ तो वही है, जो ऊपर लिखा गया है और दूसरा लगन अथवा मिलना है। सुदिन = अच्छा दिन अर्थात् ऐसा समय जो कि ग्रहों की स्थिति के कारण राजयोग के अनुकूल हो। यद्यपि शनि का मीन लग्न में होना मनुष्य को राजा बनाता है, तथापि केवल एक यही योग इस कार्य के लिये पर्याप्त नहीं है। और भी ग्रहों का यथेष्ट स्थानों में होना आवश्यक है अर्थात् और प्रकार से भी वह समय सानुकूल होना चाहिए। यही सानुकूलता बिहारी ने 'सुदिन' कहकर व्यंजित की है। नेत्रों से देखने के विषय में सुदिनता का यह भाव है कि नायिका के नायक को कज्जल-कलित नेत्रों से देखने के समय ऐसा सुअवसर था कि वह आँखें भरकर उसकी ओर देख सकी। सनेहु (स्नेह) = स्नेह रूपी बालक। इस दोहे में, 'उपज्यौ', 'लगन' इत्यादि शब्दों के पड़ने के कारण, अर्थ बल से बालक शब्द का ग्रहण हो जाता है। भोगवै = भोगे, भोग करे। सुदेसु = सुन्दर देश! देश का सौष्ठव उसका धनधान्य तथा सानुकूल प्रजा से संपन्न होना इत्यादि है और देह का सौष्ठव सुन्दर, युवा तथा स्निग्ध होना है।

अवतरण—किसी सुअवसर पर नायिका के कज्जल कलित नेत्रों से देखने से नायक के हृदय में स्नेह उत्पन्न हुआ, जिसने उसके सर्वांग पर अधिकार जमा लिया। उसकी इसी दशा का वर्णन सखी, बड़ी चातुरी से नायिका के प्रति करके, उसको नायक से मिलाना चाहती है—

अर्थ—जिसमें कज्जल-रूपी शनि [स्थित] है, ऐसी चख-रूपी मीन लग्न में (1. पृथ्वी तथा सूर्य की विशेष स्थिति के समय; 2. आँखों के आँखों से मिलने के समय) शुभ दिन [नायक के हृदय में] उत्पन्न स्नेह-रूपी बालक सब देह-रूपी सुदेश (देह-रूपी सुदेश का सार्वभौमिक राज्य) पाकर राजा बनकर

क्यों न [उस पर] भोग करे, (पूर्ण अधिकार जमावे)।

इस दोहे में सखी नायक के स्नेह की व्यवस्था का वर्णन करती हुई, वाक्य चातुरी द्वारा, 'सुदेश' शब्द के प्रयोग से उसका सुंदर, युवा इत्यादि होना तथा 'सब' शब्द के प्रयोग से उसके सर्वांग पर स्नेह का आधिपत्य हो जाना व्यंजित करके, नायिका के हृदय में रुचि उपजाना चाहती है।

सालति है नटसाल सी, क्यौं हूँ निकसति नाँहि।
मनमथ-नेजा-नोक सी खुभी खुभी जिय माँहि॥ 6॥

शब्दार्थ—सालति है = चुभकर पीड़ा देती है। नटसाल (नष्ट शल्य) = बर्छी, बाण इत्यादि की अथवा काँटे की नोक, जो टूटकर घाव के भीतर रह जाती है। मनमथ-नेजा-नोक = कामदेव के भाले की नोक। कई एक टीकाकारों ने, यह कहकर कि कामदेव के आयुध बाण प्रसिद्ध हैं अत: 'मनमथ नेजा' का अर्थ कामदेव का भाला करने में प्रसिद्धि-विरुद्ध दूषण पड़ता है, 'मनमथ' का अर्थ मन को मथने वाला अर्थात् पीड़ा देने वाला किया है, पर शृंगार रस के दोहे में 'मनमथ-नेजा-नोक' का अर्थ कामदेव के भाले की नोक ही करना विशेष सरस है। यद्यपि कामदेव के मुख्य आयुध तो अवश्य बाण ही माने जाते हैं, पर उनके और आयुधों—खड्ग-कुन्तादि—का भी वर्णन कवि करते हैं। अत: उसके भाले का वर्णन दूषित नहीं समझा जा सकता। खुभी = कान में पहनने का एक भूषण, जो भाले के फल के आकार का होता है। खुभी = चुभी हुई, धँसी हुई।

अवतरण—खुभी पर रीझे हुए नायक का, नायिका की किसी सखी अथवा दूती से, मिलनोत्कंठा व्यंजक वचन—

अर्थ—[उसकी] कामदेव के भाले की नोक सी खुभी [मेरे] जी में धँसी हुई नटसाल सी सालती (खटकती) है, [और] किसी प्रकार निकलती नहीं॥

जुवति जोन्ह मैं मिलि गई, नैंक न होति लखाइ।
सौंधे कैं डोरैं लगी अली चली सँग जाइ॥ 7॥

शब्दार्थ—जोन्ह (ज्योत्स्ना) चाँदनी। लखाइ = लक्षित। सौंधे = सुगंध। डोरैं = डोरे में। जिस प्रकार दीपक की किरणें तार की भाँति चारों ओर फैलती हैं, उसी प्रकार सुगन्धित वस्तु की सुगंध के तार वायु के बहाव की ओर प्रसरित होते हैं। इन्हीं तारों को डोरे कहते हैं। अली = सखी। यदि यह शब्द यहाँ श्लिष्ट माना जाय, तो चमत्कार बढ़ जाता है। एक अर्थ सखी और दूसरा अर्थ भ्रमर करने से इसका अर्थ भ्रमर सी सखी हो जाता है।

अवतरण—शुक्लाभिसारिका नायिका की अंतरंगिनी सखियाँ उसके शरीर की गुराई तथा सुगंध का वर्णन करती हैं—

अर्थ—[देखो, यह] युवती [अपनी गौर द्युति के कारण] चाँदनी में [कैसी] मिल गई है [कि] किंचित्मात्र भी लक्षित नहीं होती। [अत: उसको दृष्टि द्वारा लक्षित करके उसके संग चलना असंभव है, पर] अली (भ्रमर सी सखी) [उसके शरीर की] सुगंध के डोरे से लगी हुई (डोरे के सहारे पर) [उसके] संग चली जा रही है।

हौं रीझी, लखि रीझिहौ छबिहिं छबीले लाल।
सोनजुही सी ह्वोति दुति-मिलत मालती माल॥ 8॥

शब्दार्थ—दुति-मिलत = द्युति अर्थात् आभा से मिलते ही। यह पद समस्त है।

अवतरण—नायिका की सखी अथवा दूती नायिका के शरीर की सुनहरी आभा की प्रशंसा करके नायक के हृदय में उसके देखने की उत्कण्ठा उत्पन्न किया चाहती है—

अर्थ—मैं [तो उस पर] रीझ गई, [और तुम भी,] हे [अपने को] छबीले [समझने वाले] लाल, [उसकी] छवि देखकर रीझ जाओगे। [उसकी गुराई ऐसे पीत वर्ण की है कि उसकी] आभा से मिलते ही [उसकी] माला में [लगी हुई] मालती सोनजुही सी [सुनहरी] हो जाती है।

बहके, सब जिय की कहत, ठौरु कुठौरु लखैं न।
छिन औरे, छिन और से, ए छवि छाके नैन॥ 9॥

शब्दार्थ—बहके = अपने वश से बाहर हुए। छबि-छाके = छवि रूपी मदिरा से छके हुए। छकना पीने को कहते हैं। पंजाब में अभी तक लोग 'जल छक लो' को जल पी लो के अर्थ में बोलते हैं। जैसे पियक्कड़ का अर्थ बहुत मदिरा पीने वाला होता है, वैसे ही 'छाके' का अर्थ मदिरा पीकर मतवाले होना है। अत: 'छबि छाके' का अर्थ छवि रूपी मदिरा पीकर मतवाले हुआ।

अवतरण—सखी नायिका से कहती है कि तुझे अपना अनुराग छिपाए रखना चाहिए, इस तरह प्रेमोन्मत्त देखकर लोग तुझे क्या कहेंगे। उसकी यह शिक्षा सुनकर पूर्वानुरागिनी नायिका उससे कहती है—

अर्थ—[मैं क्या करूँ,] ये छवि-रूपी मदिरा पीकर मतवाले, बहके, [और इसी कारण] क्षण-क्षण पर और ही और प्रकार के होने वाले नयन जी की सब [छिपी हुई बातें] कह देते हैं [प्रकाशित कर देते हैं], [और], ठौर कुठौर [अवसर अनवसर] नहीं देखते [समझते]।

यह बात प्रसिद्ध ही है कि मदिरा पान करने पर मनुष्य अपने जी की सब बातें कह देता है। इसलिए चोर से उसकी चोरी कहला लेने के लिये उसको प्राय: मदिरा पिला दी जाती है।

फिरि फिरि चितु उत हीं रहतु टुटी लाज की लाव।
अंग - अंग - छबि - झौंर मैं भयौ भौंर की नाव॥ 10॥

शब्दार्थ— लाव = रस्सी, नाव बाँधने की लहासी। लाज की लाव = लज्जा-कृत लाव, लज्जा से बनी हुई लाव अर्थात् लज्जा रूपी लाव। छबि = छवि-रूपी नद। यहाँ आरोप्यमान नद का अर्थोपक्षेपण है। झौंर = यह शब्द झूमर का रूपांतर है। किसी वस्तु के झूमते हुए गोलाकृति समूह को झूमर अथवा झौंर कहते हैं। हेमचन्द्र की देशी नाममाला में यही शब्द 'झौं डलिया' के रूप में मिलता है। उसका अर्थ रास के सदृश एक नाच है, जिसमें अनेक व्यक्ति मंडल बाँधकर नाचते हैं।

अवतरण— पूर्वानुरागिनी नायिका, अंतरंगिनी सखी से अपनी स्नेह दशा कहती है—

अर्थ— [नायक के] अंग-अंग की छवि के झूमर में [फँसकर मेरा] चित्त, भँवर की [भँवर में पड़ी हुई] नाव बना हुआ, फिर फिर कर (घूम फिर कर), उसी ओर (नायक ही की ओर) रहता है, [और किसी ओर नहीं जाता, क्योंकि उसको नायक की ओर से खींचने वाली] लज्जा-रूपी रस्सी टूट गई है।

नीकी दई अनाकनी, फीकी परी गुहारि।
तज्यौ मनौ तारन-बिरदु बारक बारनु तारि॥ 11॥

शब्दार्थ— अनाकनी = अनसुनी। आनाकानी देना = बात को सुनकर भी न सुनना। फीकी = प्रभाव-रहित। गुहारि = पुकार। बिरदु = प्रशंसा, प्रशस्ति। तारन-बिरदु = तारने वाले होने की विख्याति। बारक = एक बार ही, सर्वथा। बारनु = हाथी।

अवतरण— भक्त का उलाहना भगवान से—

अर्थ— [हे नाथ! आप ने तो] अच्छी आनाकानी दी, [हमारी] पुकार फीकी पड़ गई; मानो हाथी को तार कर [आपने] एक बार ही [अपना] तारन-विरद [तारने वाले कहलाना] छोड़ दिया।

चितई ललचौहैं चखनु डटि घूँघट-पट माँह।
छल सौं चली छुवाइ कै छिनकु छबीली छाँह॥ 12॥

शब्दार्थ—चितई—इस शब्द का प्रयोग बिहारी ने सब ठौर अकर्मक ही किया है। यहाँ भी अकर्मक ही प्रयोग है।

अवतरण— नायक को देखकर नायिका ने जो अनुरागोत्पादक तथा अनुराग व्यंजक चेष्टाएँ की हैं, उन पर रीझकर नायक स्वगत, अथवा उसकी सखी से कहता है—

अर्थ— घूँघट के पट में से [पहले तो उसने] डटकर (स्थिरता-पूर्वक, आँखों

से आँखें भली-भाँति मिलाकर) [मुझे] ललचाते हुए चक्षुओं से देखा, [और फिर किसी] व्याज से [वह] छबीली [मुझको अपनी] छाया क्षण मात्र छुआ कर (छुआती हुई) चली।

'छबीली' शब्द को 'छाँह' का विशेषण भी मान सकते हैं।

छाया पृथ्वी पर पड़ती है। 'छुवाइ' शब्द से छाया के अंतिम भाग मात्र का स्पर्श और उससे नायिका का अपने सिर की छाया से नायक के पाँवों का स्पर्श करना, अर्थात नायक को प्रणाम करने का भाव, व्यंजित होता है। छाया छुआने से यह भी सूचित होता है कि नायक उसको ऐसा प्रिय लगा कि यद्यपि वह उसको अपना शरीर लज्जावश न छुआ सकी, तथापि छाया ही को उसके शरीर से छुआकर उसने स्पर्शाभास का सुख प्राप्त किया।

जोग-जुगति सिखए सबै मनौ महामुनि मैन।
चाहत पिय-अद्वैतता काननु सेवत नैन॥ 13॥

शब्दार्थ— जोग-जुगति (योग-युक्ति)—योग शब्द यहाँ श्लिष्ट है। इसके दो अर्थ हैं—(1) नायक का मिलाप; (2) चित्त-वृत्तियों के निरोध द्वारा जीवात्मा को परमात्मा में लीन करना। जुगति = उपाय। जोग-जुगति (1) प्रियतम संयोग की प्राप्ति के उपाय; (2) योग क्रिया करने के विधान। पिय = इस शब्द के भी दो भावार्थ हैं—(1) प्रियतम, नायक; (2) परमप्रेमास्पद परमात्मा॥ अद्वैतता = अभिन्नता। नायक पक्ष में इसका अर्थ अपने सामने से अलग न होने देना है और ब्रह्म पक्ष में ब्रह्म तथा जीव का ऐक्य भाव। काननु = इस शब्द के भी यहाँ दो अर्थ हैं—(1) कानों को। इस अर्थ में यह शब्द कान शब्द के संबंधकारक का बहुवचन रूप है, जो कि कर्मकारक वत् प्रयुक्त हुआ है; (2) वन। इस अर्थ में यह शब्द कानन शब्द के कर्मकारक का एकवचन रूप है। नैन (नयन) = यह शब्द भी यहाँ श्लिष्ट है। इसका पहला अर्थ नेत्र है और दूसरा उचित आचार तथा संयम रखने वाले अर्थात् योगी। इन दोनों अर्थों के संयोग से 'नैन' शब्द में श्लिष्टपद मूलक रूपक हुआ।

अवतरण— नवयौवना मुग्धा के नेत्रों के सौंदर्य तथा बढ़ाव को देखकर सखियाँ, उनकी प्रशंसा करती हुईं, उससे परिहासात्मक तथा उत्साहवर्द्धक वाक्य कहती हैं—

अर्थ— [अब तेरे] नयन-रूपी योगी 'काननु' (श्रवण-रूपी वन) का सेवन करने लगे हैं, मानो मदन-रूपी महायोगी के द्वारा योग (1. संयोग। 2. योग-क्रियाओं) की सब युक्तियाँ सिखाए हुए [ये] प्रिय-अद्वैतता (1. प्रियतम से अलग न होना; 2. परमात्मा से एकता) चाहते हैं [एवं इनकी शोभा पर रीझकर नायक सदैव तेरे सामने उपस्थित रहेगा]।

यह सखियों का परिहास उसी प्रकार का है, जैसा सम-वयस्क युवतियाँ आपस

में किया करती हैं कि अब तो मेरे मन में और ही चाव बढ़ने लगे हैं, और तेरा प्रियतम तुझ पर मोहित हो रहा है।

खरी पातरी कान की, कौन बहाऊ बानि।
आक-कली न रली करै अली, अली, जिय जानि॥ 14॥

शब्दार्थ— खरी = बहुत बड़ी, अत्यन्त। पातरी = पतली, सुकुमार अर्थात् जिस पर किसी बात का प्रभाव शीघ्र पड़े। 'पातरी कान की' = कान की पतली अर्थात् किसी बात को सुनकर, बिना बिचारे, उस पर शीघ्र विश्वास कर लेने वाली। इस विशेषण से नायिका और अप्रौढ़ता व्यंजित होती है। बहाऊ = बहा देने के योग्य अथवा बहा देने वाली अर्थात् नष्ट करने वाली। आक (अर्क) = मदार। रली = आनन्द, विहार, सुख।

अवतरण— मध्या नायिका ने, नायक को अन्य स्त्री-रत सुनकर मान किया है। सखी उसको समझाती है—

अर्थ— [तू] कान की बड़ी पतली है। [यह तेरी] कौन [किस अर्थ की अर्थात् बहुत निकम्मी] बहाऊ (बहा देने के योग्य अथवा तुझको नष्ट करने वाली) बान (प्रकृति) है [कि तू बिना विचार किये सबकी बातों पर विश्वास कर लेती है]। हे अली (सखी) [तू अपने] जी में यह बात जान ले (निश्चित कर ले)[कि] अली (भ्रमर) मदार की कली से रली (विहार) नहीं करता।

पिय-बिछुरन कौ दुसहु दुखु, हरषु जात प्यौसार।
दुरजोधन लौं देखियति तजत प्रान इहि बार॥ 15॥

शब्दार्थ— प्यौसार (पितृशाला) = बाप के घर, नैहर। दुरजोधन (दुर्योधन) = कौरवपति धृतराष्ट्र का पुत्र। उसको शाप था कि जब उसको हर्ष तथा शोक, दोनों एक साथ ही व्यापेंगे, तब उसकी मृत्यु होगी। एक ऐसे ही अवसर पर उसके प्राण छूटे थे। देखियति = देखी जाती है। इहि बार = इस बार अर्थात् अब की बार नैहर जाते समय।

अवतरण— पहले तो नायिका मुग्धा थी, अत: उसे नैहर जाते समय नायक-वियोग का दु:ख नहीं होता था, पर अब वह मध्यावस्था को प्राप्त हो रही है, अतएव इस बार उसको नैहर जाने के हर्ष के साथ ही नायक के विछोह का दु:ख भी व्याप्त हो रहा है। अर्थात् उसको हर्ष तथा दु:ख एक साथ ही हुए हैं, जिससे उसके प्राण बड़े संकट में पड़े हुए हैं। उसकी इसी दशा का वर्णन सखी सखी से करती है—

अर्थ— नैहर जाते समय [एक तो इसको नैहर वालों की दर्शन-संभावना का] हर्ष है, [और दूसरे] प्रियतम से बिछुड़ने का दु:सह दु:ख है। [अत:] इस बार [की जवाई में यह] दुर्योधन की भाँति प्राण तजते समय की दशा में देखी जाती है।

झीनैं पट मैं झुलमुली झलकति ओप अपार।
सुरतरु की मनु सिंधु मैं लसति सपल्लव डार॥ 16॥

शब्दार्थ— झुलमुली = इस शब्द का अर्थ, कृष्ण कवि को छोड़कर, सभी टीकाकारों ने कर्ण भूषण विशेष, जिसको झाला अथवा पीपलपत्ता कहते हैं, लिखा है और इसी अर्थ के अनुसार दोहे का भी अर्थ किया है। कृष्ण कवि ने इसका अर्थ और कोई भूषण-कदाचित् उरवसी-माना है। ईसवी खाँ ने इसका अर्थ उरबसी किया है और यह भी लिखा है कि "जो नायिका को कहैं झीने पट मैं ऐसी झलमलै है, तो भी हो सकै है।" हमारी समझ में 'झुलमुली' का अर्थ झुलमुलाती हुई, अर्थात् झीने पट से ढँपे रहने के कारण कभी झलकती और कभी छिप जाती हुई करके इसको 'ओप' शब्द का विशेषण मानना चाहिए। झलमलाना, झिलमिलाना तथा झुलमुलाना, ये तीनों शब्द वस्तुत: एक ही शब्द के रूपान्तर मात्र हैं और थोड़े-थोड़े अर्थ भेद से प्रयुक्त होते हैं। लसति = बिलास करती है, अर्थात् मन्द-मन्द हिलती हुई सुशोभित होती है।

अवतरण— झीने पट में फूटकर निकलती हुई नायिका के शरीर की झलक पर रीझकर नायक स्वगत कहता है—

अर्थ— [अहा! इसकी] झुलमुली (झुलमुलाती हुई) अपार ओप झीने पट में से [ऐसी] झलकती है, मानो कल्पवृक्ष की पल्लव-सहित डार समुद्र में विलास कर रही है।

'सपल्लव डार' इसलिए कहा है कि हाथों, पाँवों, ओठों तथा कानों की उपमा पल्लवों से दी जाती है।

डारे ठोड़ी - गाड़, गहि नैन - बटोही, मारि।
चिलक-चौंध मैं रूप-ठग, हाँसी-फाँसी डारि॥ 17 ॥

शब्दार्थ— ठोड़ी-गाड़ = ठुड्डी का गड़हा। बटोही = बाट चलने वाले, पथिक। चिलक = चमक। चौंध = पथिकों को जो किसी रात को, अधिक रात्रि रहने पर भी, तारों इत्यादि के प्रकाश के कारण सबेरा होता-सा प्रतीत होने लगता है और जिससे चौंधिया कर, अर्थात् धोखा खाकर, उसी समय मार्ग चल पड़ते हैं, उस धोखा देने वाले प्रकाश को चौंधा अथवा चौंध, अर्थात् चमक से आँखों को अन्धा करने वाला, भ्रम में डालनेवाला कहते हैं। इसी का नाम फारसी भाषा में 'सुब्रहे काजिब' है। ऐसे चौंधे से धोखा खाकर जब पथिक अधिक रात्रि रहने पर भी चल पड़ते हैं, तो ठगों की बन आती है। वे उनको फाँसी डालकर मार डालते और किसी गड़हे में डाल देते हैं।

अवतरण— नायक के नेत्र नायिका के शरीर की शोभा देखते-देखते मोहित

होकर उसकी ठुड्डी के गड़हे में पड़ गये हैं; और अब वहाँ से शोभाधिक्य के कारण नहीं टल पाते। अपने नयनों की यह व्यवस्था नायक, नायिका की शोभा का वर्णन करता हुआ, स्वगत कहता है—

अर्थ—[उसके] सौंदर्य-रूपी ठग ने चिलक-रूपी चौंध में [मेरे] नयन-रूपी पथिकों को घेरकर, हँसी-रूपी फाँसी डाल, मारकर ठोड़ी के गड़हे में डाल दिया [एवं वे बेचारे अब वहीं पड़े हुए हैं]।

इस दोहे के भाव से 26वे अंक के दोहे का भाव बहुत मिलता है।

कीनैं हूँ कोरिक जतन अब कहि काढ़ै कौनु।
भो मन मोहन-रूपु मिलि पानी मैं कौ लौनु॥ 18॥

शब्दार्थ—मन = मानस। यह शब्द यहाँ श्लिष्ट है। इसका पहला अर्थ मन और दूसरा अर्थ मानसरोवर है। इस श्लेष के कारण 'मन' शब्द में श्लेष-मूलक रूपक है। अत: मन का अर्थ यहाँ मनरूपी मानसरोवर हुआ।

अवतरण—सखी की शिक्षा सुनकर नायिका कहती है कि अब मेरे मन से मोहन का लावण्यमय रूप किसी रूप से निकल नहीं सकता। तेरा शिक्षा देना वृथा है—

अर्थ—मोहन का [लावण्यमय] रूप [मेरे] मनरूपी मानसरोवर में मिलकर पानी में का (पानी में घुला हुआ) लवण हो गया है। अब [तू] कह (बतला) [तो सही कि] कोटिक यत्न करने पर भी [उसको उसमें से] कौन निकाले [निकाल सकता है]।

प्राय: टीकाकारों ने 'मन' को कर्ता और मोहन रूप को अधिकरण मानकर अर्थ किया है। वह भी बुरा नहीं है। इस अर्थ में 'मन' का उकारांत तथा 'मोहन-रूपु' को अकारांत मानना होगा।

लाग्यो सुमनु ह्वै है सफलु आतप-रोसु निवारि।
बारी, बारी आपनी सींचि सुहृदता-बारि॥ 19॥

शब्दार्थ—सुमनु = (1) सो मन; (2) पुष्प। सफलु = (1) प्राप्ताभीष्ट, प्राप्तकामना (2) फलयुत। आतप-रोसु (आतप-रोष) = (1) ताप देने वाला अर्थात् दु:ख देने वाला रोष (2) आतप अर्थात् घाम का रोष अर्थात तीक्ष्णता प्रचंडता। बारी = (1) बालिका अर्थात् अनुभव रहित स्त्री; (2) माली, उद्यान का रक्षक। वाट का अर्थ उद्यान है। अत: वाटी का अर्थ उद्यान-संबंधी मनुष्य अर्थात् माली हुआ। इसी शब्द से, 'ट' को 'र' आदेश होकर, बारी शब्द बना है जो कि इस समय एक जाति विशेष का वाचक है। इस समय बारियों का मुख्य काम पत्तल, दोना बनाना है। यह काम पहले उपवन रक्षकों ही का था। बारी = पारी अर्थात्

अपने यहाँ नायक के आने की पारी, (2) वाटिका। सुहृदता = (1) मैत्री, प्रेम; (2) सात्म्य, उपयोगिता। बारि (वारि) = (1) वाक् सरस्वती। यहाँ इसका अर्थ वचन लेना चाहिए; (2) जल। सुहृदता-बारि = (1) मित्रता के वचन; (2) सुहृदता का जल, सात्म अर्थात् सानुकूल जल अर्थात् ऐसा जल, जो बारी को यथेष्ट लाभदायी हो। जिस प्रकार सुहृदता के वारि (वचन) का अर्थ ऐसा वचन, जिममें मित्रता की सरसता हो, होता है, उसी प्रकार सुहृदता के वारि (जल) का अर्थ ऐसा जल होता है, जिसमें सानुकूलता के गुण हों, अर्थात् स्वच्छ, शीतल तथा मधुर जल, जो बारी के निमित्त हितकारी होता है।

कवि इस पूरे दोहे में श्लेष-बल में दो अर्थ रखकर, नायिका से उसके इष्ट की गुप्त बात सखी द्वारा, माली तथा बहिरंगिनी सखियों के सामने ही कहला देता है : पर उन लोगों का ध्यान, दूसरे ही अर्थ में उलझकर, मुख्य अभिप्राय की ओर नहीं जाने पाता।

अवतरण—आज इस नायिका के घर नायक के पधारने की पारी है, पर अभी तक वह आया नही हैं। नायिका का मन उसी में लगा हुआ है और विलंब के कारण कुछ रुष्ट-सी होकर वह, जी बहलाने के निमित्त वाटिका में भ्रमण कर रही है, जहाँ माली तथा कुछ बहिरंगिनी सखियाँ भी उपस्थित हैं। इतने में उसकी अंतरंगिनी सखी, जो नायक के पास गई थी, आकर यह दोहा चातुरी से पढ़ती है कि नायिका तो अपना इष्टार्थ समझ ले, पर माली तथा बहिरंगिनी सखियाँ समझें कि वह यह वाक्य माली से कह रही है। नायिका-प्रति तो वह यह कहती है—

अर्थ 1—हे बारी (भोली स्त्री), [तेरा] मन [जो] लगा है, सो सफल (प्राप्ताभीष्ट) होगा। [तू इस] दुःखदायी रोष को निवारित कर के बारी (पारी) सुहृदता (मैत्री) के वारि (वाक्य) से सींच (सरस कर)।

पर अन्य व्यक्तियों की जान में वह माली से यह कहती है—

अर्थ 2—हे बारी (माली), [तेरी वाटिका में] लगा हुआ सुमन (फूल) सफल (फलयुत) होगा। [तू] अपनी बारी (वाटिका) सुहृदयता के वारि (सानुकूल जल) से सींचकर घाम के रोष (प्रचंड प्रभाव) को निवारित कर।

* हरिचरणदास ने लिखा है कि यह दोहा बिहारी का नहीं है। यह उनका शुद्ध भ्रम है। एक तो यह दोहा सब प्राचीन पुस्तकों में तथा हरिचरणदास के पूर्व की टीकाओं में मिलता है; और दूसरे ऐसी उच्चकोटि का है कि बिहारी के अतिरिक्त कोई बिरला ही इसका रचयिता हो सकता है। इसमें उन्होंने जो क्रमभंग दोष बतलाया है, वह उनको अर्थ न समझने के कारण भाषित हुआ है।

अजौ तर्‌यौना हीं रह्यौ श्रुति सेवत इक-रंग।
नाक-बास बेसरि लह्यौ बसि मुकुतनु कैं संग॥ 20॥

शब्दार्थ—अजौं (अद्यापि) = आज तक भी, अब तक भी। तर्यौना = यह शब्द श्लिष्ट है। इसका एक अर्थ अधोवर्ती है और दूसरा कर्ण-भूषण विशेष, जिसको तालपर्ण तथा ताटंक भी कहते हैं और भाषा में उसी को तरकी कहते हैं। श्रुति = (1) वेद की श्रुति; (2) कान। इकरंग = एक रीति पर, अविच्छिन्न रूप से। नाक-बास = स्वर्ग-निवास; (2) नासिका का निवास। बेसरि = (1) नासिका-भूषण विशेष; (2) बेसरी खच्चरी, अर्थात् महा अधम प्राणी। बेसर संस्कृत में खच्चर को कहते हैं। उसी से बेसरी, स्त्रीलिंग रूप, बनता है। यहाँ यह रूप अत्यन्त तिरस्कार तथा लघुता का व्यंजक है। लक्षणा शक्ति से 'बेसरि' का अर्थ यहाँ बेसरी-सदृश महा अधम प्राणी होता है। मुकुतनु = (1) जीवन मुक्त सज्जनों; (2) मुक्ताओं।

अवतरण—इस दोहे में कवि बेसर का वर्णन करता हुआ श्लेष-बल से सत्संग की प्रशंसा करता है। बेसर पक्ष में इस दोहे का अर्थ यह होता है—

अर्थ 1—आज तक तर्यौना (कर्ण-भूषण) एक ढंग से (ज्यों का त्यों) कानों का सेवन करता हुआ (अधोवर्ती अर्थात् अमुख्यस्थान-स्थित) तर्यौना ही रहा, [और] बेसर ने मोतियों का संग पाकर नाक-बास (1. नासिका का बास; 2. उच्च पद) प्राप्त किया।

कान की स्थिति पार्श्व भाग में होने के कारण कवि ने उसे अमुख्य स्थान मानकर तर्यौने को अमुख्य स्थान स्थित वर्णित किया है और नाक शब्द का अर्थ लक्षणा शक्ति से प्रधान, मुख्य, श्रेष्ठ इत्यादि किया है, जैसे ऐसे वाक्यों में होता है—'यह देश सब देशों की नाक है'। सतसंग पक्ष में इस दोहे का अर्थ होता है—

अर्थ 2—अविच्छिन्न रूप से श्रुति (वेद) का सेवन करता हुआ [मनुष्य] आज तक भी तर्यौना (अधोवर्ती) ही [बना] रहा, [और] बेसरी (महा अधम प्राणी) ने [भी] मुक्तों (जीवन-मुक्त सज्जनों) के संग बसकर नाक-बास (स्वर्ग-निवास) प्राप्त किया॥

टीकाकारों ने प्राय: सत्संगति-प्रशंसा के पक्ष में, 'तर्यौनाहीं' का अर्थ 'तरा नहीं' किया है। वह अर्थ भी इस प्रकार लग सकता है—

एक रूप से श्रुति का सेवन करता हुआ [मनुष्य] आज तक भी बिना तरा ही रहा, [और] बेसरी (महा अधम प्राणी) ने मुक्तों (जीवन-मुक्त सज्जनों) के संग बसकर स्वर्ग निवास प्राप्त किया।

जम-करि-मुँह-तरहरि पर्यौ, इहिं धरहरि चित लाउ।
विषय-तृषा परिहरि अजौं नरहरि के गुन गाउ॥21॥

शब्दार्थ—तरहरि = नीचे॥ धरहरि = निश्चय॥ नरहरि (1) नरसिंह भगवान्; (2) कवि के दीक्षागुरु नरहरिदास।

अवतरण—कवि की उक्ति अपने मन से—

अर्थ—[तू] यम-रूपी हाथी के मुँह के नीचे पड़ा हुआ है, इस निश्चय पर चित्त लगा, [और] अब भी विषय-तृष्णा छोड़कर नरहरि के गुणों का गान कर।

पलनु पीक, अंजनु अधर, धरे महावरु भाल।
आजु मिले, सु भली करी; भले बने हौ लाल॥ 22॥

शब्दार्थ—महावरु = पहली तथा दूसरी प्रतियों के अनुसार यह शब्द उकारांत ठहरता है और चौथी तथा पाँचवीं प्रतियों के अनुसार अकारांत। हमने पहली तथा दूसरी प्रतियों का अनुसरण करके इसको उकारांत रखा है। 'आजु' (अद्य) = अव्यय होने के कारण यद्यपि इस शब्द के उकारांत होने की कोई आवश्यकता नहीं है, पर ब्रजभाषा के कवियों ने इसको प्राय: उकारांत ही लिखा है। सतसई में यह शब्द छ: दोहों में आया है और छवों स्थानों पर बिहारी ने इसको उकारांत ही लिखा है।

अवतरण—प्रौढ़ा-धीरा-खंडिता नायिका की उक्ति नायक से—

अर्थ—पलकों में [पान की] पीक, अधर पर अंजन, [तथा] भाल पर महावर धारण किये हुए (अर्थात् पलकों में अधर रँगनेवाली वस्तु, अधर पर पलकों में देने वाली वस्तु एवं भाल पर पैरों में लगानेवाली वस्तु धारण किये हुए) आज [जो तुम] मिले हो, सो अच्छी बात की; [वाहजी वाह!] अच्छे बने हो।

इस दोहे में 'भली' तथा 'भले' शब्द व्यंग्यात्मक हैं।

लाज-गरब-आलस-उमग-भरे नैन मुसकात।
राति-रमी रति देति कहि औरै प्रभा प्रभात॥23॥

अवतरण—प्रात:काल सखी, नायिका के नेत्रों की कुछ विलक्षण ही शोभा से रात्रि में रमी हुई रति के विधान को, अर्थात् विपरीत रति को, लक्षित करके कहती है—

अर्थ—लाज, गर्व आलस्य और उमंग से भरे हुए [तेरे] नेत्र मुस्कुराते हैं, [जिससे तेरी कुछ] और ही [प्रकार की बनी हुई] शोभा रात्रि की रमी हुई रति [के प्रकार को] प्रात:काल कहे देती है (तेरा विपरीत रति का करना प्रगट किये देती है)।

लज्जा, गर्व तथा आलस्य, उमंग, इन विरुद्ध भावों का संघटन, यही इस दोहे में विलक्षणता है। गर्व तथा उमंग से विपरीत रति लक्षित होती है, और लज्जा तथा आलस्य से प्रमाणित होता है कि उक्त गर्व तथा उमंग रति ही के कारण हैं।

पति रति की बतियाँ कहीं, सखी लखी मुसकाइ।
कै कै सबै टलाटलीं, अलीं चलीं सुखु पाइ॥ 24॥

शब्दार्थ—टलाटलीं = टालमटोल, ब्याज, मिष।

अवतरण—नायक और नायिका रंगमहल में बैठे विनोद कर रहे थे। वहाँ

सखियाँ भी उपस्थित थीं। उसी समय नायक ने बातों ही बातों में रति की इच्छा प्रकट की। नायिका ने यह सुनकर अपनी मुस्कराहट से प्रसन्नता लक्षित कराते हुए अंतरंगिनी सखी की ओर इस भाव से देखा कि अब उक्त कार्य का अवसर हो जाना चाहिए। यह लक्षित करके सब सखियाँ वहाँ से एक-एक करके, किसी न किसी मिस से, टलने लगीं। सखी का वचन सखी से—

अर्थ— पति ने रति की बातें कहीं (बातों में रति की इच्छा प्रकट की), [जिसको सुनकर नायिका ने] मुस्कुरा कर [अपनी मुख्य] सखी को देखा। [यह देख] सब सखियाँ सुख पाकर, टलाटली (अनेक प्रकार के ब्याज) कर करके, [वहाँ से] चलीं (हटने लगीं)।

तो पर वारौं उरबसी, सुनि, राधिके सुजान।
तू मोहन कैं उर बसी ह्वै उरबसी-समान॥25॥

शब्दार्थ— उरबसी = उर्वर्शी अप्सरा। उरबसी = हृदय पर पहनने का भूषण विशेष।

अवतरण— राधिकाजी ने श्रीकृष्णचंद्र को अन्य-रत सुनकर मान किया है। सखी मान छुड़ाने के निमित्त कहती है—

अर्थ— हे प्रवीण राधे! सुन, [तू तो ऐसी सुन्दर है कि और की कौन कहै, इन्द्र की अप्सरा] उर्वशी को [भी] मैं तुझ पर वार दूँ। तू [तो] मोहन के उर में उरबसी [भूषण] के समान होकर बसी है [फिर दूसरी उनके उर में कैसे बस सकती है]।

कुच-गिरि चढ़ि, अति थकित ह्वै, चली डीठि मुँह-चाड़।
फिरि न टरी, परियै रही, गिरी चिबुक की गाड़॥26॥

शब्दार्थ— चाड़ = लालच। यह शब्द चाट का रूपान्तर है; जैसे शाटी का साड़ी, कीट का कीड़ा इत्यादि। चिबुक = अधर के नीचे का भाग।

अवतरण— नायिका की शोभा का निरीक्षण करता हुआ तथा चिबुक के गड़हे पर अत्यन्त रीझा हुआ नायक स्वगत कहता है—

अर्थ— [मेरी] दृष्टि कुच रूपी पहाड़ पर चढ़कर, अति थकित (शोभा से मुग्ध) होकर [भी], मुख की चाड़ (चाट, लालच) से [उधर] चली। [पर] चिबुक की गाड़ (गर्त, गढ़े, खाड़ी) में गिर गई, [और] फिर [वहाँ से, अत्यन्त थकित होने के कारण] टली नहीं, [वहीं] पड़ी ही रही।

बेधक अनियारे नयन, बेधत करि न निषेधु।
बरबट बेधतु मो हियौ तो नासा कौ बेधु॥ 27॥

शब्दार्थ— अनियारे = अनी वाले, नुकीले। निषेधु = वह कार्य जो अपने लिये वर्जित हो, अनुचित कार्य। बरबट (बलवत्) = बलपूर्वक, बरबस। बेधु = छिद्र।

अवतरण—नायिका के सर्वांग सौन्दर्य पर रीझा हुआ नायक कहता है—

अर्थ—[तेरे] नुकीले नयन [तो] बेधक (हैं ही, अत: वे कोई] निषेध (अपने निमित्त निषिद्ध अर्थात् वर्जित काम) करके [मेरे हृदय को] नहीं बेधते अर्थात् वे मेरा हृदय बेधने में कोई अपने कर्तव्य के विरुद्ध काम नहीं करते। रा [तो] नासा का बेध (भी, जो कि स्वयं बेधा हुआ है), और जिसका काम [बेधना नहीं है] बरबट (बरबस, अपने लिये अविहित काम करके) मेरे हृदय को बेधता है [भावार्थ यह हुआ कि तेरे सब अंग की शोभा हृदय को बेधती है, यहाँ तक कि तेरी नासा का छिद्र भी]।

लौनैं मुहुँ दीठि न लगे, यौं कहि दीनौ ईठि।
दूनी ह्वै लागन लगी, दियैं दिठौना, दीठि॥ 28॥

शब्दार्थ—दीठि = दृष्टि। दीनौ = इस शब्द को कवि लोग प्राय: दीन्यो अथवा दीन्यौ बोलते और लिखते हैं। हमारी प्राचीन पुस्तकों के अनुसार 'दीनौं' ही पाठ ठीक ठहरता है। सतसई में और कहीं यह शब्द नहीं आया है, अत: और दोहों से इसके यथार्थ रूप का पता नहीं चलता। ईठि = इष्ट शब्द से ईठ बनता है, जिसका अर्थ मित्र है। उसी का स्त्रीलिंग रूप 'इठि' है। इसका अर्थ हितकारिणी, अर्थात् सखी है। दिठौना = काजल इत्यादि की काली टीकी, जो मुख पर इस अभिप्राय में लगा दी जाती है कि कुदृष्टि न लगे।

अवंतरण—दिठौना के कारण नायिका के मुख पर अधिक शोभा हो जाने का वर्णन नायक परिहासात्मक वाक्य में, उससे करता है—

अर्थ—[तेरी] सखी ने [तो तुझे दिठौना] यों कहकर (यह विचार कर) दिया [कि तेरे] सलोने (लावण्यमय) मुख पर दृष्टि (कुदृष्टि) न लगे, [पर इस] दिठौना देने से [तो तेरे मुख की ऐसी शोभा बढ़ गई कि उस पर] दृष्टि (आँख) दूनी होकर (और भी अधिक) लगने लगी (जमने लगी)।

चितवनि रूखे दृगनु की, हाँसी-बिनु मुसकानि।
मानु जनायौ मानिनी, जानि लियौ पिय, जानि॥ 29॥

शब्दार्थ—हाँसी-बिनु = बिना किसी हँसी की बात की।

अवतरण—मानिनी नायिका की चेष्टा से उसके मान को समझकर खिसियाए हुए नायक की व्यथा सखी सखी से कहती है—

अर्थ—[नायिका की] रूखे दृगों की चितवन, [और नायक की] बिना किसी हँसी की बात ही की मुस्कुराहट (अर्थात खिसियानपने की मुस्कुराहट) से [तू] समझ ले कि मानिनी ने [तो] मान जनाया, [और] प्रियतम ने [उसको यह मान जनाना] जान लिया (समझ लिया)।

सब ही त्यौं समुहाति छिनु, चलति सबनु दै पीठि।
वाही त्यौं ठहराति यह, कविलनवी लौं, दीठि॥30॥

शब्दार्थ—त्यौं = ओर। समुहाति = सामने होती है। कविलनवी = पाँचों प्राचीन पुस्तकों के अनुसार इस शब्द का पाठ यही अर्थात् 'कविलनवी' ठीक ठहरता है। फारसी भाषा में 'किब्ल:नुमा' दिक्प्रदर्शक यंत्र को कहते हैं। यह 'कविलनुमा' उसी 'किब्ल-नुमा' का अपभ्रंश है। यद्यपि 'कविलनुमा' पाठ से भी इस दोहे का अर्थ अच्छा लग जाता है, तथापि यहाँ मंत्र की कटोरी का भाव विशेष संगत ज्ञात होता है। अत: हमने, अपनी प्राचीन पुस्तकों के अनुसार 'कविलनवी' ही पाठ रखकर उसका अर्थ मंत्र की कटोरी किया है।

अवतरण—परकीया नायिका की दृष्टि इधर-उधर से घूम फिर कर उपपति ही की ओर जा ठहरती है, जिससे सखी उसका प्रेम लक्षित करके कहती है—

अर्थ—[तेरी] यह दृष्टि क्षण मात्र सभी की ओर समुहाती (सामने जाती) है, [पर फिर] सबको पीठ देकर चलती है (सबकी ओर से लौट पड़ती है), [एक] उसी [नायक] की ओर [जाकर] कविलनवी (मंत्र की कटोरी) की भाँति ठहरती है [जिससे लक्षित होता है कि तेरा चितचोर वही है]।

कौन भाँति रहिहै बिरदु अब देखिवी, मुरारि।
बीधे मोसौं आइ कै गीधे गीधहिं तारि॥31॥

शब्दार्थ—बिरदु = प्रशस्ति, किसी उत्तम कार्य करने से प्रसिद्ध नाम। देखिवो = देखने के योग्य है, देखना है। बीधे = बिद्ध हुए, उलझे। गोथे = ललचाए हुए, परचे हुए। गीधहिं = गिद्ध को, संपाती गिद्ध को।

अवतरण—कवि अथवा किसी भक्त का वचन भगवान् से—

अर्थ—हे मुरारि! अब देखना है [कि आपका तारन] विरद किस प्रकार रहेगा; [क्योंकि आप एक सामान्य पापी] गिद्ध (संपाती) को तार कर परचे हुए मुझ [महापापी] से आ उलझे हैं।

कहत, नटत, रीझत, खिझत, मिलत, खिलत, लजियात।
भरे भौन मैं करत हैं, नैननु हीं सब बात॥32॥

शब्दार्थ—मिलत = मेल कर लेते हैं। खिलत = खिल उठते हैं, प्रसन्नता प्रकट करते हैं।

अवतरण—नायक और नायिका की चातुरी से, आँखों की चेष्टा ही के द्वारा, हृदय के सब भावों को परस्पर प्रकट कर देने का वर्णन सखी-सख़ी से करती है—

अर्थ—[देखो, कैसी चातुरी से ये दोनों गुरुजन से] भरे हुए भवन में आँखों ही में सब [अपने अभीष्ट का] बात कर लेते हैं (अपने अभिप्राय परस्पर प्रकट कर देते हैं) [कभी कुछ] कहते हैं, [कभी] नटते हैं (निषेध करते हैं), [कभी] रीझते हैं, [कभी] खीझते हैं, [कभी फिर] मेल कर लेते हैं, [कभी] खिलते हैं (प्रफुल्लित होते हैं), [और कभी] लजाते हैं।

अथवा पूर्वार्द्ध का अर्थ यों किया जाये—

[नायक कुछ] कहता है (रति की प्रार्थना करता है), [जिस पर नायिका "मन में भावै, मुड़ी हिलावै" न्याय से] नटती है (निषेध करती है)। [नायक उसकी इस निषेध करने की चेष्टा पर] रीझता है, [तब नायिका उसकी रीझने की चेष्टा पर बनावट से] खीझती है। [फिर दोनों] मेल कर लेते हैं, [जिस पर नायक, नायिका के चटपट खीझ छोड़ देने पर,] हँस देता है, [और नायिका उसके हँस देने पर] लज्जित हो जाती है।

वाही की चित चटपटी, धरत अटपटे पाइ।
लपट बुझावत बिरह की कपट-भरेऊ आइ॥ 33॥

शब्दार्थ—चटपटी = उत्कट अभिलाषा के कारण कोई काम करने में आतुरता। अटपटे = कहीं के कहीं, लड़खड़ाते हुए। लपट = ज्वाला।

अवतरण—उत्तमा खंडिता की उक्ति नायक से—

अर्थ—[जिसके यहाँ रात भर रहे हो] उसी [से फिर मिलने] की [तुम्हारे] चित्त में [आतुरता है इसीलिए तुम] अटपटे पाँव रखते हो। [पर तो भी मुझे कुछ दुःख नहीं है, क्योंकि तुम तो] कपट-भरे भी आकर [मेरी] विरह-ज्वाला बुझाते हो [तात्पर्य यह है कि सपत्नी का दुःख मुझे तुम्हारे दर्शन सुख के आगे भूल जाता है]।

लखि गुरुजन-बिच कमल सौं सीसु छुवायौ स्याम।
हरि-सनमुख करि आरसी हियैं लगाई बाम॥ 34॥

अवतरण—नायक और नायिका की चेष्टा सखी सखी से कहती है—

अर्थ 1—[नायिका को] गुरुजनों के बीच में देखकर श्याम ने [अपना] सिर कमल से छुवाया (पाँव पड़ने की चेष्टा करके अपना अनुराग प्रकट किया)। बाम (वामा अर्थात् नायिका) ने [वह भाव समझकर अपनी] आरसी, हरि (नायक) के सामने करके, हृदय में लगा ली (आरसी में नायक का प्रतिबिम्ब लेकर उसे हृदय में लगाने से यह सूचित किया कि मैं तुमको अपने हृदय में बसाती हूँ)।

अथवा यों अर्थ किया जाये—

अर्थ 2—[नायिका को] गुरुजनों के बीच में देखकर श्याम ने [अपना] सिर

कमल से छुवाया (पाँव पड़ने की चेष्टा करके मिलने की प्रार्थना सूचित की)। बाम (वामा अर्थात् नायिका) ने [वह भाव समझकर अपनी] आरसी, हरि (सूर्य) के सामने करके, हृदय में लगा ली (आरसी में सूर्य का प्रतिबिम्ब लेकर कुच-रूपी पहाड़ों के बीच में लगाने से यह सूचित किया कि सूर्य के अस्ताचल में छिपने पर, अर्थात् रात्रि को मिलूँगी)।

पाइ महावर दैंन कौं नाइनि बैठी आइ।
फिरि फिरि, जानि महावरी, एड़ी मीड़ति जाइ॥ 35॥

शब्दार्थ—महावरी = महावर के गाढ़े रंग में रुई को भलीभाँति भिगोकर नाइनें गोली-सी बना लेती हैं और पाँव में महावर लगाते समय वे इसे ही मल-मल कर रंग निचोड़ती और लगाती हैं। इसी रुई की गोली को महावरी (महावर-वटी) कहते हैं। मीड़ति जाइ = मलती जाती है, मसलती जाती है।

अवतरण—सखियाँ नाइन का परिहास करती हुई नायिका की एड़ी की ललाई की आपस में प्रशंसा करती हैं—

अर्थ—पाँव में महावर देने को नाइन आकर बैठी [पर नायिका की एड़ी का रंग ऐसा लाल है कि उसको उसमें तथा महावर की गोली में कुछ भेद नहीं प्रतीत होता, अत: भ्रम के कारण वह] एड़ी को फिर-फिर, महावर की गोली समझकर, मोड़ती जाती है।

तोहीं, निरमोही, लग्यौ मो ही इहैं सुभाउ।
अनआऐं आवै नहीं, आऐं आवतु आउ॥ 36॥

अवतरण—उपपति नायक को नायिका की उलाहने से भरी हुई पत्री—

अर्थ—हे निरमोही, मेरा हृदय तुझी से इस स्वभाव (रीति) से लगा है [कि तेरे] न आने से [वह भी मेरे पास] नहीं आता (मेरा चित्त ठिकाने नहीं रहता), [और तेरे] आने से आता है। अत: निवेदन है कि तू आ (पधार)।

नेहु न, नैननु, कौं कछू उपजी बड़ी बलाइ।
नीर-भरे नितप्रति रहैं, तऊ न प्यास बुझाइ॥ 37॥

शब्दार्थ—नेहु (स्नेह) = यह शब्द यहाँ श्लिष्ट है। इसके दो अर्थ—प्रेम तथा तेल हैं। अतएव इसमें श्लेष-मूलक रूपक है, जिससे इसका अर्थ यहाँ प्रेम-रूपी तेल हुआ। बलाइ (फा. बला) = विपत्ति, आपत्ति।

अवतरण—पूर्वानुरागिनी नायिका अपने नेत्रों की व्यवस्था अन्तरंगिनी सखी से कहती है—

अर्थ—[यह] प्रेम-रूपी तेल नहीं है, [प्रत्युत मेरे] नयनों के निमित्त कोई बड़ी बलाय उपजी है। [क्योंकि यद्यपि मेरे नयन] नित्यप्रति नीर (आँसू) से भरे हुए रहते

हैं, तथापि [इनकी] प्यास (दर्शन की तृषा) नहीं बुझती।

शरीर-शुद्धि के निमित्त वैद्यक में जो पंचकर्म बतलाए गये हैं, उनमें एक स्नेहन भी है। इसमें रोगी को तेल अथवा घृत इत्यादि पिलाया जाता है। यदि स्नेह-पान में कुछ व्यतिक्रम पड़ जाता है, तो रोगी को बहुत तृषा लगती है। पानी से उसका पेट भर जाता है, पर तृषा बनी ही रहती है। इसी बात को नायिका ने अपने नेत्रों पर घटा कर कहा है।

नहिं परागु नहिं मधुर मधु नहिं बिकासु इहिं काल।
अली, कली ही सौं बंध्यौ, आगैं कौन हवाल॥38॥

शब्दार्थ—बिकासु = खिलावट। हवाल = दशा। यह अरबी शब्द हाल के बहुवचन, अहवाल का अपभ्रंश है।

अवतरण—इस दोहे में भ्रमर के व्याज से, कोई किसी मुग्धासक्त को शिक्षा देता है।

अर्थ—न [तो इसमें] अभी पराग (पुष्प-रज अर्थात् जवानी की रंगत), न मधुर मधु (मीठा मकरन्द अर्थात् सरसता) [और] न विकास [खिलावट अर्थात् यौवन के कारण अंगों में प्रफुल्लता] [ही] है। हे भ्रमर, [तू ऐसी कंज की] कली ही से बँधा है (अपने सब कर्तव्य छोड़कर उसी में लवलीन हो रहा है), [तो] आगे [चलकर जब उसमें पराग, मकरंद तथा विकास का आगमन होगा, तो फिर तेरी] क्या दशा होगी।

लाल, तुम्हारे विरह की अगनि अनूप, अपार।
सरसै बरसैं नीर हूँ, झर हूँ मिटै न झार॥ 39॥

शब्दार्थ—अगनि = अग्नि। अनूप = जिसकी उपमा न हो, अद्‌भुत, विलक्षण। अपार = जिसका पार न पाया जाये, जो समाप्त न हो, बहुत। सरसै = बढ़ती है। झर = इस शब्द का अर्थ अन्य टीकाकारों ने मेघ का झड़ी बाँधकर लगातार बरसना किया है, पर यहाँ इसका यह अर्थ नहीं है। यहाँ इसका अर्थ है ताप अर्थात् ग्रीष्म का प्रचण्ड ताप अथवा लूअ। झार = जलन।

अवतरण—सखी अथवा दूती नायक से नायिका का विरह निवेदन करती है—

अर्थ—हे लाल, तुम्हारे विरह की अग्नि विलक्षण [तथा] अपार है। [इसकी] झार (जलन) नीर बरसने से भी बढ़ती है, [और] झर (ग्रीष्म के ताप) से भी नहीं मिटती।

पानी से उसकी जलन का बढ़ना तो विरहाग्नि की विलक्षणता है, और ताप से उसकी जलन का न मिटना उसकी अपारता। यदि कोई अंग थोड़ा-बहुत जल जाता है तो सेंक देने से उसकी जलन मिट जाती है; पर यदि बहुत जल जाता है; तो सेंकने से कोई लाभ नहीं होता, प्रत्युत हानि ही होती है।

देह दुलहिया की बढ़ै ज्यौं ज्यौं जोबन-जोति।
त्यौं त्यौं लखि सौत्यैं सबै बदन मलिन दुति होति॥ 40॥

शब्दार्थ—सौत्यैं = सौतों को। यह पद सौति शब्द के संप्रदानकारक का बहुवचन रूप है।

अवतरण—नवयौवना मुग्धा की सखियाँ आपस मे सहर्ष कहती हैं—

अर्थ—[इस] दुलहिन की देह में ज्यौं ज्यौं यौवन की ज्योति बढ़ती है, त्यों त्यों [इसको] देखकर [इसकी] सब ही सौतों के बदन में द्युति मलिन होती है।

जगतु जनायौ जिहिं सकलु, सो हरि जान्यौ नाँहि।
ज्यौं आँखिनु सबु देखियै, आँखि न देखी जाँहि॥ 41॥

शब्दार्थ—जिहिं = जिसके द्वारा। देखियै = देखा जाता है।

अवतरण—किसी आत्मज्ञानी की उक्ति स्वगत अथवा शिष्य से—

अर्थ—जिस [चिन्मय परमात्मा] के द्वारा (जिसके हृदय में स्थित होने के कारण) सकल जगत् [तुझसे] जाना गया, वह हरि [तूने] नहीं जाना। जैसे आँखों के द्वारा सब [कुछ] देखा जाता है, [पर] आँखें [स्वयं] नहीं देखी जातीं।

सोरठा

मंगलु बिंदु सुरंगु, मुखु ससि, केसरि आड़ गुरु।
इक नारी लहि संगु, रसमय किय लोचन-जगत॥ 42॥

शब्दार्थ—सुरंग = सुन्दर रंगवाला। यहाँ इसका अर्थ लाल है। आड़ = आड़ा तिलक। नारी = यह शब्द यहाँ श्लिष्ट है—(1) नारी, स्त्री। (2) चंडा, समीरा इत्यादि सात नाड़ियों में से कोई नाड़ी। वर्षाज्ञान के निमित्त ज्योतिष में सात नाड़ियाँ मानी जाती हैं। इनमें से प्रत्येक की गति चार-चार नक्षत्रों में सर्पाकार होती है। जब चंद्रमा, मंगल तथा बृहस्पति ग्रहों की स्थिति ऐसी होती है कि वे एक ही नाड़ी के चारों नक्षत्रों में से किसी पर होते हैं—चाहे चारों नक्षत्रों में से किसी एक ही पर, अथवा भिन्न-भिन्न पर—तो जगद्व्यापिनी वृष्टि होती है, यथा—

एकनाड़ीसमारूढ़ौ चंद्रमाधरणीसुतौ।
यदि तत्र भवेज्जीवस्तदैकार्णविता मही॥

(नरपतिजयचर्या, अध्याय 3, श्लो० 29)

रस—यह शब्द भी श्लिष्ट है—(1) अनुराग, शृंगार-रस, (2) जल। इसमें भी श्लिष्टपदमूलक रूपक है, और इसका अर्थ अनुराग-रूपी जल है। किय = यह रूप कियौ के स्थान पर बिहारी ने 212 संख्यक दोहे में भी प्रयुक्त किया है। अन्य

कवियों तथा गोस्वामी तुलसीदास ने भी इस अर्थ में इस रूप का प्रयोग किया है। लोचन-जगत् = लोचन-रूपी जगत्।

अवतरण—नायिका के मुख पर लाल बिन्दु तथा केसर की पीली आड़ देखकर नायक की आँखें अनुरागमय हो रही हैं। अपनी यही दशा वह स्वगत अथवा नायिका की किसी अन्तरंगिनी सखी से कहता है—

अर्थ—लालबिंदु-रूपी मंगल, मुख-रूपी चन्द्र, [एवं] केसर की [पीली] आड़-रूपी बृहस्पति [इन तीनों ग्रहों] को एक [ही] नारी (स्त्री-रूपी नाड़ी) ने साथ ही प्राप्त करके [मेरे] लोचन-रूपी जगत् को रसमय (1. अनुरागमय; 2. जलमय) कर दिया।

मंगल ग्रह का रंग लाल तथा बृहस्पति का पीला माना जाता है और मुख का उपमान चन्द्र प्रसिद्ध ही है।

दोहा

पिय तिय सौं हँसि कै कह्यौ, लखैं दिठौना दीन।
चंद्रमुखी, मुखचंदु तैं भलौ चंद-समु कीन॥ 43॥

शब्दार्थ—भलौ = पूर्ण रूप से, पूरा पूरा।

अवतरण—सखी का वचन सखी से—

अर्थ—प्रियतम ने नायिका से, [यह] देखने पर [कि उसने] दिठौना दिया है, हँसकर कहा (कि) हे चन्द्रमुखी, तूने [अपने] मुखचन्द्र को [इस दिठौने के द्वारा] भला [पूरा पूरा] चन्द्र के समान कर दिया।

कई टीकाकारों ने अनेक शंका समाधान करके इस दोहे के अर्थ को बहुत घुमाया फिराया है, पर हमारी समझ में यह अर्थ सीधा और स्पष्ट है।

कौंहर सी एड़ीनु की लाली देखि सुभाइ।
पाइ महावरु देइ को आपु भई बे-पाइ॥ 44॥

शब्दार्थ—कौंहर (कटुफल) = इन्द्रायन का फल। बे-पाइ = बिना पाँव की अर्थात् मतिपंगु, स्तब्ध।

अवतरण—सखी-वचन सखी से—

अर्थ—इन्द्रायन के फल-सी एड़ियों की स्वाभाविक लाली देखकर [नाइन] स्वयं बेपाइ (बिना हाथ पैर की अर्थात् मति-पंगु) हो गई। [फिर भला] पाँव में महावर [दे, तो] कौन दे।

खेलन सिखए, अलि, भलैं चतुर अहेरी मार।
कानन-चारी नैन-मृग नागर नरनु सिकार॥ 45॥

शब्दार्थ—भलैं = भली भाँति। यहाँ इसका अर्थ बड़ी विलक्षणता से होता है। अहेरी = शिकारी। काननचारी = कानों तक विचरने वाले अर्थात् दीर्घ। (2) जंगल में विचरने वाले। प्राचीन परिपाटी तथा बिहारी की लेख-प्रणाली के अनुसार पहले अर्थ के निमित्त 'कानन' शब्द को उकारांत, अर्थात् 'काननु' होना चाहिए, पर बिहारी के समय में ऐसे शब्दों को अकारांत लिखने की प्रथा प्रचलित हो चली थी और यद्यपि बिहारी इस प्रथा का अनुकरण स्वतंत्रतापूर्वक तो नहीं करते थे, पर इस दोहे में श्लेष के निर्वाहार्थ, उन्होंने उक्त प्रचार से लाभ उठाकर, कान के बहुवचन काननु को भी अकारांत ही मान लिया, क्योंकि दूसरे अर्थ के निमित्त 'कानन-चारी' समस्त पद का 'कानन' (जंगल) शब्द उकारांत नहीं हो सकता। श्लेषालंकार में ऐसे प्रयोगों का निर्वाह माना भी जाता है।

अवतरण—नायिका की अंतरंगिनी सखी उसके नेत्रों द्वारा नायक के घायल होने का वृतान्त उससे, परिहासात्मक वाक्य में कहती है। वह चातुरी से नायक का नाम नहीं लेती, प्रत्युत घायल होने वाले के निमित्त बहुवचन 'नागर नरनु' पद प्रयुक्त करके सामान्यत: कहती है कि तेरे नेत्रों से प्रवीण नरों का शिकार होता है। वह सोचती है कि यह सुनकर जब नायिका पूछेगी कि मेरे नेत्रों ने किसका शिकार किया है, तब नायक का नाम बतला दूँगी—

अर्थ—हे अली! कामदेव रूपी चतुर अहेरी ने [तेरे] कानन-चारी (कानों तक जाने वाले, वन-चारी) नयन-रूपी मृगों को भली-भाँति (बड़ी विलक्षण रीति से) नगर-निवासी (सुघर) नरों का शिकार करना सिखलाया है।

मृगों का आखेट करना तो नगरनिवासी नरों को सामान्यत: अहेरी सिखलाते ही हैं, पर कामरूपी अहेरी ने यह विलक्षण चातुरी की है कि कानन-चारी नयन-रूपी मृगों को नगर निवासी (सुधर) नरों का आखेट करना सिखलाया है।

रससिंगार-मंजनु किए कंजनु भंजनु दैन।
अंजनु रंजनु हूँ बिना खंजनु गंजनु नैन॥ 46॥

शब्दार्थ—रस सिंगार मंजनु किए = शृंगार रसोचित हाव, भाव, कटाक्षादि में निमग्न अथवा उनको माँजे हुए अर्थात् उनमें दक्ष। कंजनु = कंजों को। भंजनु = मान-भंग, पराजय। अंजनु रंजनु हूँ बिना = अंजन रँगने (लगाने) के बिना भी। खंजनु = भाषा में खंजन तथा खंज, दोनों रूप खंजन के अर्थ में प्रयुक्त होते हैं। 'खंजनु' पद यहाँ खंज शब्द का बहुवचन है। इसके पश्चात के संप्रदानार्थक कौं का लोप है, अत: यह पद यहाँ संप्रदानकारक-वत् प्रयुक्त हुआ है। इसका अर्थ यहाँ खंजों को होता है। गंजनु = तिरस्कार। यह पद, यहाँ कर्मकारक रूप से प्रयुक्त हुआ है। इसके पश्चात 'दैन' का अध्याहार होता है, और उसी "दैन" पद का यह कर्म है।

अवतरण—नायिका के नेत्रों की प्रशंसा नायक अथवा सखी द्वारा—

अर्थ— शृंगाररस में मज्जन किये हुए (शृंगार-रसोचित हाव, भाव, कटाक्षादि से परिष्कृत—पानी दिये हुए अथवा उनमें निमग्न) [ये तेरे] नयन [अपनी स्वच्छता से] कंजों को [जो कि सदैव जल में मज्जित रहने के कारण स्वच्छ रहते हैं] भजन (मान-मर्दन, पराजय) देने वाले हैं, [और अपनी स्वाभाविक श्यामता से] अंजन लगाने के बिना भी खंजों को तिरस्कार [देने वाले]।

साजे मोहन-मोह कौं, मोहीं करत कुचैन।
कहा करौं, उलटे परे टोने लोने नैन॥ 47॥

शब्दार्थ— साजे = किसी कार्य विशेष के उपयुक्त बनाए। कुचैन = विकल। टोने = जादू। विशेष: दृप्टि द्वारा किसी पर प्रभाव डालने की क्रिया अथवा उस डाले हुए प्रभाव, को टोना कहते हैं। लोने = लुनाए हुए, लवण दिये हुए, लवण द्वारा तुष्ट किये हुए, नायक के लावण्य द्वारा उसके पक्ष में किये हुए। जब किसी पर टोने अथवा कुदृष्टि का प्रभाव प्रतीत होता है, तो लवण और राई अथवा केवल लवण उस पर से वार कर टोने के निमित्त फेंक अथवा अग्नि में डाल दिया जाता है। इस क्रिया को स्त्रियाँ राई नोन करना अथवा लोनाना कहती हैं। इस लोनाने से टोना लौट जाता है और जो प्रभाव टोना करने वाला किसी पर डालना चाहता है वही स्वयं करने वाले पर उसकी ओर से, पड़ जाता है। यही टोने का उलटना कहलाता है।

अवतरण— पुर्वानुरागिनी नायिका का वचन अंतरंगिनी सखी से—

अर्थ— [मैंने तो अपने नयन] मोहन के मोहने को [उपयुक्त उपस्करणों, अंजन तिलोंछ आदि, से] सुसज्जित किये, [पर ये तो मोहन को मोहने के पलटे] मुझी को [मोहन पर मोहित करके] विकल किये डालते हैं। [अब मैं] क्या करूँ, [मोहन के लावण्य से] लोने हुए (लोनाए जाकर) [मेरे] नयन उलटे टोने [होकर मुझी पर] पड़े।

याकैं उर औरै कछू लगी बिरह की लाइ।
पजरै नीर गुलाब कैं, पिय की बात बुझाइ॥ 48॥

शब्दार्थ— औरै कछू = कुछ विलक्षण प्रकार की। लाइ = लवर, अग्नि। पजरै = प्रज्वलित होती है। बात = (1) वार्ता (2) वायु।

अवतरण— विरहिनी नायिका की व्यवस्था सखियाँ आपस में कहती हैं—

अर्थ— इसके हृदय में विरह की कुछ विलक्षण आग लगी है, [जो] गुलाब-जल [छिड़कने] से [तो] प्रज्वलित होती है, [और] प्रियतम की बात (चर्चा-रूपी वायु) से बुझती है।

विलक्षणता यह है कि सामान्य अग्नि तो जल से बुझती और वायु से प्रज्वलित होती है, पर यह अग्नि जल से प्रज्वलित होती एवं बात (वायु) से बुझती है।

कहा लेहुगे खेल पैं, तजौ अटपटी बात।
नैंक हँसौंही हैं भई भौहैं, सौहैं खात॥49॥

शब्दार्थ—खेल पैं = 'पैं' यहाँ करणकारकार्थक है। 'खेलपैं' का अर्थ खेल से होता है। अटपटी = कुढंगी।

अवतरण—नायिका ने मान किया था। सखी बड़ी कठिनता से, शपथ खा-खाकर, उसको कुछ ढंग पर ला रही थी। इतने में नायक ने उसी स्त्री का नाम ले लिया, जिसकी ईर्ष्या से मान हुआ था। सखी, यह सोचकर कि कहीं मान फिर न बढ़ जाय, बड़ी वाक्यचातुरी से, नायक के उस नाम लेने को उसका खिलवाड़ ठहराकर, इधर तो नायिका के रोष को उभरने नहीं देती और उधर नायक को सचेत करती है—

अर्थ—[तुम] खेल से क्या लोगे (इस खेल में क्या पाआगे! [यह] कुढंगी बात (अर्थात् खिलवाड़ के निमित्त अन्य स्त्री का नाम लेकर नायिका को चिढ़ाना) छोड़ दो! [देखो, बड़ी कठिनता से] शपथ खाते खाते [नायिका की सरोष] भौंहें कुछ हँसौंहीं (हास्योन्मुखी) हुई हैं [ऐसा न हो कि वे कहीं फिर चिढ़ जाएँ]।

इस दोहे की व्याख्या श्रीयुत पंडित पद्म सिंहजी शर्मा ने बहुत अच्छी की है। नायक के अन्य स्त्री का नाम लेने का एक कारण यह भी हो सकता है कि उसे नायिका की मान-चेष्टा बहुत अच्छी लगी, अत: वह फिर वही चेष्टा देखने के निमित्त, खिलवाड़ में, अन्य स्त्री का नाम लेकर उसको रुष्ट करना चाहता है। इस प्रकार का भाव इस कवित्त में भी है—"घरी द्वैक परम सुजान पिय प्यारौ रीझि मान न मनायौ, मानिनी कौ मान देखि रह्यौ॥"

डारी सारी नील की ओट अचूक, चुकैंन।
मो मन-मृगु करबर गहैं अहे! अहेरी नैन॥ 50॥

शब्दार्थ—डारी = वृक्ष की पतली शाखा, टहनी। नील की = नीली। करबर (कर्बर) = चीते। इस शब्द में सारोपा लक्षणा है। यहाँ वर्ण्यमान नयन की अप्रकृत कर्वर के साथ तादात्म्य प्रतीति है। अहै = इस शब्द का प्रयोग किसी को संबोधित करने में होता है, विशेषत: आश्चर्य से संबोधित करने में।

अवतरण—नायक-वचन नायिका से—

अर्थ—हे [प्यारी, तेरे] कर्वर (चीते) [अर्थात्] अहेरी नयन नीली साड़ी रूपी डारी (डाल-पत्तों) की अचूक (कभी व्यर्थ न होने वाली) ओट में मेरे मन रूपी मृग को पकड़ लेते हैं, चूकते नहीं।

चीता जब मृग को पकड़ना चाहता है, तो डाल-पत्तों तथा झाड़ियों की ओट में छिप-छिप कर उसके अत्यन्त समीप पहुँच जाता है, और फिर एकाएकी झपटकर उसको छोप लेता है।

दीरघ साँस न लेहि दुख, सुख साईंहिं न भूलि।
दई दई क्यौं करतु है, दई दई सु कबूलि॥ 51॥

शब्दार्थ— दीरघ साँस = लम्बी साँस, जैसी दु:ख में मनुष्य लेता है। साईंहिं = स्वामी को। कबूलि = अंगीकृत कर।

अवतरण— किसी विपत्ति-ग्रस्त को उसका गुरु अथवा कोई मित्र धैर्य देता है—

अर्थ— [तू इस विपत्ति में] दई दई (हा दैव! हा दैव!) क्यों कर रहा है [जो विपत्ति] दैव ने दी है, उसको [धैर्य धर कर] अंगीकृत कर (अर्थात् सहन कर)। [तू] दु:ख में लम्बी साँस न ले, [और] सुख में स्वामी को न भूल।

बैठि रही अति सघन बन, पैठि सदन-तन माँह।
देखि दुपहरी जेठ की छाँहौं चाहति छाँह॥ 52॥

शब्दार्थ— सदन-तन = घर का पिण्ड।

अवतरण— स्वयंदूतिका नायिका का वचन नायक से—

अर्थ— [ऐसी प्रचंड घाम के समय तुम कहाँ जा रहे हो? आओ, इस घर में घाम का निवारण कर लो। देखो,] जेठ की दुपहरी देखकर छाया भी छाया (आच्छादन) [के नीचे छिपना] चाहती है। [वह इस समय] अति सघन वन में बैठ रही है (विश्राम ले रही है), (अथवा) घर के तन (पिण्ड) के भीतर पैठ रही है (घुस रही है, अर्थात् वृक्षों के घेर की भित्ति के तथा घरों की भित्तियों के बाहर नहीं दिखलाई देती)।

जेठ के दिनों में मध्याह्न के समय सूर्य ठीक सिर पर आ जाता है, अत: वृक्षों की छाया उनके घेरे के बाहर नहीं आती, और घरों की छाया भी छतों के नीचे ही रहती है, भित्तियों के बाहर नहीं पड़ती।

हा हा! बदनु उघारि, दृग सफल करै सबु कोइ।
रोज सरोजनु कैं परै, हँसी ससी की होइ॥ 53॥

शब्दार्थ— हा हा! = यह ब्रजभाषा में किसी को सविनय संबोधन करने में प्रयुक्त होता है। बदनु (वदन) = मुख। यहाँ इसका अर्थ मुख-रूपी चन्द्र है। रोज (फारसी रोज) = दिन। उर्दू में रोज पड़ना एवं भाषा में दिन पड़ना विपत्ति तथा काठिन्य पड़ने के अर्थ में बोला जाता है। सरोजनु कैं = कमलों के निमित्त। 'सरोज' शब्द का अर्थ यहाँ गोणी साध्य बसाना लक्षणा से नयन-रूपी सरोज होता है। ससी (शशि) = चन्द्रमा। 'ससि' का अर्थ भी यहाँ गौणी साध्यवसाना लक्षण से मुख-रूपी शशि होता है।

अवतरण— खंडिता नायिका ने नायक को देखकर, अपनी उदासीनता प्रकट

करने के लिये घूँघट काढ़ लिया है। सखी, यह सोचकर कि चार आँखें हों तो शील से मान छूट जाये, उससे घूँघट हटाने को प्रार्थना करती है। वह उसी प्रार्थना-वाक्य में, चातुरी से, नायिका के प्रभाव तथा सौन्दर्य की प्रशंसा भी, उसकी प्रसन्नता के निमित्त करती है, और अपनी प्रार्थना का निमित्त अपनी मंडली की सखियों के नेत्रों के सफल, नायक को लज्जित एवं सपत्नी को उपहास पात्री बनाने की अभिलाषा ठहराती है।

अर्थ—हा हा! [सखी, घूँघट हटाकर अपना] मुख खोल [जिसमें हम] सब [सखी] जन [अपने] दृग सफल करें (तेरे मुख का सौन्दर्य, अपने पति पर तेरा प्रभाव एवं तेरी सपत्नी के सौन्दर्य का उपहास देखकर हम सब आँखें पाने का फल पावैं), [नायक के] नेत्र-रूपी सरोजों पर काठिन्य पड़े (वे तुझे सरोष देखकर झेंप जाएँ, [और उसकी दृष्टि में तेरी सपत्नी के] मुख-रूपी चंद्र की हँसी हो (अर्थात् वह उपहास-पात्र जान पड़ने लगे।

कई एक टीकाकारों ने, इस दोहे का कुछ और ही अर्थ समझकर, अनेक शंकाएँ तथा उनका समाधान करने के व्यर्थ प्रयत्न किये हैं पर ऊपर जो अर्थ लिखा गया है, उसमें न किसी शंका का अवसर है, और न समाधान की आवश्यकता।

होमति सुखु, करि कामना तुमहिं मिलन की, लाल।
ज्वालमुखी सी जरति लखि लगनि-अगनि की ज्वाल॥ 54॥

शब्दार्थ—होमति = हवन करती है, आहुति देती है। ज्वालमुखी = ज्वालामुखी। लगनि = चित्त की लगावट, अनुराग। अगनि = अग्नि।

अवतरण—पूर्वानुरागिनी नायिका की सखी अथवा दूती नायक से विरह निवेदन करती है—

अर्थ—हे लाल, [वह] अनुराग-रूपी अग्नि की ज्वालामुखी-सी ज्वाला को प्रज्वलित देखकर, तुमसे मिलने की कामना करके, [अपने] सुख को [उस ज्वाला में] होमती है।

ज्वालामुखी में लोग अनेक प्रकार की कामनाएँ करके उत्तमोत्तम शाकल्य की आहुतियाँ देते हैं।

सायक-सम मायक नयन, रँगे त्रिबिध रँग गात।
झखौ बिलखि दुरि जात जल, लखि जलजात लजात॥ 55॥

शब्दार्थ—सायक = इस शब्द का अर्थ अन्य टीकाकारों ने बाण किया है, पर बाण से झष के छिपने तथा जलजात के संकुचित होने का वर्णन विशेष संगत नहीं है और न बाण के तीन रंग ही प्रसिद्ध हैं। हमारी समझ में यहाँ सायक का अर्थ सायंकाल करना उचित है। 'साय' शब्द का अर्थ सायंकाल होता है। 'सायक'

शब्द को उसी में स्वार्थिक 'क' लगकर बना हुआ समझना चाहिए अथवा 'सायक' शब्द को शायक का अपभ्रंश रूप मानकर उसका अर्थ सुलाने वाला समय, अर्थात् सायंकाल करना चाहिए। कवि सायंकाल की लाली से नेत्रों की लाली की उपमा देते भी हैं। मायक = माया करने वाले। नेत्रों के पक्ष में इसका अर्थ अनेक प्रकार के हावभावादि करने वाले और सायंकाल के पक्ष में अनेक प्रकार के रंग बदलने में निपुण होता है। सायंकाल को 'मायक' इस कारण भी कहा जा सकता है कि उस समय मायावी जन माया विशेषत: फैलाते हैं और वह समय सुहावना भी होता है। त्रिबिध रँग = तीन प्रकार के रंग अर्थात् श्वेत, श्याम एवं अरुण। नेत्रों में यह तीनों रंग वर्णित होते हैं और सायंकाल के समय भी ये तीनों रंग आकाश में दिखलाई देते हैं। झखौ = झष भी। बिलखि = दुखी होकर। दुरि जात जल = जल में छिप जाते हैं। मछलियाँ दिन को आहार की खोज में इधर-उधर विचरती और जल तल पर आती-जाती रहती हैं पर सायंकाल को जल के भीतर, पृथ्वी पर आश्रय लेती हैं। लजात = संकुचित होते हैं। संध्या-समय कमलों का संकुचित होना प्रसिद्ध ही है।

अवतरण—दूती नायिका को किसी जलाशय के तट पर, संकेत-स्थल में बैठाकर और नायक के पास जाकर उससे नायिका के नेत्रों की प्रशंसा करती हुई, उसके उक्त स्थान में स्थित होने का वृत्तांत व्यंजित करती है—

अर्थ—सायंकाल के समय मायावी, [तथा] तीन रंगों से रँगे हुए गात्र वाले [उसके] नेत्र देखकर [उस जलाशय के] कमल लजाते हैं, [और] झष भी दुखित होकर जल में छिप जाते हैं।

मरी डरी कि टरी बिथा, कहा खरी, चलि चाहि।
रही कराहि कराहि अति, अब मुँह आहि न आहि॥ 56॥

शब्दार्थ—कराहि कराहि = दु:खाधिक्य से हाय हाय करके।

अवतरण—प्रोषितपतिका नायिका की जड़ता-दशा का वर्णन सखी सखी से करती है—

अर्थ—[हे सखी, तू यहाँ] खड़ी क्या कर रही है, चलकर देख, [तो कि वह] मरी पड़ी है अथवा [उसकी] व्यथा टल गई है। [वह] बहुत कराह कराह कर [एकाएकी] रह गई (चुप हो गई)। अब [तो उसके] मुँह में आह [भी] नहीं है।

कहा भयौ, जौ बीछुरे, मो मनु तोमन-साथ।
उड़ी जाउ कित हूँ, तऊ गुड़ी उड़ाइक हाथ॥ 57॥

शब्दार्थ—गुड़ी = गुड्डी, पतंग। उड़ाइक = उड़ाने वाला।

अवतरण—गणिका नायिका गाने-बजाने के लिये कहीं परदेश गई है। वहाँ

से अपने प्रेमी वैशिक नायक को उसने पत्र में यह दोहा लिखा है—

अर्थ—यदि [हम लोग इस समय] बिछुड़े हैं, तो क्या हुआ; [कोई विशेष चिंता तथा घबराने की बात नहीं है, क्योंकि] मेरा मन [तो] आपके मन के साथ [बँधा हुआ] है। [जब आपका मन चाहे, मुझे आकर्षित कर सकता है, जैसे] गुड्डी (पतंग) किसी ओर [चाहे कहीं] उड़ती हुई चली जाये, तो भी [वह] उड़ाने वाले के हाथ में है (वश में रहती है)।

लखि लोने लोइननु कैं, कौइनु, होई न आजु।
कौनु गरीबु निवाजिबौ, कित तूठ्यौं रतिराजु॥ 58॥

शब्दार्थ—लोने = लावण्य युत। लोइननु = लोचनों। कोइनु = कोयों से। आँख की श्याम पुतली के दोनों ओर जो श्वेत भाग होते हैं वे आँख के कोए कहलाते हैं। गरीबु (गरीब)—यह शब्द अरबी भाषा का है। इसका अर्थ नया, अज्ञात इत्यादि है। फारसी तथा उर्दू में यह शब्द निर्धन तथा वंश-हीन के अर्थ में प्रयुक्त होता है। इसी अर्थ में बिहारी ने भी इसको, इस दोहे में लिया है। निवाजिबौ = निवाज शब्द फारसी का है, जिसका अर्थ कृपा करना, पालना है। उसी से निवाजिवौ बना लिया गया है। तूठ्यौं = तुष्ट हुआ है। रतिराजु = कामदेव। होइ = 'लखि' का अन्वय 'होइ' से है। 'लखि होइ' का अर्थ है लक्षित होता है, देख पड़ता है।

अवतरण—कुलटा नायिका के कार्यों में कामदेव की झलक तथा उपपति से मिलने का चाव लक्षित करके सखी परिहासपूर्वक कहती है—

अर्थ—आज [तेरे] लोने लोचनों के कोयों से [यद्यपि नायक से मिलने का चाव तो प्रकट होता है, पर यह] नहीं लक्षित होता कि किस बेचारे (दया पात्र) पर तुझे कृपा करनी है, [और] किस पर कामदेव प्रसन्न हुआ है।

सीतलताऽरु सुबास कौ घटे न महिमा-मूरु।
पीनस वारैं जौ तज्यौ सोरा जानि कपूरु॥ 59॥

शब्दार्थ—मूरु (मूल) = जड़, मूलधन। पीनस वारैं = पीनस रोग वाले ने। पीनस एक नासा-रोग विशेष है, जिससे रोगी को गंध का अनुभव होना रुक जाता है। सोरा (शोरा) = मिट्टी में से निकाला हुआ एक खारा पदार्थ।

अवतरण—कवि की प्रास्ताविक उक्ति है कि गुण के न जानने वाले के निरादर से गुणी के गुण की महिमा नहीं घटती—

अर्थ—यदि पीनस रोग वाले ने कपूर को शोरा समझ कर तज दिया है (ग्रहण नहीं किया है), [तो उसकी] सीतलता और सुगंध की महिमा का मूल नहीं घटता।

कागद पर लिखत न बनत, कहत सँदेसु लजात।
कहिहै सबु तेरी हियौ मेरे हिय की बात॥60॥

अवतरण—प्रोषितपतिका नायिका ने पत्री में अपने विरह का कुछ वृत्तांत निवेदित करके, यह बात जताने के लिए कि जो कुछ लिखा गया है, उससे विरह-व्यथा की पूर्ण व्यवस्था विदित नहीं हो सकती, अंत में यह दोहा लिख दिया—

अर्थ—[कंप, स्वेद, अश्रु इत्यादि के कारण] कागज पर [तो विरह-वृत्तांत] लिखते नहीं बनता, [और] संदेश [रूप से उस वृत्तांत को] कहते (अर्थात् किसी को दूत रूप से तेरे पास भेजने के निमित्त उससे अपनी मार्मिक दशा कहते) [हृदय] लजाता है। [अत: मैं यही लिखकर संतोष करती हूँ कि यदि तू विचार करेगा, तो] तेरा हृदय मेरे हृदय की सब बातें [तुझसे] कह देगा। अर्थात् अपने हृदय की व्यथा से तुझको मेरे हृदय की सच्ची दशा का अनुमान हो जायेगा।

बंधु भए का दीन के, को तार्‌यौ, रघुराइ।
तूठे तूठे फिरत हौ झूठे बिरद कहाइ॥61॥

अवतरण—भक्त का वक्र वचन भगवान् से—

अर्थ—हे रघुराइ (रघुकुल-तिलक रामचंद्र), [तुम] किस दीन के बंधु हुए, [और तुमने] किस [पतित] को तारा। [दीन-बंधु तथा पतित-तारण, ये] छूटे-झूठे विरद कहलाकर [तुम] तूठे-तूठे (प्रसन्न हुए) फिरते हो।

अभिप्राय यह है कि जिनके आप बंधु हुए, वे वास्तव में दीन और दुखी नहीं थे, पूरा दीन दुखी तो मैं हूँ, तथा जिनको आपने तारा, वे पूर्ण पतित नहीं थे, सच्चा पतित तो मैं हूँ। अत: ऐसे लोगों के बंधु होकर दीन-बंधु तथा ऐसे को तारकर पतित-तारण कहलाना और ऐसे कामों पर इन विरदों से तुष्ट होना तो झूठी प्रशंसा से फूल उठने के समान है। सच तो यह है कि ये विरद आप पर तब फबें, जब आप मुझ महा दीन के बंधु बनें और मुझ घोर पापी को तारें।

जब जब वै सुधि कीजियै, तब तब सब सुधि जाँहि।
आँखिनु आँखि लगी रहैं आँखें लागति नाँहि॥62॥

शब्दार्थ—वै = वे नायक। सुधि कीजियै = स्मरण किए जाते हैं। सुधि = चेतनाएँ।

अवतरण—वियोगिनी नायिका अपनी दशा सखी से कहती है—

अर्थ—जब जब वे [नायक] स्मरण किए जाते हैं, तब तब सब चेतनाएँ जाती रहती हैं। [उनकी] आँखों [के ध्यान] में [मेरे हृदय की] आँखें लगी रह जाती हैं, [और] आँखें नहीं लगतीं [नींद नहीं आती]।

यह विरही नायक का वचन स्वगत अथवा अपने अंतरंग सखा से भी हो सकता है।

> कौन सुनै, कासौं कहौं, सुरति बिसारी नाह।
> बदाबदी ज्यौ लेत हैं ए बदरा बदराह॥63॥

शब्दार्थ—बदाबदी = कह वद कर, खुल्लमखुल्ला। बदराह = यह फारसी का समस्त पद है। इसका अर्थ कुमार्गगामी, दुर्वृत्त, बदमआश है। यहाँ इसका अर्थ डाकू है।

अवतरण—प्रोषितपतिका नायिका का वचन सखी से—

अर्थ—[हे सखी,] नाह [नाथ, प्राणनाथ] ने [तो अपनी थाती अर्थात् मेरे प्राण] की सुरति (स्मृति) विस्मृत कर दी, [और] ये बदराह बादल बदाबदी [वह] प्राण [लूटे] लेते हैं। [ऐसी दशा में उस थाती को बचाने के लिए मैं] किसे पुकारूँ, [और उसका स्वामी तो यहाँ है ही नहीं, अतएव मेरी पुकार] कौन सुने।

> मैं हो जान्यौ, लोइननु जुरत बाढ़िहै जोति।
> को हो जानतु, दीठि कौं दीठि किरकिटी होति॥ 64॥

शब्दार्थ—किरकिटी = किरकिरी, जो आँख में पड़कर पीड़ा देती है।

अवतरण—पूर्वानुराग में नायक अथवा नायिका का वचन स्वगत अथवा सखा या सखी से—

अर्थ—मैंने [तो] जाना था कि आँखों के मिलने से (दो और दो चार हो जाने से) ज्योति बढ़ेगी (प्रसन्नता होगी)। [यह] कौन जानता था [कि] दृष्टि के निमित्त दृष्टि किरकिटी हो जाती है (अर्थात् मैंने तो समझा था कि उसके देखने से आनन्द होगा, पर आँख से आँख लग जाने से अब तो दु:ख से आँसू बहा करता है, जैसे किरकिटी पड़ जाने से आँखों से पानी बहता है)।

> गहकि, गाँसु औरै गहें, रहे अधकहे बैन।
> देखि खिसौं हैं पिय-नयन किए रिसौं हैं नैन॥ 65॥

शब्दार्थ—गहकि = उमग कर। गाँसु (ग्रास) = पकड़। किसी की ओर से, उसके अपराध के कारण, चित्त में पड़ी हुई आँट। खिसौहैं = अपराध से संकुचित। रिसौहैं (रोषोन्मुख) = रिसाए हुए से।

अवतरण—नायक प्रात:काल नायिका के घर आया। नायिका पहले तो उमंग के साथ अपनी प्रेम कहानी कहने लगी, किन्तु शीघ्र ही नायक के नेत्र खिसियाए हुए देखकर और उनसे उसका रात को अन्य स्त्री के यहाँ रहना निश्चित कर के, उसने आँखें चढ़ा लीं। इसीलिए दूसरा ही भाव उदय हो जाने के कारण उसके

वचन अधकहे ही रह गए। सखी वचन सखी से—

अर्थ— [नायिका के] वचन उमग कर, और ही गाँस से गहे हुए, अधकहे [ही] रह गये। [उसने] प्रियतम के नयन खिसौहैं देखकर [अपने] नयन रिसौहैं कर लिए।

मैं तोसौं कैवा कह्यौ, तू जिन इन्हैं पत्याइ।
लगालगी करि लोइननु उर मैं लाई लाइ॥ 66॥

शब्दार्थ— कैवा = कै बार। जिन = मत। पत्याइ = विश्वास कर। लगालगी= लगाव-बझाव, मेलजोल। लाइ = लाग, घर में चोरों के पहुँचने की घात। और टीकाकारों ने इसका अर्थ अग्नि किया है! पर यहाँ 'पत्याइ' तथा 'लगालगी' शब्दों पर ध्यान देने से, इसका अर्थ लाग ही करना उचित प्रतीत होता है—

अवतरण— पूर्वानुराग में विकल नायिका से सखी कहती है—

अर्थ— मैंने तुझसे कै बार कहा [कि] तू इन [लोचनों] का विश्वास मत कर (यह विश्वास मत कर कि ये नयन मेरे अंग हैं, किसी से मिलकर मुझे हानि न पहुँचावेंगे); [पर तूने नहीं माना और इनको नायक से मिलने-जुलने दिया, जिसका परिणाम अंत को यह हुआ कि] लोचनों ने [उस चितचोर से] लगालगी (मिलाप) कर के [तेरे] उर में [उसके पैठने के लिए] लाइ (लाग) लगा दी [जिससे तेरे चित्त की चोरी हो गई]।

बर जीते सर मैन के, ऐसे देखे मैं न।
हरिनी के नैनानु तैं, हरि, नीके ए नैन॥ 67॥

अवतरण— सखी नायक से नायिका के नेत्रों की प्रशंसा करती है—

अर्थ— हे हरि, ये नयन (इस नायिका के नयन) [तो] हरिणी के नयनों से [भी] अच्छे हैं। [इन्होंने तो] मदन के बाणों को [भी] बरबस जीत लिया है। मैंने [तो] ऐसे [नयन कभी] नहीं देखे।

थोरैं ही गुन रीझते, बिसराई वह बानि।
तुमहूँ, कान्ह, मनौ भए आजकाल्हि के दानि॥ 68॥

अवतरण— कवि, इस दोहे में, श्रीकृष्णचंद को अपने पर न रीझने का उलाहना देता हुआ, बड़ी चातुरी से, अपने समय के दानियों की अगुणग्राहकता तथा अपना गुणाधिक्य व्यंजित करता है—

अर्थ— हे श्रीकृष्ण, [पहिले तो तुम] थोड़े ही गुण पर रीझ जाते थे, [पर अब तुमने] वह बान (प्रकृति) बिसरा दी (भुला दी); मानो तुम [परम उदार होकर] भी आजकल के [कृपण] दानी हो गये हो।

'थोरे ही गुन रीझते' तथा 'भए आज काल्हि के दानि', इन खंड-वाक्यों से

व्यंजित होता है कि पहले तो तुम थोड़े ही गुण पर रीझ जाते थे, पर अब यद्यपि मुझमें बहुत गुण हैं, तथापि उस पर तुम नहीं रीझते, जैसे कि आजकल के दानी कितना ही गुण हो, पर उसका आदर नहीं करते।

अंग-अंग-नग जगमगत दीपसिखा सी देह।
दिया बढ़ाऐं हूँ रहै बड़ी उज्यारौ गेह॥69॥

शब्दार्थ— बढ़ाऐं = बुझाने पर। दीपक बढ़ाना दीपक बुझाने के अर्थ में शिष्ट प्रयोग है।

अवतरण— सखी नायक से नायिका की छवि-प्रशंसा करती है—

अर्थ— [उसके] अंग-अंग के [आभूषणों के] नग [उसकी] दीपशिखा-सी देह से जगमगाते हैं। [अत:] दीपक बुझा देने पर भी घर में बड़ा उजाला [प्रकाश] रहता है।

जिस घर में बहुत से दर्पण लगे रहते हैं, उसमें एक ही दीपक रखने से, सब दर्पणों में उसका प्रतिबिम्ब पड़ने के कारण, बहुत प्रकाश हो जाता है।

छुटी न सिसुता की झलक, झलक्यौ जोबनु अंग।
दीपति देह दुहून मिलि दिपति ताफता-रंग॥70॥

शब्दार्थ— दीपति (दीप्ति) = चमक, झलक। यह पद 'दिपति' क्रिया का कर्ता है। देह = देह में। दुहूनु = दोनों से। ताफता-रंग = ताफते के रंगवाली अथवा ताफता की भाँति। ताफता एक प्रकार का रेशमी कपड़ा होता है, जिसका ताना और रंग का तथा बाना और रंग का होता है। दोनों रंगों के मेल से उसमें दोनों रंगों की झलक लहराती है। यह शब्द फारसी भाषा का है। भारतीय भाषा में इसको धूपछाँह कहते हैं।

अवतरण— नायिका की वय:संधि का वर्णन सखी द्वारा नायक से, अथवा नायक द्वारा स्वगत—

अर्थ— [अभी उसके शरीर में से] शिशुता (लड़कपन) की झलक नहीं छूटी है (लड़कपन तो चला गया है, पर उसकी आभा रह गई है), [और] जोबन अंग में झलक आया है (जोबन आया तो नहीं है, पर आभा देने लगा है)। दोनों [झलकों] से मिलकर [उसकी] देह में ताफते के रंग की दीप्ति दीपती (चमकती) है।

कब कौ टेरतु दीन रट, होत न स्याम सहाइ।
तुमहूँ लागी जगत-गुरु, जग-नाइक, जग-बाइ॥71॥

शब्दार्थ— जग-बाइ = संसार की वायु अर्थात् संसार का बुरा प्रभाव।

अवतरण— इस दोहे में भी बिहारी ने श्रीकृष्णचंद को उलाहना देते हुए जगत् के रंग-ढंग पर कटाक्ष किया है—

अर्थ—हे श्याम, [मैं] कब का (बहुत समय से) दीन रट (दीनता से भरी हुई रट) से [तुमको] टेर (पुकार) रहा हूँ, [पर तुम] सहाय नहीं होते। [ज्ञात होता है कि] तुमको भी, हे जगद्गुरु! जगन्नायक! जगत् की हवा (प्रभाव) लग गई है [अर्थात् निर्दय संसार निवासियों का प्रभाव तुम पर भी पड़ गया है, यद्यपि यह बात न होनी चाहिए थी। क्योंकि गुरु तथा नायक का प्रभाव शिष्यों तथा सामान्य जनों पर पड़ना चाहिए, पर यह उलटी बात हुई कि उनका प्रभाव तुम, जगद्गुरु तथा जगन्नायक, पर पड़ा]।

सकुचि न रहियै, स्याम, सुनि ए सतरौहैं बैन।
देत रचौंहौं चित कहे नेह-नैचौहैं नैन॥72॥

शब्दार्थ—सतरौहैं = तनेने, कड़े, रोष भरे। रचौंहौं = रचने पर आया हुआ, अनुराग की ओर ढला हुआ। नेह-नचौहैं = स्नेह से चंचल हुए, स्नेह भाव उदय होने के कारण एकटक पृथ्वी की ओर देखना छोड़कर चंचलता से, बीच-बीच में, नायक की ओर जाते हुए।

अवतरण—मानिनी नायिका को मनाते-मनाते नायक कुछ दुखी-सा हो गया है। सखी यह सोचकर कि वह कहीं विशेष दुखी होकर चला न जाये, उसका उत्साह बढ़ाने तथा नायिका को हँसा देने के निमित्त यह दोहा कहती है। जैसे रूठ कर मुँह फुलाए हुए बैठे मनुष्य से, उसे हँसा देने के लिए लोग प्राय: कहते हैं कि "यह देखो, अब नाक पर हँसी आई" और ऐसे वाक्यों से वह बहुधा हँस भी देता है—

अर्थ—हे घनश्याम, [आप इसके] ये सतरौहैं वचन सुनकर संकुचित न हो रहिए (निराश होकर मनाना छोड़ न बैठिए)। [देखिए, अब उसके] नेह से नचौहैं [हुए] नयन [उसके] चित्त का रचौंहाँ होना कहे (प्रकाशित किए) देते हैं। तात्पर्य यह है कि कुछ देर और मनाइए, तो यह अवश्य मान जायेगी।

पत्रा हीं तिथि पाइयै वा घर कैं चहुँ पास।
नितप्रति पून्यौईं रहै आनन-ओप-उजास॥73॥

शब्दार्थ—पत्रा = तिथि-पत्र। चहुँ पास = चारों ओर। पून्यौं = पूर्णिमा।

अवतरण—नायिका के मुख की प्रशंसा सखी नायक से करती है, अथवा नायक स्वगत कहता है—

अर्थ—[तिथि के जानने के दो साधन हैं—एक तो तिथि-पत्र और दूसरा चंद्रमा के उजास होने का समय।] पर उस [नायिका] के घर के आसपास [केवल] पत्रे ही से तिथि पाई (जानी) जाती है, [क्योंकि वहाँ तो] मुख की चमक के उजाले से नित्यप्रति पूर्णिमा ही रहती है (रात भर चाँदनी का-सा प्रकाश रहता है,) [जिससे किस समय चाँदनी का उजाला आरंभ हुआ, यह लक्षित नहीं होता]।

बसि सकोच-दसबदन-बस, साँचु दिखावति बाल।
सियलौं सोधति तिय तनहिं लगनि-अगनि की ज्वाल॥ 74॥

शब्दार्थ— सकोच (संकोच) = लज्जा, कुलकानि का विचार। दसबदन (दशवदन) = दस मुँह वाला, अर्थात् रावण। यहाँ रावण का और नाम न रखकर 'दसवदन' इसलिए रखा गया है कि संकोच दसों दिशाओं से, अर्थात् दस मुख वाला होकर, नायिका को अपने वश में किए हुए है। उसको नायक से मिलने नहीं देता। सिय = सीता। सोधति = तपा कर शुद्ध प्रमाणित करती है।

अवतरण— पूर्वानुरागिनी नायिका की दशा सखी नायक से कहती है कि अब तक तो वह संकोच के वश में पड़े रहने के कारण आपसे मिल न सकी और अपने अनुराग को छिपाए रही, पर अब शनैः शनैः प्रेम के बढ़ जाने के कारण संकोच उसको दबा नहीं सकता और उसका विरहाग्नि से संतप्त होना प्रकट हो गया है, जिससे प्रमाणित होता है कि आप पर उसका प्रेम पूर्ण तथा सच्चा है—

अर्थ— [इतने दिनों तक] संकोच-रूपी दशवदन के वश में बसकर, [और आपसे मिलने में तथा अपना प्रेम परिचय देने में असमर्थ रहकर, अब वह] बाला [अपने प्रेम का] सच्चापन दिखलाती है, [क्योंकि अब वह] स्त्री [संकोच के वश के बाहर होकर अपने] शरीर को विरहाग्नि की ज्वाला से, सीताजी की भाँति, सोधती है, (तपाती है, अर्थात् संकोच के वश में रहने का प्रायश्चित करती है)।

जौ न जुगति पिय मिलन की, धूरि मुकति-मुँह दीन।
जौ लहियै सँग सजन, तौ धरक नरक हूँ की न॥ 75॥

शब्दार्थ— जुगति (युक्ति) = उपाय। सजन (सज्जन अथवा स्वजन) = अपना प्यारा। धरक = डर।

अवतरण— उद्धवजी से गोपियों का वचन—

अर्थ— यदि [मुक्ति] प्रियतम-प्राप्ति की युक्ति नहीं है (अर्थात् प्रियतम प्राप्ति की युक्ति के अतिरिक्त कोई और वस्तु है), [तो हमने ऐसी] मुक्ति के मुँह में धूल झोंकी (अर्थात् ऐसी मुक्ति से हम बाज आईं); [और] यदि प्रियतम संग में प्राप्त हो, तो [हमको] नरक की भी धड़क नहीं है।

चमक, तमक, हाँसी, ससक, मसक, झपट, लपटानि।
ए जिहिं रति, सो रति मुकति; और मुकति अति हानि॥ 76॥

शब्दार्थ— चमक = चौंक, अंगों को एकाएकी, शीघ्रता से, चंचल करना। तमक = उत्तेजित होना। ससक = सिसकी। मसक = अंगों को दबाना, मर्दन करना।

अवतरण— कोई कामी रति की प्रशंसा करता है—

अर्थ—जिस रति में चमक, तमक इत्यादि [भाव] हों, वह रति [ही] मुक्ति (परमानन्ददायिनी) है। अपर मुक्ति [तो] अति हानि (पूर्ण विनाश) [मात्र] है।

मोहूँ सौं तजि मोहु, दृग चले लागि उहिं गैल।
छिनकु छ्वाइ छबि-गुर-डरी छले छबीलैं छैल॥ 77॥

शब्दार्थ—गैल = मार्ग। इसका प्रयोग साथ के अर्थ में भी होता है। गुर-डरी = गुड़ की डली।

अवतरण—पूर्वानुरागिनी नायिका का वचन सखी से—

अर्थ—क्षण मात्र छवि-रूपी गुड़ की डली छुआ कर [उस] छबीले छैल के द्वारा छले (ठगे) गए [मेरे] दृग, मुझसे भी मोह छोड़, उसी की गैल (साथ) लगकर चले।

एक वशीकरण-प्रयोग में गुड़ की डली अभिमंत्रित करके काम में लाई जाती है। यह जिसको खिला अथवा छुआ दी जाती है, वह खिलाने अथवा छुआने वाले के वशीभूत होकर उसके संग हो लेता है। यह प्रयोग प्राय: ठग लोग करते हैं।

कंज-नयनि मंजनु किए, बैठी ब्यौरति बार।
कच-अँगुरी-बिच दीठि दै, चितवति नन्दकुमार॥ 78॥

शब्दार्थ—मंजनु = स्नान। ब्यौरति = सुलझाती है। कच = बाल।

अवतरण—नायिका की क्रिया-विदग्धता का वर्णन सखी सखी से करती है—

अर्थ—[देखो, यह] कंज-नयनी स्नान किए बैठी [अपने] बाल सुलझा रही है, [और इसी ब्याज से अपने] बालों तथा उँगलियों के बीच से दृष्टि दे (डाल) कर नन्दकुमार को देख रही है।

पावक सो नयननु लगै जावकु लाग्यौ भाल।
मुकुरु होहुगे नैंक मैं, मुकुरु बिलौको, लाल॥ 79॥

शब्दार्थ—पावक = अग्नि। जावक = महावर। मुकुरु = मुकरने वाले। मुकुरु = दर्पण।

अवतरण—खंडिता नायिका नायक के भाल में महावर लगा देखकर कहती है—

अर्थ—हे लाल, [तुम्हारे] भाल में लगा हुआ महावर [मेरे] नयनों में पावक-सा लगता है। [तुम अभी] दर्पण देख लो, [नहीं तो] नैंक में (थोड़ी देर में, जब वह मिट जायेगा तो) मुकर जाओगे (कहने लगोगे कि मेरे भाल में महावर लगा ही नहीं था)।

रहति न रन, जयसाहि-मुख लखि, लाखनु की फौज।
जाँचि निराखर ऊ चलै लै लाखनु की मौज॥ 80॥

शब्दार्थ— लाखनु = यह शब्द इस दोहे में दो बार आया है और दोनों ही स्थानों पर टीकाकारों ने इसे संख्या वाचक लाख का बहुवचन माना है। हमारी समझ में, दोहे के पूर्वार्द्ध में, यह किसी का नाम है, जिसकी सेना जयशाह की सेना देखकर भागी थी और उत्तरार्द्ध में यह संख्या-वाचक लाख का बहुवचन है। दोनों स्थानों में इसे संख्या वाचक मानने से दोहे में एक प्रकार का पुनरुक्ति दोष आ जाता है। अब रह गई यह बात कि 'लाखनु' कौन व्यक्ति था, इसका संतोषजनक पता नहीं मिलता। संभवत: वह कोई सामान्य राजा अथवा किसी राजा का सेनापति था। इसलिए उसके नाम का पता इतिहास से नहीं चलता। निराखर (निरक्षर) = बिना पढ़ा-लिखा अर्थात् मूर्ख। मौज = मौज अरबी भाषा में तरंग तथा लहर को कहते हैं। भाषा में इसका प्रयोग उमंग अथवा उत्साह के अर्थ में होता है। और, उमंग से दिए हुए दान के अर्थ में भी कवि इसका प्रयोग करते हैं। इस दोहे में यह इस पिछले ही अर्थ में प्रयुक्त हुआ है।

अवतरण— इस दोहे में कवि राजा जयशाह की युद्धवीरता तथा दानवीरता दोनों की प्रशंसा करता है—

अर्थ— जयशाह का मुख देखकर लाखनु की सेना रणभूमि में नहीं रहती (नहीं ठहरती, अर्थात् भाग जाती है), [और जयशाह से] जाँच कर (माँग कर) [पंडितों और गुणियों की कौन कहे,] मूर्ख भी लाखों [रुपयों] का दान लेकर चलता है (घर लौटता है)।

दियौ, सु सीस चढ़ाइ लै आछी भाँति अएरि।
जापैं सुखु चाहतु लियौ, ताके दुखहिं न फेरि॥ 81॥

शब्दार्थ— आछी भाँति = अच्छी रीति से, प्रसन्नतापूर्वक॥ आएरि = अंगीकार कर के।

अवतरण— किसी विपत्ति-ग्रस्त को दुखी देखकर कोई समझाता है—

अर्थ— [ईश्वर ने जो दु ख अथवा सुख तुमको] दिया है, उसे, अच्छी भाँति अंगीकार करके, सीस चढ़ा ले (सिर माथों पर धर)। जिससे [तू] सुख लेना चाहता है, उसके [दिए हुए] दु:ख को फेर मत (अस्वीकृत मत कर)।

तरिवन-कनकु कपोल-दुति बिच बीच हीं बिकान।
लाल लाल चमकतिं चुनीं चौका चीन्ह-समान॥ 82॥

शब्दार्थ— तरिवन = तरौना, ताटंक, तालपर्ण। चौका = आगे के चार दाँतों को चौका कहते हैं। चिन्ह (चिह्न) = निशान।

अवतरण—अन्यसंभोगदु:खिता नायिका, नायक के पास से लौटकर आई हुई दूती के कपोलों पर दाँतों का चिह्न देखकर, चातुरी से, व्यंग्य-वचन द्वारा कहती है कि ये तरौनों की चुन्नियाँ दाँतों के चिह्न के समान चमक रही हैं, वास्तव में ये दाँतों के चिह्न नहीं हैं। जो कहो कि तरौने तो हैं ही नहीं; फिर ये चुन्नियाँ कहाँ से आईं, तो इसका समाधान यह है कि तरौनों का सोना तो बीच में से सुनहले कपोलों की चमक में समा गया है, अत: केवल चुन्नियाँ ही दीख पड़ती हैं। यह दोहा लक्षिता नायिका से सखी का व्यंग्य वचन भी हो सकता है—

अर्थ—[तेरे] तरौने का सोना [तो सुनहले] कपोल की द्युति में बीच-बीच ही से बिक गया (लुप्त हो गया)। [पर तरौने में जड़ी हुई] चुन्नियाँ दाँतों के चिह्न के समान लाल-लाल चमक रही हैं।

मोहि दयौ, मेरौ भयौ, रहतु जु मिलि जिय साथ।
सो मनु बाँधि न सौं पियै, पिय, सौतिनि कैं हाथ॥ 83॥

अवतरण—सपत्नी पर नायक की प्रीति होते देखकर नायिका विनय करती है—

अर्थ—मुझको दिया हुआ [तथा] मेरा हो चुका हुआ [मन] जो [मेरे] जी के साथ मिलकर रहता है, अथवा जो मिल कर (जिसके मिलने के कारण) [मेरा] जी [मेरे] साथ रहता है, उस मन को बाँधकर (बरबस), हे प्रियतम सपत्नी के हाथ में मत सौंपिए [क्योंकि मेरा जी उससे ऐसा मिल गया है कि उसके साथ वह भी चला जायेगा]।

कंजु-भवनु तजि भवन कौं चलियै नन्दकिसोर।
फूलति कली गुलाब की, चटकाहट चहुँ ओर॥ 84॥

अवतरण—उपपति ने परकीया के साथ रात भर कुंजभवन में विहार किया है, और सबेरा होने पर भी वह प्रेमाधिक्य के कारण उसको अंक में भरे हुए है। नायिका कुलकानि के भय से नायक का ध्यान प्रात:काल होने पर दिला कर घर चलने का प्रस्ताव करती है—

अर्थ—हे नन्दकिसोर [अब] कुंज-भवन को छोड़कर भवन को चलिए। [देखिए,] गुलाब की कली फूल रही है, [और उसकी] चारों ओर चटकाहट [हो रही है]।

गुलाब प्रात:काल फूलता है और फूलने के समय कलियों के चटकने से चटचट शब्द होता है। इस चटकाहट का वर्णन बहुत से कवियों ने किया है।

कहति न देवर की कुबत कुल-तिय कलह डराति।
पंजर-गत मंजार-ढिग सुक ज्यौं सूकति जाति॥ 85॥

शब्दार्थ—कुबत = बुरी बात, खुटाई। पंजर-गत = पिंजड़े में पड़े हुए। मंजार-ढिग = बिल्ले के समीप स्थित।

अवतरण—देवर अपनी भौजाई से अनुचित प्रेम करना चाहता है, पर भौजाई पतिव्रता तथा सुशीला है, अत: बड़ी चिंतित है। यदि वह देवर की खुटाई नहीं कहती, तो उसे भय है कि कहीं अवसर पाकर वह उसको आलिंगन इत्यादि न कर ले और यदि कहती है, तो भाई भाई में तथा देवर देवरानी में कलह होता है। इसी अड़चन में पड़ी हुई वह सूखती जाती है। उसकी इस दशा का वर्णन सखी सखी से कहती है—

अर्थ—[वह] कुलवधू (सुशीला, पतिव्रता) कलह से डरती हुई देवर को खोटी बात नहीं कहती (विदित नहीं करती), [और] बिल्ले के पास स्थित पिंजरे में बंद सुग्गे की भाँति [दिन दिन] सूखी जाती है।

औरै भाँति भए ऽब ए चौसरु, चंदनु चंदु।
पति-बिनु अति पारतु बिपति मारतु मारुतु मंदु॥ 86॥

शब्दार्थ—ऽब = अब। चौसर = मोतियों अथवा फूलों का चौलड़ा हार। पारतु = डालता है।

अवतरण—विरह-ताप से पीड़ित नायिका का ताप सखी फूलों के गजरे, चंदन, चाँदनी एवं मन्द पवन से छुड़ाना चाहती है, क्योंकि इन पदार्थों से उसको संयोगावस्था में परम सुख मिलता था। उससे नायिका कहती है—

अर्थ—[हे सखी,] अब [तो] ये चौसर, चंदन, [तथा] चंद और ही भाँति के हो गए हैं (सुखदायी न रहकर दु:खदायी हो गए हैं), [और] पति के बिना (विरह में) अति विपत्ति डालता हुआ (अति उद्दीपन करता हुआ) मंद मारुत [तो] मारे [ही] डालता है।

चलन ना पावतु निगम-मगु जगु, उपज्यौ अति त्रासु।
कुच-उतंग गिरिबर गह्यौ मैना मैनु मवासु॥ 87॥

शब्दार्थ—निगम-मगु = (1) वेद-मग अर्थात् धर्म पथ। (2) वणिक् पथ। त्रासु = भय, डर। मैना = राजपूताने के जंगलों में एक जाति के मनुष्य रहते हैं, जो कि मैना अथवा मीना कहलाते हैं। उनका काम प्राय: डाका डालना और लूटना है। मवासु = दृढ़ निवास।

अवतरण—नायिका के कुचों की अति कामोद्दीपिनी शोभा का वर्णन नायक स्वगत करता है—

अर्थ—कुच-रूपी उतंग (ऊँचे) गिरिवर (पहाड़) पर मदन-रूपी मैना ने [अपना] दृढ़ स्थान जमाया है। [अत:] बड़ा भय उत्पन्न हो रहा है, [और] जगत् धर्मपथ-रूपी वणिक्-पथ नहीं चलने पाता।

त्रिबली, नाभि दिखाइ, कर सिर ढकि, सकुचि, समाहि।
गली, अली की ओट कै, चली भली बिधि चाहि॥ 88॥

शब्दार्थ— सकुचि = यहाँ इसका अर्थ संकोच का मिष कर के होता है। कर सिर ढकि = हाथ को सिर ढाँकने के निमित्त उठाकर। समाहि = सामना करके। इसका अर्थ टीकाकारों ने प्राय: 'समा कर' किया है, जो ठीक नहीं है। अली की ओट कै = सखी की आँखों की ओट, अर्थात् बचाव कर के।

अवतरण— नायक को देखकर नायिका ने जो मनोहारिणी तथा अपना अनुराग प्रकट करने वाली चेष्टा की, उसका स्मरण अथवा वर्णन नायक स्वगत करता है—

अर्थ— [वह मेरा] सामना कर, संकुचित हो (संकुचित होने का ब्याज कर), हाथ से सिर ढाँक (सिर ढाँकने के निमित्त हाथ उठा), [और इस क्रिया से अपनी] त्रिबली, [तथा] नाभि दिखला, सखी की ओट करके (सखी की आँखें बचाकर) [मुझे] भली भाँति (आँखें भरके) देखकर गली में चली।

इस दोहे का अन्वय कुछ कठिन है। इसका भावार्थ यह है कि मेरा सामना होने पर उसने संकोच के कारण घूँघट करने के मिष से, हाथ उठा अपनी मनोहर त्रिवली तथा नाभि मुझे दिखलाई और फिर सखी की आँखें बचा, मेरी और आँखें भरके देखकर गली में चली गयी।

देखत वुरै कपूर ज्यौं उपै जाइ जिन, लाल।
छिन छिन जाति परी खरी छीन छबीली बाल॥ 89॥

शब्दार्थ— वुरै = उरा कर। किसी वस्तु के धीरे-धीरे व्यय होते-होते समाप्त हो जाने को वुराना, उराना अथवा ओराना कहते हैं। यह शब्द संस्कृत शब्द 'वर' से बना है, जिसका अर्थ रोक, ठहराव इत्यादि है। लेखकों तथा टीकाकारों ने इस शब्द को न समझने के कारण, अनेक पाठांतर कर लिए हैं, पर दो प्राचीन पुस्तकों में इसका यही शुद्ध पाठ मिला है। उपै जाइ = उड़ जाय, लुप्त हो जाय। बाल = बाला।

अवतरण— सखी नायिका के विरह में क्षीण होने का वर्णन नायक से करती है—

अर्थ— हे लाल, [वह] छबीली बाला क्षण-क्षण में अत्यंत क्षीण (दुबली) होती जाती है । [इसलिए डर है कि कहीं] देखते-देखते कपूर की भाँति उरा कर उड़ न जाये (सर्वथा लुप्त न हो जाये)।

हँसि उतारि हिय तैं दई तुम जु तिहिं दिना, लाल।
राखति प्रान कपूर ज्यौं, वहै चुहुटिनी-माल॥ 90॥

शब्दार्थ— चुहुटिनी = यह शब्द यहाँ श्लिष्ट है। इसका एक अर्थ घुँघची और दूसरा अर्थ पकड़ने वाली है। दूसरा अर्थ पहले अर्थ का विशेषण होकर इस

शब्द को साभिप्राय बना देता है अर्थात् इसका अर्थ पकड़ रखने वाली घुँघची कर देता है।

अवतरण—सखी वचन नायक से—

अर्थ—हे लाल, तुमने जो उस दिन हँस कर, [और अपने] उर से उतार कर दी थी, वही चुहुटिनी (पकड़ रखने वाली घुँघची) की माला [उसके] प्राणों को कपूर की भाँति रखती है (रक्षित किए रहती है, अर्थात् उड़ने नहीं देती)।

कपूर के डब्बे में बहुधा लोग घुँघची, काली मिर्च अथवा लवंग रख देते हैं, क्योंकि इन वस्तुओं के रख देने से कपूर शीघ्र नहीं उड़ता।

कोऊ कोरिक संग्रहौ, कोऊ लाख हजार।
मो संपति जदुपति सदा बिपति-बिदारनहार॥ 91॥

शब्दार्थ—कोरिक (कोटिक) = करोड़ के अनुमान। संग्रहौ = बटोरो, जोड़ो। लाख हजार = दस करोड़।

अवतरण—किसी संतोषी भक्त का वचन स्वगत अथवा किसी मित्र से—

अर्थ—[चाहे] कोई करोड़ [की संपत्ति] संग्रह करै, [चाहे] कोई दस करोड़ [की], मेरी संपत्ति [तो] सदा विपत्ति के विदारण करने वाले यदुपति (श्रीकृष्ण भगवान्) हैं [मुझे और किसी संपत्ति की कुछ आकांक्षा नहीं है]।

द्वैज-सुधादीधिति-कला वह लखि, दीठि लगाइ।
मनौ अकास-अगस्तिया एकै कली लखाइ॥ 92॥

शब्दार्थ—सुधा दीधिति = चंद्रमा। दीठि लगाइ = दृष्टि लगाकर अर्थात् ध्यान देकर। अगस्तिया (अगस्तिका) = अगस्ति वृक्ष, जो कि शरदागम में कलियाना आरंभ करता है।

अवतरण—नायक और नायिका ने शरदागम के शुक्ल पक्ष की द्वितीया को, चंद्रास्त के समय किसी अगस्त्य के वृक्ष के पास मिलने का संकेत बद रखा है। आज वही दिन है। चंद्रमा दर्शन देकर अस्ताचल को जा रहा है नायक की दूती नायिका के पास आ और उसको गुरुजनों में बैठी देख द्वैज का चंद्रमा दिखलाने के ब्याज से; उसको नियत दिन का ध्यान दिलाती है, और चंद्रमा की उपमा अगस्त्य की कली से देकर संकेत-स्थल का स्मरण कराती है—

अर्थ—दृष्टि लगाकर [तू] वह द्वैज के चंद्रमा की कला देख, [जो ऐसा शोभित है] मानो आकाश-रूपी अगस्त्य के वृक्ष में एक ही कली दिखलाई देती है।

अगस्त्य शरदागम के आरंभ में फलता है। वह समय बड़ा सुखद माना जाता है। "अगस्त्य में मानो एक ही कली दिखलाई देती है" यह कहकर दूती व्यंजित करती है कि यह अवसर तेरे लिये वैसा ही सुखद है, जैसा अगस्त्य में कली आना

आरंभ होने का समय होता है। इसी उत्प्रेक्षा से वह शरद् ऋतु के प्रथम शुक्ल पक्ष का होना भी दिखलाती है।

गदराने तन गोरटी, ऐपन-आड़ लिलार।
हूठ्यौ दै, इठलाइ, दृग करै गँवारि सुवार॥ 93॥

शब्दार्थ—गदराने = पकने पर आए हुए, जवानी पर आए हुए। गोरटी = गोरे शरीर वाली। ऐपन = चावल और हल्दी को पानी में पीसकर बनाया हुआ एक प्रकार का अवलेपन। हूठ्यौ = गँवार स्त्रियाँ जब इठलाती अथवा किसी को बिराती हैं, तो दोनों हाथों को मुट्ठी बाँधकर कटि-स्थल पर रख लेती हैं। इस क्रिया को हूठा देना कहते हैं। वार = चोट, आक्रमण।

अवतरण—किसी गँवार स्त्री को इठलाते देखकर नायक स्वगत कहता है—

अर्थ—[यह] गदराए तन वाली गोरी गँवारि, जिसके ललाट पर ऐपन का आड़ा तिलक लगा हुआ है, हूँठा दे, इठला कर दृगों से [कैसी] सु (सच्ची, अचूक) वार करती है।

तंत्री-नाद, कबित्त-रस, सरस राग, रति-रंग।
अनबूड़े बूड़े, तरे जे बूड़े सब अंग॥ 94॥

शब्दार्थ—तंत्री-नाद = वीणा इत्यादि का मधुर स्वर। कबित्त-रस = काव्य का स्वाद। सरस राग = रसीला स्नेह अथवा रसीला गाना। रति-रंग = प्रीति का अथवा स्त्री-संग का आनन्द। अनबूड़े = इस शब्द का अर्थ यहाँ अधबूड़े है। 'बूड़े सब अंग' पद के विरोध से 'अनबूड़े' में 'अन' का प्रयोग ईषद् अर्थ में मानना चाहिए। विरोधाभास अलंकार के निमित्त बिहारी ने 'अधबूड़े बूड़े' न रखकर 'अनबूड़े बूड़े' रखा है। 'अनबूड़े' का अर्थ होता है ऐसे लोग, जो कि तंत्री-नाद इत्यादि में हाथ तो डालते हैं, पर उनमें डूबे नहीं हैं। बूड़े = डूबे, नष्ट हुए। तरे = बन गए, श्रेष्ठ हो गए। बूड़े = निमग्न हो गए, लिप्त हो गए। सब अंग = सर्वांग, पूर्ण रीति से।

अवतरण—कवि की प्रास्ताविक उक्ति है—

अर्थ—तंत्री-नाद, कवित्त-रस, सरस राग तथा रति-रंग में [जो] अधबूड़े [हैं, वे तो] बूड़े (नष्ट हो गए), [पर] जो पूर्ण रीति से बूड़े (प्रविष्ट हुए), [वे] तरे (प्राप्ताभीष्ट हुए सुधर गए) [कवि का तात्पर्य यह है कि तंत्री-नाद इत्यादि पदार्थ ऐसे हैं, जिनमें बिना पूर्ण रीति से प्रविष्ट हुए कोई आनन्द नहीं मिलता। यदि इनमें पड़ना हो, तो पूर्णतया पड़ो, नहीं तो इनसे दूर ही रहो]।

सहज सचिक्कन, स्याम-रुचि, सुचि, सुगंध, सुकुमार।
गनतु न मनु पथु अपथु, लखि बिथुरे सुथरे बार॥ 95॥

शब्दार्थ—सहज सचिक्कन = स्वभाव ही से चिकने, बिना फुलेल इत्यादि लगाए ही चिकने। स्याम-रुचि = श्याम रंग वाले। सुचि (शुचि) = अमल। सुकुमार = कोमल। गनतु न = नहीं गिनता, नहीं विचारता। पथु = अच्छा रास्ता। अपथु = बुरा पथ। बिथुरे = फैले हुए, छिटके हुए। सुथरे = सुंदर।

अवतरण—नायिका के बालों पर रीझा हुआ नायक अपना नित्य कर्तव्य भूलकर उन्हीं के ध्यान में तथा नायिका से मिलने की चिन्ता में निमग्न रहता है। यह वृतान्त जानकर उसका कोई अन्तरंग मित्र उसे समझाता है कि यह मार्ग तुम्हारे लिए अच्छा नहीं है, तुम्हें अपनी कुल-रीति पर चलना चाहिए। नायक उसे उत्तर देता है—

अर्थ—[उसके] स्वभाव ही से चिकने, काले, अमल, मनोहर गंध वाले, कोमल, बिथुरे [और] सुथरे बालों को देखकर [मेरा] मन [ऐसा मोहित हो गया है कि] पथ, [और] अपथ कुछ नहीं गिनता।

सुदुति दुराई दुरति नहिं, प्रगट करति रति-रूप।
छुटैं पीक, औरै उठी लाली ओठ अनूप॥ 96॥

शब्दार्थ—प्रकट करति रति-रूप = रति का रूप अर्थात् चिह्न प्रकट करती हुई। यह खंड वाक्य 'लाली' का विशेषण है।

अवतरण—नायक ने नायिका का अधर-पान किया था, जिससे उसमें लाली आ गई। नायिका ने वह लाली पान के रंग से छिपा रखी थी। पर पीक के छूट जाने पर वह लाली प्रकट हो गई। इससे सखी उसकी रति लक्षित करके कहती है—

अर्थ—सुंदर द्युति छिपाए नहीं छिपती (यद्यपि तूने पान के रंग से अधर की चुंबन-कृत लाली छिपा रखी थी, पर भला वह कहीं छिप सकती है)। [देख, अब] पीक छूटने पर [तेरे] अधर में, रति का चिह्न प्रकट करती हुई, और ही प्रकार की (अधर की स्वाभाविक लाली से भिन्न प्रकार की) अनूप लाली उठी है (निकल आई है)।

यह दोहा अन्यसंभोगदु:खिता नायिका का वचन दूती से भी हो सकता है। ऐसी अवस्था में 'सुदुति' का प्रयोग व्यंग्यात्मक होगा।

वेई गड़ि गाड़ैं परीं, उपट्यौ हारु हियैं न।
आन्यौ मोरि मतंगु मनु मारि गुरेरनु मैन॥ 97॥

शब्दार्थ—गाड़ैं = गड़हे॥ उपट्यौ—किसी कोमल वस्तु पर किसी कड़ी वस्तु के दबने पर या लगने के कारण चिह्न पड़ जाने को उपटना कहते हैं। गुरेरनु = गुल्लों से। गल्ले अथवा गुलेल (गुरेर) उन छोटी-छोटी गोलियों को कहते हैं, जो एक प्रकार के धनुष के द्वारा चलाई जाती हैं। उस धनुष विशेष को भी गुलेला अथवा गुलेल कहते हैं।

अवतरण—नायक के हृदय पर मोतियों के हार का चिह्न उपटा हुआ देखकर खंडिता नायिका कहती है—

अर्थ—[आप संकुचित क्यों होते हैं, यह जो आपके हृदय पर चिह्न है, वह] हृदय पर हार उपटा हुआ है [प्रत्युत आप ऐसे] मतंग (मातंग, बड़े हाथी) को मानो मदन गुलेलों से मारकर फेर लाया है, [सो] वे ही [गुल्ले] गड़कर [ये] गाड़ें पड़ गई हैं (अर्थात् आप इस समय मदन से पीड़ित होकर यहाँ आए हैं, क्योंकि दिन में परकीया की प्राप्ति कठिन है। नहीं तो भला आप के दर्शन कहाँ मिलते, आप तो निरंकुश हाथी के समान इधर-उधर घूमा करते हैं)।

नैंक न झुरसी बिरह-झर नेह-लता कुम्हिलाति।
नित नित होति हरी हरी, खरी झालरति जाति॥ 98॥

शब्दार्थ—झुरसी = जली। झर = लपट, ताप, ज्वाला। झालरति जाति = नए-नए डाल और पत्तों से सम्पन्न होती जाती है।

अवतरण—सखी नायक से नायिका के, अथवा नायिका से नायक के प्रेम के प्रतिदिन बढ़ने का वर्णन करती है—

अर्थ—विरह की ज्वाला से झुलसी हुई [उसको] स्नेह-लता किंचितमात्र भी कुम्हिलाती नहीं; [प्रत्युत] नित्यप्रति हरी [ही] हरी होती [और] भली भाँति झलराती जाती है।

हेरि हिंडोरैं गगन तैं परी परी सी टूटि।
धरी धाइ पिय बीच हीं, करी खरी रस लूटि॥ 99॥

शब्दार्थ—हिंडौरै गगन तैं = हिंडोले रूपी आकाश से। परी सी = अप्सरा सी। करी खरी = खड़ी कर दी।

अवतरण—नवोढ़ा नायिका सखियों के साथ हिंडोला झूल रही थी। इतने में नायक भी वहाँ आ पहुँचा। उसको देखकर नायिका हिंडोले पर से भागने के निमित्त कूद पड़ी। प्रियतम ने फुर्ती से उसे बीच ही में लोक लिया, पृथ्वी पर गिरने नहीं दिया, और आलिंगन का रस लूट कर खड़ी कर दिया। सखी का वचन सखी से—

अर्थ—[प्रियतम को] देखकर [वह] हिंडोले-रूपी आकाश से [मारे शीघ्रता के] परी-सी टूट पड़ी (भागने के निमित्त कूद पड़ी)। [यह देख] प्रियतम ने दौड़कर बीच (अधर) ही में [उसे] लोक लिया, [गिरने नहीं दिया और] रस लूट कर (आलिंगनादि का सुख लेकर) [उसको पृथ्वी पर] खड़ी कर दिया।

नैंक हँसौंहीं बानि तजि, लख्यौ परतु मुहूँ नीठि।
चौका-चनकनि-चौंध मैं परति चौंधि सी डीठि॥ 100॥

शब्दार्थ— चौका = आगे के चार दाँत। चौंध = आँखों में अँधेरा छा देने वाली तड़प। परति चौंधि सी = चौंधियाँ-सी जाती है, अर्थात् तड़प के कारण अँधेरी छाई हुई-सी हो जाती है।

अवतरण— नायक पर अपराधी होने की शंका करके नायिका मुस्कुराहट द्वारा कुछ मान सूचित करती है, जिससे नायक की आँखें संकुचित हो जाती हैं। यह देखकर सखी, बड़ी चातुरी से, इस दोहे के द्वारा, नायक पर तो यह प्रकट करके कि नायिका का स्वभाव ही मुस्कुराते रहने का है, उसका संकोच छुड़ाना चाहती है, जिसमें उसके संकोच से उसके सिर अपराध सिद्ध न हो जाय और नायिका से नायक के सामने न देख सकने का कारण उसके दाँतों की चमक बतलाती है, जिसमें वह उसको संकोच के कारण अपराधी न निर्धारित कर ले—

अर्थ— [हे सखी, तू अपनी] हँसौं हीं (हँसते रहने की) बान (प्रकृति) नैंक छोड़ दे। [इस प्रकृति के कारण तेरा] मुख नीठि (कठिनता से) दिखलाई देता है; [क्योंकि तेरे] चौके की चमक की चकाचौंध में आँखें चौंधिया-सी जाती हैं।

✪✪✪